DOCUMENTS JURIDIQUES

DOCUMENTS
JURIDIQUES
DE L'ASSYRIE
ET
DE LA CHALDÉE

PAR

MM. J. OPPERT & J. MÉNANT.

PARIS

MAISONNEUVE & Cie, LIBRAIRES-ÉDITEURS,

25, QUAI VOLTAIRE, 25.

M.DCCC.LXXVII.

PRÉFACE.

Les textes que nous publions aujourd'hui appartiennent à un ordre d'idées sur lequel il était difficile de prévoir, lors de la découverte des monuments de Ninive, que nous pussions être renseignés un jour.

Ils permettent, en effet, d'étudier les relations de la vie civile et commerciale des peuples de l'Assyrie et de la Chaldée pendant cette longue période de l'histoire qui était restée si longtemps inaccessible aux recherches de la science.

Ce sont des contrats qui consacrent, dans une forme juridique, les intérêts privés des sujets de ces Rois dont les conquêtes ont tour à tour changé la face de l'Asie occidentale.

Au moment de leur découverte, parmi cette foule de documents qui surgissaient des fouilles de la Mésopotamie, on comprit, tout d'abord, l'intérêt qui pourrait s'attacher à la connaissance de leur contenu.

PRÉFACE.

Quelques noms propres, quelques dates, dont on surprit la lecture, établirent déjà qu'ils appartenaient à des époques bien différentes : les uns se rattachaient au Premier Empire de Chaldée, les autres au Grand Empire d'Assyrie, ceux-ci au Second Empire de Chaldée, ceux-là aux Achéménides, et enfin, les plus récents, dépassant même l'époque des Séleucides, atteignaient le temps des Empereurs romains. Ces documents révèlent donc la persistance de l'écriture et de la langue assyrienne depuis les temps les plus reculés jusqu'au commencement de notre ère.

Les difficultés qu'on rencontre alors sont de plusieurs natures. Il s'agit d'abord de pouvoir consulter les originaux, puis de les transcrire, et, enfin, de les interpréter. Or, l'écriture cursive qu'on trouve sur ces briques est loin d'être aussi facile à lire que l'écriture monumentale qu'on voit sur les murs des palais assyriens. La diversité des types vient surtout augmenter les premiers obstacles. Aussi, ce n'est pas sans peine qu'on peut arriver à donner le texte d'un certain nombre de documents de cette espèce. Cependant il nous eut été possible d'étendre le nombre des spécimens que nous avons publiés en mettant plus largement à contribution les grandes collections publiques ou particulières que nous avons consultées ; mais il fallait savoir se restreindre, et faire un choix dans lequel nous avons surtout cherché à réunir les types les plus importants et les plus variés.

Nous regrettons de n'avoir pu, à cause des difficultés typographiques, présenter ces textes avec l'aspect que l'écriture cunéiforme donne aux originaux. Nous les avons transcrits, suivant une méthode rigoureuse, d'après les valeurs acquises aux signes assyriens, telles qu'on les trouve aujourd'hui dans toutes les listes qui, depuis celles que nous avons publiées, ont été reproduites dans les différents ouvrages qui donnent la valeur des signes assyriens.

Quelques valeurs nouvelles résultent de ces études. Nous les avons soigneusement indiquées dans les remarques qui accompagnent nos interprétations.

Nous n'avons pas cru devoir, non plus, nous borner à une traduction pure et simple. Nous avons pensé que le sens des termes techniques que ces documents renferment ne pouvait être accepté qu'en rapprochant ces termes du texte et du commentaire qui doit les faire comprendre. Nous avons, toutefois, réduit nos observations aux points les plus essentiels et à ceux dont la justification ne résultait pas des travaux antérieurs.

Il y a deux ans que les premières pages de ce volume ont été livrées à l'impression; mais déjà de longues recherches en avaient préparé les éléments. Depuis cette époque, chaque texte a été l'objet d'une étude continuelle et consciencieuse qui, en reportant forcément notre attention sur les points obscurs ou indécis, a dû contribuer à fixer la valeur des interprétations auxquelles nous nous sommes arrêté.

Nous croyons avoir atteint le but que nous nous sommes proposé; cependant, nous n'avons jamais hésité à nous abstenir ou à exprimer notre réserve quand nous avons rencontré un mot ou une clause dont nous ne pouvions préciser le sens. Si le lecteur trouvait, toutefois, que dans la traduction de quelques rares expressions on pourrait nous reprocher une certaine hardiesse, nous devons déclarer que cette témérité est parfaitement réfléchie et que nous n'avons pas cru devoir reculer devant une initiative sans laquelle tout progrès véritable serait fatalement enrayé.

Juin 1877.

INTRODUCTION

ANTIQUI JURIS FABULAS.

Après avoir traduit et expliqué les textes qui nous ont conservé le souvenir des grandes guerres entreprises par les rois d'Assyrie et qui nous ont initié aux prodigieux développements de la civilisation assyro-chaldéenne, si nous voulons pénétrer dans la vie intime du peuple, nous rencontrons immédiatement une foule de monuments qui nous promettent à cet égard les renseignements les plus dignes d'intérêt.

A côté des longs récits qui ornent les palais et les temples, on a découvert des textes innombrables qui embrassent toutes les branches du développement de la vie civile et religieuse. Ce sont d'abord des documents diplomatiques, des rapports politiques adressés par les gouverneurs de provinces à leur souverain, des concessions royales, des proclamations au peuple et à l'armée; puis des débris d'une grande épopée qui nous fait remonter à l'origine des croyances religieuses et à la source des traditions de l'Assyrie et de la Chaldée sur la création de l'Univers. Les sciences sont largement représentées dans ces découvertes : nous y trouvons des renseignements précieux sur l'astronomie, les mathématiques, l'histoire naturelle, ainsi que sur les applications des connaissances acquises, à l'agriculture, aux constructions, aux irrigations et au développement de l'industrie. Nous pouvons mentionner encore les innombrables textes relatifs à l'astrologie, à la science des augures et à l'antique magie dont les pratiques superstitieuses avaient, pour ainsi dire, effacé dans la Chaldée le souvenir des efforts sérieux qu'une science vieille de plusieurs milliers d'années avait accumulés.

Enfin, on a trouvé dans plusieurs localités de la Chaldée et de l'Assyrie de nombreux documents d'intérêt privé : contrats de vente ou d'échange, louages d'immeubles ou d'esclaves, reconnaissances de créances avec constitution de garanties, suivant les ressources du débiteur ; en un mot, une série d'inscriptions qui nous révèlent les différentes applications du droit civil et commercial tel qu'il était en vigueur dans ces contrées.

Nous avons essayé de réunir un certain nombre de ces documents et d'en donner ici des traductions. Quelque considérables que soient les échantillons que nous présentons, nous sommes loin d'avoir pu consulter tous ceux que les explorateurs anglais ont entassés au Musée Britannique, et d'ailleurs, quand même nous aurions pu en disposer, ils ne suffiraient pas pour se faire une idée complète de la législation sous l'influence de laquelle ces textes étaient rédigés. Aussi nous ne pouvons guère que les juxtaposer suivant leur succession chronologique. La seule donnée générale qui s'en dégage, pour le moment, c'est qu'ils reflètent une législation puissante, dont l'influence s'est fait longtemps sentir dans la Haute-Asie.

L'étude à laquelle nous allons nous livrer sur ces contrats présente quelques difficultés, que nous devons d'abord essayer de faire comprendre. Outre celles qui sont inhérentes à la lecture des inscriptions assyriennes, à laquelle l'interprétation des textes historiques nous a déjà préparés, nous en rencontrons qui tiennent à l'origine même de la législation. D'un autre côté, l'histoire politique et sociale des anciens habitants de la Haute-Asie, se lie à une question philologique qui n'est peut-être pas encore complétement résolue, mais que nous devons au moins indiquer.

La langue assyrienne est aujourd'hui comprise dans son ensemble. Le caractère de l'idiome est bien défini : on sait que c'est une langue sémitique qui a pris place à côté de l'hébreu et du chaldéen, dans cette famille qui appartient au groupe qu'on désigne improprement sous le nom des fils de Sem. Les difficultés que l'on rencontre encore viennent surtout de l'écriture qui nous a fait connaitre cette langue. Cette écriture, dont le clou paraissait être l'élément générateur, n'est pas propre à la race sémitique qui a régné pendant plus de quinze siècles sur la Haute-Asie, et qui s'en est servie pendant toute la durée de sa longue vie. Des peuples bien divers l'ont employée à différentes époques ; mais quand on veut remonter à son origine, on s'aperçoit qu'elle appartient à une nation qui n'a aucun rapport avec les descendants de Sem. Nous avons pensé, avec tous ceux qui ont étudié les textes assyro-chaldéens, que l'écriture cunéiforme avait pris naissance chez un peuple touranien. Parmi les savants qui s'occupent de ces recherches, il ne s'en trouve pas un seul qui songe à élever un doute sur ce point. Toute objection qui pourrait se produire à cet égard, ne révélerait qu'une ignorance complète des principes qui sont regardés comme élémentaires, et ne mériterait qu'une prétérition. Une seule question divise encore les savants : il ne s'agit pas de savoir auquel des nombreux idiomes touraniens on rattacherait de préférence cet antique idiome de la Chaldée, mais on se demande quel était le nom de ce peuple dont on découvre l'existence sur les bords du Tigre et de l'Euphrate avant l'occupation des Sémites dans la Haute-Asie? Question de mots, pourrait-on dire, si à un certain intérêt philologique ne se reliait une question ethnographique qui a son importance. On hésite entre deux noms. Les plus anciens textes des rois chaldéo-assyriens parlent de deux peuples qu'ils désignent sous les noms de Sumer et d'Akkad. Or, c'est sur l'un de ces peuples que la civilisation sémitique paraît s'être greffée ; et c'est, en effet, à l'une de ces deux appellations qu'il faut se rattacher.

Quelques savants anglais ont adopté le nom d'Akkad, et cette opinion, acceptée en France d'abord, est restée celle de quelques-uns. Elle est encore étayée par le trop volumineux travail que M. F. Lenormant a consacré à la réfutation des étonnantes erreurs dans lesquelles M. Halévy s'égare sur le fond même du débat. M. Oppert a proposé le nom de Sumer. C'est sur ce point que s'élève le seul désaccord qui peut exister aujourd'hui. M. Ménant, par ses travaux sur un des plus anciens rois de Babylone, Hammourabi, avait déjà fourni quelques arguments en faveur du nom de Sumer, et il avait adopté la dénomination vague de suméro-akkadienne, qui semblait être une transaction ; mais après un examen attentif du débat, il n'a pas hésité à accepter définitivement la désignation proposée par M. Oppert. Nous considérons donc que le peuple Sumérien est le peuple qui a précédé la civilisation sémitique et nous appellerons de son nom la langue que parlaient les inventeurs de l'écriture cunéiforme.

Ces préliminaires étaient indispensables pour bien comprendre les difficultés qui nous attendent. En effet, non-seulement les Assyriens ont reçu du peuple de Sumer l'écriture qu'ils ont si longtemps pratiquée, mais par la nature même de cette écriture, ils ont été amenés à introduire dans la rédaction de leurs textes des mots qui s'y sont encadrés comme des idéogrammes et qui ont occasionné un des plus grands embarras de la lecture de l'assyrien. Or, on s'aperçut bientôt que ce qu'on avait pris pour les idéogrammes n'était, en réalité, que des expressions phonétiques empruntées à la langue primitive, des *allophones*, ainsi que M. Ménant les a appelées, et qu'on ne pouvait les comprendre sans l'intelligence de cette langue antique qu'il fallait étudier désormais.

Ces expressions, très-nombreuses dans les inscriptions des anciens Rois de Chaldée, semblaient devenir de plus en plus rares à mesure que la civilisation assyrienne se développait, sans disparaître cependant complétement dans celles des derniers Rois de l'empire d'Assyrie. Mais dans les textes spéciaux ils paraissaient plus nombreux ; ils se perpétuaient avec une grande prodigalité dans les textes religieux, dans les textes astronomiques, et surtout dans les textes juridiques, où ils formaient des phrases entières, comme si le mot et la pensée avaient pénétré la civilisation nouvelle. C'est que, en effet, chaque pas qu'on faisait dans l'étude de l'histoire de l'Assyrie et de la Chaldée révélait de plus en plus tout ce qui était resté de la civilisation aborigène, non-seulement dans l'écriture, mais encore dans le fond des institutions. Heureusement que les savants du siècle d'Assur-bani-habal devaient nous instruire précisément sur ce point.

On sait que dans le palais d'Assur-bani-habal, situé à l'angle Nord du tumulus qui porte aujourd'hui le nom de Koyoundjik, les explorateurs anglais ont découvert une vaste chambre remplie, sur une étendue de quatorze mètres carrés, de débris de tablettes d'argile recouvertes d'une écriture fine et serrée. Ces tablettes se comptaient par milliers. Dès qu'on a pu lire l'écriture dont elles étaient chargées, les premiers renseignements ne laissèrent aucun doute sur la destination du local qui les renfermait. Il était évident qu'on se trouvait en présence des ruines d'une vaste bibliothèque de la nature de celles dont Pline nous a conservé le souvenir, et qui était formée de ces livres que l'historien romain nomme *Coctiles laterculi*, expression étrange, ou qui devait paraître telle pendant de si longues années.

Cette bibliothèque date du viie siècle avant notre ère; elle suffit pour nous faire comprendre ce que ces immenses établissements pouvaient contenir et ce que nous sommes fondés à espérer des découvertes ultérieures. La bibliothèque d'Assur-bani-habal n'était pas isolée : on rencontrera un jour des dépôts semblables à Nimroud et sur d'autres points de l'Assyrie. La Chaldée en renfermait également un grand nombre. Babylone avait des archives qui remontaient à la plus haute antiquité, et nous avons déjà la certitude de leur existence dans la Mésopotamie inférieure. A l'appui des traditions qui nous en transmettaient le souvenir, des débris analogues à ceux que l'on a rencontrés à Ninive nous sont déjà parvenus de ces contrées. Enfin, nous savons par les documents assyriens, que nous pouvons consulter, que les savants ninivites du viie siècle avant notre ère allaient fouiller ces antiques archives à Babylone, à Sippar, à Agadé, pour y étudier des textes déjà vieux de plus de dix siècles, à l'époque de leurs recherches, et en prendre des copies que nous avons retrouvées au milieu des vestiges de leurs travaux.

La bibliothèque palatine d'Assur-bani-habal était composée avec le plus grand soin, et si des fouilles, antérieures à celles qui nous en ont révélé dernièrement l'existence, n'avaient pas augmenté le désordre inévitable, résultant de la catastrophe qui a anéanti les constructions ninivites, il nous eût été facile de la reconstituer, pour ainsi dire, dans son entier. Le prince qui l'avait réunie y avait mis toute sa gloire. Assur-bani-habal n'était pas seulement un grand conquérant qui avait étendu les limites de son empire depuis les versants du Caucase jusqu'aux sources du Nil, c'était encore un grand administrateur qui avait porté le développement scientifique, artistique et littéraire à son plus haut point; aussi il nous apparait aujourd'hui, après vingt siècles d'oubli, entouré de tout l'éclat que les œuvres de l'intelligence jettent sur les souverains qui les dirigent ou les protègent.

La plupart des tablettes de cette immense collection sont signées du nom du Roi et se terminent par une formule plus ou moins succincte, mais qui nous laisse toujours entrevoir la grandeur de l'œuvre et le prix qui y était attaché. Assur-bani-habal nous fait savoir que c'est Nebo, le Dieu de l'intelligence, et la déesse Tasmit, sa divine épouse, qui ont guidé les savants dans l'accomplissement du travail dont il les avait chargés. Ces grandes divinités leur ont ouvert les oreilles pour entendre et les yeux pour voir ; ils ont ainsi compris les mystères de cette écriture dont on s'était servi du temps des anciens rois pour écrire les décrets suprêmes du Dieu ; et lui, Assur-bani-habal, il a fait rédiger ces tablettes pour l'instruction de ses sujets, et il les a placées dans son palais.

Ces précieuses tablettes, dont le nombre s'élevait à plus de dix mille, et qui embrassaient les sujets les plus divers, étaient soigneusement classées. Chacune d'elles porte le numéro de la série à qui elle appartient, et cette série est indiquée par la glose initiale de la première tablette. C'est ainsi que nous avons, par exemple, la troisième tablette de la série *sar-ru* ; la troisième tablette de la série *an-ta-ik = sa-ku*. Les fameuses inscriptions qui nous ont fait connaître les vieilles légendes de la Chaldée formaient un ensemble de douze tablettes désignées par le nom d'*Istubar* : le récit du Déluge était inscrit sur la onzième de la collection.

Mais ce qui doit particulièrement nous intéresser ici, c'est que plusieurs séries de ces tablettes étaient principalement consacrées à l'étude de la langue de Sumer, et nous ont ainsi permis de nous initier aux principes de cet idiome. Elles forment un ensemble de documents philologiques qui nous font remonter à l'origine même de l'écriture cunéiforme. Quelques-unes nous ont conservé les traces du hiéroglyphe primitif qui a servi de type au caractère ; d'autres plus avancées nous montrent la transformation du type archaïque, en plaçant en regard la forme plus simple qui l'a remplacée dans les rédactions plus modernes. Ailleurs, ce sont des signes qui n'ont qu'une valeur purement idéographique et dont on nous fait connaître la transcription. Puis nous trouvons des textes *Bilingues*, de véritables Dictionnaires qui nous donnent en regard du mot sumérien la traduction assyrienne ; puis encore des Grammaires, avec une analyse philologique des termes sumériens, et des transcriptions interlinéaires propres à nous faire comprendre la différence qui existe dans la construction de la phrase et dans la syntaxe des deux idiomes ainsi mis en regard.

Enfin, parmi les tablettes bilingues écrites en assyrien et en sumérien par les savants d'Assur-bani-habal nous trouverons des *instructions* rédigées, non-seulement pour nous faire comprendre l'origine de l'écriture assyrienne et pour résoudre les difficultés philologiques que son emploi pouvait entraîner, mais encore pour fournir l'explication des anciens termes de la civilisation antérieure qui sont passés dans les textes, et l'analyse des anciennes formules juridiques que l'usage a perpétuées dans la Haute-Asie, et que les révolutions qui en ont, à plusieurs reprises, modifié la constitution politique, n'ont pu faire disparaître.

Cette étude des antiquités de la Chaldée était du reste imposée aux savants assyriens par la nature même des choses. L'histoire de Babylone se lie étroitement à l'histoire de Ninive. Malgré les guerres acharnées qui ont éclaté à différentes époques entre les deux rivales, au fond, la civilisation est la même dans les deux empires : il n'y a pas de différence dans le principe. On y retrouve déjà la même langue, et bientôt nous y constaterons les mêmes lois, les mêmes mœurs. La religion est la même, avec les nuances que le polythéisme comporte auprès des croyants qui adressent principalement le tribut de leur foi, suivant les temps et les lieux, à telle ou telle divinité d'un même panthéon.

L'étude des archives de Ninive s'impose donc désormais au début de toute tentative qu'on voudra faire pour pénétrer dans la vie intime du peuple assyro-chaldéen, comme elle s'imposait jadis aux savants de l'antique Assyrie. Le moment n'est pas encore venu de formuler dans une vaste synthèse le résultat des principes qui ont présidé au développement de la civilisation assyro-chaldéenne, dont nous saisissons de si nombreux détails, mais contre laquelle l'abondance des matériaux qui s'offrent encore à notre investigation, doit nous prémunir. La seule chose que nous puissions constater, c'est que dans cet ensemble on remonte plus loin dans l'histoire de Babylone que dans celle de Ninive, quant à présent du moins.

Nous devrons donc nécessairement comprendre dans une Première Partie l'étude de ces tablettes, dans lesquelles nous trouverons la traduction assyrienne des termes juridiques empruntés à la langue de Sumer, et quelquefois même la traduction littérale des formules antiques que nous rencontrerons dans les contrats. C'est en étudiant avec les scribes assyro-chaldéens, dans les livres qu'ils rédigeaient quelques années avant la chute de Ninive, les commentaires des anciennes lois de leur pays, que nous parviendrons à interpréter des actes et des clauses qui, sans ces renseignements, seraient restés pour nous des mystères impénétrables.

La Seconde Partie comprendra les actes mêmes des Assyro-Chaldéens que nous avons réunis. Nous avons divisé cette partie en cinq périodes, qui nous sont indiquées par la nature même des révolutions qui ont modifié, à différentes époques, la constitution politique de la Haute-Asie.

La Première Période est consacrée aux documents du premier empire de Chaldée. Ce sont des actes dont la rédaction est antérieure au xe siècle avant notre ère, alors que Babylone avait une vie indépendante de Ninive et n'avait pas encore subi l'ascendant de ses redoutables voisins.

La Seconde Période embrasse les actes du grand empire d'Assyrie. Nous n'avons pas, il est vrai, de documents bien anciens de cette période ; le plus ancien appartient au viiie siècle av. J.-C. Le plus récent n'a dû précéder que de très peu de temps la chute de Ninive et la ruine du palais où il a été enseveli jusqu'à nos jours.

La Troisième Période renferme les contrats passés sous les rois du second empire de Chaldée. Malheureusement nous n'avons à notre disposition que quelques documents des règnes de Nabuchodonosor et de Nabonid.

La Quatrième Période comprend les actes souscrits sous la domination perse. Malgré l'invasion arienne, à Babylone et dans la Chaldée, le peuple avait conservé son écriture, ses lois, ses dieux. Les contrats de cette époque ne diffèrent pas notablement de ceux des époques précédentes : c'est encore la même formule sous laquelle on sent à peine l'influence de la civilisation nouvelle.

La Cinquième Période commence avec l'invasion grecque. A la domination perse succède la domination occidentale. Alexandre vient mourir à Babylone et les Séleucides élèvent leur empire sur ses conquêtes. Cependant la vie du peuple n'a pas été complétement éteinte par cette dernière secousse ; aussi nous signalerons des actes passés sous Séleucus, Démétrius et Antiochus, qui révèlent encore la trace des antiques traditions du droit, de l'écriture et de la langue des peuples de Sumer et d'Akkad.

Le dernier acte que nous enregistrerons est daté de l'an 81 après J.-C.

PREMIÈRE PARTIE.

DOCUMENTS BILINGUES.

Nous avons dit que parmi les documents bilingues qui composaient la bibliothèque du palais d'Assur-bani-habal, il s'en trouvait qui paraissaient avoir eu pour but spécial de conserver et d'expliquer les anciens textes juridiques dont les formules avaient pris naissance sous la domination touranienne, et qui se perpétuaient dans la Haute-Asie. Les tablettes qui renferment ces documents forment une série, dont nous connaissons la rubrique; elle est ainsi conçue : *ki-ki-rib-bi-ku = a-na it-ti-su*. C'est la glose qui commence la première tablette. Nous ignorons quel était le nombre des documents de cette série; mais nous en possédons de longs fragments, et nous en reproduirons quelques-uns en leur conservant, autant que possible, l'aspect de l'original.

Ces tablettes sont écrites sur les deux côtés ; elles ont ainsi un recto et un verso. Elles sont divisées en deux colonnes, la première commence à gauche du recto, et la dernière est celle de gauche au verso ; elle comprend généralement la signature de la tablette. Chaque colonne se subdivise en deux parties. Celle de gauche comprend l'original touranien, celle de droite la traduction assyrienne ; des lignes transversales indiquent ce que nous pouvons considérer comme des alinéas qui renferment un sens complet. Mais ces alinéas ne paraissent pas toujours se relier les uns aux autres d'une manière bien logique, pour nous du moins, et, souvent, l'idée première qui a dû présider à cet arrangement nous échappe encore.

Ces tablettes ont été publiées en 1866 dans le Recueil du Musée Britannique; depuis cette publication, des découvertes plus récentes ont permis de compléter certaines parties du texte primitif. On trouvera ces augmentations, encore bien insuffisantes cependant, dans le recueil de textes de M. F. Lenormant auquel nous renverrons également.

Des essais de traduction de quelques-uns de ces documents ont déjà été tentés, mais l'état fragmentaire des tablettes joint aux difficultés que présente le texte sumérien n'a permis de traduire que des passages isolés. Nous nous écarterons souvent du sens auquel nos devanciers sont arrivés : notre analyse philologique fera connaître les motifs sur lesquels nous appuyons celui auquel nous nous sommes arrêtés.

Dans la transcription du texte sumérien, les auteurs ont donné souvent la forme assyrienne quand celle de la langue antique leur était inconnue ; mais dans ce cas, ils ont mis le mot entre parenthèses, en le faisant suivre d'un point d'interrogation. D'un autre côté, le texte assyrien reproduit quelquefois l'allophone sumérien ; et alors les auteurs, en donnant la transcription assyrienne du mot, ont essayé de rendre au texte son aspect véritable, en reproduisant après lui l'allophone qu'ils ont mis également entre parenthèses.

La traduction du sumérien n'a été donnée que dans le cas où une notable différence distingue le texte original de la version assyrienne ou lorsqu'il était important de signaler au lecteur des mots et des locutions sûrement acquises à la science.

I

La première tablette ne paraît comprendre qu'une série de renseignements purement philologiques et ne se rattache ainsi que d'une manière trop indirecte à notre sujet, pour que nous ayons cru devoir la reproduire, nous commençons donc avec la seconde tablette. C'est encore la moins complète, les originaux sont cotés au Musée Britannique sous le n° K. 46. Elle comprend les planches 12 et 13 du second volume du Recueil publié par Sir Henry Rawlinson que nous continuerons à désigner par les initiales *W. A. I. (Western Asia Inscriptions)*. Un nouveau fragment, également très-imparfait, de la 2° colonne a été publié par M. F. Lenormant dans son *Choix de textes*, sous le n° 12, p. 20 à 23.

DOCUMENTS BILINGUES.

(1ʳᵉ Colonne. — *W. A. I.*, II, pl. 13.)

(Les premières lignes manquent).

13. se ši . . .   .
14. se sam-sam   . . . .
15. bi . , sam-sam-ne   . . . .
16. . . . du-ak-da   a . . .
17. . . . du-ak-ḫu   a . . .
18. kar-zi-zi-ne   a-na . . .
19. kar-su-su-ne   a-na tal-me-di
                                        ad instructionem.

20. ⚹||| kar   ka-ru
    Munimentum.   Munimentum.
21. kar-bi   ka-ar-su
    Munimentum suum.   Munimentum suum.
22. kar gu-la   kar gu-lu-u
    Munimentum ingens.   Munimentum ingens.
23. kar gu-la   kar-ru rabu-u
    Munimentum magnum.   Munimentum magnum.
24. kar En-kit-ki-ta   i-na ka-ri Ni-pu-ru
    Munimentum Nipuræ, super.   In munimento Nipuræ.
25. kar Kā (bab)-an-ra-ta   i-na ka-ri Bab-ilu
    Munimentum Babylonis, super.   In munimento Babylonis.
26. kar Ud-kip-nun-ki-ta   i-na ka-ri Si-par
    Munimentum Sipparorum, super.   In munimento Sipparorum.
27. ki-(ba)-lam=ki-lam   (ki-lam) maḫiru=maḫiru
    Mercator suus = Mercator.   Mercator = Mercator.
28. ki-lam gu-la   maḫiru rabū (gal-u)
    Mercator magnus.   Mercator magnus.
29. ki-lam tur-ra   maḫiru ṣi-iḫ-ru
    Mercator parvus.   Mercator parvus.
30. ki-lam lal-e   maḫiru en-su
    Mercator debilis.   Mercator debilis.
31. ki-lam lal-e   maḫiru ma-tu-u
    Mercator debilis.   Mercator vacillans.

32. *ki-lam dan-ga*   *mahiru dan-nu*
Mercator potens.   Mercator potens.
33. *ki-lam gi-na*   *mahiru ki-nu*
Mercator firmus.   Mercator firmus.
34. *ki-lam hi-ga*   *mahiru ta-a-bu*
Mercator bonus.   Mercator bonus.
35. *ki-lam gar-ra*   *mahiru ba-su-u*
Mercator exsistens.   Mercator exsistens.
36. *ki-lam ik-la*   *mahiru basu*
Mercator exsistens.   Mercator exsistens.
37. *ki-lam al-mal-mal*   *mahiru basu*
Mercator exsistens.   Mercator exsistens.
38. *ki-lam al-du-a*   *mahiru el-la-ku*
Mercator deficiens.   Mercator deficiens.
39. *ki-lam al-du-a kim*   *ki-ma mahiru (ki-lam) il-la-ku*
Mercatoris deficientis instar.   Sicut mercator deficiens.
40. *ki-lam al-ik-la kim*   *ki-ma mahiru i-ba-su-u*
Mercatoris exsistentis instar.   Sicut mercator exsistit.
41. *ki-lam al-mal-mal kim*   *ki-ma mahiru i-ba-su-u*
Mercatoris exsistentis instar.   Sicut mercator exstitit.
42. *ki-lam (alu?) ik-la*   *mahiru ina alu i-ba-su-u*
Mercator urbis exsistens.   Mercator in urbe exstitit.
43. *ki-lam su-su kim*   *mahiru ki-ma su-su*
Mercatoris . . . instar.   Mercator sicut . . .
44. *ka-ni lal-e*   *kaspa i-sa-kal*
Pecuniam suam ponderat.   Pecuniam ponderat.
45. *au se aka-e*   *au se-am i-ma-da-ad*
et frumentum metitur.   et frumentum metitur.
46. ⌜𒎏⌝ (*simu?*)[1]   *si-i-mu*
Pretium.   Pretium.
47. *simu-bi*   *si-im-su*
Pretium suum.   Pretium suum.
48. *simu-bi-ku*   *a-na si-mi-su*
Pretium suum secundum.   Secundum pretium suum.

---

[1] Il est bien entendu que la transcription *simu* dont nous nous servons dans cette colonne (lig. 46 et suiv.), n'est qu'une manière de rendre le mot sumérien dont l'articulation est encore inconnue.

49.	*simu-bi-ku ia-gar*	*a-na si-mi-su is-kun*
	Pretium suum secundum solvit.	Pretium suum solvit.
50.	*simu til-la*	*si-mu ga-am-ru*
	Pretium perfectum.	Pretium perfectum.
51.	*simu nu til-la*	*si-mu la ga-am-ru*
	Pretium non perfectum.	Pretium non perfectum.
52.	*simu til-la-bi*	*si-im-su ga-am-ru*
	Pretium perfectum suum.	Pretium suum perfectum.
53.	*simu nu til-la-bi*	*si-im-su la-a ga-am-ru*
	Pretium non perfectum suum.	Pretium suum non perfectum.
54.	*simu til-la-bi-ku*	*ana si-mi-su gam-ru-ti*
	Pretium perfectum suum secundum.	Secundum pretium suum perfectum.
55.	(*ekir?*) *simu nu til-la-bi-ku*	*ana ar-kit si-mi-su la-a gamruti*
	Complementum pretii non perfecti sui secundum.	Complementum pretii sui non perfecti.
56.	*ki-bi-gar*	*pi-ha-[tu*
	Imperium.	Imperium.
57.	*ki-bi-gar ra-bi*	*pi-ha-[aš-šu*
	Imperium hoc.	Imperium suum.
58.	*ki-bi-gar ra-bi-ku*	*a-na pi-[ha-ti-su*
	Imperium hoc versus.	Versus imperium suum.
59.	*ki]-bi-gar-ra-ne-ne*	. . . .
	Imperium.	
60.	. . . . *ne-ne*	. . . .

(2^e Colonne. — *W. A. I.*, II, pl. 13.)

1.	. . . *ni-in-da*	. . .
2.	. . . *ab-šun*	*a-na* . .
		secundum
3.	. . *sim-mi-ni in-tar*	*u.* . . .
4.	. . . *in-ni in-sa*	*ab-se-na.* .
	. . . . fecit	
5.	. . *ku in-ni in-se*	*a-na kaš-pa.* . .
	. . . pecuniam ei dedit	pecuniam

DOCUMENTS JURIDIQUES.

6. (sarru?) a-ni nu-um si-in-gi a-na bel-su. . .
 . . . implevit Domino suo
7. . sar ? a-ni tu-ba-da-ḫa-a is-tu bit bel. . .
 Ex domo domini effugit.
8. da ḫa-a-tu im-ma an-gur es is-tu uḫ-li-ku yu-te-ru
 Ex refugio rediit.
9. la da-ḫa-a-tu im-ma an-gur is-tu uḫliku yu-te-ru-u. . .
 es-a-tu Ex refugio rediit
10. is-nir nir na in-sa kur-za-a a-na se-pi-su is-[kun]
 Incisionem pedibus suis fecit;
11. zak sar-sar mi-ni-in-se sar-sar-ra-ta i-pa-ir ?
 catenam apposuit
12. is i-na tuc-ta-an-pal bu-ka-na yu-se-ti-ik
 transgressus est.
13. ok zu-ḫa-a is-e-tu ḫa-lak sa-bat
 Fugiendo, abeundo.
14. si-ni na-ni in-pal i-na pa-ni-su ig-gur
 oculum ejus, frontem ejus fugit. Ex conspectu ejus fugit.
15. nam-nit-a-ni mi-ni-in-su ardut-su yu-ra-ad-di
 Servitutem suam redemit. Servitutem suam redemit.
16. nam-gab ip-ti-ru
 Redemptio. Redemptio.
17. nam-gab-a-ni ip-ti-ru-su
 Redemptio sua. Redemptio sua.
18. nam-gab-a-ni-ku a-na ip-ti-ru-su
 Redemptione sua pro. Pro redemptione sua.
19. nam-gab a-ni-ku kû ne in-lal a-na iptiru-su kaspa is-mu
 Redemptione sua pro nummos solvit. Pro redemptione nummos solvit.
20. kû-ta simu si-ma-tu
 Argento pretium. Pretium.
21. kû-ta gub-ba ma-an-ze-za-nu
 Argento pignus. Pignus.
22. kû-ta gub-ba-as a-na manzazanu
 Argento pignore. In pignore.
23. kû-ta gub-ba-as mi-ni-in-du a-na manzazanu yus-zi-iz
 Argento pignore evanuit. Pignus evanuit.
24. kû-pat-du si-par-tu
 Obligatio (pignoris). Obligatio (pignoris).

25.	kû-pat-du-a-ni	si-pi-ir-ta-su
	Obligatio sua.	Obligatio sua.
26.	kû-pat-du-ni in-se	sipirta-su id-din
	Consensum suum dedit.	Consensum suum dedit.
27.	mu-kû-ga-a-ni-ku	as-su si-bat kas-pi-su
	In usura pecuniæ suæ	In usura pecuniæ suæ
28.	ê a-lib iš-sar sak sal-lat nitu	bit ekil kiri ardu ardat
	domum, agrum, hortum, ancillam, servum,	domum, agrum, hortum, servum, ancillam
29.	kû-ta gub-ba-as mi-ni-in-du	a-na man-za-za-ni us-zi-iz
	pecuniæ pignore cessit.	pignore cessit.
30.	ê au kû-par si-ne-ne-gab	bit a-na kaspi it-ta-dla-lu
	Domum pecunia compensavit.	Domum pecunia compensavit.
31.	a-lib au kû-par si-ne-ne-gab	ekil a-na kaspi ittadalu
	Agrum pecunia compensavit.	Agrum pecunia compensavit.
32.	iš-sar au kû-par si-ne-ne-gab	kiru a-na kaspi ittadalu
	Hortum pecunia compensavit.	Hortum pecunia compensavit.
33.	sal-lat au kû-par si-ne-ne-gab	ardat a-na kaspi ittadalu
	Ancillam pecunia compensavit.	Ancillam pecunia compensavit.
34.	nitu au kû-par si-ne-ne-gab	ardu a-na kaspi ittadalu
	Servum pecunia compensavit.	Servum pecunia compensavit.
35.	kû-pat-du-a-ni ki-lal nu-tak-ga	si-par-ta-su
	Obligatio (pignoris) sua.	Obligationem (pignoris) suam
36.	ib-kin	la-a sa-ki-il-ta
		non solvit;
37.	au-kit-a	sa a-na sip-ru-ti i-zi-bu
		quæ ob obligationem dereliquit
38.	au kû-par si-ne-ne-gab	au kaspi it-ta-dla-lu
	et pecunia solvit.	et pecunia compensavit.
39.	ut kû-par mu dan tumda-ruv	i-nu kaspa yub-ba-lu
	Pecunia.	Hin (vas) repletum argenti
40.	ê-a-ni su ba ap tu ri	a-na bit-su i-ru-ub
	In domum suam manum inseruit	domum suam intravit.
41.	ut kû-par mu un tumda-ruv	i-nu kaspa yub-ba-lu
	Pecunia.	Hin repletum argenti
42.	a-lib-ga na ba ab gub-ba	iz-za-as
	ager.	spopondit.

DOCUMENTS JURIDIQUES.

43. ul kà-par mu un tum da-ruo [i-nu kaspa yub]-ba-lu
    Pecunia.   Hin (vas) repletum argenti
44. . . . ne ne   in   pa
45. ———   ———   lu
46. ———   ———   kit pal
47.   [i-nu] kaspa yub-ba-lu
                                           Hin repletum argenti
48.   is su i-tur-su
49.   i-nu kaspa yub-ba-lu
                                           Hin repletum argenti
50.   ul la lu
51. ———   ———   la
52. ———   ———   ti

(La fin manque.)

(3ᵉ Colonne. — W. A. I., II, pl. 12. — L. N. *Choix de textes*, p. 20.)

1. . . . . ne   . . . . . .
2. su]-ti-a-ne-ne-ku
    Ad possessionem
3. su-ti-a-ne-ne-ku-ne. .
    Ad possessionem
4. su-ti-a-ne-ne-ku-su-ba-ap. .
    Ad possessionem
5. su-ti-a-ne-ne-ni-si-gi-is
    Ad possessionem
6. ni-se-gi-is   iz-zi-iz
                        spopondit
7. ni-se-gi-ne   iz-za-[zu
                        spoponderunt
8. al-du-bu-us   iz-zi-[zu
                        spoponderunt

DOCUMENTS BILINGUES.

9. *.l – se – gi – is*
                             iz – zi – zu
                             spopondit.

10. *su – si – du*   *na – ah – ra*
    Manu, oculo, itio (emptio, venditio). Venditio.

11. *su – si – du – um*   *i – na ma – ah – ra*
    Emptione.   Venditioni.

12. *s. – si – du – ku*   *a – na mahra*
    Emptionem versum.   Ad venditionem.

13. *su – ba – an – ti*   *el – te – ..*
    Manu prehendit.   Sumpsit (emit).

14. *su – ba – an – ti*   *im – ta – har*
    Manu prehendit.   Sumpsit.

15. *su – mal – an – na – ab – du*   *nam – har – tu*
    Manu contra traditio.   Venditio.

16. *su – mal – an – na – ab – du*   *nis – mah – tu*
    Manu contra traditio.   Venditio.

17. *su – mal – an – na – ab – du*   *lis – gar – tu*
    Manu contra traditio.   Venditio.

18. *su – te – mal*   *il – ku – u*
    Manu prehendit contra (emit).   Emit.

19. *su – te – mal*   *im – ha – ru*
    Emit.   Imposuit, sumpsit.

20. *su – ne – in – ti*   *il – ku*
    Emit.   Emit.

21. *su – ne – in – ti*   *im – hur*
    Emit.   Imposuit.

22. *su – ne – in – ti – [es*   *il – li – ku – u*
    Emerunt.   Solverunt.

23. *su – ne – in – ti – [es*   *im – hu – ruv*
    Emerunt.   Emerunt, sumpserunt.

24. *su – ba – ab – [ti*   *i – lak – ki*
    Cepit.   Emit (vendidit).

25. *su – ba – [ap – ti*   . . . *is – ha*. . .
    Cepit.

26. *su – [ba – ap – ti – es*
    Solverunt.

27. *su – [ba – ap – ti – es*
    Solverunt.

28. *su a ni* . .

18   DOCUMENTS JURIDIQUES.

29. . . . .

34. su–ne–[ni . .   . .

35. su–ne–[ni . .   . .

44. . . . . . [ki]   [it – ti]
     Locum.   Cum.

45. ki – na   it – ti – [su
     Locum ejus.   Cum illo.

46. ki – na   ni – ti   itti – su   i – la – [ak – ki
     Locum ejus prehendit.   Cum illo ceperunt.

47. ki – na   nu   ni – ti   itti – su   ul   i – la – [ak – ki
     Locum ejus.   Cum illo non ceperunt.

48. ki – na – su   ne – in – ti   itti – su   it – ki
     Locum ejus prehendit.   Cum illo cepit.

49. ki – na – su – ne – in – ti – es   itti – su   it – ku – u
     Locum ejus prehenderunt.   Cum illo ceperunt.

50. ki – ni – ta   it – ti – su
     Loco ejus in.   Cum illo.

51. ki – ne – ne – ta   it – ti – su – nu
     Loco eorum in.   Cum illis.

52. ki – mu – ta   it – ti – ya
     Loco mei in.   Cum me (mecum.)

53. ki – me – ta   it – ti – ni
     Loco nostrum in.   Cum nobis. (nobiscum.)

54. ki – zu – ta   it – ti – ka
     Loco tui in.   Cum te. (tecum.)

55. ki – zu – ne – ne – ta   it – ti – ku – nu
     Loco vestrum in.   Cum vobis. (vobiscum.)

56. ki ok–ki–ta au ok–yi–na   it–ti sal–me au ki–ni
     Loco æqui et justi   Cum æquitate et justitia

57. ku–par bi]–su ba–ap–te mal–ta   kaipu–su i–lak–ki
     pecuniam sumpsit   pecuniam suam cepit.

58. . . . . u–ta . . . .   it–ti . . . ik . . . di
                        Cum

59. . . . . te . . . .

DOCUMENTS BILINGUES.

(4ᵉ colonne. — *W.A.I.*, II, pl. 12.)

(Les six premières lignes manquent).

7. ⊣|◁ (*sibat?*) *kim*   *si-ib-tu ki-ma*
    Fenus sicut constitutum.   Fenus sicut (integrum caput) imposuit

8. *sibat se-da la-ab-da-di*   *sibtu it-ti se-im yu-ma-har*
    Fenus   Fenus unà cum frumento imposuit.

9. *sibat ki-lam kin-a kim*   *sibtu ki-ma mahiru it-lak*
    Fenus mercatoris instar.   Fenus unà cum mercatore periit.

10. *sibat ki-lam gab-ba kim*   *sibtu ki-ma mahiru i-za-as*
    Fenus mercatoris instar.   Fenus unà cum mercatore exstinc-
            tum est.

11. *sibat bi-ku gur-ru-nin*   *a-na si-ib-ti-su yu-tir*
    Fenus mercatorem ad revertit.   Usque ad summam fenoris restituit.

12. *sibat (alu?) kim*   *si-ib-tu ki-ma*
    Fenus urbis sicut.   Fenus secundum (usuram urbis).

13. *sibat ba-ra-pal*   *sibtu it-ta-pal-kit*
    Fenus superavit.   Fenus superavit.

14. *sibat mu I kam*   *si-bat sa-na-at*
    Fenus anni unius.   Fenus anni.

15. *sibat (arah?) I kam*   *sibat a-ra-ah*
    Fenus mensis unius.   Fenus mensis.

16. *sibat (alu?) I Pi se ta-a-an*   *si-bat alu I Pi ta-a-an*
    Fenus urbis I *artaba* frumenti in totum.   Fenus (secundum consuetudinem)
            urbis I *artaba*.

17. *sibat (alu?) I As se ta-a-an*   *si-bat alu I As ta-a-an*
    Fenus urbis I *as* frumenti in totum.   Fenus (secund. consuet.) urbis I *as*.

18. *sibat kā-bi*   *si-bat kas-pi*
    Fenus argento (solutum).   Fenus argento (solutum).

19. *sibat I Tu si VI Ik ta se ta-a-an*   *sibat I Tu si VI Ik ta-a-an*
    Fenus unius drachmæ sextuplex in   Fenus I drachmæ sextuplex *hini*.
     totum.

20. *sibat X tu II tu ta-a-an*   *sibat X Tu II Tu ta-a-an*
    Fenus decem drachmæ duo drach.   Fenus super X drachmas II dr. in
     in totum.   unum.

21. *sibat I ma-na XII Tu ta-a-an*   *sibat I ma-na XII Tu ta-a-an*
    Fenus unius minæ XII dr. in totum   Fenus super minam XII dr. in unam.

22. *mal-mal-nin*   *is-sa-ka-av*
    Implevit.   Implevit.

23.	lah-hi-nin	ya-za-ab
	Exstitit.	Exstitit.
24.	ne-in-tah	yus-si-ib
	Posuit.	Posuit.
25.	ab-ba-tah	yu-rad-di
	Disposuit.	Disposuit.
26.	se-mu-nin	i-na-ad-din
	Dedit.	Dedit.
27.	ne-in-se	id - din
	Dedit.	Dedit.
28.	ab-ba-se	it-ta-din
	Dedit.	Dedit.
29.	si-nin = ru-nin	yut-ta-ar
	Restituit.	Restituit.
30.	ne-in-si	yut-te-ir
	. . .	Restituit.
31.	ab-ba-si	yut-te-ir
	. . .	Restituit.
32.	si-gi-nin	is-bu-uk
	Accumulavit.	Accumulavit.
33.	ne-in-se-gi	isbuk
	Accumulavit.	Accumulavit.
34.	ab-ba se-gi	is-ta-pa - [ak
	. . .	. . .
35.	har-ra	hu-bu-ul-lu
	Præstatio	Pignus.
36.	har-ra luk	hubullu
	Præstationem auget.	Pignus.
37.	har-ra luk	bel hu-bu-li
	Præstationem auget.	Dominus pignoris.
38.	har-ri-ne	a-na hu-bu-li
	Præstatio.	Pro pignore.
39.	har-har-ku	a-na hubuli
	Præstationem secundum	Pro pignore.
40.	har-ra nu me a	sa la-a hubuli
	Præstationem non accumulat.	Quod non pignus (attinet).

41.	*ul a-na hu-bu-ul-li a-na hu-bu-la-te*
. . .	Non pro pignore. . .
42.	*ul ana hubuli a-na ki-ip-ti*
. . .	Non pro pignore. . .
43.	*ul hu-bu-li*
	Sine pignore.
44.	*a-na kip-ti*
	Secundum. . .
45.	*ka-a-bu*
46.	*a-na ka-a-bi*
	(La fin manque.)

REMARQUES.

Nous avons accompagné notre texte d'une traduction latine : le latin se plie plus facilement que le français au mot à mot et permet de faire ainsi comprendre la différence du sumérien et de l'assyrien. Nous ne donnerons de traduction française, dans cette partie, que lorsque nous croirons utile de mettre en relief quelque texte antique transmis par la version assyrienne.

C. I, l. 6. — Les premières lignes sont malheureusement frustes ; il nous en reste cependant un mot très-remarquable, c'est le mot *talmedi*, qui contient la forme la plus ancienne de l'expression d'où provient le nom du *Talmud*, c'est l'hébreu תלמוד, l'arabe تلميذ. La suite de la colonne est particulièrement consacrée à l'explication de termes du droit commercial et renferme des expressions qui se rattachent au négoce et aux rapports financiers qui existent entre le débiteur et le créancier.

C. I, l. 27. — L'obscurité qui enveloppe ce passage provient des nombreuses acceptions du mot *mahir* qui a les différentes significations de «maître», «tenancier», etc...; mais il semble se rattacher ici à une racine qui veut dire «acheter», hébreu מחיר.

C. I, l. 30. — La grande difficulté du sumérien réside surtout dans l'emploi des mêmes syllabes pour exprimer des sens différents. Cette multiplicité est inhérente à la langue même. Ainsi *lal* signifie «peser», mais *lal* signifie également «faible». On a donc besoin de la version assyrienne pour fixer le sens spécial qu'un mot sumérien isolé peut avoir.

C. I, l. 46-55. — Nous avons ici un échantillon complet d'analyse grammaticale telle qu'elle était usitée par les Assyriens pour expliquer la langue de leurs devanciers. Evidemment tout ce paragraphe ne tend qu'à interpréter la phrase d'un texte sumérien où se trouvaient ces mots : (simu?) nu-til-la-bi-ku.

C. II. — La seconde colonne a trait à un esclave fugitif et explique différentes formules qui se rattachent à sa position.

C. II, l. 67. — Le sumérien ha-a est expliqué par les dérivés de הלק, « fuir, s'en aller », au paël « anéantir » : de là vient uhlik « lieu de refuge ».

C. II, l. 11. — Sarsarrat, en hébreu שרשרה « chaîne ».

C. II, l. 13. — Ces deux mots halak, sabat pourraient s'interpréter par un impératif. Ce serait alors une formule ironique que nous traduirions ainsi : « fuis, va-t-en (maintenant) ». Dans la ligne suivante la version assyrienne exacte, pour correspondre au sumérien, serait pana su mahirta su ustapalkit.

C. II, l. 16. — Iptiru avait été expliqué par Hincks avec le sens de « liberté ». Il est peut-être plus juste de le traduire ici par « rançon ».

C. II, l. 21. — L'expression manzazanu, de la racine נצב « couvrir » rappelle exactement notre mot « couverture » dans son sens commercial.

C. II, l. 27. — Le mot sibat vient de צבה « gonfler, grossir ».

C. II, l. 30. — Nous traduisons le mot ittadalu comme l'Iphteal de עול « égaliser ».

C. II, l. 39. — Inu semble être ici le mot הין « une mesure ». En tout cas ce ne saurait être la mesure du hin qui, pleine d'orge, peut être égale à 3 litres. Il nous semble au contraire qu'il s'agit d'une mesure en argent, et présentée en cadeau au nouveau propriétaire, une sorte de « denier à Dieu ». Le mot yubbulu, paël de יבל, d'où vient bilat la « prestation », semble militer en faveur de cette opinion.

C. III, l. 18. — Le mot ilku, l'hébreu לקה se dit de « l'achat », le mot mahar כתר, au paël, exprime la même idée ou la vente. Le sumérien n'a qu'une expression dans les deux cas, il dit « prendre », comme le turc dit encore satûre âlman « prendre en vente » pour « acheter ».

C. III, l. 50-55. — Ces six lignes, restituées dès 1855 par M. Oppert (E. M., t. I, p. 152) constituent encore aujourd'hui un des passages les plus féconds de la grammaire sumérienne.

C. IV, l. 35. — Hubuli, semble être l'hébreu הבל, l'arabe حبل,

« sûreté garantie », de הבל « lier », qu'il ne faut pas confondre avec l'assyrien הבל « léser », l'arabe خبل.

C. IV, l. 17. — Le monogramme sumérien, qui est traduit ici par l'assyrien *sibat*, répond à un grand nombre d'idées exprimées par les mots : *beru, sutlu, urisu, suptu*, etc.; il n'a pas encore été transcrit par une expression phonétique qui permette d'en préciser le sens, d'autant plus que le mot *sibat* ne signifie pas toujours « intérêt », il pourrait désigner la redevance due au roi et par conséquent « l'impôt ».

C. IV, l. 16-21. — Il est bien évident que ce passage est la reproduction d'un texte antique que le scribe a voulu expliquer dans les lignes précédentes. Ce texte était sans doute encore en vigueur au temps d'Assur-bani-habal, pour régler l'intérêt de l'argent à défaut de convention spéciale entre les parties. A ce titre, il mérite d'être reproduit :

« L'intérêt de la ville est un *pi* en tout — l'intérêt de la ville est un *as* en tout, payable en argent.

« L'intérêt d'une drachme est de 2 *ik* en tout — l'intérêt de 10 drachmes est de 2 drachmes en tout — l'intérêt de une mine est de 12 drachmes en tout. »

Il est évident que malgré les différentes bases, l'intérêt est toujours le même, et que les chiffres sont dans un rapport constant. Nous aurons, du reste, occasion de revenir sur le système des poids et mesures assyro-chaldéens ; il nous suffit d'en constater l'origine sumérienne. (Voyez Oppert, *Étalon des Mesures assyriennes*, p. 68.)

Notons, toutefois, le monogramme ⌘, que nous lirons *darag mana*, « un soixantième, un degré de la mine », d'où vient notre mot « drachme », et qui n'a pas encore de transcription assyrienne bien déterminée. Remarquons également les mots *se—VI—ik—la* avec tmèse par le chiffre.

Dans les textes assyriens, la répétition de la même idée est exprimée par plusieurs signes différents qui, certainement, ne remplissent pas le même rôle ; mais notre transcription ne permet pas de les distinguer. Ainsi, par exemple, le signe ‖ semble s'appliquer à la répétition d'un mot unique, tandis que le signe ⌘ paraît plus spécialement remplacer un complexe. Nous avons, dans l'un ou l'autre cas, répété notre transcription comme si l'assyrien était exprimé par un idéogramme.

II

Cette tablette était la sixième de la collection : les fragments sont classés au Musée Britannique sous les numéros K.50, 56, 60. Elle comprend les textes publiés par Sir Henry Rawlinson, dans les planches 14 et 15 du recueil, augmentés par les fragments publiés par M. F. Lenormant, dans son *Choix de textes* n° 14, p. 25 et suivantes.

La première colonne a rapport au rendement de la terre ; elle explique les termes qui sont employés pour désigner les différents accidents qui peuvent influer sur le produit. La seconde paraît plus spécialement consacrée aux irrigations. La troisième s'occupe de la récolte, de l'époque à laquelle la terre doit être rendue au propriétaire, et enfin, elle traite du partage qui doit avoir lieu entre le propriétaire et le fermier. La quatrième colonne semble aborder un sujet différent ; elle a trait aux constructions et aux garanties qu'un débiteur peut concéder sur ses immeubles.

(1re Colonne. — *W.A.I.*, II, pl. 14.)

1. an. . . .

2.   pin. . . .

3. iš-pin-a ab-ab-kit. . . .
 Aratro terram ructitus est ;

4. mu an-na (arah?) VI-kan ma-tu
 anni menses sex terram

5.   an-ur-e
   pro vervacto habuit.

6. ab-nam su-nim-ma si-ir-a
 Computationem vituperationis Computationem

7.   ab-mal-mal i-mah-ha-az
  fecit.   reprobavit.

8. ka ab-nam-na pi-i si-ir-i-su
 Secundum computationem suam, Secundum computationem suam,

9.	ab-šu-ub zu-ub-bi
residuum invenit.	yu-ša-ap i-sa-kan
residuum fecit.
10.	sit-du an-ri-ri-ga
Causa oblati accumulat;	kir-ba-an-su i-lak-ka-at
Causa oblati accumulat;
11.	gi-al a-lib-ga
pretium	ka-da-ra
pretium
12.	ba-ab-nigin-e
adjecit.	i-lam-mi
adjecit.
13.	bar kak ne tuv sar-ri
Corvum cepit.	sa-bi-ru (us?) yu-kas-sa-ad
Corvum cepit.
14.	hu-se-zab a ab zi-zi
Avem corvum occidit.	e-ri-ba i-dik-ki
Corvum occidit.
15.	it ut tik da-ab zi-zi
In vincula conjecit;	i-se-si-ir
In vincula conjecit;
16.	it ut mi ba di-e
mansuefecit.	yu-sa-am
mansuefecit.
17.	ut (sibir?) ka a-lib ga
In tempore laboris agrum	i-na yumi e-bu-ri
In tempore laboris,
18.	is ab (gusur?)-ra
. . . divisit,	ekil (a-lib) i-sa-ka-ak
agrum divisit;
19.	is ab dè dè
partitus est	i-se-ib-bir
partitus est;
20.	is ga an kir a
tres partes fecit.	i-sal-la-as
tres partes fecit.
21.	me su gur ta tab tab gur se
Pro viginti gur frumenti	i-na pan tab tab gur se-im
Pro viginti gur frumenti
22.	(sibat?) se is pa a-an tik-tik-va
quantitatem frumenti debiti	sibat se is-pa ri-ki-iš bilat (tik-va)
fenus frumenti summam debiti ;
23.	se-nir us da us	ih-pi-is pi-ka-a-ši
investigavit sulcos,
24.	ok¹ ab-ba su ka du us	ni-ri-su i-lak-ki
vomeres emit (vendidit)
25.	a-lib su-ri a
Ager duplicis (pretii)	ekil mi-is-la-ni
Ager duplicis (pretii).

¹ Nous désignons par ok le signe qui, en sumérien, read fille de "l'homme".

DOCUMENTS JURIDIQUES.

26. a-lib hi-ra   ckil hi-ir-ri
    Ager. . .   Ager. . .
27. hi-se sak-c-nc   a-na har-ra-ri

28. bar nun bar nun se-tuv ta ud-du   si-rir a-na si-rir-te yu-se-si
                                      granum pro grano deprompsit.
29. a-lib hi ku ba-ap   ckil i-har-ra-ar
    Agrum. . .   Agrum. . .
30. se-zir bi en nu-un . .   zir-su i-na-za-ar
    semen dispertiit;   semen ejus dispertiit;
31. hu zab ab sar. . . .   issuri yu-kas-sa-ad
    aves cepit;   aves cepit;
32. u in da ap. . . .   ad-ba-ra i-di-ik-ku
    . . . occidit.   talpam (?) occidit.
33. a-lib ga-a-tuv ta-an. . .   ckil mic i-da-ak-ki
    Agrum aquis irrigavit,   Agrum aquis irrigavit,
34. se bi-it ba an   se zir-su yu-rab-ba
    semen crescere fecit in spicas.   semen crescere ejus fecit.
35. ut (sibir?) ka-ra a-lib . . u   i-na yumi c-bu-ri ckil
    In tempore laboris   In tempore   laboris   agrum
36. is-ab (gusur?)-ra   i-sa-ak-ka-ak
    divisit;   divisit;
37. is-ab dé dé   i-si-ib-bi-ir
    partitus est,   partitus est,
38. au ka sit bar   au pi-i ka-ni-ku-su
    et secundum rationem suam   et secundum rationem suam
39. ok a-lib ga se   a-na bel ckil i-ma-an-da-ad
    domino agri solvit.   domino agri solvit.
40. a-lib nam-tab   ckil (a-lib) dab-bu-ti
    Ager infecunditatis,   Ager infecunditatis,
41. ki-sar a-lib ga   . . . bel ckil (a-lib)
    dominus agri.   dominus agri.
42. a-lib nam-tab-ba   ckil (a-lib) dab-bu-ti
    Ager infecunditatis   Ager infecunditatis
43. tum ta ud-du   . . . .
         exiit   exiit

44. *ni ok su ni ok su a kim*
   Vir   viro
45. *it mal - mal - kim.*
46. *se - kul se - kul kim*
   Semen semino
47. *as e es in mal mal ne.*

---

48. *ut (sibir?) ra la a - lib*
   In tempore laboris
49. *it in ku mal*
50. *iš mar bu - da*
   Curum longum
51. *au gul se us sa*
   et bovem.
52. *au ki ut a - lib ta*
   et . . . in agro
53. *au ba - ni tue dê*
   et . . .

---

54. *se a-lib-ga a - ni*
   Frumentum agri sui

(2ᵉ Colonne. — *W. A. I.*, II, pl. 14. — L. N. *Choix de textes*, p. 27.)

(Les six premières lignes manquent).

---

7. *a - lib a*   *li*
   Ager   . . .
8. *a-bal-a-ku ib ta-an ud-du   a-na di-lu-ti yu-se-si*
   ut irrigaret expulit.   propter irrigationem expulit.
9. *a-lib tu-sal-ta ba-ab-ak-ta   ekil i-na ih-zi yu-rap-pi-ik*
   Agrum aratro aravit   Agrum aratro aravit
10. *iš-kan (gusur?) mu sar a-lu   i-na kun-kal mu-sa-ri-e*
   in tabulis scriptis   in   tabulis   scriptis

DOCUMENTS JURIDIQUES.

11. iš - aḫ (qusur?) - ra   yu - sa - ak - ka - an
    inscripsit.   inscripsit.

12. a-lib ki-in sa au ne in-da-ik   ekil yus - te - ni - ris-va
    Agrum messuit,   Agrum messuit, et

13. du - su - mu - bu - da - ta   i - na ekil di-ip-pi
    in agri tabulis   in agri tabulis

14. ba - an ba - ru - e   ir - ri - is
    messuit.   messuit.

15. su II bal su III bal   i - na ma ak - ki sal ak - ki - i
    Bis,   ter,   Duabus vicibus, tribus vicibus

16. a luv la an go - e   mie i - da - ak-ki
    aquas induxit   aquas induxit.

17. it - lal e ab kak e   du - la - ti yu - rat - ta
    Irrigationem accommodavit   Irrigationem accommodavit

18. iz - zi er - ku au   sa   igar (iz-zi) ri - ka i - lal - va
                                    solum vacuum (infecundum) perfo-
                                                              ravit;

19. a luv la an pal   mie i - da - al - lu
    quis irrigavit?   aquis irrigavit.

20. ud (sibir?) ra si V ik la   i - na yumu e - bu - ri
    in tempore laboris   In   tempore laboris

21. en pin a I ta - a - ca   i - na ha - an - sa - ti
                                    quintuplum

22. en a - lib ga e   ir - ri - su - ma la bel ekil
                                    messuit, non dominus agri

23. su ba ab te mal   i - lak - ki
                                    emit (vendidit).

24. su - zu - ub   e - ši - pu
    Duplum.   Duplum (alterum tantum).

25. su - zu - ub - ne   a - na e - ši - pi
    Duplum ad.   Ad duplum.

26. su-zu-ub-ne-tuv la-an ud-du   a - na e - ši - pi - si yu - se - si
    Duplum.   Ad duplum acquisivit.

27. si III ik - la   sal - sa - a - lu
    Triplum.   Triplum.

28. si III ik - la - ku   a - na sal - sa - a - tu
    Triplum ad.   Ad triplum.

29. si *III ik-la tuv ta-an ud-du*   *a-na sal-sa-a-ti yu-se-si*
    Triplum ad acquisivit.   Ad triplum acquisivit.

30. si *IV ik-la*   *ri-ba-tu*
    Quadruplum.   Quadruplum.

31. si *IV ik-la-ku*   *a-na ri-ba-ti*
    Quadruplum ad.   Ad quadruplum.

32. si *IV ik-la tuv ta-an ud-du*   *a-na ri-ba-ti yu-se-si*
    Quadruplum acquisivit.   Ad quadruplum acquisivit.

33. si *V ik-la*   *ha-an-sa-iu*
    Quintuplum.   Quintuplum.

34. si *V ik-la-ku*   *a-na ha-an-sa-ti*
    Quintuplum ad.   Ad quintuplum.

35. si *V ik-la tuv ta-an ud-du*   *a-na ha-an-sa-ti yu-se-si*
    Quintuplum acquisivit.   Ad quintuplum acquisivit.

36. si *X ik-la*
    Decuplum.

37. si *X ik-la-ku*
    Decuplum ad.

38. si *X ik-la-ku tuv ta-an ud-du*
    Decuplum acquisivit.

39. si *X ik-bi*
    Decuplum ejus.

40. si *X ik-bi*
    Decuplum ejus.

41. *ĉ-kal la-ba-ab-se-mu*
    Regia.

42. si *XV*
    Quindecies tantum.

              (La fin manque).

    (3ᵉ Colonne. — *W.A.I.*, II, pl. 15. — L. N. *Choix de textes*, p. 20).

1. *zak-ul u u hi a*   *sa su-mu-li.*
                            Quod attinet. . .

2. *sa tar-da*   *mi-ik-si*
                            Mensura.

DOCUMENTS JURIDIQUES.

3. *sa tar-da su-ri a-an*   *mi-ik-si mi-is-la-ni*
                                Mensura duplex.
4. *sa tar-da si III ik-la*   *III sal-sa-ti*
                                Mensura triplex.
5. *sa tar-da si IV ik-la*   *IV ri-ba-ti*
                                Mensura quadruplex.
6. *sa tar-da si V ik-la*   *V ha-an-sa-ti*
                                Mensura quintuplex.
7. *sa tar-da si VI ik-la*   *VI es-ri-ti*
                                Mensura sextuplex.
8. *sa tar-da zik-u*   *VII es ri ti*
                                Mensura septuplex.
9.   *la*   *bu-su-u*
                                Status.
10.   *e-kal*   *busu ekal si-i*
                                Status regiæ.
11.   *sa*   *ku-mur-ru-u*
                                Circuitus (?).
12.   *sa*   *su-kun-nu-u*
                                Superficies (?).
13. *sa   sa*   *te-bi-ib-tu*
                                Proventus.
14. *sa   di*   *e-ri-is-tu*
                                Proventus.
15. *sa   a-lib-ga*   *cristu ekil (a-lib)*
                                Proventus agri.
16. *sa   is-sar*   *su-kun-ni kiri (is-sar)*
                                Superficies horti.
17. *is-sar*   *ki-ru-u*
    Hortus.   Hortus.
18. *is-sar e-kal (bit-rab)*   *kiru e-kal-li*
    Hortus regiæ.   Hortus regiæ.
19. *is-sar (sarru?)*   *kiru sar-ri*
    Hortu. regis.   Hortus regis.
20. *is-sar bar-en*
    Hortus domini.
21. *is. . . is-du-ba-da*
    Hortus.

22.	*ok nu iš-sar-ra*	*a-na*
	Vir sine horto	
23.	*III kam ma-ku in-na-an-se*	*III*
	tertium (?) . . . dabit	
24.	*iš-sar iš hi-ra luv si-si*	*kiru* . .
	Hortus . . . implevit	Hortus
25.	*iš (damik?) in-du-bu-da*	*iš damik* . . .
		Felix
26.	*si-ni-in til-la*	*u* . . .
27.	*iš . . me tur tur-bi*	*ri-im* . . .
28.	*a-tuv ta-an-dè-e*	*mie i-[da-ak-ki*
		aquas induxit.
29.	*im kak-a zak bi ba-ap-dup-pi*	*pi-ti-ik-ti i-ta-ti-su i-lam-mi*
	Solutionem (?) superficiei addidit.	Solutionem superficiei ejus addidit.
30.	*iš-sar iš-du-a-ta*	*iš-tu ki-ra-a*
	Hortum	Planitiem horti
31.	*ba-an be-a-ta*	*i-na za-ka-pi ig-dam-ru*
	per paxillos defixit.	per paxillos defixit.
32.	*en iš-sar en kit-nu iš-sar-ra*	*bel kiru a-na bel nu kiru*
	Dominus horti villico	Dominus horti villico (?) ei qui non (erat) dominus
33.	*it šur au-a-ri*	*ma-na-ha-ta-su*
	dimissionem	dimissionem ejus
34.	*ba-an-na-an-se-mu*	*id-din*
	dimisit (dedit)	dedit.
35.	*iš-sar sa sa-ra*	*kiru (iš-sar) . . -ni-i*
	Hortus gregum ;	Hortus gregum ;
36.	*iš-sar sa sa-ra tuv-an-tul-du*	*kiru za-a-na it-ta-si*
	horto greges expulit.	horto greges expulit.
37.	*iš-sar-ku iš-sar*	*kiru a-na ki-ri-i*
	Hortum ad hortum	hortum horto
38.	*a-an-ta tul-dr . . ?*	*yu-ma-al-li-[u*
	addiderunt.	addiderunt.

39. *im-kak a-zak bi ba-ab dip-pi pi-ti-ik-ti i-ta-ti-su i-lam-mi*
    Solutionem (?) superficiei addidit.   Solutionem superficiei addidit.

40. *(arah?) pin gab-a ud XXX   ina arah Arah-samna gab-a yum
    kam ma-ta   XXX kam*
    Mense fundationis die tricesimo   Mense Marchesvan die tricesimo

41. *ba-ni-a-ta   i-na za-sa-a-hi*
    expulsionis die in.   in expulsionis die.

42. *mu-un-du ka-lum-ma-ta   i-na su-ru-ub-ti su-lup-pi*
    Perceptionis farinæ causa.   In perceptione farinæ.

43. *ut hi-in sa-sa-ra   ut hi-in ki-in-ri*
    Hin hordei productum.   Hin hordei productum.

44. *ka-lum (sinip?)-pi   si-ni-pat suluppi (ka-lum-mis)*
    bessis (²⁄₃) farinæ.   bessis (²⁄₃) farinæ ;

45. *sak-ga-tu im-te-na-kit i-na za-bal ra-ma-ni-su*
    semet ipse   in loco semet ipsius

46. *en is-sar-ta   a-na bel kiru*
    domino viridarii in   domino viridarii

47. . . . *an aka-e   suluppi (ka-lum-mis) i-man-
                                da-ad*
    . . . mensuravit.   farinam mensuravit.

48.   *(damik?)   sa-ki-nu i-sa-bat-ra i-na e-ri-i*
                             Vicinus venit et ærario

49.   *ni-tuv   su-lu-ku is damik*
                             aera adventus felicis

50.   *ma   yub-bal-ra i-lak-ki*
                             solvit et emit (vendidit alter).

51.   *lib-bu*
                             Interior pars.

52.   *en-lu-u*
                             Dominium.

53.   *en-la-a id-din*
                             Dominium dedit.

54.   *en-lu-su*
                             Dominium suum.

55.   . . . *na-din*
                             . . . dedit.

DOCUMENTS BILINGUES.

(4ᵉ Colonne. — *W. A. I.*, II, pl. 15.)

1. ê al - pal - e   da - al - tu
    Domus, porta   Porta
2. iš -ik iš - sak - mu   au ši-ku - ru
    et apertura   et apertura
3. tum - ta - an du - bu - us   ku - un - nu
    stant.   stant (stantes sunt).
4. ê ka-sar-da ê-kal la-ku-a   bit ki - iš - ri bit us - sa - bi
    Domus decreti, regia oraculi.   Domus decreti, domus oraculi.
5. nam-ga - an ku - a   as - sa - pu - tu
    Vaticinium.   Vaticinium.
6. nam -ga - an ku - a - ku   a -na as - sa - pu - ti
    Vaticinii causa.   Ad vaticinium ;
7. nam - ga - an ku - a - ku   a -na assaputi
    Vaticinii causa   Ad vaticinium.
8. tum - ta - an - ud - du   yu - se - si
    exire fecit   exire fecit.
9. en -na ê ta til - la - as   a - di ina bit as - bu - [ti
    Etiam domo   Et in domo finita
10. (gusur?) ê - a ap - mal-mal   gus - ur (u ur?) bit
    trabes   trabes domus,
11. ku - ri - ku ia ap - ak - e   a - sur - ra - a .   .
    murum fecit   murum inseruit
12. iš - (gusur?) al - tur-a   gu - su - ra .   .
    Trabes   Trabes
13. mi - ni - tur zi - zi   i - di .   .

14. iš (gusur?) dan - ga   gu - su - ra dan - na
    Trabem fortem   Trabem   fortem
15. ba - ap (gusur?) - ri   i - se - ir - ri
    ingessit.   ingessit.
16. bit au - ra iz - zi di - ga   bit la-bi-ra bit igar sa i-ku-ub-bu
    Domus vetus   Domum vetustam, domum ex lateri-
                                           bus (cujus fundamenta disjuncta erant).

3

DOCUMENTS JURIDIQUES.

17. (libnat?) be an-um us-e
    im - da im - mi - id
    fulcro (columna) sustinuit.

18. it - sur au a - lib - ga
    . . . . et ager
    ma - na - ak - [ta] ekil
    Segetis cessationem in agro

19. é - tus ta an mal - mal
    sa ina bit i - sak - ka - nu
    is qui in domo erat fieri jussit.

20. (lib?) ka - sar - da
    Decreto divisionis
    i - na lib - bi ki - sir bit
    Ob legem divisionis domum

21. é a - ne tur - tur - ra
    domum suam diminuit.
    yu - za - ha - ar
    diminuit.

22. iś - zi ri - ba an - na
    Stratum
    i-gar bi - ri - ti
    Stratum profundum

23. ur - bi ba - an si - ir
    fundationis eruit
    i-si - iś-śu it - ti hi - il-su
    fundationis ejus eruit.

24. iś - zi kar - ga eli - na
    Stratum
    i - ga - ru sa i-ku - ub - bu
    Stratum quod disjunctum erat

25. im - ma - an - ra
    fortificavit.
    eli-su i-pit-ka - ut
    insuper diligenter tractavit.

26. ok - da é a - ni - ra
    Viro
    ana v - bit - su
    Præfecto provinciæ domum suam

27. ur-bi kak muh-na
    commendavit.
    is - ti - nis ib - bu - us
    separatim commendavit.

28. a du I a - du II
    Una vice - secunda vice
    a - di I ta a - di II su
    Una vice, secunda vice,

29. in - si in - su
    instruxit
    yu - se - di - su - ra
    instruxit eum et

30. la ba - an si - in - du
    non collaudavit.
    la¹ im - gu - ur
    non collaudavit.

31. im - te au a - ni - ta
    Semet - ipso
    i - na ra - ma - ni - su
    Pro semet ipso

32. in-tan-muh in - kak
    ambulavit, laboravit
    ig - gur i - bu - us
    ambulavit, laboravit.

33. ca-e kù-par-ra
    Argento
    a - di ka-pa
    Argentum

¹ La ne paraît pas cependant indiquer ici la négation.

34.	*it-sur au-ani*	*ma-na-ah-ti-su*
	cessationis suæ	cessationis suæ
35.	*ba-an-na-ab lal-e*	*i-sa-ka-lu*
	pretium redemit.	ponderavit.
36.	*é uku-bi*	*i-na i-ga-ri-su*
	In fundatione	In fundatione ejus
37.	*kak nu-up kak-a*	*sikkat (iš-kak) ul i-sit-ti*
	cellulam non fecit	cellulam non introduxit;
38.	*au iš gusur-ra*	*gu-su-ra*
	et trabes	trabes
39.	*nu-up us-e*	*ul yum-mad*
	non inseruit.	non inseruit.
40.	*é ki-bi-sa-ra*	*bit bu-hi*
	Domus hypothecæ.	Domus hypothecæ.
41.	*é ki-bi-sa-ra-bi-ku*	*bit a-na bu-hi-su*
	Domus ad hypothecam suam.	Domus ad hypothecam suam.
42.	*é a é a-ni-kim*	*bit ki-ma bit-su*
	Domus sicut domum suam	Domum sicut domum suam
43.	*ok ok-ra*	*nisu a-na nisu*
	vir viro	vir viro
44.	*in gar-ri*	*i-sa-ak-ka-an*
	commisit.	concredidit (commisit).
45.	*mu e-a e-a*	*as-su bit bi-ta*
	Si domus domum.	Si domus est domus
46.	*di nu up-ka-ga*	*la-a ka-as-du*
	justam non perficit	non idonea,
47.	*X tu kûpar an lal-e*	*X darag mana (tu) [kaspa-isakal]*
	decem drachmas argenti solvet	decem drachmas argenti solvet
48.	. . .	. . .

(La fin manque.)

REMARQUES.

Cette tablette semble avoir en vue les observations qu'un cultivateur sumérien avait faites, et qu'on propose pour modèle aux cultivateurs assyriens du VII° siècle. On indique d'abord les meilleures conditions de culture, le temps des semailles, le calcul du revenu, le labourage, l'aménagement des eaux, et les animaux malfaisants qu'il faut détruire. Malgré les notes grammaticales insérées par les savants assyriens, et qui devraient nous guider, de nombreux passages résistent encore à nos efforts.

C. I, l. 13. — Si nous lisons *sabiue*, צבי, c'est « le cerf, la gazelle ».

C. I, l. 21. — Ce passage paraît établir un rapport entre la semence et le rendement. Nous retrouverons le signe ⌐⌐||, qui est expliqué ici par ⌐⌐ ⌐|| *tab gur*, dans les textes achéménides.

C. I, l. 22. — Le mot *sibat* indique ici la quantité de la récolte. — *Rikis* littéralement « le nœud » a le même sens que *sihirti* « la totalité », il est précisé par le sumérien *a-an* « un ». — *Bilat* a ici le sens si connu de « impôt ».

C. I, l. 23. — *Ihpis* vient de la racine חפש « examiner ».

C.I, l.24. — *Pikasi* « sillon »; *du* est interprété par *pidnu* « ligne, raie ». — *Nirisu* « charrue », sumérien *se nir* « pied de blé ».

C. I, l. 25. — *Mislani* vient de la racine משל « être égal ».

C. I, l. 32. — *Ad bar* indique un animal dont le nom est peut être à transcrire עכבר. Si on pouvait lire *akbar* ce serait le rat.

C. I, l. 35. — La terre devait être cultivée de compte à demi entre le propriétaire du sol *bel ekil*, et le métayer, *nu bel ekil*.

C. II. — La seconde colonne énumère les travaux agricoles, d'une autre saison de l'année, et se termine par l'évaluation de la récolte.

C. II, l. 15. — Notons ici le mot *ma* qui signifie « deux » et *sal* qui veut dire « trois ».

C. III. — La troisième colonne contient des indications techniques sur les bien-fonds et des principes sur le règlement qui doit s'opérer au moment où l'association va cesser.

C. III, l. 40. — C'est à la fin du mois Marchesvan (mi-novembre) que le sol doit être rendu au propriétaire; c'est, en effet, à cette époque que la récolte est terminée.

C. IV. — La quatrième colonne traite des constructions et des différentes parties de la maison. Elle renferme des formules relatives à l'aliénation des immeubles, dont nous retrouverons des applications plus tard.

III.

Cette tablette ne porte pas la mention de l'ordre qu'elle occupait dans la série *ki-ki-rib-bi-ku* = *a-na it-ti-su*; elle pouvait être comprise entre la deuxième et la sixième; les fragments en ont été publiés dans les planches 8 et 9 du recueil de Sir Henry Rawlinson. Il ne reste que quelques lignes de la première colonne, elle est trop fruste pour donner une idée de son ensemble. La seconde ne commence qu'à la ligne 35, elle a trait aux garanties écrites que les parties peuvent offrir dans les contrats. La troisième explique les termes consacrés pour exprimer différentes relations de famille et de parenté. La plus grande partie du texte sumérien de la quatrième colonne a disparu. Ce qui reste de l'assyrien paraît être le fragment d'un poëme populaire relatif à un enfant trouvé.

(1re colonne. *W.A.I*, II, 8.)

Il ne reste que quelques lignes du texte assyrien de cette colonne.

46. . . . . . . *ta*	. . . . .	
47. . . . . . *ak-a*	*ya-ru-ḫu ni it*. . .	
48. . . . . . *mal*	*i-ma-da-ad*	
	mensuravit.	
49. . . . . . . *ta*	*la-ab-tu*	
	Cavitas.	
50. . . . . . . *ta*	*ki-ib-tu*	
	Volumen.	
51.	*kibtu i-ba-as-si*	
	Volumen (justum) præstitit.	
52.	*kibtu ul i-ba-as-si*	
	Volumen non præstitit.	
53.	*ba . . u-su*	
	Cavitas ejus.	

38   DOCUMENTS JURIDIQUES.

54. . . . . .   ki-ib-lu-su
                               Volumen ejus
55. . . . . .   . sa ad-din
                               . . . dedit
56. . . . . yu-za-ap
                                     addidit
57. . . . . yu-za-ar
                                     subtraxit

———

(2ᵉ colonne. W.A.I., II, pl. 8.)

(Il ne reste de la fin des 34 premières lignes de la colonne assyrienne que
des caractères insuffisants pour en restituer le sens).

35. . . . . me – lu

36. . . . . . .   (?) ma-la ba-su-u
                                   omnes quicunque
37. . . . . . .   mit-ha-ris i-zu-zu
                               tributis vindicavit.

38. . . . . . .   (?) ma-la ba-su-u
                                   omnes quicunque
39. . . . . . .   mit-ha-ris i-zu-zu
                               tributis vindicavit.

40. [su-gab]   ka-ta-tu
    Signature.   Signatura (manu vel sigillo apposita)
41. [su-gab]   ku   a-na ka-ta-te
    Signaturam.   Signaturam.
42. [su-gab-ku iase]   a-na katatu id-din
    Signaturam tradidit.   Ob signaturam præsentavit;
43. [su-gab-ku iase]   a-na katatu id-din-su
    Signaturam tradidit.   Ob signaturam præsentavit ei.
44. [su-gab-ku al]   du-ba   a-na katate us-zi-iz
    Signatura   Ob signaturam renovavit.
45. [su-gab sa]   ni   ka-as-su
    Signatura sua   Signatura sua

DOCUMENTS BILINGUES. 39

46. [su-gab]-a-ni su-ne in li — kassu il-ki
    Signaturam suam cepit. — Signaturam suam cepit (emit).
47. [su-gab]-a-ni su-ba-ab-te mal — kassu i-lik-ki
    Signaturam ceperunt. — Signaturam suam cepit.
48. su-gab-a-ni su-ne-in-ti-es — kassu il-ku-u
    Signaturam suam. — Signaturam suam ceperunt.
49. su-gab-a-ni su-ba-ab-te mal — kassu i-lik-ku-u
    Signaturam suam ceperunt. — Signaturam suam ceperunt.

50. su-gab-a-ne-ne — ka-as-su-nu
    Signatura eorum. — Signatura eorum.
51. su-gab-a-ne-ne su-ne-in-te-es — kassunu il-ku-u
    Signatura eorum. — Signatura eorum ceperunt.
52. su-gab-a-ne-ne su-ba-ap-te-mal-ne — kassunu i-lik-ku-u
    Signatura eorum ceperunt. — Signaturam eorum ceperunt.
53. su-gab-a-ne-ne lu-zi-gi-es — kassunu is-su-hu
    Signatura eorum obliterarunt. — Signaturam eorum obliterarunt.
54. su-gab-a-ne-ne ba-ab-zi-gi-ne — kassunu in-na-as-hu
    Signatura — Signatura eorum obliterata est.
55. su-gab-a-ne-ne-ku — ana ka-ta-te-su-nu
    Signaturam — Signaturam eorum.
56. su-gab-a-ne-ne ku al-gab-ba — ana katate yes-si-iz
    Signaturam — Ob signaturam renovavit.

57. ka-ka-ga-ni — ka-ba-su
    Promissum suum. — Promissum suum.
58. ka-ka-ga-ni in-se — kabasu id-din
    Promissum suum dedit. — Promissum suum dedit.
59. ka-ka-ga-ni ba-an-se — kabasu it-ta-din
    Promissum suum dari jussit. — Promissum suum dari jussit.
60. ka-ka-ga-ni in-sa — kabasu is-kun
    Promissum suum fecit. — Promissum suum fecit.

61. en-nu-un — ma-zar-tu
    Depositum. — Depositum.
62. en-nu-un-ku — a-na ma-zar-te
    Deposito pro. — Pro deposito.
63. en-nu-un-ku in-se — a-na ma-zar-ti id-din
    Deposito pro tradidit. — Pro deposito tradidit.

64. *en-nu-un mi ni in-še*   *a-na mazarti id-din-su*
Deposito pro tradidit ei.   Pro deposito tradidit ei.

65. *en-nu-un ak e-ne*   *a-na ma-zar-ti*
Deposito.   Pro deposito.

66. *en-nu-un ak e-ne in še*   *a-na mazarti id-din*
Deposito tradidit.   Pro deposito tradidit.

67. *en-nu-un ak e-ne in na an še*   *a-na mazarti id-din*
Deposito tradidit ei.   Pro deposito tradidit ei.

68. *sa-nam-bi en-nu-un ak e-ne*   *ma-nu-su a-na ma-za-ra-tu*
Peculium suum deposito   Peculium suum ad depositum

69. *in-na-an-še*   *id-din*
tradidit.   tradidit.

70. *en-nu-un su-ne in-ti*   *ma-sar-tu i-ki*
Depositum solvit.   Depositum vindicavit.

(3ᵉ Colonne. — W.A.I. II, pl. 9.)

1. *en-nu-un ne in-ti-es*   *ma-zar-ta il-ku-u*
Depositum solverunt.   Depositum vindicarunt.

2. *en-nu-un e-ni*   *ma-zar-ta-su*
Depositum suum.   Depositum suum.

3. *en-nu-un e-ni-ni-di*   *mazarta sal-ma-at*
Depositum in integrum.   Depositum in integrum.

4. *en-nu-un e-ni in-na-an-gur*   *mazarta yu-te-ir-ri*
Depositum restituit.   Depositum restituit.

5. *su-še-ma*   *nu-du-nu-u*
Dos (Manu traditum).   Dos.

6. *su-še-ma a-ni*   *nu-du-nu-su*
Dos sua.   Dos sua.

7. *su-še-ma a-ni su ne-in-še*   *nudunu ip-ki-su*
Dotem commisit.   Dotem commisit ei.

8. *su-še-ma a-ni in-ak*   *nudunu i-bu-us*
Dotem ei commisit.   Dotem ei commisit.

9. ca-nu-va si-bit-tu.
   Possessio. Possessio.
10. ca-nu-va-ku a-na si-bit-ti
    Possessionem secundum. Pro possessione.
11. ca-nu-va ia-se ana sibitti id-din
    Possessionem secundum dedit. Pro possessione dedit.
12. ca-nu-va-ku ni-ni ia-se ana sibitti id-din-su
    Possessionem secundum dedit ei. Pro possessione dedit ei.
13. ca-nu-va-ta ni-ra ana sibitti id-din
    Possessionem secundum dedit. Pro possessione dedit.
14. ca-nu-va-ta ni-ra ana sibitti ik-ta-su
    Possession. secund. confirmavit eum. Pro possessione confirmavit eum.
15. ca-nu-va-ta ni-ti ana sibitti yu-se-sib-su
    Possession. secundum instituit eum. Pro possessione instituit eum.
16. ca-nu-va-ta ni-ni-ra ana sibitti id-din-su
    Possessionem secundum dedit ei. Pro possessione dedit ei.
17. ca-nu-va-ta ni-ni-kit ana sibitti ik-ta-su
    Possessionem . . . Pro possessione confirmavit eum.
18. ca-nu-va-ta ni-ni-ti ana sibitti yu-se-sib-su
    Possessionem . . . Pro possessione.
19. ca-nu-va mal-ta is-tu si-bit-ti
    Possessionem . . . Pro possessione.
20. ca-nu-va mal-ta tum-ta an ud-du istu sibitti yu-se-si
    Possessionem. ex possessione dimisit.

21. è ik-ta bit ba-su-u
    Domus exsistens. Domus exsistens.
22. è lib ik-ta bit si-it lib-bi
    Domus propaginis. Domus propaginis.
23. kur-kur-ne si-ir-su
    Alter alter novus. Caro sua.
24. as-sa-ne da-mu-su
      Sanguis suus.
25. nu-bar-bar-ra li-bis-tu a-hi-tu
    Non dimidiatum dimidium. Conjugium (vestimentum alterum).
26. šu-ta kur li-ku-u
    In ventre alterum. Matrimonium.
27. è-bar-ra likū
    Domus dimidiata. Matrimonium.

DOCUMENTS JURIDIQUES.

28. *ad-da au (ummu?)*   *sa a-ba au um-mu*
    Qui patrem et matrem   Qui patrem et matrem
29. *nu un luk-a*   *la-a i-su-u*
    non habet.   non habet.

30. *ad-da a-ni au (ummu?) a-ni*   *sa a-ba-su um-ma-su*
    Qui patrem suum et matrem suam   Qui patrem suum et matrem suam
31. *nu-un-su-a*   *la-a i-du-u*
    non cognoscit.   non cognoscit (novit).

32. *. . . si-ru da*   *ina bur ti-a-tu-su*
        In cisterna (est) memoria ejus (infantiæ)
33. *. . . tu-ra*   *ina su-ki su-ru-ub*
        per vias mansio (ejus).

34. *ka . . . tu*   *ina pi-i kal-bi*
    Ore ex   Ex ore canum
35. *ba au . . . kar*   *e-ki-im-su*
    cepit   excepit eum.

36. *ka u*   *ina pi-i a-ri-bi*
    Ore ex   Ex ore corvorum
37. *mi-ni tu-a*   *yu-sad-di*
    eripuit   eripuit (eum).

38. *si in ka*   [*i-na*] *ma-har su-bi*
    coram   Coram vate
39. *ka-na-ta-mi*   [*yu-se-si*]-*ib-su*
    deposuit   deposuit eum.
40. *su ne in*   . . . . . *ki*

41. *gi gub-ba sir-ra*   *man-*[*sas sepė*]*-su*
    Tegumenta pedis   Fascias pedum ejus
42. *tak-sit ok ka-ka-ma*   *i-na* [*ku-un*]-*uk*
    Scripturæ vatis,   in tabula
43. *kit e-ne a-ta*   *si-bu - tu*
    ad genealogiam   genealogiæ
44. *tum ra-ra-run*   *ip-ru -* [*us*]
    examinavit.   examinavit.

45.	*um-me ga-lal-ku*	*a-na mu-se-nik-ti*
	Nutrici suæ	Nutrici
46.	*mi-ni-ia-se*	*id-din-su*
	dedit eum.	dedit eum.
47.	*um-me ga-lal a-ni-ku*	*a-na mu-se-nik-ti-su*
	Nutrici ejus	Nutrici ejus
48.	*mu III kam se-ba ni-ka*	*III sanat ip-ra pis-sa-tav*
	annos tres tiaram, numerum	per tres annos tiaram, numerum
49.	*sik la-ku ba-bi*	*lu-bu-us-ta*
	vestimentorum	vestimentorum
50.	*in na-ni tum-lan*	*yu-dan-nin*
	constituit.	constituit.
51.	*ud-da ud-mi-da-ku*	*se-ma ma-ti-ma*
	Quotidie et in quocuaque tempore	Quotidie et in quocunque tempore
52.	*su sa bi im ma an la ki du*	*ni-su-su e-te-lam-su*
	originem celavit.	originem suam celavit eum
53.	*in-ba an da-ri-bi*	*li-ka-a-su*
	Matrimonium	Matrimonium ejus
54.	*ga-bal la an-kek-kak*	*ik-ka-ar*
	pretiosum fecit.	pretiosum fecit.
55.	*pa ga nam ok ura lu kit*	*kap-du ka-a si-zib a-mi-lu-ti*
		Mensuram (?) humanitatis
56.	*an ok na an ic*	*yu-ma-al-la-ea*
	et hominis implevit;	implevit ei;
57.	*tur-a-ni na-ab is-mu*	*habal-su i-tab-bal*
	pro filio suo habuit.	pro filio (filium) habuit.
58.	*nam-tur*	*ma-ru-su*
	Infantia.	Infantia.
59.	*nam-tur-a-ni*	*ma-ru-us-su*
	Infantia ejus.	Infantia ejus.
60.	*nam-tur-a-ni-ku*	*a-na ma-ru-ti-su*
	Infantiam ejus secundum.	Infantiam ejus.
61.	*nam-tur-a-ni-ku ba an na ni-in-ri*	*a-na maruti-su it-ru-su*
	Infantiam ejus secundum.	Progeniei suæ adnumeravit eum.
62.	*nam-tur-us*	*ab-lu-tu*
	Pueritia.	Pueritia.

63.	nam-tur-us-a-ni	ab-lu-us-su
	Pueritia ejus.	Pueritia ejus.
64.	nam-tur-us-a-ni-ku	a-na ab-lu-ti-su
	Pueritiam ejus secundum.	Pueritiam ejus.
65.	nam-tur-us-a-ni-ku ba-an na ni in-ka	a-na abluti-su is-tur-su
	Ad pueritiam ejus eum addixit.	Ad filiationem suam scripsit eum.
66.	nam-tip-sar mi in zu-zu	tip-sar-ru-tu yu-sa-hi-su
	Scriptura cognosci id jussit.	Scriptura manifestavit.
67.	nam-it ud-du	tar-bi-tu
	Educatio (Brachii, roboris evolutio).	Educatio.
68.	nam-it ud-du a-ni	tar-bi-su
	Educatio ejus.	Educatio ejus.
69.	nam-it ud-du a-ni-ku	a-na tar-bi-ti-su
	Educationem ejus.	Educationem ejus.
70.	[nam-it ud-du] mal	tar-bi-tu
	Educatio.	Educatio.
71.	[nam-it ud-du] a-ni	tar-bi-is-su
	Educatio ejus.	Educatio ejus.
72.	[nam-it ud-du] a-ni-ku	a-na tar-bi-ti-su
	Educationem ejus secundum.	Educationem ejus.

(4ᵉ colonne. — W. A. I., II, pl. 9. — L. N. *Choix de textes*, p. 13.)

1.	. . .	a-na is la . . . te es
2.	. . .	urudu ma-la ki-lal-la li-[ir-si]
		Æs quod cumque necessarium permittat.
3.	. . .	li-ku-su
		Matrimonium ejus.
4.	. . .	habli se-ri-it
		filii genuini
5.	. . . .	li-ir-si
		permittant.
6.	. . .	li-ku-su-va
		Matrimonium ejus

7.	. . . .		a-ḫu rabu-u
			frater magnus.
8.	. . .		zi-it-te e-la-tu
			Pretium progeniei anterioris
9.	. . . .		aḫu rabu-u i-lak-ki.
			frater magnus cepit.
10.	. . .		ar-ka-nu it-taš-ra-ar
			Postea peregrinatus est;
11.	. . . .	ak	si-ta ir-ta-si
			exitum obtinuit;
12.	. . .	kar	a-na šu-ki it-din-ru-ub
			in triviis versatus est;
13.	[nam-tur] a-ni-ta		a-na ma-ru-ti-su
	juventutis suæ causa;		ob juventutem suam;
14.	en é-tur ta-an sar		a-na marutisu it-ru-su
			ob juventutem suam extrusit eum;
15.	. . . mal a-ni-ta		a-na ab-lu-ti-su
			ob infantiam,
16.	[nam-tur-us] a-ni-ta-tumta-an-nam		a-na ablutisu is-su-uh-su
	ob infantiam suam.		ob infantiam suam ei evulsit.
17.	mas-tu-ru		ni-ri-bu-tu
	Genealogia.		Genealogia (fabula).
18.	mas-tu-ra a-ni		ni-ri-bu-su
	Genealogia sua.		Genealogia sua.
19.	mas-tu-ra ni-in-su		niribusu is-kun
	Genealogiam fecit.		Genealogiam ejus fecit.
20.	. . . ra		ar-bu
			Peregrinus.
21.	. . . a		di-ḫu-u
			Expulsio.
22.	. . .		a-na di-ḫu-te id-ḫi-su
			Ad expulsionem expulit eum.
23.	. . .		a-sar id-ḫu-u
			Ex loco expulit
24.	. . .		. . . ki-ši-it-ti
25.	. . .		. . . ul i-su

46   DOCUMENTS JURIDIQUES.

26. . . .   . . . ma-ri-su-ra

27. . . .   . . . na-bar-ra
   ———
28. . . .   ab-lu-uš-šu
                         Filiationem suam
29. . . .   i-mu-ur-ra
                         cognovit ; et
30. . . .   . . ah-hu-ti-su
                         jura fraternitatis ejus
31. . . .   yu-tir-su
                         restituit ei.
   ———
32. . . .   dippi ab-lu-ti-su
                         Tabulas filiationis ejus
33. . . .   is-tur-su
                         scripsit ei.
   ———
34. . . .   ša-at-ma tuk šu a-na abu-suiskua
                         Regulam paternitatis fecit,
35. . . .   bit au u-na-ti-su
                         domum et supellectilia
36. . . .   ip-ki-iš-šu
                         concredidit ei.
   ———
37. . . .   ar-bu su-u a-na a-bi-su
                         Peregrinus ei ad patrem
38. . . .   man-ma ir-su-u
                         quemvis qui placuit ei
39. . . .   yu-se-rib-su
                         introduxit.
   ———
40. . . .   se ma a-ba su
                         Semper patrem suum
41. . . .   is-si-ir
                         ignominia affecit.
   ———
42. . . .   i-na man-ma sa yu-se-ri-bu-su
                         Contra quemvis quem introduxerat
43. . . .   i-tii-li
                         superbia tractavit.

44. . . .	. . . *ma-na kaspa*
	. . . minam argenti
45. . . .	. . . *al dam-su*
	. . . uxorem ejus
46. . . .	. . . *sag-gal*
	. . . solvit (?).

REMARQUES.

C. I. — Ce qui reste de cette colonne semble avoir trait au mesurage, probablement aux mesures de capacité. On y voit figurer (l. 49) le mot *labtu*, בוב - cavité -, et (l. 50) le mot *kibtu*, בק, qui a la même signification (Cf. *W.A.I.*, II, pl. 39, l. 60, 61).

C. II. — Le commencement de la seconde colonne entrait, nous pensons, dans quelques détails ; mais nous ne possédons que la partie qui a trait aux contrats. Nous y voyons figurer d'abord (l. 40) le mot *katal*, évidemment une forme sémitisée du sumérien *kat* - main -. On trouve souvent de pareils emprunts qui ont été faits par les langues sémitiques à toutes les époques, il n'y a donc rien qui doive nous surprendre ici. Le mot sumérien *sugub*, littéralement *manu perforatio*, indique la première marque servant de signature, par l'apposition du doigt inférieur sur la brique molle ; plus tard, on s'est contenté de la marque de l'ongle seul.

C. II, l. 57. — Le terme *kaba* signifie littéralement - dictum, promissio -, et par conséquent - la parole, la promesse -, cette idée est confirmée par e sumérien *kaka ga* - la diction -.

C. II, l. 61. — Le mot *masartu*, ou peut-être *maṣartu*, semble être - le dépôt - ou - la chose gardée, confiée à la garde -, ou bien encore - la chose nouée -, à laquelle il ne faut pas toucher, qu'il ne faut pas défaire. Nous rapprochons ce mot de la racine עצר - séparer -. Ce même mot est employé comme terme astronomique et indique alors - le nœud lunaire -. Il se retrouve avec cette signification dans l'hébreu מזרות (Job, 30-32) ; mais alors il se rattache à la racine אזר - lier -.

C. II, l. 68. — Il y a là une faute évidente dans le texte du Musée Britannique ; le graveur de la planche a écrit *ma-a-ru-tu* au lieu de *ma-za-ru-tu*, à cause du rapport qui existe entre les formes des deux signes qui expriment *a* et *za*.

C. II, ibid. — *Maamusu*, il est possible que le premier signe ait la valeur de *mam*, et que *maa-mu* soit pour *mam-mu*, nous le rattachons alors à la racine נבה (נבמ dans l'inscription d'Esmounazar) d'où provient l'araméen במין, notre *maamon*.

C. III, l. 5. — Le mot *nudunu* se trouve dans les textes historiques (*voyez* Assur-bani-habal, W.A.I., III, pl. 18, c. II, l. 116) où il indique l'apport des épouses. Il est possible que le terme ne comporte que cette idée ; néanmoins, rien ne nous autorise à exclure l'idée de donation, en général. Ce qui nous a porté, en dehors du passage assyrien, à restreindre ici sa signification à celle de « dot », c'est le rapprochement du terme talmudique נדניה « la dot ».

C. III, l. 7. — Lisez *ipkišu* pour *ipkidsu* conformément aux règles de la grammaire.

C. III, l. 9. — Le mot *sibittu* vient de la racine צבת « saisir » et désigne la propriété ou la possession. Il n'est pas encore certain, pour nous, que le droit assyrien ait fait une distinction à cet égard, bien que, en fait, elle puisse avoir existé.

C. III, l. 11. — *Ikla*. On trouve ce mot dans les inscriptions de Sargon (*Les Fastes*, l. 79), où nous lisons *iklâ tamartus*, avec la valeur de « consentir ».

C. III, l. 21 et suiv. — Ces lignes contiennent des interprétations bien intéressantes de certains idéogrammes relatifs au droit matrimonial. Il est possible que l'énumération qui en est faite se rapporte à un texte qui nous est encore inconnu, ainsi que nous en avons un exemple dans les données qui concernent l'embryon des exorcismes.

C. III, l. 28. — A partir de cette ligne jusqu'à la fin de la ligne 55, nous trouvons un texte continu et d'un intérêt de premier ordre, que personne n'avait compris jusqu'ici. C'est évidemment la reproduction d'une légende populaire, relative à un enfant perdu qui retrouve son père :

« C'est lui qui n'a ni père ni mère ; — C'est lui qui n'a connu ni son père ni sa mère ; — Sa souvenance se rattache à la citerne, il en est fait mention dans les chemins ; — On l'a arraché de la gueule des chiens ; — On l'a enlevé du bec des corbeaux ; — On l'a déposé devant le devin ; — D'après la marque de ses pieds ; — Il a dressé devant lui la table de sa généalogie ; — On l'a donné à une nourrice ; — Pendant trois ans on a donné à sa nourrice une coiffure et des vêtements ; — Chaque jour, à quelque époque que ce soit, on lui a caché son origine ; — Son mariage a été avantageux ; — Il atteignit l'âge d'homme et il a été reconnu pour son fils. »

Nous examinerons maintenant quelques détails.

C. III, l. 32. — *Ina bur tialisu*. Le sumérien *siru-da* prouve que *tialisu* est une dérivation de *taca* חיה, et que *suruh* vient de ערב, exprimé par le signe *tu*.

C. III, l. 38. — Il est facile de restituer le sens de l'assyrien à l'aide du sumérien, à partir de la ligne 38 ; la ligne 40 y résiste.

C. III, l. 41. — La restitution de cette ligne est forcée par le texte sumérien *manzaz* à cause de *gi gubba*, et *sepesu* à cause de *niraa*. Il est possible qu'il s'agisse de la présence d'une marque indiquant l'origine de l'enfant, et que le devin le reconnaisse à cette marque ou à ses langes.

C. III, l. 52. — Le sumérien *susu bimnu* a peut-être un certain rapport avec le mot *susspinu* qui exprime une dignité à la cour et qui désignerait alors les généalogistes.

C. III, l. 53. — Le mot *liku*, de *laka* (לקה) « prendre », est déjà expliqué (*sup*. l. 26-27) ; dans ce passage la traduction assyrienne rend un synonyme sumérien. Il indique l'état de « souteneur », comme le mot *dari* est interprété (*W.A.I.*, II, pl. 26, l. 50 et 51) par *nasû sa sa'ri* « soutien de l'enfant », et *nasû sa almatti* « soutien de la veuve ».

C. III, l. 55. — Le signe ⸻ a encore une signification inconnue ; d'un autre côté, il n'est pas certain que le signe ⸻ soit à lire *zib* ; il indique peut-être simplement la synonymie de *kapdu kasi* et *amiluti*. La fin de la colonne est une analyse grammaticale des mots qui se trouvent dans le récit.

C. IV. — Le commencement de cette colonne est mutilé et l'ensemble reste très-obscur. Il est question du partage qu'un père nourricier fait en faveur d'un étranger qui lui apprend (l. 11-12) le secret de sa naissance. Remarquons en passant la forme *itrusu* pour *itrudsu* de la racine טרד. Mais il se peut aussi, et cela paraît même plus vraisemblable, que l'étranger retrouve son vrai père, qu'il expulse de sa demeure en le déshonorant. Le dernier mot (l. 40) *isaggal* (שגל) est un terme obscène.

50   DOCUMENTS JURIDIQUES.

IV.

Cette tablette était la septième de la série. Le verso seul a été publié par Sir Henry Rawlinson (*W. A. I.*, pl. 10). La première colonne donne la définition de certains termes juridiques empruntés aux lois de procédure. Dans la seconde, il s'agit évidemment d'une affaire soumise à la décision d'un juge et de l'appel de sa décision à une juridiction supérieure. La troisième colonne renfermait de nombreuses lacunes ; mais de nouveaux fragments retrouvés depuis la publication anglaise ont permis à M. Lenormant de publier le recto et de compléter le verso bien imparfaitement, toutefois, dans son *Choix de textes*, n° 15, page 32. La tablette se termine par la copie d'un ancien texte de lois sumériennes sur l'organisation de la famille.

(1re Colonne. — L. N. *Choix de textes*, p. 32.)

1. *it . . su*

2. *it – kuś – au*   [*ma – na*] – *ah – ta*
   Dimissio.   Dimissio.

3. *it – kuś – au a – ni – ta*   . . . . [*is –*] *ku – un*
   Dimissionem fecit.   fecit.

4. *it – kuś – au a – ni – in*   . . . [*i – sak –*] *ka – nu*
   Dimissionem coëgit.   coëgit.

5. *it – kuś – au a – ni*   . . [*ma – na*] – *ah – ti – su*
   Dimissio sua.   Dimissio sua

6. *it – kuś – au a – ni*   . . [*ma – na –*] *ah – ti – su*
   Dimissio sua.   Dimissio sua

7. *ba – kuś – au*   . . . . . . *tu*
   Dimissio.

8. *id – du*   *ad – du – u*
   Retractatio.   Retractatio.

9. *id – du . . . . . mas*   *addū is – me*
   Retractationem.   Retractationem audivit.

10.	id-du . . . . . a	addi bi
	Retractatio.	Retractatio.
11.	id-du-bi .	ad-du-su
	Retractatio sua.	Retractatio sua.
12.	id-du-bi . . . ni	adda-su i-lak-ki
	Retractationem.	Retractationem suam solvit.
13.	id	e-ni . . . .
14.	id . . .	e-ni . . . . .
15.	is . . .	al . . . . .
16.	is . .	al . . . . .
17.	is-al . .	. . si . . . . .
18.	[ell (sipru?)	[si]-ip-[ru. .
	Consensus.	Consensus.
19.	(sipru?) . .	si-ip-[ru. .
	Consensus.	Consensus.
20.	(sipru?) . .	. . . ka-tu. . .
	Consensus.	
21.	(sipru?) til[-la . .	[sipru] ga-am-ru
	Consensus perfectus	Consensus perfectus.
22.	(sipru?) [nu-til-la. .	[sipru] la gamru
	Consensus non perfectus.	Consensus non perfectus.
23.	hu. . .	. . . . . lum
24.	hu. . .	. . . . lum
25.	hu . . ne-in . . a	i . . . . lum
26.	di	di-i-nu
	Jus (lis, causa).	Jus (lis? causa?)
27.	di lu. . .	dinu-su
	Jus	Jus suum.
28.	di lu. . .	si-mi
	Jus	
29.	di til-la	di-i-nu ga-[am-ru
	Jus perfectum.	Jus perfectum.

DOCUMENTS JURIDIQUES.

30. *di nu til – la*   *di – i – nu la ga – [am – ru]*
    Jus non perfectum.   Jus non perfectum.
31. *di bi al – be*   *di – in – su ga – mi – [lu]*
    Jus suum foro subjectum.   Jus suum foro subjectum.
32. *di bi nu – al – be*   *dinsu la ga – mi – [lu]*
    Jus sine foro.   Jus suum sine foro.
33. *di tar – da*   *dinsu di – i – nu*
    Jus sub judice.   Jus suum sub judice.
34. *di nu tar – da*   *dinsu ul dinu*
    Jus sine judice.   Jus suum sine judice.
35. *di . . . ba lu*   *dinsu su – ul – lu – ul*
    Jus   Jus suum denegatum.
36. *ok [na me ark.i?] a-ni nu-un sar*   *ma-am-man arki-su ul ip-ru-us*
    Quisquis successionem suam non dividit,   Quisquis successionem suam non dividit
37. *ok. . ok nu un tar*   *kab-tuc arki-su ul ip-ru-us*
    . . . successionis non dividit.   honorem successionis non dividit.
38. *ok na – me ok is nu-un-luk*   *ma-am-man a-ma-a-su ul is-mi*
    Quis conscientiam suam non audit   Quis conscientiam suam non audit,
39. *di-tar di – bi-nu – un-tar*   *da-ai-nu di-in-su ul i-din*
    judex ei jus non dabit.   judex jus suum (ei) non dabit
40. *nam ni . . . mas*   *i – na a – su – us na . .*
41. *ka . . . . . .*   *. . . is i . . .*

---   ---

42.   *. . . am im – ta – har*
                                 (Coram rege) provocatus est.
43.   *sar – ra – am im – hur – ra*
                                 Coram rege provocavit et
44.   *sar – ru a – tam – te – su is – mi – ca*
                                 rex provocationem suam audivit.

---

45.   *pa – rap – su yu – zak – ki*
                                 Dextantem stipulavit.
46.   *us – te – tim – su*
                                 Ex provocatione obtinuit.
47.   *bil – ta – su yu – tir – su*
                                 Vectigal ejus restituit ei.

48.   *dab-bu-ti*
                             Mulctam

49.   *dab-bu-ti a-tam-ti-su*
                             Mulctam provocationis suæ

50.   [*iz*]-*ru-ur*
                             vitavit.

51. *ok-ka*   . . *kit a-tam-ti-su*
    Quis   . . provocationem suam

52. *nam-tak-ga*   . . . *na i* . . . *du*

53. . . . .

(2ᵉ colonne. — L. N. *Choix de textes*, p. 31.)

(Les dix-sept premières lignes manquent).

18. *nam-dam*   . . . . .
    Matrimonium.

19. *nam-dam-ku in-tuk*   . . . . .
    Matrimonium ob habuit.

20. *nam-dam-ku ba-an-tuk*   . . . . .
    Matrimonium ob habuit.

21. *nam-dam ku mi-ni in-tuk* . . . . .
    Matrimonium ob habuit.

22. *nam-nu mu-un zu-a-ni*   . . . . .

23. *mi-ni in-tuk*   . . . . .

24. *tur-a-su-ku in-me a-na-bi-da* . . . .

25. *nam-te a-kit da-ni a-an-a-ni* . . . .

26. *nam-te a-kit da-ni ba-ni in-tuk* . . . .

27. . . . *a ni su mi in su*   . . . . .

28. . . *na as mi ni in tu.*   . . . . .

29. . . sar da a ni. . . .
30. . . sal us di a ni. . . .
31. mas ra tu. . . .
32. ba . . .
33. ê-a-na-me. . . . . . h . .
34. nam. . . .
  . . .
40. . . . . en
41. . . . . . in tu en . . .
42. sa-el-nam-dam-zu . . ak a . . . . .
43. us-ba-ku-si-ku-šu ab-da a-na . . . .
44. ê a-na. . . . ni-te a a-na . . . .
45. ê-ad-na. . . . ni-tu a-na . . . .
46. ka-su . . . ni-it in-sa ri-ik . . .
47. sa-sal-ni . . a-ni in-u . . tir-ḫa-as (tu) . . .
      repudii pretium
48. kū-dam-tuk tir-ḫa (ki-si) . . .
49. kū-dam-tuk-ani-iš-ba vru tu tir-ḫa-as . . . .
      Repudii pretii . . .
50. ne-in-sa pa-as-su-ri is-ku-un
      symbolum fecit.
51. ad-da na-ruv a-un a-bi-su
    Patri suo Patri suo
52. in-na-an-tu yu-sc-[rib
      tradidit
53. a-ne in-gi ik. . . . su
54. a-na li-ne in-gi ul. . . . .

55.	. . . in-gik	i-nam-ni-si-ra
56.	. . . .	. . tu-sa ip-tuk
57.	. . . .	. . u-zu-ub-bu-su

(3ᵉ colonne. — W. A. I., II, pl. 10. — L. N. *Choix de textes*, p. 35).

1. kú dam tak a-ni in-na-an-se   u-su-bu-su i-ḫi-id-ra
 Repudium suum lapide expressit,   Repud. suum symboli figura expressit
2. ur-ra-sa nam ne-in-sar   i-na su-ni-su ir-ku-uś
 in pectore ligavit,   in pectore ejus ligavit,
3. é-ta tur-ta an-ud-du   ina bit yu-se-si-su
 ex domo ejecit.   ex domo ejecit eam.
4. ut-kur-ku dam lib-ga-aa-ni   a-na ma-ti-ma mu-ut lib-bi-su
 Ad futurum conjugem cordis sui   Deinceps conjugem cordis sui
5. kan-ni tum tuk-tuk   i-ḫu-us-su
 amato alter;   amato (alter);
6. ka-ma-nu mu-ra-si in-mal-mal   u ul i-ra-ak gu-um-mil
 spithamæ non litem intendo (?)   spithamæ ne spatio quidem accede.
7. (egir?) til-la-a nu-gik a-an   ar-ka-nu ga-di-is-tuv
 Ad futurum mœcha sola   Ad futurum mœcha
8. tar-ta ba-an-da-ga-tu-la   ina su-ki-im it-ta-si
 per vias urbis vagetur.   per vias (urbis) vagabitur.
9. lib-ki aka a-ni ta nam-nu gik a-ni   ina ra-sib-su
 In amore suo fornicationem   In amore suo
10. in-ne in-tuk-tuk   ga-du-us-su i-ḫu-us-su
 exercebit.   fornicationem exercebit.
11. nu gik ga-bi tur-e tar a-an   ga-di-is me . . . ru
 Mœcham istam solam judex pluvio   Mœcham istam judex pluvio
12. mi-ni-in-ri   . . . .
 exponat.   exponat.
13. akan   ga-ral   [si-ir-tu]
 Serpens in via   Serpens in via

14. *in*
    mordeat.   eos mordebit.

15. *ad-a-ni au nen a-ni-ku*
    Pater et mater ejus eum non agnoscant

16. *sal mi-ni-in ka-ga*
    Femina alii suo addicat

17. *te-bi nu-up ra-ah*   *li*
    pœna justitiæ (exterminatio)

18. *mi-ni-in kur-kur*
    non dimoveatur.

19. *nam tip-sar-ru mi-ni-tuv su-su*   *tip-sar-ru-ti*
    Decretum istud promulgetur.   Decretum istud (promulgetur).

20. *sa-te-na ne in-sar*   *yu-ud-di-il*
    Pœnam scribet maritus.   Pœnam scribet (statuat) maritus.

21. *dam in-ni in-tuk*   *as-sa-tuv yu-sa-hi*
    Uxor obediet.   Uxor obediet.

22. *ud-kur-ku ud-na-mi-ku*   *a-na ma-ti-ma a-na ar-ka-ni*
    Die qualibet die in futurum :   Quandocunque et in futurum :

23. *takundi-bi (su-sa-tur lal) tur*   *sum-ma ma-ru a-na abi-su*
    ad-da na ra
    Sic : si (ex sententia judicis) filius Sic : si (ex sententia judicis) filius
                              patri suo   patri suo

24. *ad-da-mu nu me-a*   *ul a-bi at-ta*
    « pater meus non tu »   « non pater tu »

25. *ba-an-na ak-ka*   *ik-ta-bi*
    dicit ;   dicit ;

26. . . - *(supur?) mi-ni-in-ak-a*   *yu-gal-la-ab-su*
    et confirmat ungue impresso,   et (confirmat) ungue impresso,

27. *ga ra-as mi-ni-in ru-e*   *ab-bu-su i-da-ak-kan-su*
    pignus det ei   pignus det ei

28. *au kú-par-ga-as mi-ni-in-se*   *ou kaspa i-nam-din-su*
    et pecuniam solvat.   et pecuniam solvat.

29. *takundi-bi (su-sa-tur-lal) tur*   *sum-ma mari a-na um-mi-su*
    lu-ku-na-ra
    Sic, si filius matri suæ   Sic : si filius matri suæ

30. *luku mu nu me-en ba-an-na-an-ka*   *ul um-mi at-ti ik-ta-bi*
    « mater tu non » dicit   « non mater tu » dicit

31.	. kal ni-in-sim au ne-an-kal	mu-ul-ta-ai-su yu-ma-hi-ta
	et sigillo impresso confirmat ;	et sigillo confirmat;
32.	uru ki-a mi-ni-in nigin-e-ne	a-la-am yu-pa-ah-ha-ru-su
	urbem convocet,	urbem convocet,
33.	au e-ta ga-ru-tul-e-ne	au ina bit yu-se-su-su
	et ex domo exire jubeant.	et ex domo exire jubeant eam.
34.	takundi-bi (su-sa-tur-lal)	sum-ma
	Sic : si	Sic :
35.	ad-da tur-bi-ra	a-bu a-na ma-ri-su
	pater filio suo :	si pater filio suo :
36.	tur-mu nu-me-en	ul ma-ri at-ta
	« filius meus non tu »	« non filius tu »
37.	ba-an-na-an-ka	ik-ta-bi
	dicit ;	dixit ;
38.	é é mun-ta	ina bit au i-ga-ruu
	domo in et constructione in	in domo et in constructione
39.	ba-ra-tul-du-ne	i-te-el-lu-su
	includatur.	includatur (conjiciatur).
40.	takundi-bi (su-sa-tur-lal)	sum-ma
	Sic : si	Sic :
41.	luku tur-na-ra	um-mu a-na ma-ri-su
	mater filio suo :	si mater filio suo :
42.	tur-mu nu-me en	ul ma-a-ri at-ta
	« filius meus non tu »	« non filius tu »
43.	ba-an-na-an-ka	ik-ta-bi
	dixit ;	dicit ;
44.	é . . na-tu	ina bit au u-na-a-li
	domo in et carcere in	in domo et in carcere
45.	ba-ra-tul-du-ne	i-te-el-lu-su
	includatur.	includatur.

(1ᵉ colonne. — W.A.I., II, pl. 10.)

1.	takundi-bi (su-sa-tur-lal)	sum-ma
	S.c :	Sic :
2.	dam-e dam-ra-ra	as-sa-ta mu-ui-sa
	si mulier marito suo	si mulier marito suo

3. hud ba-an-da gik a-ni   i-zi-ir-ra
   (qui) injurias facit,   (qui) injurias facit,
4. dam-mu nu me-en   ul mu-ti at-ta
   « maritus meus non tu »   « non maritus tu »
5. ba-an-na-an-ka   ik-ta-bi
   dicit,   dicit,
6. (nahar?) da-ku   a-na na-a-ru
   in flumine   in flumine
7. ba-an-ic-mu   i-na-ad-du-su
   immergant eum.   immergant eum.

8. takundi-bi (su-sa-tur-lal)   sum-ma
   Sic : si   Sic : si
9. dam-e dam-na-ra   mu-tav a-na as-sa-ti-su
   maritus uxori suæ :   maritus uxori suæ :
10. dam-mu nu-me-en   ul as-sa-ti at-ta
    « uxor mea non tu »   « non uxor tu »
11. ba-an-na-an-ka   ik-ta-bi
    dicit;   dicit;
12. bar ma-na ki-par ta ni-lal-e bar ma-na kaspa i-sak-kal
    dimidiam minam argenti solvat. dimidiam minam argenti ponderet.

13. takundi-bi (su-sa-tur-lal) sum-ma
    Sic : si   Sic : si
14. uk sak mal-e   a-pi-luv
    procurator   procurator
15. . . ku-mal-e-ne   ar-da i-gu-ur
    Servus aufugit,   servus aufugit,
16. ba-bal ba-an-ha-a   im-tu-ut ih-ta-lik
    moritur,   moritur,
17. muh-bi an-dé-e   i-ta-ba-ta
    pessumdat,   pessumdat,
18. gan-la ba-an-dak   i-ta-pa-ar-ka
    pœna mulctatur,   pœna mulctatur,
19. au tu-ra ba-ap-ak   au im-ta-ra-su
    et morbo affligitur   et morbo affligitur
20. id-bi par id-kam   i-di-su sa yu-ma-tan
    brachium ejus, quotidie   brachium ejus, quotidie
21. bar se ta-a-an   bar ta-a-an se-am
    dimidium hini frumenti   dimidium hini frumenti

22.   *an aka-e*   *i-ma-an-da-ad*
       mensuret.   mensuret.

23.   *śa kar su si ma la ur-ri*   *sak ba = ma-mi-tav*
                                                       fatum.

24.   *duppi VII kam ki-ki-rib-bi-ku = a-na it-ti-su*
       Tabula septima secundum *ki-ki-rib-bi-ku = ana it-ti-su*
       gab-ri mat Assur kim-be-su sa-tir-ma ba'ar (si-gan)
       doctorum   Assyriæ ad normam archetypi scripta atque translata.
       mat Assur-bani-habal sar kissat   sar mat Assur
       Possessio Assur-bani-habal, regis legionum, regis   Assyriæ.

REMARQUES.

C. I, l. 2. — *Manahtu*, que nous rattachons à la racine אנה « finir », signifie littéralement « le congé ».

C. I, l. 8. — Le « retrait » est exprimé par le mot *addu*, probablement d'origine sumérienne.

C. I, l. 26 et suivantes. — Ces lignes renferment différentes formes de la procédure, qui n'ont pas besoin d'explication à l'appui.

C. I, l. 31. — Il est facile de compléter le mot *gamilu*, venant de במל, « juger un conflit ».

C. I, l. 36-39. — Nous trouvons ici deux anciens proverbes composés selon la méthode orientale du parallélisme :

« Celui qui ne divise pas son héritage, ne divise pas l'honneur de son héritage.

« Celui qui n'écoute pas sa conscience, le juge n'écoutera pas son droit. »

C. I, l. 42. — Tout ce passage est relatif à l'appel d'un procès :

« Il a été intimé, — il a été appelé devant le Roi, — le Roi a entendu son appel, — il avait stipulé les cinq sixièmes, — et il a obtenu gain de cause. »

C. I, l. 41. — Nous lisons *atamte-su* de עתם, le *pi* de l'original est évidemment une faute pour *tam*, à cause de l'analogie des signes.

C. II. — La seconde colonne traite du Mariage et de la Répudiation qui devait être effectuée suivant certaines formules, comme dans le droit musulman. Malheureusement le commencement de cette colonne est fruste et le sumérien est seul conservé. Le nom de cette répudiation, ou divorce, semble être *ušubu*, et le mot qui indique le prix du divorce ou la somme que le mari devait donner à son beau-père, se dit *tirhastu*, de רהץ, « libérer ». Enfin, le symbole de ce dédommagement était un *passur* (W.A.I., II, pl. 46, l. 40 et suiv.) : c'est un objet d'une nature inconnue, mais qui est souvent mentionné dans les annales des Rois comme constituant une redevance délivrée par les tributaires.

C. II, l. 51. — Il y a là une faute évidente, nous en trouverons plusieurs exemples analogues dans ce même texte, ainsi nous avons *abisu* au lieu de *abisa*, « son père », c'est-à-dire le père de sa femme.

C. II, l. 52. — Le sumérien *in naalu*, « il fit rentrer », indique le sens de l'assyrien *yuserib*. Probablement, l'ancien mari rendait la femme à son père. C'est tout ce que nous pouvons comprendre de cette colonne.

C. III. — La troisième colonne commence par des phrases empruntées à des dictons populaires sumériens. Bien que les premières lignes soient assez obscures, ce qui paraît certain c'est que la répudiation était accompagnée de quelques formalités. Il est aussi question dans ce passage de l'adultère et de la réprobation qu'il comporte.

C. III, l. 1. — *Ibid* semble avoir du rapport avec הידה, « l'énigme » ?

C. III, l. 2. — *Sun* doit être « le front » ou « la poitrine ».

C. III, l. 4. — Voici le sens exact de ce passage : « Pour tous les temps futurs un autre peut aimer cette courtisane, » et il ajoute : « Ne m'approche pas, même d'un empan. »

C. III, l. 6. — *Gummil*, impératif paël, au lieu de *gummili*.

C. III, l. 7. — *Gadistur* est pour *kadistur*. C'est ce qui résulte d'un passage (W.A.I., II, pl. 17, l. 11) où *au gik* est expliqué comme ici par le même mot. C'est donc l'hébreu קש, non pas dans l'acception de « sainteté », mais dans le sens de קדשה, « courtisane ». Le sumérien y ajoute le mot *a-an* « seule » qui manque en assyrien.

C. III, l. 10. — *Gadissu* vient du mot *qadus* ou *kadus*, l'abstrait, c'est ce qui est évident par le sumérien *nam-au-git*.

C. III, l. 23. — C'est ici que commence un passage relatif aux anciennes lois de la famille, dont il a été souvent question, et qui se continue jusqu'à la fin de la tablette. Parmi les traductions proposées, M. Ménant pense qu'il faut revenir à celle de M. Oppert. C'est lui, en effet, qui a démontré, au point de vue du droit, les contre-sens dans lesquels on était tombé. Il n'est pas possible, en effet, de punir plus sévèrement un père qui renie son fils, qu'un fils qui renie son père. Cette condition est surtout incompatible avec les idées reçues chez tous les peuples antiques depuis les Indous jusqu'aux Romains. Il s'agit évidemment d'une autorisation judiciaire donnée au fils de renier le père, lequel père, et non pas le fils, est alors puni d'une amende. Une mère dont le fils peut renier la maternité est punie de l'exil. Quant un père peut renier sa paternité le fils est puni du cachot. Le même sort attend le fils quand la mère est autorisée à lui dire : « Tu n'es pas mon fils. » Une femme qui peut répudier son mari qui lui a fait injure le prédestine à la mort par immersion. Un mari qui est autorisé à répudier sa femme lui impose seulement une amende.

Voilà la seule manière de comprendre ce passage, et nous ne croyons pas, avec M. F. Lenormant, qu'elle soit philologiquement impossible ; d'ailleurs, au-dessus de la philologie se place le bon sens. Nous lirons donc ainsi cet important fragment des lois de Sumer :

« Il a été ainsi décidé (par la sentence du juge) :

« Si un fils dit à son père : tu n'es pas mon père (et le prouve) par l'apposition de son ongle, il donnera un gage et paiera une amende.

« Si un fils dit à sa mère : tu n'es pas ma mère, et le prouve par son cachet, on assemble la ville et on la fait sortir de la maison.

« Si un père dit à son fils : tu n'es pas mon fils, on l'enfermera dans sa demeure et dans un cachot.

« Si une mère dit à son fils : tu n'es pas mon fils, on l'enfermera dans sa demeure et dans les soubassements.

« Si une femme dit à son mari qui lui a fait injure : tu n'es pas mon mari, on le jettera dans le fleuve.

« Si un homme dit à sa femme : tu n'es pas ma femme, il paiera une demi-mine d'argent.

« Si l'intendant laisse fuir un esclave, s'il meurt (l'esclave), s'il devient infirme, si, par suite de mauvais traitements, il devient malade, il (l'intendant) paiera un demi-*hin* de blé par jour. »

La version assyrienne est très-incorrecte. Nous voyons, par exemple, les mots *abi*, *ummi*, *muti*, *assat*, *mari*, au lieu de *abiya*, *ummiya*, *assatiya*, *mariya*. La formule *su-sa-tur-lal-bi* correspond à l'assyrien *summa*, c'est ce qui est confirmé par une tablette K. 197, où nous lisons *susa* pour *gamal* et *ṭur-lal* pour *mara-sakilu*. *Takundi* est l'allophone sumérien. C'est littéralement la décision du juge.

C. III, l. 26. — Ce passage est fruste. On y lit encore cependant *yu-gal-ab-su*, et dans le sumérien nous avons *kit-or-mi-ni-en-ak-a*. Il y est donc question d'une affirmation avec l'ongle au lieu du cachet. C'est ce qui est indiqué dans plusieurs gloses des tablettes philologiques. (W.A.I., II, 45, 20, 24, 58). Or, le mot *galab* est le sémitique גלב, dont toutes les significations aboutissent à celle de « gratter ».

C. III, l. 27. — *Abbusu* est pour *abbultu*, car dans un passage K. 110 (W.A.I., II, pl. 1, l. 191) on lit *gar* = *abbullu*; ce mot ne peut être celui de *abutu* « paternité », mais il vient de עבט « mettre en gage ».

C. III, l. 32. — Il est évident que l'original contient une faute, *yuzaḫḫarusu* doit se lire *yupaḫḫarasu*; *nigin* est expliqué par *paḫar*.

C. IV, l. 24. — La souscription exige quelques remarques. Ces sortes de légendes n'ont jamais été complètement expliquées jusqu'ici.

Le mot *gabri* « maître, docteur » ne peut s'appliquer, comme quelques savants l'avaient supposé, à la *rivalité* des textes contenus dans deux colonnes, puisqu'on parle ici seulement des *gabri* de l'Assyrie et non pas de ceux d'Akkad. Il ne peut donc pas y être question de colonnes rivales ou parallèles, puisque le nom d'Akkad n'est pas prononcé, et pourtant la langue antique figure dans le texte. — *Kim be su* se dit ailleurs *kima labirisu*; *be* est expliqué par *labiru*, notamment dans ce passage *is mak be* = *clippu labirtu* (W.A.I., II, pl. 46) *labir* est « l'ancien, l'original, le prototype ». — *Saṭir*, écrit ailleurs *sar*, veut dire « écrire », abrégé pour *issaṭir* « il a été écrit ».

Quant à *sigan*, une curieuse inscription du Musée Britannique l'explique en toutes lettres. Au lieu du signe on lit dans une phrase analogue *ba-a-ri*, et ce passage est très-instructif, car il nous donne le mot באר, qui se trouve deux fois dans la Bible avec l'acception de « interpréter » et qui a un si large emploi dans la littérature rabinique. Il est pris par les grammairiens talmudiques pour désigner « le commentaire, l'interprétation ». On peut donc admettre ici *ba'ar* au lieu de *ib ba'ar*, avec le sens de « interprété, traduit ».

V.

Nous avons recueilli dans les fragments des tablettes, publiées par le Musée Britannique, quelques passages qui se rapportent d'une manière assez directe à l'ensemble de notre sujet, pour que nous ayons cru devoir les réunir ici.

Les deux premiers ont trait à la désignation des membres de la famille ou à des usages qui peuvent servir à en faire apprécier les relations; nous les reproduisons d'abord. — Le troisième et le quatrième auront besoin de quelques explications plus étendues.

I.

(*W. A. I.*, II, pl. 33, n° 2.)

6.	*nam-tur a-ni-ku*	*ana ma-ru-ti-su*
	Pueritiam ejus ad.	Ad pueritiam ejus.
7.	*nam-tur-us a-ni-ku*	*ana ab-lu-ti-su*
	Filiationem ejus ad.	Ad filiationem ejus.
8.	*nam-sis a-ni-ku*	*ana ah-hu-ti-su*
	Fraternitatem ejus ad.	Ad fraternitatem ejus.
9.	*nam-ad a-ni-ku*	*ana ab-bu-ti-su*
	Paternitatem ejus ad.	Ad paternitatem ejus.
10.	*nam-ab-ba a-ni-ku*	*ana si-bu-ti-su*
	Senectutem ejus ad.	Ad senectutem ejus.
11.	*nam-in-la a-ni-ku*	*ana na-ku-ti-su*
12.	*nam-nit a-ni-ku*	*ana ar-du-ti-su*
	Servitutem ejus ad.	Ad servitutem ejus.
13.	*nam-ku mal a-ni-ku*	*ana ak-ru-ti-su*
	. . . .	. . . .
14.	*nam-lan-ga a-ni-ku*	*ana dan-nu-ti-su*
	Potentiam ejus ad.	Ad potentiam ejus.
15.	*nam-lan a-ni-ku*	*ana it-lu-ti-su*
	Exaltationem ejus ad.	Ad exaltationem ejus.

16. *nam-kur kur mat a-ni-ku*   *ana tar-bu-ti-su*
    Educationem ejus ad.   Ad educationem ejus.
17. *nam-sar-ka tum ta ud-du*   *ana ki-sir u-se-iṣ-ṣi*
    Ex decreto eduxit.   Ex decreto eduxit.
18. *ka-sar mu I kam*   *ki-sir sat-ti-su*
    Portio anni unius   Portio anni unius
19. *VI daragu (tu) ku-pur u lal-e* . . .
    sex drachmas argenti ponderavit.

REMARQUES.

L. 1 et suiv. — Nous avons vu (*supra*, p. 43) les différents termes de ce passage, mais nous devons remarquer ici particulièrement la postposition sumérienne *ku* qui s'emploie dans différentes acceptions : elle indique quelquefois la direction vers quelque chose, elle correspond souvent au datif simple, au *dativus commodi*, mais la plupart du temps elle exprime un lien matériel. La véritable traduction d'un passage où elle se rencontre ne se donne que par le contexte entier.

L. 14. — Il faut écrire *nam-tan*, la racine sumérienne comporte la valeur de *tan* à cause du mot *Tartan* et d'autres dérivés. La coïncidence que cette racine peut avoir avec l'assyrien *danan* semble être fortuite, si elle n'est pas justement formée de l'élément anarien. Il convient peut-être de remarquer ici qu'il n'existe dans aucune autre langue sémitique de racine דנן dans le sens de « être puissant », celles de דון, דין se retrouvent en assyrien dans cette même forme. Quant à אדון, ce mot ne vient pas de דין, mais de אדה.

II.

Le second fragment est relatif à des cérémonies qui restent encore sans explication. Les passages qui pourraient compléter la tablette même à laquelle nous les empruntons, ne suffiraient pas pour nous les faire comprendre. Il est évident qu'il s'agit de coutumes dont aucune indication ne nous a conservé le souvenir, et les termes qui les expliquent ne répondent, pour la plupart, à aucune idée actuelle. Quoi qu'il en soit, et quelque téméraire que puisse paraître notre prétention, le passage que nous signalons ici a une importance trop grande, par les renseignements qu'il nous fournit, pour pouvoir passer inaperçu.

(W. A. I., II, pl. 35, n° 4.)

61.	. . . . an	[ardatu] sa ki-ma es man śu
		Ancilla quam sicut mulierem
62.	. . . is-nu dé (ekimu) a	sikar la-a i-ki-mu ina pi
		maritus non prehendit a fronte.
63.	ki el or dam a ut (?) kan	[ardatu] sa ina śu-un
		Ancilla cui in ventre
64.	hi-li	mu-ti-sa
		conjux ejus
65.	su nu lag-ga	ku-uś-ba
		tegumentum
66.		la il-pu-ut
		non aperuit (pectinavit).
67.	ki el or dam a ni kan	[ardatu] sa ina śu-un
		Ancilla cui in ventre
68.	ku-ba	mu-ti-sa
		conjux ejus
69.	su nu si-ga	su-bat-sa
		velum (nuptiarum) ejus
70.		la is-hu-tu
		non laceravit.
71.	ki el ok dan damga (si-zab-ga)	[ardatu] sa it-lu dam-ku
		Ancilla cui maritus gaudens (i.e. salax)
72.	si kak-a-ni	sil-la-sa
		velamen suum
73.	su [nu] in gab-a	la-a ip-tu-ru
		non fidit.
74.	. . . akan a-ni	[ardatu] sa ina sir panu-sa
		Ancilla cui in serpente faciei ejus
75.	. . . .	si-iś-bu la ip-su-u.
		. . . non exstitit.
76.	. . . .	. . . .

REMARQUES.

L. 61. — Le sumérien *ki-el* est souvent transcrit par *ardatuo* « l'esclave », c'est-à-dire « l'épouse ».

L. 61. — *Šun* est une partie du corps, « le front, le ventre ou la poitrine ». Allat, dans le récit de la descente aux enfers, se frappe le *šun*. Le sens littéral de ce passage est celui-ci : « Que le mâle n'a pas pris par devant, comme une femme. »

L. 62. — Le signe *dé* est rendu par *ekimu* (*W.A.I.*, II, pl. 8, l. 4) et par *nakamu* (*W.A.I.*, II, pl. 8, l. 6); le lithographe qui lit *ekisi* semble avoir oublié un trait au dernier signe, il a ainsi confondu *mu* et *se*.

L. 65. — *Tak* est rendu par *lapatu* (*W.A.I.*, II, pl. 27, l. 60, — pl. 48, l. 41). Le sens de לפת est « tourner, retourner ». Quant à *kušba* il signifie « couverture », mais il est bien difficile de dire de quelle couverture il s'agit et de quelle cérémonie on veut parler ?

L. 68. — *Kuba* est souvent rendu par *subat* « voile, vêtement », ce sens est sûr. Un passage (*W.A.I.*, II, pl. 39, l. 49) explique *kuba* par *nalbasu*, נלבש de לבש « vêtir ». D'autre part, le même mot *kuba* est expliqué par *subati* (*W.A.I.*, II, pl. 5, l. 39) et (*Ibid.*, pl. 7, l. 42). Nous lisons *ku* dans trois compositions, dont l'une (l. 43) *ku-bar-ra sillal* est expliqué comme les deux autres locutions sumériennes par *subat aristi* « le voile de la fiancée », *aristi* venant de ערש. Comparez encore le passage (*W.A.I.*, II, pl. 20, l. 21, 22, 23).

L. 70. — Le verbe *ishutu* vient de שחט, qui signifie « immoler » en assyrien comme en hébreu; mais il a peut-être ici une acception empruntée à quelques verbes arabes analogues, avec la signification de « déchirer ». Le sumérien *siga* également interprété par *mihistu* « action de froisser », indique la lacération du vêtement. Il faut se souvenir ici d'un emploi constaté de la racine שחט, au paël, pour exprimer la copulation sexuelle des animaux, comme dans le poème de la Descente d'Istar. C'est probablement un euphémisme transporté aux animaux et provenant de la lacération du vêtement inférieur par le mari, car *subat* ne paraît pas être le voile qui couvre le visage, mais le *subat supulli zumrisa*, « velamen infimæ partis ventris ejus ».

L. 71. — Le mot *damku* veut dire « heureux » de *damik*, mais ici avec une signification lubrique, « impatient, trop heureux ». C'est ainsi que nous lisons (*W.A.I.*, II, pl. 6, l. 28, 29) *magganû damḳu* la « giraffe en rut » (la giraffe et non l'hippopotame, comme le veut M. Delitzsch, *Assyrische-Thiernamen*, p.56). On trouve encore l'expression *marû damḳu* (l. 37, 38), qui désigne peut-être l'autruche en rut.

L. 72. — *Sillasa* vient de צלל « couvrir », mais dans ce passage il s'agit évidemment du voile du visage.

L. 74. — Le complexe est expliqué (*W.A.I.*, II, pl. 2, l. 382) par *sirtu*, « serpent », et par *tulû* « ver » תלע, que M. Sayce traduit à tort par « colline ». Le signe *sir* signifie bien « serpent », mais il se pourrait que cette expression cache ici une obscénité.

III.

Le troisième fragment a trait à un usage qui s'est perpétué en Orient depuis les temps les plus reculés jusqu'à nos jours. Hérodote l'avait déjà signalé comme une particularité des habitants de la Babylonie (I. 195) : « Chaque Babylonien, dit-il, avait un cachet pour son usage personnel. » Mais ce que l'antiquité grecque ne nous avait pas appris, c'était la nature de ce cachet et les usages auxquels on l'employait.

Aujourd'hui, les collections particulières et les Musées d'Europe sont remplis de ces petits monuments. Quelques-uns ont une forme conique, et sur la base du cône, on voit gravé en creux une figure emblématique, rarement accompagnée de caractères cunéiformes.

Au moment de la rédaction de l'acte qui contenait les conventions civiles, les parties contractantes, l'officier public qui recevait ou rédigeait leurs déclarations, ainsi que les témoins, en présence desquels la convention était arrêtée, apposaient leur cachet sur l'argile encore tendre, et le contrat ainsi signé formait la loi des parties. A défaut d'un cachet, les parties intéressées y avaient apposé d'abord leur doigt, puis leur griffe *galabu* (גלב) en enfonçant l'ongle *supur* (צפר) à la place du cachet. Les monuments de ce genre sont fort nombreux ; nous aurons occasion de les étudier par la suite.

Les cachets avaient quelquefois une autre forme, ils étaient cylindriques et leur empreinte se formait en déroulant leur surface, suivant un axe mobile, sur le gâteau d'argile qui avait reçu le contrat.

Les empreintes de cette nature sont plus rares, mais les cachets eux-mêmes sont très-nombreux. Les sujets sont très-variés : ils représentent un ou plusieurs personnages, flanqués d'une ou de plusieurs lignes d'écriture gravées parallèlement à l'axe du cylindre. Quelques-uns ne portent que deux lignes d'écriture, qui suffisent pour exprimer le nom et la qualité du personnage ; d'autres présentent trois lignes d'écriture et expriment alors dans les deux premières lignes, le nom et la filiation du possesseur du cachet ; la troisième ligne renferme une formule religieuse ; c'est un acte d'adoration adressé à une divinité du panthéon assyrien.

Les Assyro-Chaldéens désignaient la table qui devait recevoir une inscription par le terme *dippu*. Cette expression, d'origine sumérienne, non-seulement s'est assyrianisée, mais encore elle a passé dans la langue arienne des rédacteurs des inscriptions perses de Darius.

Voici les renseignements qui nous sont fournis sur cette expression par les syllabaires d'Assur-bani-habal :

$$du-ub-ba = duppa = dib-bu-u$$

(*W. A. I.*, II, pl. 3, l. 542).

Ailleurs, la *duppa* est assimilée au cachet et même à l'empreinte du cachet.

ka-kak	ka-na-ku
Verbum faciens.	Sigillum.
dub-ba	kanaku sa tok-sit
Tabula.	Imago incisa lapidis scripti.

(*W. A. I.*, II, pl. 39, n° 2, l. 10).

Le cachet, c'est donc la pierre gravée, la pierre écrite, ou peut-être plus exactement, la pierre écrivant. L'Assyrien a rendu cette idée par le mot *kanaku*, qui n'a pas d'équivalent dans les langues sémitiques, mais dont la signification ne saurait être douteuse ; il exprime à la fois le cachet qui fait l'empreinte et l'empreinte elle-même, le «seing» de la personne qui l'appose. L'expression phonétique est, du reste, assez rare dans les textes, où l'idée est presque constamment remplacée par l'idéogramme ou l'allophone sumérien.

Un passage des documents bilingues nous représente ainsi les diverses formes de cette expression.

(W. A. I., II, pl. 28, n° 5.)

55.	tak-sit ra-ra		ka-na-ku
	Sigillum.		Sigillum, Clausura (claudere).
56.	tak-sit gur		kanaku sa kanaku (tak-sit)
	Sigilli imago.		Clausura cum sigillo.
57.	(gub) gab		kanaku sa sa-li-e
			Sigillum...
58.	gi sis (nasaru) kà na gub-ba		ki-in-gu sa babu.
			Sera portæ.
59.	iš-vs-bar		us-pa-ru (?)
60.	iš-pa		ha-ru-tu
			Sceptrum.
61.		pal	pa-lu-u
			Gladius.
62.	(si-bir)	(sibir?)	si-bir-ru.
			Messis (?)
		(mik-tu?)	mi-ik-[tu
			Honos

REMARQUES.

L. 60. — Nous avons poursuivi notre citation parce que la ligne 60 renferme une expression qui mérite d'être expliquée ici. M. Delitzsch a attaqué la lecture *harutu* - sceptre - (*Assyrische Lesestücke*, p. 10, n° 87) que M. Oppert a admise depuis longtemps et qui avait été acceptée jusqu'ici. Il veut lire ce mot *ha-at-tu*, en se fondant sur un fait tout nouveau; à savoir que le signe *ru* ou plutôt *gir* a, quelquefois, la valeur de *at*. Cela est possible, mais la conclusion qu'il en tire, en donnant à ce mot le sens de - style, crayon -, semble étrange. *Hattu* peut très-bien signifier - sceptre -, malgré la lecture nouvelle, et si M. Delitzsch prétend que le sens de - style - s'adapte partout où l'on rencontre cette expression, il se trompe, car Nabu n'est pas seulement le dieu de - l'écriture -, c'est encore - l'inspecteur des légions du Ciel et de la Terre -. Quand même le mot *da-gir-mi*, où il prend cette valeur, pourrait être lu *da-ad-mi* - les hommes -, il nous répugne de voir dans ces syllabaires une valeur aussi rare au signe ⊢⊣║║, quand on peut l'expliquer par ⊨⊧|. Enfin, pourquoi le sceptre, dont nous voulons bien encore chercher l'articulation assyrienne, ne se serait-il pas appelé *hagirtu*, avec une expression quadrilitère ? Rien ne dit d'ailleurs que ce signe n'ait pas une autre valeur finissant par *t*.

Nous compléterons notre citation par ce passage qui indique les différents emplois du cachet et qui, du reste, n'a pas besoin de commentaire.

(*W. A. I.*, II, pl. 40, n° 4, *recerse*).

42. *tak-sit*   *ku-nu-uk-ku*
    Sigillum.   Sigillum.
43. *tak-sit a-ni*   *ku-nu-ka-su*.
    Sigillum ejus.   Sigillum ejus.
44. *tak-sit a-ne-ne*   *ku-nu-ka-su-nu*
    Sigillum eorum.   Sigillum eorum.
45. *tak-sit tum-ra*   *bi-ri-im kunuku (tak-sit)*
    Imago incisa sigilli.   Imago incisa sigilli.
46. *tak-sit tum-ra bi*   *ku-nu-uk-ku ku-nu-ku-su*
    Imago incisa sigilli ejus.   Imago incisa sigilli ejus.
47. *tak-sit tum-ra ne ne*   *kunukku ku-nu-ki-su-nu*
    Imago incisa sigilli eorum.   Imago incisa sigilli eorum.
48. *tak-sit nu tum-ra*   *ul bi-ri-im kunuku (tak-sit)*
    Sigillum sine imagine incisa.   Sine imagine incisa.
49. *tak-sit har-tuh*   *kunuku (tak-sit) hu-bu-ul-li*
    Signatio pignoris.   Signatio pignoris.
50. *tak-sit es mum a*   *kunuku hu-ta-ti*
    Signatio. . .   Signatio. . .
51. *tak-sit ha-la*   *kunuku zi-it-ti*
    Signatio primigeniti.   Signatio primigeniti.
52. *tak-sit nam se se ga*   *kunuku tam-gur-ti*
    Signatio assensus.   Signatio assensus.
53. *tak-sit la bi sa ra*   *kunuku pi-ha-ti*.
    Signatio præfecti.   Signatio præfecti.

IV.

Une tablette de la bibliothèque de Koyoundjik, publiée par Sir Henry Rawlinson dans le II⁰ volume du Recueil du Musée Britannique, présente une liste de dignités, de fonctions ou de professions, qu'il est d'autant plus utile de reproduire ici, que nous aurons occasion par la suite de rencontrer un certain nombre de personnages revêtus des titres qui y figurent.

(*W.A.I.*, II, pl. 31, n° 5).

C. I.

1.	*nisu tur-ta-nu imnu*	- Le Tartan de la Droite. -
2.	*nisu sil-ta-nu sumilu*	- Le Sultan de la Gauche. -
3.	*nisu rab bi-lul*	- Le chef des Eunuques. -
4.	*nisu su su gab*	- Le signataire de la légion. -
5.	*nisu su-gab (katalu)*	- Le signataire. -
6.	*nisu rab mu*	- Le grand chef de l'année. -
7.	*nisu mu*	- Le chef de l'année. -
8.	*nisu rab sé sa*	- Le grand... -
9.	*nisu rab-sak*	- Le grand échanson. -
10.	*nisu sak-mes*	- Les grands échansons... -
11.	*nisu gir-lal*	- Le porte-poignard. -
12.	*nisu zak-ku-u*	- Le stipulateur. -
13.	*nisu gur-ru.*	
14.	[*nisu*] *i-tu-'...*	
15.	[*nisu*] *mar-ba-mu*	- . . . des chars. -

(Dix-sept lignes manquent).

C. II.

1.	*nisu se...*	- . . . . . du blé. -
2.	*nisu se luh*	- Le ministre du blé. -
3.	*nisu kū... (elitu)..*	- Le ministre des métaux précieux. -
4.	*nisu bur*	
5.	*nisu mu gur*	

DOCUMENTS JURIDIQUES.

6. *nisu ad . . .*
7. *nisu gub–ba* — Témoin, certificateur. —
8. *nisu hal mes* — . . . des terreurs. —
9. *nisu bar bar* — Le chef des écritures. —
10. *nisu me me* — Le chef des conventions. —
11. *nisu mah mu* — Le chef des grands, élevés. —
12. *nisu ak (?) lal li*
13. *nisu sa luk mes*
14. *nisu bar ak epus (bani)*
15. *nisu kur kur mes* — Le chef des grands. —

(Trois lignes manquent).

19. *nisu] . . . te*
20. *nisu] . te dan*
21. *nisu] . ga . . .*
22. *nisu] gab–e . . .*
23. *nisu] su pa mes*
24. *nisu] se gil su pa mes*
25. *nisu] us ki tu*
26. *nisu us kip si*
27. *nisu is a-lak*
28. *nisu is ban* — Archer. —
29. *nisu sa eli alu* — Archer de la ville. —
30. *nisu sa bel rub–a–ni* — Archer du préfet. —
31. *nisu . . .] tar*

C. III.

(Les dix premières lignes manquent).

11. *nisu   luh dan* — Ministre, certificateur (?) —
12. *nisu luh   (kisélu)* — Ministre des deux fois onze. —
13. *nisu sar balatu (din)* — Ecrivain des naissances. —
14. *nisu niru ekel (bit rab)* — Chef du pied du palais. —
15. *nisu ner mat* — Chef des 600 du pays. —
16. *nisu rabu dan dan* — Chef suprême. —
17. *nisu] . gur–ru*
18. *. . . . . . .*

LISTE DE FONCTIONS ET DIGNITÉS.   73

19.	*nisu sa bel nun*	. . . du préfet.
20.	*nisu gal 50*	- Chef des cinquante.
21.	*nisu rabu le*	- Chef des pierres de fondation.
22.	*nisu rabu kar-ma-ni*	- Chef des vignes.
23.	*nisu rabu ka-a-ri*	- Chef des digues (p. et chaus.)
24.	*nisu rabu bar ki*	- Chef des réparations.
25.	*nisu rabu mir me*	- Chef des eaux.
26.	*nisu du si*	
27.	*nisu is-za-as pa ni*	
28.	*nisu us pas a-ab-ba mes*	- Conducteur des chameaux.
29.	*nisu us pas gam-mal mes*	- Serviteur des chameaux.
30.	*nisu ardulu (si-um)*	- Ministre.
31.	*nisu us ardulu*	- Vice-Ministre.

C. IV.

(Les dix-sept premières lignes manquent).

18.	*nisu] sak mes*	- Les chefs.
19.	*nisu] ab-ba*	- Chef des vieillards (sénateur).
20.	. . . *nisu im im*	- Chef des régions célestes.
21.	*nisu nu kus mes*	- Chef des veilleurs.
22.	*nisu lil ilu*	- Chef des sortiléges divins.
23.	*nisu ardulu paraku*	- Chef des ministres de l'autel.
24.	*nisu rum nisu nun lal*	- Chef des voyants.
25.	*nisu mat (a?) ra*	
26.	*nisu ur rok (assinnu)*	- Gardien des femmes.
27.	*nisu ardu mat*	- Serviteur du pays.
28.	*nisu maru ckal*	- Employé du palais.
29.	*nisu libittu gab gab*	- Constructeur en brique.
30.	*nisu gar (sa) nisu mu rak ki v*	- Ouvrier en métaux.
31.	*nisu sa-lat nisu sa-nu*	- Proconsul, second.
32.	*nisu kak ma*	- Qui donne les noms.

C. V.

1.	*nisu sit dan nu*	- Chef (*sangu*) puissant.
2.	*nisu sit sa bit Hum-mu-uh*	- Chef de la maison Khummukh.

DOCUMENTS JURIDIQUES.

3.	*nisu mu-si-kis*	« Qui crie les heures. »
4.	*nisu mu-rak-kis*	« Qui fait des tournées. »
5.	*nisu a-ba mat Assur-ai*	« Docteur du pays d'Assur. »
6.	*nisu a-ba mat Ar-ma-ai*	« Docteur du pays d'Armai. »
7.	*nisu gur-zak nisu gur-bu-u-ti*	« Médecin. »
8.	*nisu salsu nisu salsu ḥusi*	« Triumvir. »
9.	*nisu mas bel na*	
10.	*nisu a sik nisu a sizab(pakadu)*	« Chef des bons présages. »
11.	*nisu narkabti*	« Conducteur de chars. »
12.	*nisu nu kiru (iš-sar)*	« Usufruitier, métayer. »
13.	*nisu dam-kar*	« Ouvrier. »
14.	*nisu bar-ri-mu*	
15.	*nisu . . sa e . .*	
16.	*nisu . . . . .*	
17.	*nisu sa-rib šu-gab panya*	« Qui certifie les paiements. »
18.	*nisu sa eli ka-na-a-ti*	« Qui veille sur les marchés. »
19.	*nisu gab num-mus*	« Chef du pays élevé. »
20.	*nisu gab mu gi*	« Chef de l'année. »
21.	*nisu a-bal*	
22.	*nisu ša niku*	« Gardien des victimes. »
23.	*nisu se ki tar*	
24.	*nisu par-su*	
25.	*nisu rabu sa sit*	« Maître d'écriture. »
26.	*nisu tu kal-lab*	« Gardien des chiens. »
27.	*nisu tu gab-gab*	
28.	*nisu su i*	
29.	*nisu gir-lal*	« Porte-poignard. »
30.	*nisu na ki . . .*	
31.	*nisu mu bit . . .*	
32.	*nisu sa is u. . . .*	
33.	*nisu rak . . .*	

C. VI.

1.	*nisu mu gar-rem is*	« Qui travaille le bois (menuis.). »
2.	*nisu mugar rem issuri*	« Oiseleur, fauconnier (?). »
3.	*nisu nit-tum arah*	« Serviteur au mois. »

LISTE DE FONCTIONS ET DIGNITÉS.   75

4. *nisu ri'u alpi*   - Chef d'un troupeau de bœufs. -
5. *nisu ri'u issuri*   - Chef d'un troupeau d'oiseaux. -
6. *nisu ša iš iš-ban mes*   - Gardien des arcs. -
7. *nisu sà iš kak tag ga mes*   - Gardien des pierres de fronde. -
8. *nisu sa iš kak te mes*   - Gardien des présages. -
9. *nisu [sa iš]-pa mes*   - Gardien des sceptres. -
10. *nisu ma ḫi za a ni*   - Homme des pionniers. -
11. *nisu iš-ban tak-ga*   - Archer avec pierres, frondeur. -
12. *nisu sa*   - Préposé à l'abondance (?). -
13. *nisu mas nisu nu-kip-ḫi*   - Préposé aux écritures. -
14. *nisu. . . . .*
15. *nisu mas taliku*   - Marinier (?). -
16. *nisu nit mas*   - Graveur. -
17. *nisu ur kak*
18. *nisu su ḫa. . .*
19. *nisu sa ma. . .*
20. *nisu. . . mas. . .*
21. *nisu. . .*
            (La fin de cette colonne manque).

REMARQUES.

On doit comprendre les difficultés que l'on rencontre pour expliquer une liste de fonctions dont il est impossible, quant à présent, de déterminer l'ordre hiérarchique ou au moins l'idée qui a présidé à la rédaction de la liste. Si quelques expressions sont faciles à traduire, d'autres ont besoin d'explication ; enfin, quelques-unes résistent encore à notre investigation. Ces fonctions sont, pour la plupart, exprimées par un idéogramme ou un allophone, de là une première difficulté qui n'est pas toujours surmontée lorsque nous avons la transcription assyrienne.

Ces fonctions sont précédées de trois déterminatifs différents, dont il est assez difficile d'établir la distinction, car ils paraissent s'échanger dans plusieurs circonstances : le signe ⸺ paraît plus spécialement répondre à l'idée générale de - homme -, ⸺ indique - la caste -. et ⸺ paraît s'appliquer à un simple - employé -.

C. I, l. 1. — Le Tartan *turtanu* est un titre sumérien qui nous a été conservé dans son expression originelle assyrianisée par la Bible. Il commandait à la droite du souverain. Le *siltan*, nous rattachons le titre à la racine שלט, est une expression assyrienne : il commandait à la gauche du souverain. Ces deux expressions, la droite et la gauche, sont exprimées par des chiffres mystiques dont nous n'avons pas encore la clef.

C. I, l. 5. — *Su-gab*, nous avons déjà vu *supra*, p. 33, cette expression traduite par l'assyrien *ka-ta-tu*.

C. I, l. 2. — *Gir-lal* est expliqué *infra*, l. 9, par *na-as pat-ri*.

C. II, l. 7. — *Nisu gub-ba* est expliqué par *mah-ha-u* dans deux endroits (*W.A.I.*, II, 32, 19 et 25, 72). On trouve également cette expression, dans les inscriptions de Tuklat-habal-Asar, appliquée à un fonctionnaire de la ville de Pasitav. (Layard, pl. 17, l. 4.)

C. II, l. 8. — *Hal* est expliqué par *ga-ru-ruv* (*W.A.I.*, II, 10) « celui qui fait des tournées, celui qui reçoit les contributions? » - On pourrait admettre également l'explication *puluhu* « terreur », et alors « celui qui inspire la terreur », peut-être « le bourreau ».

C. II, l. 9. — *Nisu bar bar*. On trouve pour *bar bar*: *kissu sa mu-sa-ri-e* (*W.A.I.*, II, 48, 6). Or, *kissu* veut dire « couper », c'est donc « celui qui taille les tablettes ».

C. III, l. 12. — *Luh* est traduit par *kiselu* « ministre », mais l'expression « deux fois onze » pourrait s'interpréter autrement ; les deux clous désigneraient, suivant une notation fréquente, la répétition du mot *dan* employé à la ligne supérieure, et le signe ⟨, expliqué par *pussu sa kan duppu*, désignerait alors une surface pour recevoir une inscription.

C. III, l. 28. — Le signe *us* ou *nit* entre fréquemment dans les titres des anciens rois de Chaldée ; il est susceptible de recevoir un grand nombre d'applications. Nous relevons les suivantes :

nisu (tu-gu-ru-us)	*nit*	*sa gu-ru-us se is* "potens",
nisu (11)	*nit*	*ma-ru-u*
nisu (ni-si)	*se*	*ma-ru-u*
nisu gul-lu	*se*	*ma-ru-u*

(*W.A.I.*, II, pl. 32, n° 5, l. 61, 67).

C. IV, 1. 19. — *Ab-ba* est un allophone sumérien qui a quelquefois l'acception de « père », comme on le voit dans le passage de l'inscription que nous venons de citer.

ad-da	*a-bu*
Pater	Pater
ai	*a-bu*
Pater	Pater
ab-ba	*a-bu*
Pater	Pater
ai ai	*a-bi a-bi*
Avus	Avus

(*W.A.I.*, II, pl. 32, n° 5, l. 58).

C. IV, 1. 29. — *Laban gab gab* est expliqué par *labau du-hn-du*.

C. IV, 1. 30. — *Nisu sa, nisu gar* est une expression fréquente ; le signe *sa* ou *gar* a, par lui-même, la valeur de *sakan* - faire -. Nous avons ici une de ses applications : *nisu mu-rak-ki-u* (רקע) « celui qui travaille les métaux ».

C. V, 1. 3. — *Nisu musekis* « celui qui crie les heures », de כשׁ.

C. V, 1. 5. — Le sumérien *a-ba* est traduit par l'assyrien *milu* « docteur ». Nous rencontrerons souvent cette désignation par la suite.

C. V, 1. 7. — *Si-zak* est expliqué par *gur-bu-ti*. Nous avons traduit ce titre par « médecin » ; nous n'avons pas supposé qu'il puisse s'agir de l'homme atteint d'une maladie, mais de celui qui la guérit : גרב veut dire littéralement « la gale ».

C. V, 1. 10. — *Nisu dam-kar* est une expression que nous verrons figurer souvent dans les contrats. Voici les renseignements qui nous sont fournis à ce sujet :

nisu el kak a	*ma-ak-ru-u*
Artifex.	Famulus (alter).
ka el kak a	*ma-ak-ri-tu*
	Famulus.
(*ebiru*) (?)	*dam-ka-ruv*
	Famulus.
dam-kar	*damkaruv*
	Famulus.

(*W.A.I.*, II, pl. 7, l. 32, 35).

C. V, l. 17. — *Nisu sarib.* Nous supposons que c'est le personnage en présence duquel le numéraire était versé. Cette fonction s'expliquera plus tard par la connaissance de l'ensemble des contrats d'intérêt privé.

C. V, l. 18. — *Sa eli ka-na-a-ti* « celui qui veille sur les marchés » (קנה, קנית).

C. V, l. 22. — *Nisu ša.* Le signe *ša* a différentes acceptions (II, 28, 13) et particulièrement celle de *ma-sa-du* (II, 18, 41), ou encore *sim-su*; la fonction spéciale est indiquée par l'idéogramme *niku*, ou encore *ik-ri-bu* (II, 31, 24) « celui qui veille sur les victimes, sur les sacrifices ».

C. VI, l. 7. — *Ka tak ga.* On trouve dans les tablettes la glose suivante : *sar sar-ri-bu = ta tak ga.*

C. VI, l. 13. — *Nisu bar.* Nous avons déjà vu l'explication de *nisu bar bar* qui nous ramène à la forme *kisu sa sar mes* « le tailleur de tablettes ».

C. VI, l. 16. — *Nisu nit bar* ou *us bar* serait, d'après l'explication précédente, « le graveur ».

SECONDE PARTIE.

PREMIÈRE PÉRIODE.

DOCUMENTS DU PREMIER EMPIRE DE CHALDÉE.

Les plus anciens monuments du droit privé qui soient parvenus jusqu'à nous, appartiennent au premier empire de Chaldée. Ils ont été découverts, pour la plus grande partie, par M. Loftus, à Tel-Sifr, petite colline située à peu de distance de Senkereh, sur l'autre rive du Shat-el-kahr, et qui doit son nom à la grande quantité d'objets en cuivre qu'on rencontre tous les jours dans les ruines de cette localité.

Ces monuments sont des tablettes d'argile, d'une disposition particulière. Elles se trouvaient encore en grand nombre dans le réduit même où on les avait originairement placées ; certaines précautions avaient, du reste, été prises pour les protéger. Trois briques grossières étaient posées sur le sol, en forme de U ; la plus large tablette, mesurant six pouces anglais de long sur trois pouces de large, reposait sur cette fondation ; deux autres, à peu près de même dimension, étaient placées à angle droit ; puis, d'autres tablettes étaient empilées dessus et sur les briques ; le tout était entouré d'une natte de roseaux dont on voyait encore des traces sur un certain nombre d'entre elles ; enfin, elles étaient recouvertes de trois briques non cuites. Ces précautions expliquent leur conservation. Quelques-unes cependant se sont trouvées brisées, mais leurs fragments ont pu être facilement réunis. Il devait y avoir dans ce dépôt environ une centaine de tablettes, dont 70 étaient encore entières ou légèrement endommagées.

Ces tablettes présentent une particularité que nous devons signaler tout d'abord, et sur laquelle nous aurons occasion de revenir par la suite :

elles sont recouvertes d'une enveloppe extérieure, sur laquelle les termes du premier contrat sont à peu près identiquement reproduits.

L'inscription se compose de vingt lignes d'écriture environ du style archaïque de Babylone, laissant une large marge au côté gauche de la tablette ; le long de la marge, sur les quatre rebords de l'enveloppe, on voit des impressions très-distinctes de cachets cylindriques qui couvrent quelquefois la surface entière de l'écriture.

Les textes des premiers rois de Chaldée sont du reste peu accessibles à l'observation. Aucun monument de ce genre n'a encore été intégralement publié, les difficultés matérielles en rendent d'abord la lecture très-difficile, bien que la tablette soit entière, les caractères sont souvent très-altérés ; d'un autre côté, le contenu semble avoir présenté aux savants anglais, qui disposent des richesses du Musée Britannique, un intérêt secondaire. Ils ne se sont préoccupés, jusqu'ici du moins, que de leur importance historique, suffisamment caractérisée par la signature de ces contrats qui fixe la date de leur rédaction en se référant à un événement important du règne du souverain sous lequel ils ont été rédigés. C'est à ce titre que M. G. Smith, dont la sagacité s'est arrêtée devant le contenu des textes, et les difficultés linguistiques et paléographiques qu'ils pouvaient présenter, n'a traduit que les dernières lignes de quelques inscriptions. Il est regrettable que le Musée Britannique n'ait publié, dans son dernier volume, que les textes déjà traduits par M. G. Smith (*W. A. I.*, IV, pl. 36). Les savants du continent ne peuvent donc consulter ces précieux documents dans leur entier ; lorsqu'ils seront facilement abordables, l'histoire du droit et des institutions primitives de la Haute-Asie y trouvera de nouveaux éléments.

C'est sous un prince du nom de Sin-idinnam qui régnait à Ur, vers le XXe siècle avant notre ère, qu'on nous signale un premier document. Plus tard, sous le règne de Rim-Sin, ou plutôt Rim-a... , le dernier roi de Larsam, les renseignements sont plus nombreux. M. G. Smith a fait connaître les dates de seize contrats passés sous ce règne.

Sous la domination des premiers rois de Babylone, nous trouvons encore un certain nombre de documents analogues. Vingt-trois sont datés des principaux événements du règne de Hammourabi, nous en connaissons autant de Samsi-iluna. Il faut arriver au règne de Marduk-idin-akhi, pour avoir des monuments vraiment utiles à nos études.

I

DOCUMENTS DU RÈGNE DE MARDUK-IDIN-AKHI.

LA PIERRE DE ZA'ALEH.

Le règne de Marduk-idin-akhi est fixé d'une manière précise par des documents historiques de l'Assyrie et de la Chaldée. Ce prince régnait à Babylone en même temps que Tuklat-habal-Asar, le 1er du nom, gouvernait l'Assyrie. Ces deux Rois se firent une guerre acharnée, pendant laquelle l'avantage resta au roi de Chaldée. Tuklat-habal-Asar fut défait, et Marduk-idin-akhi s'avança sur le territoire assyrien, il s'empara de la ville de Ekali « la ville des Palais », et des statues des divinités Bin et Sala, qu'il transporta à Babylone. Ce trophée resta 418 ans aux mains des Chaldéens, ce n'est que sous Sennachérib que les statues furent reprises et rétablies dans les sanctuaires de la ville de Ekali.

La mention de cet événement, consignée dans les inscriptions de Sennachérib, a permis de fixer la limite inférieure de la date qu'on peut assigner au règne de Marduk-idin-akhi, vers l'an 1100 avant J.-C. A cette époque, et probablement depuis une haute antiquité, les Babyloniens qui se servaient déjà du calendrier dont les Juifs devaient plus tard adopter l'usage, comptaient par les années de règne de leurs souverains. On sait que l'adoption d'un point fixe, pour en déduire la succession chronologique des faits, n'a été acceptée que fort tard dans la Chaldée.

Le premier document, qui s'impose à notre examen par la date même qu'il porte, la première année du règne de Marduk-idin-akhi, a été découvert dans la petite colline de Za'aleh, située sur la rive gauche de l'Euphrate, à quelques kilomètres au N.-O. de Babylone. C'est une inscription gravée sur un bloc de basalte. Le texte se compose de deux colonnes de caractères cursifs du style de Babylone ; la première colonne est très endommagée. Quoique fruste, ce texte présente un intérêt qui se comprendra facilement en le rapprochant des autres documents du même règne : il a été publié dans le premier volume du recueil du Musée Britannique et traduit pour la première fois en 1862, par M. Oppert (E. M., t. I, p. 253). Voici ce document :

(W.A.I., I, pl. 60.)

I

1. za-ku-tu sa i-na alu Babilu (bab-an-ra-ki)
   Pactum quod in urbe Babylone
2. i-na arah Sabatu sa sanat I kam
   mense Sebat, anno primo,
3. Marduk-idin-akhi sar dan-[nu]
   Marduk-idin-akhi, regis potentis
4. nisu . . . mas-da-mes
   homines, . . .
5. yu-zak-ku-u
   constituerunt.
6. e-li-e nahar
   Aquæ fluminis
7. e-li-e ga-ma-li
   aquæ canalium
8. la na-se su-bat
   non. . . . . .
9. . . . . a-na la-ra-ka si-im-ma
   . . . . secundum pretio
10. . . . . . da-a sa sarru
    . . . . regis
11. . . . . . sa lit bil-su
    . . . . . et

(La fin de la colonne manque.)

II

1. au al-ka ma-la ba-su-u
   et cursus omnes existentes
2. sa pi-i nahar Sal-ma-ni
   in ore fluminis Salmani.
3. Arad-šu habal Er-is-nu-nak
   Arad-su, filius Er isnu nak,
4. a-na yumi za-a-ti yu-zak-ki
   ad dies futuros, pactus est
5. i-na ka-nak dip-pi su-a-tu
   in documento tabulæ istius.

6. *Bet-Kar-ra-ma-sa*
    Bet-Karramasa,
7. *habal Ea-habal-idin-na sa-lat alu I-si-in*
    filius Ea-habal-idin,   præfectus urbis Isin,
8. *Ma-bi-la-ai-u habal Sin-si-di-i sak*
    Mabilayou,   filius Sin-sidi,   dux;
9. *Malik (an-ma-u)-ahi-idin-na*
    Malik-akhi-idin,
10. *habal Ni-ga-zi nisu sak ru-bar*
    filius Nigazi,   vir dux gladii;
11. *Tabu-(hi-ga)-a-sap-Marduk*
    Tab-asap-Marduk,
12. *habal Ina-bit-sak-ga-tu-zir nisu kisalu*
    filius Ina-bit-sakgatu-zir,   viri scriptoris;
13. *Zikar-an-na-na habal Lamasi(?)-Bin-sa-bil*
    Zikar-Nanna,   filius Lamasi-Bin-sabil;
14. *Nabu-mumaddid-zir habal Zikar-Ea pahat*
    Nabu-mumaddid-zir,   filius Zikar-Ea,   præfectus...
15. *au Malik-idin-ahi habal Nam-ri*
    et Malik-idin-akhi   filius Namri,
16. *lib iš bit u-na-a-li iz-za-az-zu*
    ... domum et substructionem affirmaverunt.
17. *alu Babilu (bab-an-ra-ki) arah Sabatu sanat I kam*
    Babylone,   mense Sebat,   anno primo,
18. *Marduk-idin-ahi sar Babilu (e)*
    Marduk-idin-akhi   regis Babylonis.
19. *gab-ri kunuku (tak-sit) sarru*
    Magistri   tabulæ   regiæ
20. *sa sip-ti*
    incantationum.

TRADUCTION.

C. I. — « Traité que, dans la ville de Babylone, au mois Sebat, de la première année de Marduk-idin-akhi, roi puissant, les hommes de.... ont arrêté :

« Les ondes du fleuve.... et les ondes des canaux ne faisaient pas couler...

C. II. — « ..... et tous les courants qui existent à l'embouchure du fleuve de Salmani. C'est pourquoi Aradsu, fils de Erisnunak, l'a stipulé pour les temps futurs, sur les colonnes de cette table. — Bel-Karamasa, fils de Ea-habal-idin, Préfet de la ville de Isin ; Mabilayu, fils de Sin-sidi, chef ; Malik-akhi-idinna, fils de Nigazi, Chef du poignard ; Tab-asap-marduk, fils de Ina-bit-sakgatu-zir, Scribe ; Zikar-Nana, fils de Bin-sabil ; Nabu-mumaddid-zir, Serviteur, fils de Zikar-Ea, Gouverneur ; et Nabu-idin-akhi, fils de Namri, ont garanti la jouissance de la maison et de ses constructions.

« Dans la ville de Babylone, au 30 Sebat (janvier) de la 1re année de Marduk-idin-akhi, roi de Babylone.

« Les docteurs de la table royale des incantations. »

REMARQUES.

Malgré l'état de mutilation dans lequel se trouve ce document, il est facile d'en dégager le sens général. Il s'agit d'une corporation d'ouvriers dont les fonctions sont indiquées par un monogramme archaïque encore inexpliqué. Ces ouvriers avaient besoin de l'eau du fleuve, ils ont entrepris certains travaux pour l'utiliser et ils ont assuré la jouissance d'une maison (en bois ?) à l'entrepreneur de ces travaux.

Parmi les parties qui figurent dans l'acte, nous trouvons un personnage du nom Tab-asap-Marduk, fils de Ina-bit-sakgatu-zir, sur lequel nous aurons bientôt l'occasion de revenir, car il figure dans plusieurs contrats de cette époque.

Les difficultés grammaticales sont naturellement augmentées par les lacunes du texte. Nous signalerons, toutefois, le mot *yuzaku* (אזכ) avec l'acception de « stipuler », ainsi que son dérivé *zakut* « pacte ». Le mot le plus important est le mot *gabri* qu'on voulait expliquer par « rival » ; mais l'acception de « maître, savant, docteur » est la seule qui soit acceptable dans ce passage, et qui confirme les idées que nous avons émises à ce sujet, ainsi que nous avons eu lieu de l'expliquer plus haut. La signature de cette tablette est conforme à celle des documents astronomiques et à celle de certains contrats ; c'est par devant les *gabri kunuk sarri sa sipti* qu'ils sont rédigés.

II

LE CAILLOU DE MICHAUX.

Ce monument est connu sous le nom du savant voyageur qui l'a rapporté en France vers l'année 1800. Il a été découvert à Bagdad, sur le bord du Tigre, non loin des ruines de l'ancienne Ctésiphon. C'est un bloc de basalte de forme ovoïde qui présente 0,45 centimètres de hauteur et une circonférence de 0,62. On a cru pendant longtemps que cette forme était accidentelle, mais la découverte de monuments analogues ne peut plus appuyer cette conjecture. La partie supérieure est ornée de figures symboliques qui occupent environ le tiers du monument, l'une des faces est divisée en deux registres ; au sommet, on a représenté les disques du soleil et de la lune ; un peu plus bas, quatre autels sur deux desquels, à droite, on distingue des tiares ; sur les deux autres, deux objets symboliques ; au milieu, une chèvre agenouillée ; la partie inférieure du corps est cachée par un autel ; sur son dos, on semble avoir indiqué des ailes. Le second registre renferme deux autels, sur l'un desquels on a cru reconnaître pendant longtemps le symbole de l'écriture cunéiforme, représenté par un clou posé horizontalement sur l'autel. Sur l'autre, on voit un symbole triangulaire ; puis, entre les autels, deux monstres accroupis dont on ne voit que la partie antérieure du corps. A gauche, derrière l'autel, une figure symbolique, puis une flèche la pointe en bas. Sur la seconde face du monument où les sculptures n'occupent qu'un registre, on voit un scorpion, un oiseau perché, puis un oiseau à terre au-dessus de la tête duquel on aperçoit un symbole d'une forme indécise ; puis deux monstres difformes, l'un porte une tête d'oiseau, l'autre, une monstrueuse figure armée de cornes ; le reste du corps est engagé dans une sorte de gaine ; en face, un chien accroupi. Sur l'épaisseur du monument, on voit un immense serpent dont la queue dépasse les inscriptions et dont le corps s'étend sur le sommet de la pierre, de manière à ce que la tête du serpent arrive jusqu'auprès de la tête du chien.

Chacune des faces du monument, dans sa partie inférieure, est divisée en deux colonnes qui renferment les inscriptions et présentent un ensemble de quatre-vingt-quinze lignes divisées en quatre colonnes.

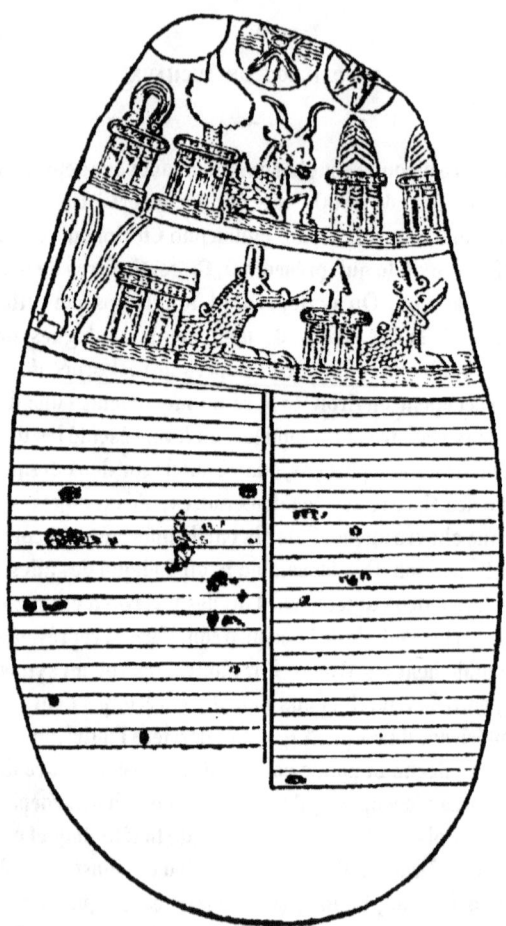

Ce monument est entré en 1801 au Cabinet des Médailles, où il figure aujourd'hui sous le n° 702. (Voy. Chabouillet, *Catalogue général*, p. 109.) Depuis cette époque, il a toujours vivement excité l'attention des savants. Il a été immédiatement publié par Millin, en 1802

(Voy. *Monuments inédits*, t.Ier, pl. VIII et IX). Münter a essayé le premier d'interpréter les figures symboliques qui ornent sa partie supérieure (*Religion der Babylonier*, p. 102 et pl. III). C'était à l'époque où on faisait les premiers efforts pour déchiffrer les écritures cunéiformes. La tentative de Münter ne devait aboutir à aucun résultat sérieux. Depuis cette époque, il a été reproduit bien souvent plus ou moins correctement. Il fallait que l'écriture de Babylone et de Ninive fût définitivement comprise pour reconnaître le véritable caractère de ce monument ; et, malgré les renseignements que la lecture des textes peut nous fournir aujourd'hui, il serait encore téméraire de prétendre en expliquer les symboles.

Sir Henry Rawlinson a publié de nouveau les inscriptions qui recouvrent la partie inférieure du monument dans le premier volume du recueil du Musée Britannique, et elles ont été interprétées pour la première fois en 1856 par M. Oppert, dans le *Bulletin Archéologique de l'Athenæum français*. Plus tard, en 1860, M. Fox-Talbot en a donné une traduction insérée dans le *Journal de la Société Asiatique de Londres*. Ces deux traductions diffèrent l'une de l'autre sur des points importants sans doute, mais, malgré l'état peu avancé des études assyriennes à l'époque de ces premiers essais, le sens général du document était fixé déjà, il se trouve confirmé par l'examen nouveau dont il est ici l'objet.

(*W. A. I.*, I, pl. 70.)

I

1. XX *se zir ina gan as istin U rabu-tu*
Viginti *hinis* frumenti conserunt unam mensuram magnam,
2. *limiti (a-gar) alu (er) Kar-Nabu (an-ak)*
fundum urbis Kar-Nabu,
3. *kasadi (tik) nahar Mie-Kal-dan ina bit Kil-lim*
in ripa fluminis Mie-Kaldan, in domo Killi.
4. *ekil (a-lib) mu-li-gi*
Ager (si) mensuratur :
5. *III us us an-ta sadū (im-mat-ra) emidu (us sa-du)*
tria stadia, supra, ad orientem, versus
6. *nam alu Bag-da-da*
mœnia (?) urbis Bagdadæ;
7. *III us us ki-ta aharru (im-mar-tu) emidu (us sa-du)*
tria stadia, infra, ad occidentem, versus

8. *bit   Tu - na - miš - šaḥ*
   domum Tunamissah ;
9. *I us   L gar ḥâsu (sak-ki) an-ta ellanu (im-si-di)*
   stadium et quinquaginta orgyiæ, in latum, supra, ad septentrionem,
10. *emidu   (us ša - du)   bit   Kil - lim*
    versus   fundum Killi ;
11. *I us L gar ḥâsu   (sak - ki)   an - ta sûtu (im - er - tu)*
    stadium et quinquaginta orgyiæ, in latum, supra, ad austrum,
12. *emidu   (us ša - du)   bit   Kil - lim (?)*
    versus   fundum Killi ;
13. *Sir - usur habal   Kil - lim*
    Sirusur,   filius   Killi,
14. *ana (assat)   Dur - Sar - gi - na - ai - ti*
    feminæ   Dur-Sarkinaït,
15. *binti - su   kallâtu   Ṭabu (ḥi - ga) - asap - Marduk*
    filiæ suæ, sponsæ   Tab-asap-Marduk,
16. *habal   I - na - bit - sak - ga - tu - zir*
    filii   Ina-bit-sakgatu-zir,
17. *nisu kisêlu (luḥ) ana yumi za - a - ti iddin*
    viri scriptoris (tabulæ), ad   dies   futuros,   dedit ;
18. *au   Ṭabu (Ḥi - ga) - asap - Marduk*
    atque Tab-asap-Marduk,
19. *habal   Ina - bit - sak - ga - tu - zir   nisu kisêlu (luḥ)*
    filius   Ina-bit-sakgatu-zir,   viri   scriptoris
20. *a - na   pak - ri   la   ra - si - e*
    ad commemorationem non interruptam,
21. *ni - is   Ilui   rabi   au   ilu Seraḥ*
    voluntatem Deorum Magnorum et   dei Serah,
22. *i - na nari (tak - na - kak - a) su - a - tuv iz - kur*
    in   tabula   ista   commemoravit.

II

1. *im ma - ti - ma i - na arkati yumi*
   Quandocunque,   in successione dierum,
2. *i - na aḥi habli kimti (im - ri - a)*
   inter fratres, filios, familiam,
3. *ni - su - ti au sa - la - ti*
   viros,   et mulieres,

DOCUMENTS DE MARDUK-IDIN-AKHI.

4. *ar-di-ti   au   ki-na-a-ti*
   famulos   et   ancillas,
5. *sa   bit   Kil-lim   lu-u   nu-tur-da*
   domus   Killi,   seu   alienus
6. *lu-u   i-tu-u   au   lu-u   ai-um-ma*
   seu   hospes,   et   seu   quis quis is erit
7. *sa   el-lam-ma   a-na   ta-bal   ekil   (a-lib)   su-a-tuv*
   qui   surget et   devastationem   agri   istius
8. *au   na-sah   ku-tur-ri   an-ni-i*
   et   sublationem   limitationis   istius
9. *iz-za-az-zu-ra   ekil   (a-lib)   su-a-tuv*
   conabitur;   et agrum   istum
10. *lu-u   a-na   Ilu   yu-sa-as-ra-ku*
    seu   Deo   dono dabit,
11. *lu-u   a-na   zi-ga   yu-se-is-su*
    seu   Domini nomine   adjudicabit;
12. *lu-u   a-na   ra-ma-ni-su   i-sak-ka-nu*
    seu   sibimet ipsi   usucapiet;
13. *u-sa   mi-is-ra   au   ku-tur-ra*
    spatium, superficiem   et   limitationem
14. *yu-sa-an-nu-u*
    mutabit;
15. *ni-dur-ta   ki-is-sa-ta*
    vas   segetes
16. *i-na   lib-bi   i-sak-ka-nu*
    in   illo   metet,
17. *ekil   (a-lib)   ki-i   mu-lu-gi   ul   na-din-ra*
    de agro,   una cum mensuratione: "non (est) donator"
18. *i-ka-bu-u*
    dicet;
19. *au   lu-u   as-su   ar-ra-ti   limut-ti*
    atque seu   si   maledictionem (et) inimicitiam
20. *nari   (tak-na-kak-a)   ekil   (a-lib)   su-a-tuv*
    in   tabulas (istas)   et   agrum   istum
21. *sak   la sak   ku-sa-ma-a*
    " caput non caput "   juro jurando dicet;
22. *enu   la   basu   (ik-la)   na-ka-ra   a-ha-a*
    "oculus non est"   negando (dicendo), alterum

23. la mu-da-a yu-ma-'-a-ru-ca
    non cognoscentem in possessionem inducet et
24. naru (tok-na-kak-a) an-na yu-su-as-su-ra
    tabulam   istam   aliorsum transferet ;

III

1. a-na mie i-nam-du-u
   (sive) in aquas immerget,
2. i-na epiri i-tam-mi-ru
   in terra abscondet,
3. i-na aban yub-ba-tu
   inter lapides obruet,
4. i-na isat i-sar-ra-pu
   in igne comburet,
5. yu-pa-as-sa-tu-ra
   adulterabit, et
6. sa-nam-ma i-sat-ta-ru
   aliter secus scribet,
7. au a-sar la a-ma-ri
   et in loco non visibili
8. i-sak-ka-nu nisa su-a-tu
   deponet; virum istum,
9. ilu Anu ilu Bel-kit ilu Ea
   deus Anu, deus Bel, deus Ea
10. au ilat Nin-mah Ili-rabi
    et Dea-Magna, Dei-Magni
11. iz-zi-is lik-kil-mu-su-ra
    fortiter contumelia puniant eum et
12. sum-su lu li-is-tu-hu li-hal-li-ku zab-hi-su
    nomen ejus exterminent, aboleant familiam ejus.
13. ilu Marduk bel rabu a-ga au til-la-a
    Deus Marduk, Dominus magnus aeternitatis sine fine,
14. ri-ki-is-su la pa-ti-ra li-sis-si-su
    cujus nodi non rumpi possunt, constringat eum.
15. ilu Samas dayanu (di-tar) rabu Same (an-e) au Irṣitiv (ki-tic)
    Samas, judex magnus Coeli et Terræ
16. lu-u-di-in nu-di-su-ra ina pa-rik-ti
    judicet litem et in delictis flagrantibus

17. li-iṣ-bat-su
    capiat   eum.
18. ilu Sin na-an-na-ru a-sib Same (an-e) elluti
    Deus Sin, Splendidus,   qui habitat Cœlum excelsum
19. is-ru-ba-a ki-i lu-ba-ri li-la-ab-bi-su-va
    lepra,   sicut vestimento, vestiat eum,
20. ki-i paṣ..... na ina ka-mat alu-su
    et feris   in pomœrio urbis ejus
21. li-ir-tab-bu-ut
    projiciat.
22. ilat Istar be-lit Same (an-e) au Irṣitiv (ki-tiv)
    Dea Istar, regina Cœli   et Terræ
23. a-sib-u-va a-na ma-har Ilu au Sarru
    rapiat   eum, et coram Deo et Rege
24. a-na limut-ti (hul-ti) li-ir-ti-a-di-su
    ultioni   tradat eum.

IV

1. ilu Nin-ip habal-us Asar (bit-hi-ka)
   Deus Ninip, filius Asari,
2. habal ilu Bel-kit ṣi-i-ru
   filius   Beli   supremi,
3. us-su mi-sir-su
   dominium, agros ejus
4. au ku-tur-ra-su li-is-su-'-uḥ
   et delimitationes ejus destruat.
5. ilat Gu-la belit rabi-tuv hi-rat Same-uru-la
   Dea Gula, Regina magna, uxor Ninip,
6. ṣi-im la uz-za ṣi-im-na zu-um-ri-su
   venenum ineluctabile   in ventrem ejus
7. lis-sim-ra da-ma au sar-ka
   insinuet (ut) sanguinem et pus,
8. ki-i mie li-ir-muk
   sicut aquam, emingat.
9. ilu Bin nanduru rabu Same (an-e) au Isitiv (ki-tiv)
   Deus Bin, custos magnus Cœli et Terræ,
10. habal ilu A-nuv kar-du
    filius dei Anu strenui,

11. a-gar-su li-ir-hi-is-va
    agrum ejus inundet.
12. ilu Serah li-hal-li-ka
    Deus Serah deleat
13. bu-kur-ta li-is-mu-uh
    primogenitum, torqueat
14. si-ir-a bi-ri-ta
    carnem, vinculis
15. li-kab-bi-sa sepa-su
    gravet pedes ejus.
16. ilu Nabu (an-ak) suk-kal-lu si-i-ru
    Deus Nabu, minister supremus,
17. zu-ga-a au ni-ib-ri-ta
    calamitate et ruina
18. lis-ku-na-as-sum-ma
    alligat eum, et
19. sal-ma lih-tu-u a-na pa-ri-pi-su
    felicitatem ad furorem faciei ejus
20. la i-kas-sad
    non obtineat.
21. au Ili-rabi
    Et Dei-Magni,
22. ma-la ina naru (tok-na-kok-a) an-ni-i
    quicunque quorum in tabula ista
23. sum-su-an za-ak-ru ar-rat la nop-su-ri
    nomen commemoratur, imprecationibus immutabilibus
24. limut-ta (hul-ta) li-ru-ru-su-va
    exsecratione exsecrentur, et
25. a-di yumi za-a-ti lip-pu-su zir-su
    usque ad dies remotos, dispergant semen ejus.

TRADUCTION.

« 20 hin de blé ensemencent en grand U (mesure) un champ situé près de la ville de Kar-Nabou, sur la rive du fleuve Mic-Kaldan, dépendant de la propriété de Killi.

« Le champ est ainsi mesuré : — 3 stades de long, en haut, à l'orient, touchant à l'enceinte de la ville de Bagdad ; — 3 stades de long, en bas, à l'occident, touchant à la maison de Tunamissah. — 1 stade 50 toises de large, en haut, au Nord, touchant à la propriété de Killi. — 1 stade 50 toises, en haut, du côté du Sud, touchant à la propriété de Killi.

« Sirusar, fils de Killi, en a fait présent à la nommée Dur-Sarginaïti, sa fille, la fiancée de Tab-asap-Marduk, fils de Ina-bit-sakgatu-zir, qui a écrit ceci, pour en jouir dorénavant et dans la suite des jours ; et Tab-asap-Marduk, fils de Ina-bit-sakgatu-zir, qui a écrit ceci, pour en perpétuer le souvenir, a commémoré sur cette pierre, la volonté des Grands-Dieux et le Dieu Sérah.

« Qui que ce soit qui, dans la suite des jours, parmi les frères, les fils, la famille, les hommes, et les femmes, les serviteurs et les servantes de la maison de Killi, soit étranger, soit hôte, ou soit qui que ce soit (ou tout autre) qui dévastera ce champ (pour le cultiver à son profit), et pour revendiquer la destruction du bornage ; — soit qu'il donne ce champ à un Dieu ; — soit qu'il le confisque pour le Chef de l'Etat ; — soit qu'il le prenne pour lui-même, et qu'il en change l'étendue, la surface, le bornage ; qu'il y fasse croître de nouvelles moissons, et qu'il prononce sur le champ ainsi mesuré, ces mots : « non concédé ». — Soit qu'il appelle la malédiction et l'hostilité sur les tablettes ; et qu'il y installe un autre qui ignore (ces malédictions) en jurant : « la tête n'est pas la tête » ; et en affirmant : « il n'y a pas de (mauvais) œil ». — Soit qu'il ait porté ailleurs ces tables ; — qu'il les ait plongées dans les eaux ; — qu'il les ait enfouies dans la terre ; — qu'il les ait ensevelies sous des pierres ; — qu'il les ait brûlées dans le feu ; — qu'il les ait altérées, et qu'il ait écrit dessus autre chose que ce qui était écrit ; — qu'il les ait mises dans un lieu où on ne pourrait les voir, cet homme (sera maudit) :

« Que les dieux Anu, Bel, Ea, la Grande-Déesse, les Grands-Dieux, le frappent et l'outragent ; qu'ils détruisent son nom ; qu'ils anéantissent son entourage. — Que Marduk, le grand-seigneur, qui existe de toute éternité, l'enchaîne dans ses liens qu'il ne pourra briser ; — que Samas, le grand juge du Ciel et de la Terre, juge ses méfaits impunis, et qu'il le surprenne en flagrant délit ; — que Sin (Nannar) le protecteur, habitant des cieux élevés, l'enveloppe avec la lèpre, comme avec une tunique, et qu'il l'abandonne aux bêtes fauves qui errent dans les environs de la ville ; — que Istar, la souveraine du Ciel et de la Terre, s'en empare et qu'elle le livre à la vengeance devant le Dieu et le Roi ; — que Ninip, le fils de Asar, le fils du Bel suprême, enlève ses propriétés, ses récoltes et ses bornes ; — que Gula, la Grande-Reine, l'épouse de Ninip, infiltre dans ses entrailles un poison qui ne sort pas, et qu'il répande au lieu d'urine et du sang et du pus ; — que Bin, le Grand-Gardien du Ciel et de la Terre, le fils du vaillant Anu, inonde son champ ; — que Sérah détruise son premier né, qu'il tourmente sa chair, qu'il alourdisse ses pieds avec des chaînes pesantes ; — que Nabu, le vigilant suprême, le frappe avec le malheur et la ruine, et qu'il détruise son bonheur à la colère de sa face. — Enfin, que tous les Grands-Dieux, dont le nom est rappelé sur cette table, le maudissent par des malédictions qu'on ne révoque pas, et qu'ils dispersent sa race jusqu'aux jours les plus reculés. »

REMARQUES.

Ce document est un véritable contrat de mariage ; il constitue un titre de propriété sur un bien-fonds donné à un futur marié à titre de « donation » par son futur beau-père ; toutefois, ce genre particulier de donation n'a rien qui puisse le faire comparer à nos contrats de mariage actuels.

La bonté du sol est indiquée par le nombre de *hins* de blé qui suffisent pour ensemencer une grande mesure indiquée par le monogramme *U* et qu'on peut nommer « aroure » ; elle est égale à 90 ares environ (88 a. 1118). Le champ concédé mesure une surface de 5 stades 1/2 carrés, à peu près 20 hectares (19 h. 65 ares) ou 22 aroures 1/2. Le *hin* est une mesure équivalente à 3 litres ou plutôt 2, l. 43. Pour ensemencer le champ concédé il fallait 447 hins ou 13 hectolitres 3/4 de blé. D'après la manière dont la contenance des contrats de cette époque est donnée, il n'en résulte aucune évaluation en mesures agraires ; les côtés du parallélogramme sont seuls déterminés.

Les abornements sont indiqués au Nord, au Sud, à l'Est et à l'Ouest. Ces points cardinaux sont désignés par des idéogrammes dont l'assimilation soulève encore des difficultés sérieuses. Ce fut sur les ruines mêmes de Khorsabad, au mois de mars 1854, que M. Oppert reconnut que les quatre idéogrammes indiqués par notre texte, et qui se trouvaient également dans les inscriptions de Sargon, se rapportaient aux quatre régions célestes. Au mois de juin 1855, il trouva au Musée Britannique la tablette qui les expliquait par leurs noms assyriens et il en publia les données dans les Transactions de la Société de Lancashire et Cheshire (*on Babylon*, p. 106). Les valeurs qu'il avait proposées alors, *sadû* pour « l'Est » et *aharu* pour « l'Ouest », n'ont pas été changées depuis. Quant à celles qui désignaient le Nord et le Sud, elles ont besoin d'un nouvel examen.

Primitivement la plage céleste indiquée par *im er-lu*, semblait être le Nord, car l'idéogramme déterminant était rendu par *mi-hi* « dépérissant »; d'un autre côté, l'homme mortel s'appelait *nisu erulu*, ce qui était traduit en assyrien par *axilu* « le périssable ». D'après ces indications, on ne pouvait pas aisément comprendre comment « la plage du soleil mourant » aurait pu désigner le Midi. L'autre région céleste était indiquée par *im sidi* et devait désigner « la région de la droite », *sidi* étant égal à ימיני. Cependant la transcription assyrienne de l'idéogramme qu'on lisait *simtav* n'était pas sûre, et on remarqua bientôt, contrairement aux idées admises, que la désignation d'une étoile *kak-sidi* paraissait s'appliquer à « l'étoile immobile » et par conséquent à « l'étoile polaire ». Quoi qu'il en soit, les premières indications avaient été admises par plusieurs assyriologues, malgré les difficultés sérieuses qui résultaient du défaut de concordance de ces termes. Mais le texte publié par le Musée Britannique (*W. A. I.*, II, pl. 29) et suivi par M. Ménant dans son syllabaire (t. II, p. 358) était fruste; toutefois, il permettait pour le complexe *im sidi* une nouvelle lecture *iltanu;* or, M. Delitzsch père signala un passage du Talmud (*Jebanoth*) dans lequel *iltanu*, אלתן, est assimilé au vent du Nord, et *sutu*, שותא, au vent du Midi. C'est d'après cette observation que les premières indications ont été critiquées. On ne peut, en effet, rejeter la donnée du Talmud, quelques difficultés qu'elle soulève, et l'expliquer par une erreur ou une transposition de mots dont il faudrait d'abord prouver l'existence. Aussi les auteurs abandonnent leur première traduction au point de vue de la désignation du Nord et du Sud, jusqu'à ce que des documents purement assyriens soient venus formellement contredire une explication qui s'appuie sur une autorité aussi sérieuse que celle du Talmud.

Les noms propres sont particulièrement intéressants; nous avons déjà signalé le nom de Tab-asap-Marduk fils de Ina-bit-sakgatu-zir, sur lequel nous devons revenir ici. Ce nom avait, en effet, servi à établir l'époque du règne de Marduk-idin-akhi, par suite de sa présence dans le document de Za'aleh et dans celui que nous examinons ici. En effet, la fiancée de Tab-asap-Marduk porte le nom de Dur-Sarginaïte. Or, on a été longtemps sans connaître d'autre Sargon que le vainqueur de Samarie, et comme il avait donné son nom précisément à la ville qu'il fit élever auprès de Ninive, la date des contrats où figure le nom de la Sarginaïte paraissait nécessairement postérieure à la fondation de cette ville; il en résultait qu'on devait admettre, à deux époques distinctes, deux rois du nom de Marduk-idin-akhi, ce qui n'avait rien d'impossible; mais des découvertes ultérieures ayant fait connaître un roi d'Agadé du nom de Sargon, antérieur au plus ancien roi de Babylone, du nom de Marduk-idin-akhi, et qui avait fondé une ville en Chaldée du nom de Dur-Sarkin (*W.A.I.*, t. II, p. 64), il s'ensuit que l'existence d'un second roi de ce nom n'a plus sa raison d'être. La Sarginaïte est d'origine chaldéenne et les contrats où figurent son nom et celui de Tab-asab-Marduk doivent reprendre la date de l'ancien roi de Babylone dont ils portent le nom.

Lorsque l'objet du contrat est bien précisé et que les clauses en ont été arrêtées entre les parties, nous rencontrons une formule qui se reproduit dans tous les contrats et qui semble y donner ce que nous nommons aujourd'hui la forme parée. Cette formule commence dès la seconde colonne par ces mots : *im matema* ou *matima* - pour toujours -, et rappelle l'hébreu מתי, l'arabe مَتَى - quand -. C'est par une erreur inconcevable que M. Sayce, dans sa grammaire, traduit *matima* par - dans les temps passés -. L'expression sumérienne que nous avons déjà signalée (*sup.*, p. 43) est *ud-du-ku-kur* - pour tous les jours -. La formule assyrienne se retrouve à toutes les époques, et s'est tellement généralisée qu'on la rencontre même dans les textes susiens sous la forme *im-tem*.

La seconde colonne énumère les crimes que l'on pourrait commettre contre la propriété, ou contre le titre qui la consacre. Cette énumération est conçue dans une forme solennelle insérée dans presque tous ces documents et dont nous retrouverons par la suite une réminiscence dans les titres d'une étendue moins considérable.

Il existait à l'époque de Marduk-idin-akhi un grand nombre de formules sacramentelles empruntées à l'ancienne civilisation, et qui se perpétuaient avec plus ou moins de persistance. Quelques-unes étaient prononcées pour produire un certain effet juridique. C'est ainsi que nous lisons ici : *ul nadin* « non est donator », comme d'autres passages nous donnent celles-ci : *ul kanik* « non est sigillator », ou encore : *ul masih* « non est mensurator ». D'autres formules semblent avoir un caractère magique, telles que celles-ci : *sak la sak* « la tête n'est pas la tête », *enu la isu* « il n'y a pas d'œil », de mauvais œil nécessairement, et que l'on peut considérer comme des *kasam* (קםב), sorte de serment dénégatoire.

Les troisième et quatrième colonnes contiennent des imprécations contre ceux qui violeraient les lois du bornage ou qui voudraient s'approprier indûment le champ concédé. Cette énumération des divinités que l'on invoque et des maux dont elles frappent les coupables est essentiellement la même que celle que nous trouverons dans des documents analogues. Les différences ne s'expliquent que par des interversions dans la rédaction. Nous devons signaler toutefois l'identité qui existe entre la désignation de *same urulu* (c. IV, l. 15) et le dieu Ninip que nous retrouverons plus tard sous ce nom dans le contrat suivant (*inf.* p. 104, c. IV, l. 15). L'épithète qui accompagne le nom du dieu Marduk par laquelle nous avons traduit le passage *aga nu tilla* (c. III, l. 13) est une interprétation nouvelle basée sur une glose des syllabaires d'Assur-banhabal, où on trouve que l'expression sumérienne *a-ga nu-til-la* est traduite en assyrien par *arkati la gamri*.

Nous dépasserions les limites de notre travail si nous voulions insister sur les renseignements grammaticaux que fournissent ces textes ; nous nous bornerons à indiquer encore quelques détails qui ne se trouvent consignés nulle part. Le précatif, au négatif, est exprimé par la négation suivie de l'aoriste. Ainsi on dit *la ikasad* « qu'il n'obtienne pas », *la isabat* « qu'il ne fasse pas prendre », *la isemisu* « qu'il ne l'étende pas ».

Nous ne pouvons cependant terminer ces observations sans revenir sur le mot *kallatu* qui est exprimé par un idéogramme ⌐|||| ⌐-||◁||. L'explication en a été donnée par M. Oppert dès l'année 1857, d'après un syllabaire très-important et encore inédit, dont il avait eu communication au Musée Britannique et qui lui a permis, dès cette époque, de fixer le sens général du document.

7

III.

CONTRAT DE ADA.

Le monument qui va nous occuper est encore gravé sur une pierre de basalte noire ; il présente également la même disposition que le Caillou de Michaux. La longueur du document semblait promettre de nouveaux détails, mais elle ne résulte guère que du nombre des parties contractantes qui figurent dans l'acte. La rédaction révèle de nombreuses incorrections qui interrompent ou altèrent même le sens du document.

Dans la partie supérieure, nous voyons toujours les mêmes symboles, les autels, les tiares, les oiseaux, la chèvre, le chien, le scorpion, le serpent. Seulement le champ du bas-relief est envahi par l'écriture.

Les inscriptions sont disposées en quatre colonnes et occupent les deux faces du monument. La première colonne s'arrêtait primitivement à la trentième ligne ; elle parait avoir été complétée par quatre lignes, qui contiennent une des clauses essentielles du contrat, mais qui ne sont pas évidemment à leur place et qui avaient été oubliées dans la rédaction primitive. Enfin, sur les marges et sur le bas-relief on lit des additions et des répétitions qui accusent la négligence ou la précipitation du scribe.

(*W.A.I.*, III., pll. 43, 44.)

I

1. *XX se zir*   *rabu-tu*
viginti hinis frumenti (conserunt unam mensuram) magnam,
2. *limiti (a-gar) mat Zu-ni-ri-e-a*
fundum   terræ Zunirie
3. *kasadi (tik) nahar Zi-ir-zi-ir-ri i-na bit A-da*
in ripa   fluminis Zirzirri,   in fundo   Ada.
4. *Marduk-idin-ahi sar Babilu (e)*
Marduk-idin-akhi,   rex   Babylonis

DOCUMENTS DE MARDUK-IDIN-AKHI.

5. *i - na li - ti sa mat Assur inasa (ik)*
   secundum   leges   Assyriæ decrevit :

6. *Bin - zir - ba - sa arad - šu (nit - šu)*
   Bin-zir-basa,   minister   ejus .

7. *ip - pa - li - iš - ca*
   et irrogavit (id)

8. *a - na Marduk - (an - sur - ut) - ilu - su*
   viro   Marduk-ilu-su

9. *habal I - na - bit - sak - ga - tu - zir nisu kisêlu   (luḫ)*
   filio   Ina-bit-sakgatu-zir,   viro scriptori

10. *a - na sar Babilu (e) ... an-ni am-bi-ra ki-i Ka sar Babilu*
    regis Babylonis, favisti mihi dixi : et secundum *epha*, regis Babylonis.

11. *XX se zir ina gan as I u rabu-tu*
    vigenti hinis frumenti, conserunt unam mensuram magnam.

12. *a - na Bin - zir - ba - sa arad - šu agmil (su)*
          Bin-zir-basa,   ministro ejus annuntiavi.

13. *im - su - ḫa - ra a - na za - ti i - ri - en - su*
    Metitus est,   et ad   futurum sic limitavit eum :

14. *us an-ta eltanu (im-ši-di) kasadi nahar Zi-ir-zi-ir-ri*
    unum stadium, supra, ad septentrionem prope flumen Zirzirri

15. *emidu (us ša-du) bit A-da au ekil bit sa-ak-nu-ti*
    versus   fundum Ada,   et agrum Domus Satraparum

16. *us ki-ta sutu (im-er-tu) nahar A-tab-dur-Istar*
    unum stadium, infra, ad austrum fluminis Atab-dur-Istar

17. *emidu (us ša-du) bit A-da*
    versus   fundum Ada.

18. *ḫâsu (sak - ki) an - ta sadu (im - mat - ra)*
    longum,   supra, ad orientem

19. *emidu (us sa-du) ... Bit - ul - bar*
    versus   vallum Bit-ulbar ;

20. *ḫâsu (sak - ki) ki - ta aḫaru (im - mar - tu)*
    latum,   infra, ad   occidentem

21. *emidu (us sa - du) bit A - da*
    versus   fundum Ada.

22. *ki - i   pi - i   Marduk [- idin - aḫi]*
    Secundum institutum Marduk-idin-akhi,

23. *sarru Babilu (e) an ... A - ga - de - ki*
    regis Babylonis servi (?) Agades.

24. (Ilu) Bel − kit − zir − ki − ni
          Bel-zir-kini,
25. habal Zikar − Istar (an − ri)
    filius Zikar-Istar,
26. ma − si − ha − an ekil (a − lib)
    mensor   agri.
27. alu Di − in − du − bit arah abu yum XXVIII kam
    In urbe Dindu,   mense Abu, die vicesimo octavo,
28. sanat X kam Marduk − idin − ahi sar Babilu (e)
    anno decimo   Marduk-idin-akhi,   regis Babylonis.
29. i − na gub − ba sa Bit − ul − bar − sa − ki − mu
    Testis (in præsentia) Bit-ulbar-sakimu,
30. habal Ba − zi nisu sak ru − an − bar sa mate
    filius Bazi, vir dux gladii,   regionum;

II.

1. i − na gub − ba sa Ba − bi − la − ai'
    testis   Babilai,
2. habal Sin − si − di nisu sa sak sa mate
    filius Sin-sidi, vir dux regionum;
3. i − na gub − ba sa Ea − ku − dur − ri − ib − ni
    testis   Ea-kudur-ibni,
4. habal Zikar − Ea pihat (bel − nam) sa mati
    filius Zikar-Ea, præfectus   provinciæ;
5. i − na gub − ba sa Bel − idin − habal
    testis   Bel-nasir-habal,
6. habal nisu sak ru − bar sa te − mi sa mati
    filius viri præfecti gladii, secundum legem provinciæ;
7. i − na gub − ba sa Ta − ki − sa − Belti (an − ta)
    testis   Takisa-Beltis,
8. habal Nisu − ri ' u − simti (nam)
    filius Nisu-Ri ' u-simti;
9. i − na gub − ba sa U − bal − lit − su
    testis   Uballit-su,
10. habal Ka − ris − ti − ya − napasti (an − zi)
    filius Karis-tiya-napasti;
11. i − na gub − ba sa Bel − kit − idin − sum
    testis   Bel-idin-sum,

DOCUMENTS DE MARDUK-IDIN-AKHI. 101

12. *habal sa Zu-u-ti*
    filius   Zuuti;
13. *i-na gub-ba sa Su-ka-mu-na-ah-idin-na*
    testis   Sukamuna-ahi-idin,
14. *habal Mi-li-har-bat*
    filius Mili-harbat;
15. *i-na gub-ba sa Isu-(tuk)-ilu*
    testis   Isu-ilu,
16. *habal Hab-li-ya*
    filius Habliæ;
17. *i-na gub-ba sa Bel-ahi-su*
    testis   Bel-ahi-su,
18. *habal Mi-li-har-bat*
    filius Miliharbat;
19. *i-na gub-ba sa Nisu-bit-ul-bar*
    testis   Nisu-Bit-ulbar,
20. *habal U-lam-ha-la*
    filius Ulamhala;
21. *i-na gub-ba sa Ṡa-mi-du*
    testis   Samidu,
22. *habal Marduk-kabu-ya*
    filius Marduk-kabuya,
23. *pahat (bel-nam) bit A-da*
    præfectus   domus Ada;
24. *i-na gub-ba sa Bit-sak-ga-tu-bu-nu-ya*
    testis   Bit-sakgatu-bunuya,
25. *nisu ha-za-an bit A-da*
    hazan   domus Ada;
26. *i-na gub-ba Bab-rab-ta ta-du-ai u*
    testis   Babrabtatadui,
27. *habal Sar-Babilu-(c)-mat assur-issu (ik)*
    filius Sar-Babil-assur-issu;
28. *i-na gub-ba sa An-mat rub e a nisu milu (a-ba)*
    testis   Ninip   vir doctor,
29. *i-na gub-ba (Marduk)-nasir*
    testis   Marduk-nasir
30. *habal Ga-mi-lu ... tuk*
    filius Gamilu,
31. . . . .

III

1. *im-ma-ti-ma   i-na   ar-ka-ti   yumi*
   Quando cumque   in   futuris   diebus
2. *i-na   aḥi   habli*
   inter   fratres, filios,
3. *i-na   kimti   (im-ri)   im-ri   au   im-ri-ya*
   inter   propinquos,   propinquos   familiæ
4. *sa bit A-da sa el-lam-ma*
   domus Ada,   qui surget,
5. *i-na-...   a ki   su-a-tu   i-ṭa-bu*
   dolo locum   istum   aggredietur
6. *yu-sal-ba-bu ana asri (ki) ul na-din i-ḳa-bu-u*
   infestabit;   de terra   "non est donator" dicet;
7. *au kunuku (tak-sit) ul ka-nik ʋa i-ḳa-bu-u*
   et   de sigillo,   "non est silligator" dicet;
8. *lu-u bel bit sa bit A-da ar-zu-u*
   sive, "Dominum domus Ada existere nego";
9. *lu-u paḥat (bel-nam) sa bit A-da*
   sive   "præfectum   domus Ada"
10. *lu-u ḥa-za-an-ni sa bit A-da*
    sive   "hazan   domus Ada"
11. *lu-u sakan ṭe-mi sa bit A-da*
    sive   "auctorem legum   domus Ada"
12. *lu-u sum-ta-lu sa bit A-da*
    sive   "sumtalu   domus Ada"
13. *lu-u lu-bu-ul-tu-u*
    sive   "lubuttu"
14. *lu-u ak-lu lu-u ki-sir-tu sa bit A-da*
    sive "aklu" sive "kisirtu"   domus Ada" (negabit);
15. *au ... tu-kar is-sa-ki-nu-ʋa*
    si quis non institutam instituerit,
16. *i-ḳa-bu-u ekil (a-lib) ul ma-si-ḥi*
    et dicet : de agro "non est   mensurator"
17. *au (tak-sit) kunuku ul ka-ni-ki i-ḳa-bu-u*
    et   de   sigillo   "non sigillator" dicet;
18. *ekil an-na-a a-na i-sar-ra-ku*
    et   agrum   istum devovebit

19. *a–na ra–ma–ni–su i–sa–ka–nu*
    seu, semet ipso vindicabit
20. *u–śa mi–iš–sir au ku–ṭur–ra*
    superficiem, spatium et limitationem
21. *yu–śa–an–nu–u ni–si–ir–ta asri su–a–ta*
    mutabit sive domus exstructionem in loco illo
22. *i–na lib ckil (a-lib) an–ni i–sa–ak–ka–[nu]*
    in medio agri istius incipiet;
23. *ilui ma–la i–na eli na–ri–e*
    Dii, omnes cumque in cacumine tabulæ
24. *ma–la su–un–su–nu za–ak–ru*
    omnes nomen quorum memoratur
25. *ar–rat la nap–su–ri li–ru–ru–su*
    diris inexpiabilibus exsecrentur eum
26. *ilu Nu. ilu Bel–kit au ilu Ea*
    Deus Anu, Bel et Ea,
27. *ilui–rabuti e–si–iš–šu li–iš–šu–su*
    Dei-Magni fortiter aboleant eum,
28. *li–hal–li–ku*
    deleant.
29. *pi bal–hi–su li–is–šu–uh–ru (?)*
30. *li–se–lu–u na–an–nab–su*
    abigant fetum ejus
31. *Marduk bel rabu a–ga nu til–la*
    Marduk Dominus magnus, æternitatis sine fine
32. *ri–ki–iš–šu la pa–ṭa–ra [li–sis–si–su]*
    vinculis non deligabilibus vinciat eum.

IV

1. *Nabu śu–kal–lu si–ru u–śa mi–iš–ra*
    Nebo intelligentia suprema, fundum, agrum
2. *au ku–ṭur–ra–su li–se–in–ni*
    et delimitationem deleat.
3. *Bin ilu (ni–ni) rabu Same au Irṣit nahari*
    Bin, dominus magnus Cœli et Terræ flumina
4. *śa ki ki li–mi–li au ta–mi–ra–ti*
    . . . . . . et . . . . .

5. *li - mi - la - a   bu - kur - ta*
    circumcidat   primogenituræ ejus

6. *si - ir   li - ra - a   li - kab - bi - ša   se - pa - su*
    carnem, vinculis   gravet   pedes ejus.

7. *Sin   a - pi - ip   Same   gu - lu - ti*
    Sin, circumagens cœlos rotondos

8. *šu - bi - su   sap   a   ki - ma   lu - ba - ri*
    lepra   sicut   vestimento

9. *li - li - hi - sa   zu - mu - ur - su*
    induat   corpus ejus.

10. *Samas di bi bi ... dayanu rabu Same au Irṣitiv*
    Samas, judex lucidus magnus   Cœli et Terræ

    lu-sam-di-na di-na-su-ra i-na pa-ar-ti li-iz-zi-su
    judicet   delictum et in delictis flagrantibus capiat.

12. *Istar belit Same au Irṣitiv*
    Istar, dea Cœli et Terræ

13. *a - na   ma - hi - ri   Ili   au   Sarri*
    in   potestate   Deorum et Regis

14. *a - na   li - mut - ti   li - ir - te - di - su*
    ad   ultionem   tradat eum.

15. *Gula belit   rubati   hi - rat   (ilu)   Nin - ip*
    Gula, Regina alma,   conjux   dei   Ninip

16. *ši - im - ma   la - as   i - na   ba - sur - ri - su*
    venenum   ineluctabile   in ventrem ejus

17. *li - is - sim - ra   sa - ar - ka   au   da - ma*
    infundat   et   pus   et   sanguinem

18. *ki - i - ma   mie   li - ir - mu - muk*
    sicut   aquam emingat.

19. *Nin - ip   bel   ku - tur - ri - e - ti*
    Ninip, dominus limitationum

20. *habal - su   na - ka - a - ti - s.   li - se - li*
    filium ejus camelas suas inire   cogat.

21. *Nirgal bel   til - li - e   au   ka - sa - ti*
    Nirgal, dominus armorum et   arcuum

22. *ka - ak - ki - su   li - se - bir*
    sagittas ejus   rumpat.

23. *(ilu)   Za - mal   sarru   ta - ha - zi*
    deus Zamal,   rex   pugnarum

DOCUMENTS DE MARDUK-IDIN-AKHI.   105

24. i-na ta-ha-zi-su zumra (su) la i-sa-bat
     in   pugnis ejus corpus   (unum) ne capiat.
25. ilu Turda .(bip) sukkallu su-mal-li ili rabati
     deus Turda,   intelligentia, imagines Deorum Magnorum
26. an-ni-i a-lik ki-si-ir-ri ili mu-su
     istorum iens   vias rectas   deorum, nocte
27. ba-ab-su li-par-ri-ki
     portam ejus irruant.
28. Is-ha-ra belit li-ti da-ad-ma
     Ishara,   Dea   gloriæ populi.
29. i-na ta-ha-zi da-an-ni la i-se-mi-su
     in   pugnis potentibus non audiat eum.
30. ilu Malik belu rabu ga-ra an-na
     deus Malik, dominus magnus cœli (?)
31. pa-ri-ik-ta li-se-iş-bi-su
     flagrante delicto capiat eum.
32. ili ma-la ina eli na-ri-e an-ni-i
     Dei omnes, qui in cacumine tabulæ istius,
33. ma-la su-um-su-nu za-ak-ru
     omnes quorum nomen   memoratur,
34. [ar-rat la] nab-su-ri [li-ru-ru-su]
     diris   inexpiabilibus exsecrentur eum

(A la fin de la première colonne.)

31. lu-u sak la sak   ka-sa-aa au u-la-la au la-se-ma
     siquis "caput non caput" jurando . . .   et
32. yu-ma-a-ru-u-ca na-ra-a an-na yu-sa-as-su
     instituet,   et tabulam istam adulterabit
33. a-na mie i-na-du-su ina e-pi-ri i-tam-mi-ru
     in aquis immerget, in terra   abscondet,
34. i-na aban yub-ba-tu ina i-sa-ti i-ka-lu-u
     sub lapide celabit in igne   comburet.

(A gauche sur la marge de la deuxième colonne.)

1.   ar-rat la nap-su-ri li-ru-ru-su
     diris   inexpiabilibus exsecrentur eum.
2.   sa (am) ili ma-la-i-na eli na-ri-e an-ni-i ma-la
     Effigies deorum omnium in cacumine tabulæ istius omnium
     su-mu un-su-nu za-ak-ru
     quorum nomen commemoratur.

DOCUMENTS JURIDIQUES.

(A droite sur la marge de la quatrième colonne.)

1. *suśi mu te-lu-u bel bit sa bit A-da ar-ku-u sa is-sa-ki-nu-va*
   Equi. . .   domini domus Ada   post illum
2. XXX *śuśi* XXV *bu-ḫa-lu* V (sal) *śuśi ekil an-na*
   triginta equi, viginti quinque boves, quinque equæ   fundi
                                                    ul ni-di-it sarru Babilu
                                            non datum a rege Babylonis.
3. *i-na lib-bi Ma-ḫa-ru-tu Bin-zir-ba-sa i-ka-bu-u ar-ki*
   Ex   Maharutu   Bin-zirbasa   dixit   post
   Marduk-ilu-su ḫabal Ina-bit-sak-ga-tu-zir
   Marduk-ilu-su filius Ina-bit-sakgatu-zir,
4. *nisu sak-ru-bar bit A-da Marduk-Bin-su ḫabal nisu kiselu ana*
   vir dux gladii domus Ada, Marduk-bin-su filius viri scriptoris
   Marduk-idin-aḫi sar Babilu i-ik-ḫi-su
   Marduk-idin-akhi regis Babylonis . . .
5. *Ina-bit-sak-ga-tu-zir nisu kiselu ekil anna a-bi-nu bi-zak*
   Ina-bit-sakgatu-zir, vir sigillator, agrum   *ma-te-su*
6. *bel bit sa bit A-da i-ta-ad-di-nu a-na yumi za-ti i-ri-in-su*
   dominus domus Ada dedit et ad   dies futuros   concessit.

TRADUCTION.

« 20 hins de blé ensemencent, en grand U, un champ dans le domaine de Zunire, sur la rive du fleuve Zirzirri, dépendant de la maison de Ada.

« Marduk-idin-akhi, roi de Babylone, a ainsi statué d'après les lois du pays d'Assur. Bin-zir-basa, son ministre, a favorisé Marduk-ilu-su, fils de Ina-bit-sakgatu-zir, qui a écrit ceci : « au roi de Babylone, je dis il m'a comblé et j'annonce cette évaluation faite, selon l'*epha* du roi de Babylone. »

« 20 hins de blé ensemencent une grande mesure U. Bin-zir-basa, le lieutenant (du roi) l'a institué propriétaire, et il (l'arpenteur) l'a ainsi mesuré pour l'avenir :

« Un stade, en haut, au Nord du fleuve Zirzirri, touchant à la propriété de Ada et le champ de la maison des satrapes ; — un stade, en bas, au Sud du fleuve Atab-dur-Istar, touchant la propriété de Ada ; — la largeur, en haut, à l'Est, touchant le circuit du Bit-ulbar ; — la largeur, en bas, du côté de l'Ouest, touchant la maison de Ada.

« Selon la loi de Marduk-idin-akhi, roi de Babylone, serviteur (des Dieux) d'Agadé, il a été ainsi mesuré par Bel-zir-kini, fils de Zikar-Istar, le mesureur du champ.

« Dans la ville de Dindu, au mois de Tébet (décembre), le 28ᵉ jour de l'année Xᵐᵉ de Marduk-idin-akhi, roi de Babylone.

« En présence de Bet-ulbar-sa-kimu. fils de Bazi, chef du glaive du pays ; — en présence de Babilaï, fils de Sin-sidi, chef des commandements du pays ;—en présence de Ea-kadurri-ibni, fils de Zikar-Ea, préfet des provinces ; — en présence de Bel-nasir-habal, fils du chef du glaive de... des provinces ; — en présence de Takisa-Belit, fils de Riusimti ; — en présence de Uballit-su, fils de Karistiya-napasti ; — en présence de Bel-idin-usur, fils de Sazuti ;—en présence de Sutmuna-idin, fils de Miliharbat ; — en présence de Isu-ilu, fils de Habliya ; — en présence de Bel-ahi-su, fils de Miliharbat ; — en présence de Nisu-bet-ulbar, fils de Ulam-hala ; — en présence de Samidu, fils de Marduk-kabuya, préfet de la maison de Ada ; — en présence de Bit-saggatubunya, *hazan* de la maison de Ada ; — en présence de Babrabtadui, fils de Sar-Babil-Assur-issu ; — en présence de Sadu-rabu-kabu-habal, chef ; — en présence de Marduk-musis, fils de Gamilu...

« Qui que ce soit, dans la suite des jours, parmi les frères, les fils, parmi les proches parents, les alliés de la famille de la maison de Ada, qui éleverait des prétentions sur cette terre, aurait contre elle de mauvais desseins ou en suggérerait ; qui dirait ces mots : « il n'y a pas de donateur » ; qui dirait : « il n'y a pas de cacheteur » ; soit qu'il dise : « je nie qu'il y ait un maître de la maison de Ada ; qu'il y ait un chef à la maison de Ada ; qu'il y ait un *hazan* de la maison de Ada ou qu'il y ait un spéculateur pour la maison de Ada ; soit un *gitta* de la maison de Ada ; soit un *suntalu* ; soit un *lubattu* ; soit un *aklu* ; soit un *kibut* dans la maison de Ada » ; soit qu'il dise : « la confiscation a été prononcée » ; soit qu'il dise : « ce champ il n'a pas de mesureur », et qu'il dise : « ce cachet n'est pas un cachet probant » ; et qu'il s'empare de ce champ ; qu'il le dévoue aux Dieux, qu'il le revendique pour lui-même ; qu'il en change la surface, la circonférence, le bornage ; qu'il fasse des constructions sur cette terre et au milieu de ce champ (cet homme sera maudit).

« Les Dieux qui sont sur cette table, tous ceux dont le nom y est commémoré, le maudiront par les malédictions qu'on ne rétracte pas.

« Que les dieux Anu, Bel, Ea, ces Grands-Dieux, le tourmentent et l'accablent ; qu'ils.................; — que Marduk, le grand Seigneur qui existe de toute éternité, le lie par des liens inextricables ; — que Nebo, l'intelligence suprême, bouleverse la surface, la circonférence et le bornage de ses propriétés ; — que Bin, le grand Seigneur du Ciel et de la Terre, fasse déborder les vagues de ses fleuves (?)......, qu'il circoncise sa primogéniture, qu'il charge ses pieds d'une chaîne pesante ; — que Sin, qui tourne autour du Ciel, le frappe d'une lèpre et l'en couvre comme d'un vêtement ; — que Samas, le juge brillant du Ciel et de la Terre, juge son procès et le fasse prendre en flagrant délit ; — que Istar, la déesse du Ciel et de la Terre, le livre à la vengeance des Dieux et du Roi ; — que Gula, la souveraine, la grande épouse de Ninip, infiltre dans ses entrailles un poison qui ne sort pas, et qu'il répande du pus et du sang comme de l'eau au lieu d'urines ; — que Ninip, le Dieu des bornages, livre son fils à des chamelles ; — que Nergal, le Seigneur des armes et des arcs, brise ses flèches ; — que Zamal, le roi des combats, ne lui laisse pas au milieu de la bataille, faire un prisonnier ; — que Turda, le gardien des images des Grands-Dieux, marchant dans les voies droites des Dieux, assiége sa porte pendant la nuit ; — que Ishara, la déesse des us et des coutumes, ne l'assiste point dans les combats ; — que Malik, le grand maître, *gara anna*, pendant qu'il pêche, le fasse prendre en délit ; — que tous les Dieux qui sont sur cette pierre et tous ceux dont le nom est commémoré le maudissent par des malédictions qu'on ne peut révoquer. »

A la fin de la première colonne, on lit :

« Si quelqu'un jure ainsi : « cette tête n'est pas une tête.....», si il oblitère ces tables, les plonge dans les eaux, les enfouit dans la terre, les cache sous un monceau de pierre, les détruit par le feu. »

Sur le rebord de la deuxième colonne :

« Que les dieux dont l'image est sur cette table et dont le nom est invoqué, le maudissent par les malédictions qu'on ne rétracte pas. »

Sur le rebord de la quatrième colonne :

« Les chevaux..., le maître de la maison de Ada, pourra en disposer après lui.

« 30 chevaux, 25 buffles, 3 juments dans les champs ne sont pas soumis au décret du roi de Babylone, Bin-zir-basa l'a déclaré au profit de Maharutu après Marduk-ilu-su, fils de Ina-bit-sakgatu-zir.

« L'homme chef du glaive de la maison Ada l'a dit (nommé et prononcé) à Marduk-ilu-su, fils du Scribe de Marduk-idin-akhi, roi de Babylone, et Ina-bit-sakgatu-zir, le Scribe, le champ, celui-ci a. . . . . . . propriétaire de la maison de Ada, l'a donné pour les jours à venir et l'a concédé. »

Il nous reste à parler des inscriptions qui sont tracées sur le champ du bas-relief, au milieu des figures symboliques qui ornent tous les monuments de cette nature parvenus à notre connaissance ; elles n'ont, du reste, aucun rapport avec les figures du bas-relief. Elles forment dix groupes qui ne paraissent se rattacher par aucun lien les uns aux autres, nous allons essayer de les transcrire sans réussir toujours à les interpréter.

1. — Nous prenons pour le premier groupe le plus simple ; celui qui se trouve au-dessus d'un signe en forme de lyre, et nous en suivrons l'ordre en tournant de gauche à droite.

    kur   ka   mas
   Summa sesqui *epha*.

« En tout un *epha* et demi ».

2. — Le second groupe, enchevêtré entre les branches d'un objet assez difficile à désigner et les cornes d'une chèvre adossée à un autel qui supporte une tête fantastique sur un long cou, paraît se lire ainsi :

                                                          -ri-su
i-na ta-kil-num ar-si-ki sa mat ni-
                                                            e-a
ka - ta - li - e

nahar ka - ta - li - e ta - ba - li.

Mais nous n'osons pas en hasarder une traduction.

3. — Le troisième groupe isolé, entre un objet qui ressemble à une massue et un autel qui supporte un objet triangulaire, paraît se rattacher au groupe suivant. Il se lit, du reste :

    na - si - e.

4. — Le quatrième groupe est compris entre l'autel dont nous venons de parler et le cou d'un animal cornu dont le corps semble sortir de l'autel. Il se compose de trois lignes auxquelles nous croyons devoir rattacher le groupe précédent. Nous le lirons donc ainsi :

    a - na   la   na - si - e
    ad   non ablationem populationis
    sa   mat Zu - ni - ri - e - a lu - u
    terræ   Zunirie,   nec
    sa ki-sat lu-u pahat (bel-nam) sa mat Zu-ni-ri-e-a
    habitationum, nec   præfecti terræ   Zunirie.

« Afin qu'il ne dévaste pas la terre de Zunirie, ni les habitations, ni (les dépendances) du préfet de Zunirie. »

5. — Le cinquième groupe est écrit sous un objet indéterminé, en face du nez de l'animal fantastique dont nous venons de parler. Il se compose d'une ligne perpendiculaire et de quatre lignes parallèles à la circonférence. La lecture de la ligne perpendiculaire n'offre pas de difficulté :

lu - u   ki - bu - tu
sive   *kibutu*

C'est une désignation que nous avons rencontrée déjà, c. III, l. 14.

Les autres lignes présentent un certain embarras, à cause de l'enchevêtrement des premiers caractères. Quoi qu'il en soit, nous lisons :

bit   su-[a-]tu   [lu-]u   pahat   (bel - nam)
domus   istius   sive   præfectum,
lu - u   ha - za - an
sive   *hazan*
sa   bit   A - da - a
domus   Ada
ar - su - tu
negabit.

« Qu'il ne veuille pas reconnaître : soit le *kibutu* de cette maison, soit le préfet, soit le *hazan* de la maison de Ada. »

6. — Le groupe suivant, qui se trouve au-dessous du précédent, n'offre aucune difficulté. Nous devons remarquer, toutefois, que le mot *te-mi* est coupé, sans que la coupure paraisse commandée par la nécessité de l'espace qu'il devait occuper, ainsi que cela a lieu dans d'autres épigraphes de ce bas-relief. Nous lisons :

lu - u   sakan   (sa)   te -
sive   auctorem legum
- mi   lu - u   ha - za - an - nu
        sive   *hazan*
sa   mat   Zu - ni - ri - e - a
terræ   Zunirie

« Soit l'auteur du traité, soit le *hazan* de la terre de Zunirie. »

7. — Le septième groupe compris entre l'oiseau perché et le dos du chien n'offre encore aucune difficulté de lecture; mais à quoi le rattacher ?

sa   da   sa-ki-nu-ra   a-na   alu   na-su
. . . .

8. — Le groupe suivant présente au contraire de grandes difficultés, à cause de l'enchevêtrement des lignes au milieu des figures symboliques que l'écriture a respectées. Nous le diviserons en trois parties.

La première comprend les lignes qui se trouvent sous les pattes de l'oiseau, en face du museau du chien :

su – ri – ik –
. . . .
bu   ik – da   sa   bit   A – da – a
. . . .   domus   Ada
a – na   śu – ki – sa   a – na   la   pa –
in   tugurio ejus   nec   in –
ka – di
spiciat

La seconde commence à côté du disque du soleil et comprend les deux lignes suivantes :

lu – u   bel   a – na   la
vel   dominum   negabit (?)
lu – u   ki – bu – [tu]
vel   kibutu

La première ligne passe devant le cou de l'oiseau, le dernier signe de la seconde (bu) enjambe par-dessus la première ligne et vient se placer derrière la tête de l'oiseau. Nous ne nous serions pas permis une telle hardiesse, si ce n'est que le mot dont nous ne comprenons pas, il est vrai, la signification, ne nous était indiqué tout entier par la ligne 14, col. III.

Enfin, la troisième partie comprend les deux lignes qui s'étendent sous les pattes du scorpion entre les autels qui supportent des tiares.

nahar-su   a-na   la   śa-ka-ri
fluvii   illius ob non   obscurationem
mat-su   mat-śu-u   e (?) – ka – bu
terræ   terræ

9. — Le neuvième groupe ne comprend qu'une ligne, qui commence aux pattes du scorpion et finit au dos du serpent.

si – bat – si   ik – lam – ma   (ki – śu)   irṣit – śu
fenus   solvet   terræ ejus.

10. — Le dernier groupe, écrit en face de la tête du serpent, est ainsi conçu :

a – na   śu – ki – su   a – na
in   tugurio ejus
la   e – mu – kin
nec potentia
lu   da – ai – na   la
nec justitia
e – ri – si
tribuatur

« Que dans sa demeure, aucune puissance, aucune justice ne lui soit accordée. »

REMARQUES.

Cette inscription constate le partage d'un pays conquis, fait par le délégué du Roi. C'est l'investiture d'un terrain que Bin-zir-basa, ministre du roi de Babylone, Marduk-idin-akhi, accorde à son sujet Marduk-ilu-su. La donation se fait selon les anciennes coutumes sumériennes du pays d'Assur; mais le texte dit expressément que l'étendue du terrain se calcule selon la mesure, ou l'*epha*, du roi de Babylone.

La propriété est située sur les rives du Zirzirri. Ce fleuve paraît tirer son nom d'une certaine espèce d'oiseaux *Zirzirrue*, qui s'appelle aussi *Kasub* (W.A.I., II, 5. — 2, 24, 15). Rien, du reste, ne peut indiquer la position exacte de cette rivière; elle devait être un des affluents du Tigre, venant de l'Est et parcourant les pays assyriens. Nous croyons cependant qu'on pourrait l'identifier avec le Physcus, qui est cité par Xénophon dans la Retraite des dix mille (*Anab.*, II, 4, 25), et sur lequel était situé la ville d'Opis. Ce qui milite en faveur de la position que nous attribuons au Zirzirri, c'est que nous ne le voyons figurer dans aucune des listes des rivières de la Babylonie (W.A.I., II, 50-51). Cet argument, tout négatif, est corroboré par le caractère même de l'écriture du document, qui accuse une forme plus rapprochée de l'Assyrien archaïque que du Babylonien.

Le traité fut conclu dans la ville de Dindu, ou Dindu-bet (?), ou encore

Din-kin-bet (?). Cette ville était probablement située sur le fleuve Zir-zirri ; mais on n'a aucune indication sur son emplacement ; quant à la date du document, le nom du mois est effacé. C'est probablement *ab* ou *sivan* à en juger par les traces qui restent encore sur la pierre.

La partie intéressante de ce document est la distinction qui est faite entre le terrain concédé, d'un stade carré d'étendue, et « la maison de Ada », où le fonds de Ada sur lequel il est pris. Le terrain concédé partage naturellement les privilèges du fonds entier qui formait un domaine considérable tombé entre les mains du vainqueur et distribué par le ministre du Roi à des personnages dont il voulait récompenser les services. C'est ainsi que s'expliquent les défenses de nier les pouvoirs que le roi avait donnés à son délégué pour aliéner la terre.

Nous pouvons remarquer un autre point très-intéressant qui résulte d'une clause additionnelle au contrat et qui constitue une sorte de translation de la propriété par voie d'endossement. Bin-zir-basa, le plénipotentiaire du Roi, statue sur une partie des produits du domaine qui retournerait, après la mort de Marduk-ilu-su, fils du donataire, à un tiers nommé Maharut. Il est évident que cette clause a été ajoutée après coup, ainsi que les inscriptions qui sont sur le champ des bas-reliefs.

La contenance du terrain concédé est de 357 ares (Oppert, *Étalon*, p. 57, 66). Ce n'est donc qu'une faible partie du domaine. Le sol était d'une fertilité ordinaire ; il fallait 20 hins, c'est-à-dire 60 litres de blé pour ensemencer un aroure de 88 ares. Le fond concédé égal à 4 aroures nécessitait un emploi de 80 hins ou de 240 litres de blé, et pouvait rapporter 72 hectolitres de blé environ.

Nous pouvons passer maintenant à quelques points de détail qui méritent un examen particulier.

C. I, l. 5. — Le nom de l'Assyrie est écrit par le seul clou horizontal, ainsi que cela a lieu dans les textes plus récents des rois d'Assyrie. Le signe *ik* qui termine la ligne est l'idéogramme du verbe *nasa*, נשא, « porter ».

C. I, l. 7. — Ces mots *ippallisra ana Marduk-ilu-su* indiquent précisément la transmission à titre gracieux. Le verbe פלס, au niphal, veut dire « favoriser ».

C. I, l. 9. — La fonction indiquée par ces mots *nisu kislu*, désigne l'auteur de la tablette, celui qui a la responsabilité du contenu.

C. I, l. 10-12. — Il y a là une formule intercalée par laquelle l'écrivain indique sa soumission au Roi. Il répète ensuite le chiffre de 20 hins selon l'*epha* de Babylone, sur lequel, bien entendu, il devait y avoir un impôt en faveur du ministre.

C. I, l. 12. — Le dernier signe de la ligne *su*, est le monogramme qui représente les dérivés du verbe נבל, - j'affirme. -

C. I, l. 13-26 — Tout ce passage ne constitue grammaticalement qu'une seule phrase; car le verbe *imsuha*, - mensuravit -, se trouve à la ligne 13, et son sujet, le mesureur, à la ligne ' Les résultats du mesurage sont intercalés.

C. I, l. 19. — Le signe effacé paraît être ⏃, monogramme que l'on traduit ordinairement par - sphère -, il faut entendre ici - le circuit, l'enceinte sacrée. -

C. I, l. 23. — La ville nommée *Agané* ou *Agadé* semble signifier - la ville du feu éternel -; c'est peut être Chalneh.

C. I, l. 24. — Il y a là encore un signe effacé qui paraît être le complexe rendu par ⏃ - serviteur -.

C. I, l. 25. — Depuis la date du contrat jusqu'à la fin de la seconde colonne se trouvent les noms des seize témoins. Quelques-uns sont d'origine élamite à en juger par le nom de leurs pères, tels que Miliharbat, Ulamharbat, Ulamhala, un autre se nomme Babilaï, ce qui signifie littéralement - le Babylonien. -

C. II, l. 17. — Le nom de Bel-ahi-su se termine par le signe *su*, mais il pourrait y avoir *ir*, ce qui amènerait la lecture Bel-ahi-erib.

C. II, l. 27. — On peut expliquer le nom de ce témoin - Sar-Babil-Assur-issu - par ces mots : - Le roi de Babylone a vaincu l'Assyrie. - Il y aurait là une réminiscence d'un fait historique que les inscriptions royales (*W. A. I.*, III, pl. 14, l. 48) laissent seulement soupçonner.

C. II, l. 30. — Le nom mutilé, dont nous lisons la première partie Gamilu..., ne peut être restitué dans son entier.

C. III, l. 1. — Cette colonne contient les défenses que nous avons déjà rencontrées dans les autres contrats; seulement ici elles sont plus développées qu'à l'ordinaire. Nous y remarquons particulièrement (l. 11) une menace pour celui qui nierait le droit du souverain, et contesterait la transmission du pouvoir au satrape de la maison d'Ada. Ce qui suppose que le terrain concédé faisait partie d'un domaine considérable.

C. III, 1. 22. — Quatre lignes ont été oubliées par le graveur antique et insérées à la fin de la première colonne. Ce sont les lignes 31 à 34 de l'édition du Musée Britannique; nous les avons reportées à la fin de notre traduction.

C. IV. — La dernière colonne renferme les malédictions, dans des termes à peu près semblables à celles des autres documents. Nous y constatons cependant quelques négligences de rédaction. Ainsi entre les lignes 5 et 6 il doit y avoir une lacune, car les malédictions, à partir de la ligne 6, appartiennent au dieu Sérah, d'après le premier document que nous avons cité.

Dans les trois contrats que nous venons d'examiner, nous voyons figurer les différents membres d'une même famille qui établissent un lieu commun entre ces contrats et qu'il importe de mettre en évidence.

Ina-bit-sakgatu-zir, le scribe, remplissait à la cour de Marduk-idin-akhi, une fonction importante; il paraît qu'il était chargé de donner l'authenticité aux conventions quand un intérêt public était engagé. Ce n'était pas un simple *milu*, il remplissait une fonction plus élevée et il avait attiré sur sa famille la faveur du roi. Nous voyons qu'il avait deux fils, dont la position n'est pas indiquée, mais qui jouissaient probablement d'une certaine aisance. Le premier, Tab-asab-Marduk, figure comme témoin dans le contrat de Za'aleh; il est probable qu'il n'était pas encore marié, car ce n'est évidemment que postérieurement à la première année du roi, Marduk-idin-akhi, qu'il épousa la Sarginaïte et que le contrat qui figure sur le Caillou de Michaux fut rédigé. Sirusur, son gendre, devait appartenir également à une famille influente, car la dot qu'il constitue à sa fille prouve l'importance de la maison de Ina-bit-sakgatu-zir. Bien que ce contrat ne soit pas daté, nous n'en avons pas reculé la date après celle du contrat de Ada. Nous avons pensé que Tab-asab-Marduk devait être un fils aîné. Son frère que nous voyons figurer dans ce troisième contrat, Marduk-ilu-su, fut l'objet d'une munificence royale et reçut une part des biens dépendant du domaine de Ada. L'histoire de cette famille se trouve donc liée à l'histoire du règne de Marduk-idin-akhi, et nous montre l'influence que les contrats d'intérêt privé peuvent avoir pour l'appréciation de l'histoire politique d'un pays.

IV

CONTRAT DE HANKAS.

Le troisième monument du règne de Marduk-idin-akhi que nous allons examiner, présente la même particularité que le Caillou de Michaux. C'est encore une pierre de basalte noire qui offre, à peu près, les mêmes dimensions et la même disposition. Au sommet, nous voyons également les mêmes symboles disposés d'une manière analogue, mais seulement sur un seul registre. L'inscription n'a que deux colonnes et n'occupe qu'une des faces du monument ; sur l'autre, on a gravé l'image du Roi, et sur le champ du bas-relief, auprès de la tunique du Roi, on lit trois lignes d'écriture que nous donnons en tête de notre traduction, bien qu'elles se répètent à la fin du document.

(W.A.I., III, pll., 41, 42.)

sa   naru (tak−na−kak−a) an−ni−i
Tabula   ista
mu−ki−in ku−tur−ri
auctoris   limitationis
da−ra−ti sumi−su
æternæ   in nomine ejus.

I

1. XXV se zir ina gan as   1   U rabu-tu
    Viginti quinque *kinis* frumenti conserunt, una mensura magna,
2. kisadi (tik) nahar Be−sim bit Ha−an−kas
    in ripa   fluminis Besim,   fundum Hankas ;
3. us an-ta eltanu (im-si-di) emidu (us sa-du) bit Ha-an-kas
    unum stadium, supra ad septentrionem, prope fundum Hankas ;
4. us ki-ta sutu (im−er−lu)
    unum stadium, infra, ad austrum,

5. *emidu (us ša-du) bit   Ba-kas-ya-ti*
    versus   fundum Bit-kasiati;

6. *hāsu (sak-ki) an-ta aharri (im-mar-tu)*
    largum,   supra,   ad   occidentem

7. *emidu (us ša-du) bit   Ha-an-kas*
    versus   fundum Hankas;

8. *hāsu (sak-ki) ki-ta sadu (im-mat-ra)*
    largum,   infra,   ad orientem,

9. *emidu (us-ša-du) kasadi (tik) nahar Be-sim*
    versus   ripam   fluminis Besim.

10. *sa   i-na kat   Nisu-(an)-Bel-kit*
    Id est quod in manu (possessione) Nis-Belkit

11. *habal Ha-an-kas Marduk-bel-nasir nisu sak sarru*
    filii   Hankas,   Marduk-bel-nasir,   vir Prætor Regis,

12. *a-na simu im-hu-ru*
    contra pretium tradidit:

13. *Sa-pi-ku habal Itti-Marduk (Ki-an-sur-ut)-balat*
    Sapiku,   filius   Itti-Marduk-balat,

14. *habal Zikar-Ea ma-si-ha-an ekil (a-lib)*
    filius Zikar-Ea,   mensores   agri.

15. 1 *narkabat a-di ti-'-u-ti-su ki-i 100 kaspa*
    1 currus,   cum   jugo duplo,   pretio 100 argenti

16. 6 *rak-kab susu (paz-kur-ra) ki-i 300 kaspa*
    6 Equi   strata,   pretio 300 argenti

17. 1 *imeru (paz) mar-tu   ki-i 30 kaspa*
    1 asinus   Phœniciæ, pretio 30 argenti

18. 2 *rak-kab 1 imeru (paz) mar-tu ki-i 50 kaspa*
    2 Equi strata 1 asinus   Phœniciæ, pretio 50 argenti

19. 1 *imeru (paz) kil-da   ki-i 15 kaspa*
    1 mulus,   pretio 15 argenti

20. 1 *alap lib alap   ki-i 30 kaspa*
    1 vacca feta (horda),   pretio 30 argenti

21. 30 *gup-pa 60 iš-bar 12 ka ki-i 137 kaspa*
    30 ...   60 ...   12 epha, pretio 137 argenti

22. 1 *as 10 ni iš-bar 4 ka   ki-i 16 kaspa*
    1 ... 10 ...   4 epha,   pretio 16 argenti

23. 2 *kalbi (ku) 10 ka-til-lu-u ki-i 12 kaspa*
    2 canes,   10 catulini   pretio 12 argenti

DOCUMENTS DE MARDUK-IDIN-AKHI.

24. 9 *kalbi*   *tik*   *ul-du*   *ki-i*   18 *kaspa*
     9 canes   orientis,   pretio   18 argenti
     1 *kalab* *sa*   *gob-lu*   *ki-i*   1 *kaspa*
     1 canis   venaticus (?)   pretio   1 argenti
25. 1 *kalab* *ar-ru-u*   *ki-i*   1 *kaspa*
     1 canis   camelarius, pecuarius (?) pretio   1 argenti
26. 1 *kalab* *pa-dia-nu*   *ki-i*   6 *kaspa*
     1 canis   indagator (?)   pretio   6 argenti
27. *kur*   600+16 (?)   716 *kaspa*
     in totum   600+16 (?)   (716) argenti.
28. *sa*   *Nisu-Bel-kit habal Ha-an-kas*
     Id est quod Nis-Belkit, filius Hankas,
29. *i-na-su Marduk-bel-nasir nisu sak sarru*
     concessit Marduk-Bel-nasir,   Prætori Regis,
30. *a-na simu*   XXV   *se zir mi-tah-hu-ru*
     pretio (contra valorem) viginti quinque hinis frumenti acceptio est.
31. *ma-ti-ma i-nu ar-ka-nu yu-mi lu ak-lu*
     Quandocumque, in successione dierum, seu ....
32. *lu nu-tur-da lu ha-za-an-nu lu mu-se-ri-su*
     seu non famulus; seu villicus,   seu arator,
33. *lu ur-gal-lu lu ai-um-ma ki-bu sa al-lik-ra*
     seu opifex,   seu quivis cumque qui   interveniet et
34. *ina eli bit Ha-an-kas is-sak-ka-nu-ra*
     in domo Hankas   consedebit   et
35. *a-na ta-bal ekili (a-lib) an-na-ti u-zu-un-su*
     ad destructionem agrorum   istorum   mentem suam
36. *i-sak-ka-nu i-bak-ki-ru yu-sak-ka-ru*
     componet,   primitias auferet, diruet,
37. *i-tab-ba-lu yu-sad-ba-lu*
     infecundas reddet, inundabit,

II

1. *a-na i-di li-mut-ti is-za-az-zu-ra*
    manus doli   inferet   et
2. *ekili (a-lib) si-na-ti a-na nam si-na yu-tar-ru*
    agros istos   in desertum mutabit,
3. *lu a-na Ilu lu a-na Sarru lu a-na pa-te-si Sarru*
    seu nomine Dei, seu nomine Regis, seu nomine vicem gerentis Regis,

4. *lu ana pa-te-si nisu salat lu ana pa-te-si bit te-mi-su*
seu vicem gerentis Præfecti, seu vicem gerentis domus. . .
5. *lu a-na ma-te-ma sa-num-ma i-sar-ra-ku*
seu in tempore quocumque alieno dabit;
6. *ki-is-sa-ta ir-si-ta i-sak-ka-nu*
segetes terræ percipiet;
7. *ekili au ul ni-di-it-ti sarru ra i-gab-bu-u*
"agros istos non institutos dono a Rege" si dicet;
8. *au as-su ar-ra-ti ga-dis-tuv-ra yu-sa-ah-ha-zu-ra*
et ideo maledictionem sanctam maledicet; et
9. *sak la sak ka-nu-'-a is-hab-la eau tuka yu-ma-'-a-ru-ra*
"caput non caput" jure jurando seducet oculum habentem instituet, et
10. *naru an-na-a yu-sa-as-su-ra a-na nahar i-nan-du-u*
si tabulam istam rapiet, et in flumine jaciet,
11. *i-na pu i-na-as-su-ku ina aban yub-ba-tu ina isa i-ka-al-lu-u*
in.... rumpet, inter lapides obruet, in igne comburet
12. *i-na epiri i-tam-mi-ru au a-sar la a-ma-ri i-tam-mi-ru*
in terra abscondet, et in loco obscuro celabit,
13. *nisu su-a-tuv ilu Anu ilu Bel-kit ilu Ea ilat Nin-mah*
virum istum Anu, Bel, Ea, Dea-Magna,
14. *Ili-rabi iz-zi-is lik-kil-mu-ra*
Dei-Magni fortiter affligant et
15. *ar-rat la nap-su-ri ma-ru-us-ti li-ru-ru-su*
diris irremissibilibus maledicant ei.
16. *ilu Sin na-an-nar same elluti is-ru-ba-a la-te-ba-a*
Deus Sin, illuminator cœlorum altorum, lepra insanabili
17. *gi-mir la-ni-su li-lab-bis-ra a-di yumi simati-su ai-i-bi-ib*
omnia membra ejus vestiat usque ad diem mortis ejus;
18. *au ki-ma pas ga-am-pur-na i-na ka-mat ru-ki-su li-ir-lab-bu-ut*
et sicut feram in extremis domus ejus expellat.
19. *Samas dayanu (di-tar) Same au Irsitic pani-su lim-kut-ra*
Samas judex Cœli et Terræ faciem ejus fugiat et
20. *yum-su nam-ru a-na da-al-ma-ti li-ga-su*
diem ejus clarum in noctem vertat;
21. *ilat Is-tar Be-el-tu ru-bat Ilui al-li-tav*
Dea Istar, Regina suprema deorum, debilitato
22. *lis-kir-su-ra an-ba-ri-ri ta-na-as-tav ta-sa-sa uz-zi*
opprimat eum, et angustiis valetudinis,

DOCUMENTS DE MARDUK-IDIN-AKHI.

23. *ur-ru au mu-sa li-ma-'-i-da ad-mi-su*
    die et noctu augeat dolores ejus,

24. *ki-ma kalbu (ur-ku) li-ip-ta-'-i-tu ina ri-bi-it alu-ki-su*
    sicut canis vagetur in triviis urbis suæ;

25. *Marduk sar Same au Irṣitiv a-ga nu lil-la-a sa ri-ki-iš-šu*
    Marduk, rex Cœli et Terræ, æternitatis sine fine, cujus nodi'

26. *la ip-paṭ-ṭa-ru li-za-an ka-ra-aš-šu*
    non rumpi possunt, liget arma;

27. *ilu Nin-ip bel mi-iṣ-ri au ku-dur-ri kudur-ru-su li-iš-šu-uḥ*
    Ninip, deus fundorum et limitationis, limitationem everrat

28. *mi-ṣir-su li-ka-ab-bis pi-lik-su-li-ni*
    fundum ejus concalcet, fines amoveat;

29. *ilat Gu-la um-mu gal-la-tu be-el-tu rabi-tu*
    Gula, Mater, nutrix regina alma,

30. *si-im-ma la-az-za i-na zumri-su li-sip-si-ma*
    venenum ineluctabile in ventrem insinuet, et

31. *sarku (be ut) au be ki-ma mie li-ir-tam-muk*
    pus et sanguinem sicut aquam emingat;

32. *Bin namharu rabu Same au Irṣitiv a-gar-su li-ir-ḥi-iš-ra*
    Bin, custos supremus Cœli et Terræ, agrum ejus inundet,

33. *ki-mu ur-ki-ti it-ra-nu ki-mu ilu Seraḥ bu-kur-tu li-ḥi-nu-uk*
    sicut . . . . . Seraḥ, filium primævum suffocet;

34. *Nabu sukkallu siru yum šu-gi-e auar-ra-ti*
    Nabu, sacer Deorum supremus, in die lamentationem et maledictionem

35. *a-na si-ma-ti-su li-bi-iš-šu*
    super sortes ejus effundat;

36. *Ili rabuti ma-la ina naru an-ni-ie sumu-su-nu zik-ru*
    Dei magni quicunque, in tabula ista nomen quorum commemoratur,

37. *a-na ḥul-ti au la-ḥi-ti li-ir-ti-id-du-su*
    ad exsecrationem et irrisionem tradant cum;

38. *sum-su zir-su pi-ri-su na-an-nab-su*
    nomen ejus, genus ejus, fructus ejus, proles ejus,

39. *ina ris ni-si di-sa-a-ti li-ḥal-li-ḳu*
    in conspectu hominum misere pereant.

40. *sa narie an-ni-e mu-kin ku-ṭur-ri da-ra-ti sum-su*
    Ita, tabulis istis auctor ponens limitationes æternas nomen suum (tradit)

TRADUCTION.

« C'est par cette table que l'auteur du Bornage éternel a perpétué son nom.

« 25 hin de blé ensemencent un grand U (mesure) dans un champ situé sur la rive du fleuve Besim, appartenant à Hankas.

« 1 stade, en haut, au Nord, touchant la propriété de Hankas; et 1 stade, en bas, au Sud, touchant la propriété de Bin-kasyati; la largeur par en haut, à l'Ouest, touchant la propriété de Hankas; la largeur, en bas, à l'Orient, touchant la rive du fleuve Besim.

« Voilà ce que Marduk-Bel-nasir, capitaine du Roi, a reçu des mains de Nis-Bel, fils de Hankas; il en a payé le prix.

« Sapiku, fils de Itti-Marduk, et ..., fils de Zikar-Ea, sont les deux mesureurs du champ.

		(Pièces?)	
1 char avec ses attelages,	valant	100	d'argent.
6 harnais pour chevaux,	valant	300	d'argent.
1 âne de Phénicie,	valant	30	d'argent.
2 harnais, 1 âne de Phénicie,	valant	50	d'argent.
1 mulet (?)	valant	15	d'argent.
1 vache pleine,	valant	30	d'argent.
30 mesures de blé 60 mesure 12 *epha*,	valant	137	d'argent.
1 hemicorion (?) 10 pelles (?) 4 *epha*,	valant	16	d'argent.
2 chiens, 10 petits chiens (?)	valant	12	d'argent.
9 chiens levriers (d'Orient),	valant	18	d'argent.
1 chien de chasse,	valant	1	d'argent.
1 chien de berger (?)	valant	1	d'argent.
1 chien fureteur (?)	valant	6	d'argent.
Total		616? (716)	d'argent.

« Voilà ce que Nis-Bel, fils de Hankas, a payé entre les mains de Marduk-Bel-nasir, capitaine du Roi, pour le prix d'un champ de 25 hins d'ensemencement.

« A quelque époque que ce soit, dans la suite des jours, soit un *aklu*, soit un non serviteur, soit un fermier, soit un cultivateur, soit un ouvrier, soit tout autre *kibu* qui se présente, et se sera établi sur la maison de Hankas, et aura voulu rendre inculte ce champ, en aura prélevé les prémices, l'aura fouillé, l'aura retourné (mêlé la terre), l'aura fait inonder, aura occupé ce domaine par fraude ou par violence, et se sera établi dans son enceinte, soit au nom du Dieu, soit au nom du Roi, soit au nom du représentant du Roi, soit au nom du représentant du chef du pays, soit au nom du représentant de la maison, soit au nom de toute autre personne, quelle qu'elle soit, l'aura donné, aura fait récolter les moissons de la terre, aura dit : « Ces champs ne sont pas constitués en don par le roi ». Si il prononce contre eux la malédiction sainte, s'il jure par ces paroles : « la tête n'est pas la tête », et y installe quelqu'un en disant : « il n'y a pas d'œil ». Si il enlève cette table, si il la jette dans le fleuve, si il la brise (?) en morceaux, si il la fait disparaître sous un monceau de pierres, si il la brûle dans le feu, si il l'enfouit dans la terre, si il la cache dans un lieu obscur, cet homme (sera maudit).

« Que les dieux Anu, Bel, Ea, les Grands-Dieux l'affligent et le maudissent par des malédictions qu'on ne rétracte pas. Que le dieu Sin, le brillant des cieux élevés, couvre son corps avec la lèpre et le tourmente au milieu des régions des hommes jusqu'au jour de sa mort, qu'il le chasse, comme une bête fauve, au-delà des murs de son domaine; — que Samas, le juge du Ciel et de la Terre, fuie devant lui; qu'il change en ténèbres la lumière du jour (qui l'éclaire); — que Istar, la souveraine, la reine des Dieux, l'accable d'infirmités et, par les angoisses de la maladie, qu'elle augmente jour et nuit ses douleurs pour qu'il erre, comme un chien, dans les abords de sa ville; — que Marduk, le roi du Ciel et de la Terre, le Seigneur qui existe de toute éternité, enchaîne ses armes par des liens qui ne peuvent être brisés; — que Ninip, le dieu des moissons et des bornages, balaye ses bornes et piétine ses moissons, qu'il déplace son bornage; — que Gula, la mère-(nourrice) (?), la grande souveraine, infiltre dans ses entrailles un poison inéluctable et qu'il répande le pus et le sang comme de l'eau dans ses urines; — que Bin, le gardien suprême du Ciel et de la Terre, inonde son champ comme un ..... — que Sérah étouffe sa primogéniture; — que Nabu, le saint ministre des Dieux, répande un jour les lamentations et les malédictions sur son désir; — que tous les Grands-Dieux dont le nom est invoqué sur cette table le livrent à la vengeance et au mépris, et que son nom, sa race, ses fruits, ses rejetons, devant la face des hommes, périssent misérablement.

« C'est par cette table que l'auteur du Bornage éternel a perpétué son nom. »

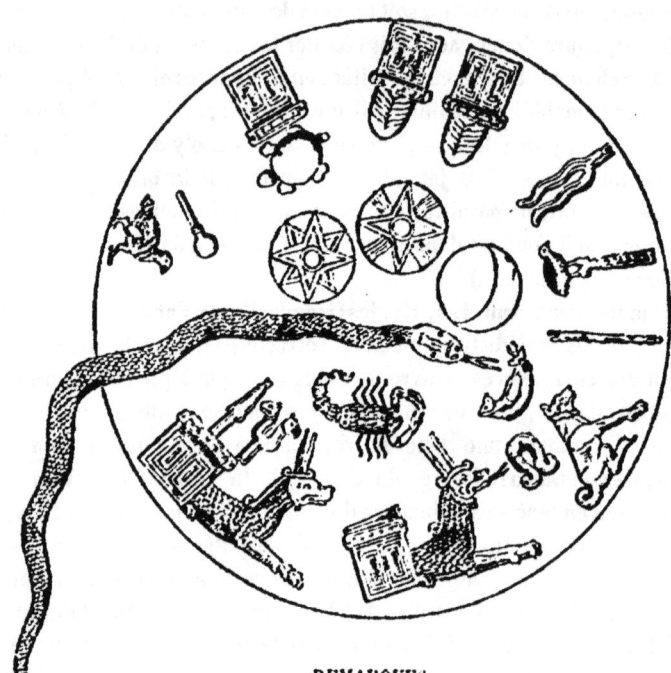

REMARQUES.

C. I, l. 2. — Rien n'est moins sûr que la prononciation du nom Hankas ou Hanbi ; *ha* peut être un idéogramme et signifier « poisson » *nunu*, « garde ou dépôt » *simru ;* puis il peut y avoir un nom divin dans le complexe *an kas,* probablement celui de Nebo. Dès lors, ce nom serait à lire Simir-Nabu (?).

L. 10. — A l'époque de la rédaction du contrat, Hankas n'existait plus. Le prenant est le fils de celui dont le nom distingue le fonds : Nis-Bel-kit. Il acquiert la propriété par la tradition qui lui en est faite par Marduk-Bel-nasir, plénipotentiaire du roi, contre une certaine somme représentée par des objets livrés en nature. Ces objets sont énumérés dans les lignes 15 à 27, avec l'indication spéciale de la valeur de chacun d'eux. Mais on ne doit pas oublier qu'à cette époque il n'y avait pas de monnaie ; nous avons indiqué par le mot « pièces d'argent » l'unité de mesure à laquelle on se référait. Il est certain, en effet, que les objets avaient une valeur conventionnelle avec laquelle ils entraient dans les stipulations. Dans tous les cas, le total qui est donné dans la ligne 27 révèle une faute de calcul : on écrit, en effet, « 616 argent » et l'addition donne 716. Il est toutefois assez difficile de savoir si la faute porte sur le total ou sur l'évaluation de certains objets.

Parmi ces objets, nous voyons figurer différentes espèces de chiens, dont nous ne saurions préciser la race. Nous savons, il est vrai, que les Assyriens avaient une grande quantité de chiens et qu'ils s'occupaient spécialement de ces animaux. De nombreuses tablettes nous montrent l'influence magique que les Assyriens leur attribuaient ; d'un autre côté, il nous reste encore des images en terre cuite de chiens qui devaient avoir une certaine célébrité, puisqu'on nous en a conservé les noms. Le dieu Marduk avait quatre chiens qui lui étaient consacrés. Il ne faut donc pas s'étonner d'en voir figurer un certain nombre dans ce compte.

Les mesures ne sont pas spécifiées, ce qui rend tout calcul impossible ; elles devaient dépendre de la matière livrée.

Remarquons encore que le verbe מהר veut dire « vendre », l'infinitif de l'Iphtaal *mitahhuru* est la « quittance », l'*apocha* des légistes romains. La prière même qui termine le contrat est une espèce de reçu. Dans tous les cas, le territoire concédé, ou vendu, l'a été au nom du Roi, probablement conquérant. Seulement ce n'est pas comme *naplašat*, et par conséquent *titulo gratioso*, mais comme *mitahhur*, c'est-à-dire comme *emptio venditio*.

Les formules qui terminent le contrat sont celles que nous connaissons déjà ; les prières s'adressent aux mêmes divinités et renferment les mêmes malédictions.

V.

FRAGMENT.

Il ne nous est pas possible de déterminer à qui appartient le fragment que nous reproduisons ici. Tout annonce un monument analogue à ceux que nous avons déjà donnés ; mais l'état de mutilation dans lequel il se trouve ne permet d'en saisir que les lignes suivantes :

(Musée Britannique.)

I

1. *pi se zir ina gan as 1 u U ra-bu-lux*
   Unus *Artaba* frumenti conserit   una (mensura) magna
2. *a-[gar.*
   fundum
3. *kisadi (tik) nahar Pu-rat-ti*
   in ripam   fluminis Purati
4. . . . . .   *an bi Bin*
                           Bin
5.   *b- du Be*
   . . . . .
6. . . . . .   *kap et Ba nisu be*
                     ba vir
7.   *tu im*
                           . . . .
8. *us sa-du*
   versus
9.   *bu sa an*
   . . . . .
10. *hasu (sak-ki)*
    longum
11. *us sa[-du]*
    versus
12. *a*
    . . . .

13. kit
. . . .
sa-lam
imago

II

1. . . . ina gan as U ra-bu-tuv
   conserit unam (mensuram) magnam
2. . . . in ni
   . . . .
3. . . . bi ya zir u at ra
   . . . .
4. . . . bi is zir si i e
   . . . .
5. . . . pag-ri nu-ri-e
   . . . .
6. . . . ra ona yumi za-a-ti idin
   et ad dies futuros dedit
7. . . . dip-pi su-a-tuv
   tabula ista
8. Sin-idin-ni habal Tuklat-habal-Marduk
   Sin-idinni filius Tuklat-habal-Marduk
9. sa-lat alu Ni-si-in
   præfectus urbis Nisin.
10. Bani-Marduk habal Tuklat. . .
    Bani-Marduk, filius Tuklat. . ;
11. Malik-ki-li-im habal Tuklat. . .
    Malik-Kilim, filius Tuklat. . ;
12. nisu tur ru
    vir
13. An sa-li
    . . . . .
14. habal Zab-zib-Malik
    filius Zabzib-Malik
15. Malik-habal-idin-na
    Malik-habal-idin
16. alu Bu-la-ki nisu
    urbis Balaki vir

17. *Sin – idin – habal*
    Sin-idin-habal

.. . . *bel*

.. . . *na*

.. . . *bel*

..   *sarra u-sal-ru*

..   *u an   (?)   ak ma*

..   *sum–su-ra li-hal-li-ku*
      nomen ejus et deleat

..   *nab-su*
          proles ejus.

TRADUCTION.

« Un *Artaba* de blé ensemencé en grand U (mesure) un champ situé sur le fleuve Purat (l'Euphrate)

… touchant … … large … … touchant …

… un champ en g… de mesure … … Zirbel u Alzu …

… et pour les jours à venir il a donné… cette table… Sin-idin, fils de Tuklat-habal-Marduk, préfet de la ville de Nisin. Bani-Marduk, fils de Tuklat… Malik-Kilim, fils de Tuklat… chef de… An-sali… fils de Zab-zib-Malik… Malik-habal-idin de la ville de Balaki… chef de Sin-idin-habal… qu'il le fasse périr… et ses rejetons. »

REMARQUES.

Cette inscription, si mutilée qu'elle soit, a cela d'intéressant qu'elle donne un point de comparaison entre le *hin* et l'*artaba*. En rapprochant cette donnée des documents précédents, nous trouvons que cette stipulation est conforme au rendement de la terre d'une qualité moyenne : l'*artaba* valait, en effet, 20 *hin* de blé.

VI.

INSCRIPTION DE MARDUK-HABAL-IDIN.

(Stèle de Bagdad.)

Ce monument a été découvert sur la rive droite du Tigre, en face de Bagdad. M. G. Smith, qui l'a rapporté en Angleterre, a donné un essai de traduction de l'inscription qui le recouvre dans son livre intitulé *Assyrian Discoveries*, p. 237, et plus tard il en a publié le texte dans le IV volume du Recueil du Musée Britannique (pl. 41-43), où il peut être consulté par les savants. C'est une stèle en pierre blanche, de un mètre de hauteur environ. Sur une de ses faces, on voit les emblèmes des Dieux analogues à ceux que nous avons déjà décrits sur la pierre de Michaux ; puis les images du soleil et de la lune, un scorpion, un oiseau, un chien, un lion ailé, une tour à étage, et enfin le grand serpent. L'autre côté de la stèle contient l'inscription en trois colonnes inégales, présentant un ensemble de 115 lignes d'écriture du style archaïque de Babylone.

Cette inscription appartient au règne de Marduk-habal-idin, le premier du nom. En dehors du document juridique qu'elle consacre, elle fait connaître la généalogie de ce roi, et permet ainsi d'ajouter de nouveaux noms à la liste des rois du premier empire de Chaldée. Ce prince régnait à Babylone à une époque difficile à préciser.

I

1. .. se bi gan ki mis se-sir
    . . . . hinis frumenti
2. ina gan as I U rabu-tiv
    conseritur una mensura magna,
3. limiti (a-gar) alu Dur-Zi-si-ki
    fundum urbis Dur-Zizi
4. kasadi (tik) nahar Diglat
    in ripa fluminis Tigridis,
5. nam alu Ziku-Istar-ki
    (prope) mœnia urbis Ziku-Istar.
6. us an-ta aharru (im-mar-tu)
    stadium supra, ad occidentem,
7. nahar Diglat
    (prope) flumen Tigridem ;
8. us ki-ta sadu (im-mat-ra)
    stadium infra, ad orientem,
9. emulu (us sa-du)
    versus
10. bit Nazi-Marduk
    domum Nazi-Marduk,

11. [nam] alu Ziku-Istar-ki
 versus urbem Ziku-Istar;
12. hâsu (sak-ki) an-ta ellanu (im-si-di)
 largum supra, ad septentrionem,
13. emidu (us-sa-du) alu An-za-gar-e
 versus urbem Anzagare,
14. bit Tu-na-mi-iš-ša-ḫi
 et domum Tunamissah
15. a]-sa-ri-du-ti
 hominis;
16. hâsu (sak-ki) ki-ta sûtu (im-er-tu)
 largum, infra, ad austrum,
17. emidu (us-sa-du) a-di nam
 versus mœnia
18. alu Ziku-Istar-ki
 urbis Ziku-Istar,
19. au alu Dur-Zi-zi-ki
 et urbis Dur-Zizi.
20. Marduk-habal-idin-na
 Marduk-habal-iddin
21. sar kisati (l)
 rex regionum,
22. sar Sumeri (ki-en-gi) ki Akkadi
 rex Sumer (et) Akkad,
23. habal Me-li-si-ḫu
 filius Meli-sihu,
24. sar Babilu (din-tir-ki)
 regis Babylonis,
25. lib-pal-pal Ku-ri-gal-zu
 sobolis Kurigalzu,
26. sar la sa-ná-an
 regis sine pari.
27. Marduk-zakir-sum
 Marduk-zakir-sum
28. piḫat (bel-nam)
 præfectus
29. . . . . bi asar (bit mat) au met
 . . . . . templorum et regionis

30. *alu   Id-bi-mu-ga-tu*
    in urbe Idbimu-gatu
31. *sa ti an-ta au ki*
    quæ (est) ad latus supra et infra ;
32. *habal Nabu-idin-ahi*
    filius   Nabu-idin-ahi
33. *sa   a-bi   a-bi-su*
    cujus pater   patris (avus) ejus
34. *Ri-me-ni-Marduk*
    Rimeni-Marduk (erat),

II.

1. *li-bu   li (?)-bu-u*
   progenies,
2. *sa   Yu-bal-lit-su-Marduk*
       Yuballitsu-Marduk,
3. *lib-pal-pal Zikar-Ea*
   sobolis   Zikar-Ea,
4. *arad-su*
   vicem gerens ejus.
5. *a-na i-[di-lu] (?) sar-ru-ti*
   Ad   magnitudinem   regni,
6. *bel-ti ana ba-a-du-su*
   imperii, ad distinctionem suam (sit)
7. *sa ni-me-ki*
   quod est decretum
8. *ilu Nabu au ilu Serah*
   deorum Nabu et   Serah.
9. *au i-na e-muk ilu sarru tur*
   Et (sit) secundum voluntatem dei, regis filii
10. *ilu ba-ni-su*
    dei genitoris ejus,
11. . . . *an-ki*
    (dei Cœli) et Terræ
12. . . .   *bit alu Bar-sip-ki*
    (et ad gloriam) templi   Borsipporum
13. *su du si*
       . . . .

14. *au balaṭ (ṭi) Bit-zi-da*
    et ad salutem (templi) Bit-Zida;
15. *ki-iš yume kas-bi*
    ad fines dierum longinquorum.
16. *yume du me ub-bu-di*
    dierum æternitatis
17. *itti (ki) beli (be-ni)-su*
    una cum domino ejus
18. *Marduk-habal-idin-na*
    Marduk-habal-idin.
19. *ri...-ki-i*
    ? (sint permissi)
20. *yumi sa na-ka-da*
    dies beati,
21. *ar-ḥi sa si-da-ru-da*
    menses fausti,
22. *sa-at-ti-u*
    per annos
23. *la na-par-ka-a*
    sine fine.
24. *a-na nisu su-a-tiv*
    Viro isti
25. *la ba-ta-la*
    sine revocatione
26. *at-ka a-na du-um-mu-ki*
    adnumeravi, ad satisfactionem suam,
27. *ki-ma si-ki-ir same (an-e)*
    sicut fundamentum cœli,
28. *a-na malak (at sa) iṣ-bi-i*
    ad possessionem herbarum
29. *a-ḥar-ti ra... su*
    proventus. . . .
30. *a-lik da-tah sa su-a-tuv*
    Veniunt ad confirmationem illam (Testes):
31. *Nin-ip-habal-idin-na*
    Ninip-habal-idin,
32. *habal Bin-na-ṣi-ir*
    filius Bin-naṣir,

33. *nisu sa-lat alu Ziku-Istar-ki*
    vir præfectus urbis Ziku-Istar;
34. *Nabu (an-ak)-na-si-ir*
    Nabu-nasir,
35. *habal Na-zi-Marduk nisu kisalu*
    filius Nazi-Marduk,   vir scriptor;
36. *au Nabu-sa nisu mu*
    et Nabu-sa, vir . . . ,
37. *habal Zikar-Ea*
    filius Zikar-Ea,
38. *nisu du-gab*
    vir confirmator (tabulæ).

III.

1. *lu pa lu nu tur-[da*
    Si .. vel ...
2. *lu nisu ha-za-an-nu*
    vel vir administrator
3. *sa ekil (a-lib) su-a-tuv*
    qui fundum   istum
4. *i-tab-ba-[lu]*
    infecundum faciet;
5. *yu-sat-ba-[lu]*
    in aquis immerget,
6. *a-sar la a-ma-[ri]*
    ad locum non visibilem,
7. *a-na ma-ri*
    ad speluncam,
8. *yu-se-ir-ri-bu*
    vertet
9. *naru (tak-na-kak-a) su-a-tiv*
    tabulam   istam;
10. *lu na-ka lu a-ha*
    vel   frater
11. *lu ka-la lu lu...*
    vel . . .
12. *lu lim-nu rat. . .*
    vel insidiator . . .

13. lu ai-bi...
     vel inimicus...
14. lu ma-am-ma na
     vel quicunque,
15. lu habal bel ekit (a-lib) su-a-tiv
     vel contra filium domini fundi istius,
16. yu-sa-ak-ka-ru
     mentietur,
17. i-na-ak-ka-ru
     denegabit,
18. a-na mie a-na isat
     in aquas, in ignem
19. yu-nad-da-u
     injiciet,
20. i-na ki i-kab-bi-ru
     in terra sepeliet,
21. i-na kati (su) Marduk-zakir-sum
     ex manu Marduk-zakir-sum
22. au zir-su yu-lu-su-u
     et progeniei ejus tollet,
23. lu a-na ilu a-na-ri
     vel deo destructionis
24. yu-sa-pa-ra-ra
     devovebit.
25. ilu ilu Bel-kit au ilu Ea
     Deus Bel-kit, et deus Ea,
26. ilu Nin-ip au ilat Gu-la
     deus Ninip, et dea Gula,
27. be-lu-u agar (ki) su-a-tiv
     Domini terræ istius,
28. au Ili ma-la
     et Dei omnes, quorum
29. i-na naru (luk-na-kak-a) su-a-tuv
     in tabula ista
30. es-ri-tu-su-nu yud-da-a
     imagines eorum videntur,
31. iz-zi-is lik-kil-mu-su
     violenter contumeliam infligant ei,

32. ar-rat la pa-sa-ri
 diris inexpiabilibus
33. li-ru-ru-su
 exsecrentur eum,
34. . . . ku-tur-ra-su
 delimitationes ejus
35. li-is-su-hu
 evertant,
36. zir-su lil-ku-tu
 semen ejus destruant,
37. i-na li-mu-ut-ti
 in hostilitate
38. au la hi ar zir
 et infortunio, semen
39. a-di yumi i-su-te
 usque ad dies exiguos
40. sa bal-ta lik-ti-ra
 vitæ suæ conservet.
41. e-ki Samas au Marduk
 Verbum, deus Samas et deus Merodach
42. i-sa-az-zu-u
 pronunciaverunt,
43. ai da-mu-um.
 et nunquam tacebunt.

TRADUCTION.

« Vingt (ou trente) hins de blé ensemencent en grand U un champ dépendant de la ville de Dur-Zizi, sur la rive du fleuve Diglat (le Tigre), près de la ville de Ziku-Istar.

« Un stade, dans la partie supérieure, à l'occident, du côté du fleuve Diglat ; — un stade, par en bas, à l'orient du côté de la maison de Nazi-Marduk et de la maison de Ziku-Istar ; — un stade, par en haut, au Nord, du côté de la ville d'Anzagure et de la maison de Tunamissah, le propriétaire........; la longueur, par en bas, au Sud, vers le mur de la maison de Ziku-Istar et la maison de Dur-Zizi.

« Marduk-habal-idin, roi des nations, roi des Sumers et des Akkads, fils de Milisihu, roi de Babylone, rejeton de Kurigalzu, roi sans égal.

« Marduk-zakir-sum, le gouverneur....... des temples et du pays de la ville d'Idbimu-gatu, en haut et en bas, fils de Nabu-nadin-akhi, petit-fils de (dont le père du père était) Rimeni-Marduk, descendant de Uballat-su-Marduk, arrière petit-fils de Zikar-Ea. (Marduk-zakir-sum) est vice-roi (de Marduk-habal-idin), pour.... du royaume.... pour proclamer la grandeur de la royauté, de la domination qui lui incombe selon sa volonté. Que ce soit selon le décret du Dieu qui l'a créée, le maître du ciel et de la terre ; et pour l'existence du temple de Borsippa et la durée du Bit-zida, pendant des jours longs, des jours éternels. Et, avec lui, qu'il soit accordé à moi Marduk-habal-idin, son seigneur, des jours de bonheur, des mois heureux pendant des années sans fin.

« J'ai délivré à cet homme irrévocablement, pour sa satisfaction, la possession immuable et durable comme le ciel, des blés et du produit de ce champ.

« Les témoins sont : — Ninip-habal-idin, fils de Bin-nasir, préfet de la ville de Ziku-Istar ; — Nabu-nasir, fils de Nazi-Marduk et Nabu-sa... chef de... fils de Zikar-Ea qui a rédigé cette table.

« Soit que... un maître, un fermier, ou un *hazan*, rende infécond ce champ, qu'il lo....., qu'il place ce titre dans un lieu secret, qu'il s'empare de ces moissons et de cette table, qu'il la jette dans une caverne ; soit qu'un homme de mauvaise foi, soit qu'un ennemi, soit que tout autre, qui ne soit pas le fils du propriétaire de ce champ, qui mente ou qui renie (cette table) ; soit qu'il la jette dans les eaux, soit qu'il la livre au feu, soit qu'il l'ensevelisse dans la terre, soit qu'il l'arrache des mains de Marduk-zakir-sum, soit qu'il la consacre à un Dieu :

« Que le dieu Bel, le dieu Ea, le dieu Ninip, la déesse Gula, les Dieux et les Déesses, et tous les Dieux dont l'image est représentée sur cette table le couvrent de honte et d'ignominie ; qu'ils le maudissent par des imprécations qu'on ne peut rétracter ; qu'ils renversent ses abornements ; qu'ils détruisent sa race par l'hostilité et l'infortune ; qu'ils ne conservent sa semence que pour quelques jours de vie. Cette parole, les dieux Samas et Marduk l'ont prononcée ; ils ne se tairont jamais.

REMARQUES.

Le concessionnaire du fond dont il est question est Marduk-zakir-sum, qui en prend possession au nom de Marduk-habal-idin, roi de Babylone. La généalogie de ce Roi nous apprend qu'il ne faut pas le confondre avec un roi homonyme dont le nom figure sur les briques du Buvarieh à Warka, où il est dit que ce roi est fils de Irib-Marduk, tandis que celui qui figure sur notre monument est fils de Mili-sihu.

Ce texte est très-difficile, et, malgré la comparaison que nous avons pu faire d'un estampage avec la copie publiée par le Musée Britannique, toutes les difficultés que l'examen de la copie nous avait révélées subsistent encore. Si le sens général de l'inscription est aisé à saisir, bien des détails nous échappent complétement; il n'y a guère de certitude véritable que pour les passages dont les textes précédents nous ont fourni des moyens de comparaison.

Le nom de Sumer, qui figure dans les titres du roi, mérite cependant une remarque particulière. On sait que c'est sur ce mot que roule la discussion qui s'est élevée à propos du nom par lequel on devait désigner les premiers habitants de la Mésopotamie. M. F. Lenormant avait pensé que le complexe *Ki-en-gi* ou *Ki-in-gi*, au lieu de désigner le peuple de Sumer ne renfermait qu'une indication générale de pays appliquée à la contrée d'Akkad; il faisait ainsi disparaître le nom de Sumer des titres des anciens rois de Sumer et d'Akkad. Nous pouvons ajouter aux nombreux témoignages qui doivent faire prévaloir notre opinion le passage de la ligne 22 de cette inscription. Il nous parait impossible de l'expliquer autrement que nous ne l'avons fait. Si, du reste, il pouvait y avoir encore des doutes à cet égard, il nous suffirait de rappeler le passage d'un syllabaire rapporté par M. G. Smith, et coté au Musée Britannique S. 25; nous le reproduisons ici parce qu'il est encore peu connu :

ma-da			*ma-a-two*	
Regio.			Regio.	
ma-da	*Ki-in-gi*	‖	*Su-me-ri*	
Regio	Sumer		Regio Sumer	
ma-da	*Ki-in-gi* *Akkad-ki*	‖	‖ *au*	*Ak-ka-di*
Regio	Sumer Akkad		Regio Sumer et	Akkad

La question nous parait donc définitivement jugée.

DEUXIÈME PÉRIODE.

DOCUMENTS DU GRAND EMPIRE D'ASSYRIE.

Nous avons réuni dans cette période une série de contrats passés sous les derniers rois du grand empire d'Assyrie. Ces documents proviennent, pour la plupart, des archives du palais d'Assur-bani-habal. L'aspect extérieur est à peu près le même pour tous, ils ne diffèrent que par leurs dimensions : c'est toujours une tablette d'argile ayant la forme d'un parallélogramme dont les côtés varient de 10 à 20 centimètres. Quelques-unes de ces tablettes présentent une particularité que nous avons déjà signalée à propos des contrats du premier empire de Chaldée, elles ont une enveloppe sur laquelle les termes du contrat intérieur sont à peu près identiquement répétés. Nous ne pouvons que constater ici la haute antiquité de cet usage ainsi que sa persistance ; mais le but de cette double rédaction demeure encore inexpliqué pour nous.

L'écriture qui recouvre, suivant l'étendue des conventions, quelquefois les deux côtés de la brique, est du style cursif que l'on désigne sous le nom de ninivite moderne. Le texte d'un certain nombre de ces contrats a été publié dans le troisième volume du Recueil de Sir H. Rawlinson ; quelques-uns de ceux dont nous donnons la traduction sont encore inédits et ont été copiés par M. Oppert sur les originaux déposés au Musée Britannique.

L'ensemble de ces documents est assez facile à comprendre ; il est renfermé dans une formule qui découle de la nature même des rapports qui s'établissent entre les parties contractantes suivant l'objet de leurs conventions et qui remonte à une haute antiquité ; les scribes des différentes époques s'en sont, du reste, rarement écartés. Ces contrats sont, en général, d'une grande simplicité de rédaction ; et, en en lisant la traduction, on serait tenté de croire qu'elle s'est offerte aux traducteurs de prime-à-bord et du premier coup ; mais il n'en est nullement ainsi. Nous avons discuté bien des hypothèses avant de nous fixer, et ce n'est qu'après une longue étude que le sens, qui paraît si simple aujourd'hui, a pu être arrêté d'une manière qui nous a paru définitive. Il est arrivé, pour ces textes spéciaux, ce qui s'est passé bien souvent au début des études assyriennes. Les principes les plus simples, qui sont acceptés maintenant par tous, ne se sont dégagés qu'après une sorte de combat, dont on a presque perdu le souvenir. Ceux qui peuvent revendiquer l'honneur d'avoir été les premiers explorateurs de l'Assyrie ont le droit de rappeler ces faits à leurs successeurs, souvent trop oublieux des peines que les premiers pas ont coûté.

Nous donnerons ici une analyse de l'ensemble de ces textes pour n'avoir pas à revenir sur des détails qui se répètent, pour ainsi dire, dans chaque contrat.

On commence par énoncer les noms et qualités des parties qui vont stipuler, avec l'indication de leur « cachet », ou du « coup d'ongle » qui en tient lieu, apposé dans un espace réservé à cet effet. Il est important de remarquer le rôle des parties qui apposent les cachets, car ce ne sont pas toutes les parties contractantes : en Assyrie, c'est le *dominus negotii*, le vendeur, le bailleur, le prêteur.

Vient ensuite l'objet du contrat, qui repose sur les transactions les plus usuelles. C'est ainsi que nous aurons à enregistrer des ventes de meubles ou d'immeubles, des contrats de louage d'un terrain, d'une maison ou d'un esclave, des prêts d'argent avec des garanties qui constituent une véritable hypothèque sur un immeuble ou même sur un gage mobilier.

La forme usitée pour indiquer la nature de la stipulation est exprimée par ces mots : *Yuppis ra* (suit le nom du stipulant) « Acquisivit quo », et si c'est une femme qui acquiert, *tupis ra*, en y ajoutant le prix de la vente, ou l'objet équivalent concédé. M. Oppert a signalé depuis longtemps cette construction, toute assyrienne, du verbe suivi du sujet, et qui est employée pour donner à la phrase une tournure particulièrement solennelle. *Yuppis* semble provenir de la racine פוש, « augere », d'où vient le mot *pusa*, « propriété », ou peut-être נשא « acquirere ».

DOCUMENTS DU GRAND EMPIRE D'ASSYRIE.   141

Les prix de ventes sont quelquefois payés comptant, quelquefois à terme; dans certains cas, un dédit est stipulé.

Dans les prêts d'argent, l'intérêt est, en général, fixé par les parties; dans le silence du contrat on paraît se référer sur ce point à une ancienne loi dont nous avons peut-être donné le texte (*supra*, p. 19).

Les mesures, les contenances, l'évaluation des prix sont exprimées avec une grande précision, et permettent souvent de déterminer l'importance de la chose qui fait l'objet du contrat. Nous avons suivi, pour nos calculs, les indications qui sont consignées dans le travail de M. Oppert sur l'*Etalon des mesures assyriennes*, auquel nous nous bornons à renvoyer pour le moment.

Les clauses essentielles du contrat présentent une certaine difficulté. C'est le véritable intérêt de ces sortes de documents. Nous ne les avons pas toujours comprises comme les savants qui ont déjà essayé de déchiffrer quelques-uns de ces contrats; nous signalerons ici les différences les plus notables.

L'une des clauses les plus fréquentes est ainsi conçue : *kasbu gammur tadin* - pretium immutabiliter difinitum est -, *sarip laki* - res (vendita) nummis pensata, empta -, *tvaru dênu dababu (ka ka ma) la assu* - redhibitio negotii, inanitas non admissa -.

On avait donné jusqu'ici au mot *kasbu* la signification de - argent -, כסף, nous n'avons pas adopté cette acception, mais bien celle de כשב, - prix -, qui se trouve indiquée par un passage du *Baril de Sargon* (*W.A.I.*, I, pl. 36, l. 51). On lit, du reste, dans un monument inédit du Musée Britannique le mot écrit *ka-sab* dans les deux passages où il se rencontre ordinairement dans nos contrats. D'un autre côté, il n'est jamais remplacé par l'idéogramme si connu qui exprime le mot - argent -. Ce passage signifie donc : - Le prix a été définitivement fixé -, ou peut-être - le prix de la convention débattue a été fixé -. L'expression *gammur*, de la racine גמר, - achever -, admet l'une et l'autre de ces interprétations.

Parmi les acceptions auxquelles se prête le mot *kasbu* nous avions songé à - la dihorie -, l'espace de deux heures, indiquée comme une division du jour et de la nuit dans les tablettes des équinoxes. M. Oppert avait cru voir dans ce passage - un temps de réflexion - accordé aux parties avant que le marché ne devienne définitif. Ce temps de réflexion avait conduit M. Ménant à voir dans le mot *sarip* « des arrhes » déposées en attendant que le contrat fût irrévocable. Mais ces idées nous ont paru inadmissibles par le fait que les mêmes mots se trouvent dans une autre formule et dans des textes où ce sens serait impossible. *Sarip*, qui peut avoir différentes acceptions, signifie ici le numéraire et remplace quelquefois le mot *kaspa*. On trouve encore aujourd'hui dans le commerce arabe un dérivé de la racine צרף, *masruf*, pour exprimer la « dépense ».

Les termes *tadin*, *sarip*, *laki*, avec leurs variantes, sont des passifs apocopés pour *ittadin*, *issarip*, *illaki*; quand il y a plusieurs objets on trouve aussi *sarpu*, *laku* (irrégulièrement *lakku*), pour *issarpu*, *illaku*; cette circonstance est concluante. On lit d'ailleurs aussi *issirip* (pour *issirip*) « il a été payé », *issikki* (pour *istiki*) « il a été livré par suite d'une obligation ». (*W.A.I.*, II, pl. 49, n° 2, l. 4.)

Le mot *tuaru* est exprimé souvent par le signe *gur*, l'idéogramme du verbe חור « retourner »; *deau* manque quelquefois, et *dababu* est généralement exprimé par le complexe *ka-ka-(ma)*. Ce dernier mot se trouve dans les inscriptions trilingues avec le sens de « machination ». En hébreu le mot דבה signifie « calomnie ». C'est la machination pour déterminer la nullité du contrat.

Les trois termes doivent donc être compris ainsi : — Le prix a été définitivement fixé, — l'objet a été payé et acheté, — la résiliation du marché (sa nullité) ne sera pas admise.

Tout ce qui précède et tout ce qui suit est mis dans la bouche du juge. Le passage suivant, le plus difficile de tous, garantit l'acquéreur contre les dangers d'une revendication ou d'une éviction. Il commence ainsi : *In matima* « Celui qui dans l'avenir », une réminiscence de l'antique formule si étendue sous les rois du premier empire de Chaldée ; puis il ajoute : *yuzakkup-anni* « stabit coram me », *igug-uni* « petet a me ».

Le verbe זקף signifie littéralement « planter », *yuzakkup-anni* « se plante devant moi », *igug-vai* « m'invoque ». Ces mots manquent quelquefois, ils sont toujours suivis de la nomenclature des personnes qui pourraient revendiquer, tels que les propriétaires et leurs héritiers, leurs parents et leurs alliés.

Si quelqu'un d'eux, dit le juge, *yubta-uni* « me demande » ou « postule devant moi », *deau ka-ka (deau dababu)* « le marché nul »; alors il paiera une amende, et on pourra résilier le marché. Mais cette amende est toujours exprimée par une somme tellement énorme et tellement disproportionnée, par rapport à la valeur de l'objet, qu'elle rend la revendication impossible. Il faut néanmoins remarquer que cette résiliation n'est pas défendue. Il n'en est pas ainsi des atteintes portées à la propriété par des ennemis ; on appelle alors sur leur tête des malédictions, comme dans les anciens textes que nous avons traduits, mais d'une manière plus succincte.

Généralement l'amende doit être versée *ina purki* (ou *burki*) *Istar*, au trésor d'Istar, soit d'Arbèlo, soit de Ninive. Puis, le juge ordonne la restitution du prix de la vente aux propriétaires, mais avec une circonstance particulière qui reste encore obscure : *ana X te*, ce qui peut signifier « avec le dixième », ou peut-être « le décuple ». Toutefois, il est possible que l'idéogramme cache une toute autre idée, par exemple celle de « dédommagement ».

Le texte se termine par une formule très-difficile à comprendre de prime-à-bord : *ina denisu* (quelquefois *ina la denisu*) *ka-ka-ma* (un complexe qui doit être lu *idalbib*, parce que l'idéogramme est quelquefois accompagné d'un complément phonétique, le *i* préposé). Or, ce passage signifie simplement « il est annulé dans son contrat, il sera délivré de son marché » ; *la ilakki* (jamais *ilki*) « il n'a pas acheté ». Le paël de לקה signifie « faire acheter », c'est-à-dire vendre ; dès lors « il n'aura pas vendu ».

Le sens de la formule doit donc être compris ainsi : « Si, dans la suite des jours, quelqu'un se plante devant moi (juge) et m'invoque, soit tel ou tel, soit ses descendants, et me demande de casser le marché, etc., il doit verser dans le trésor d'Istar telle somme, il rendra le prix aux propriétaires, et alors il sera délivré de son marché, il n'aura pas vendu, la vente sera nulle ».

Cette expression, « il n'aura pas vendu », n'est pas un contre-sens, quand même le premier vendeur n'existerait plus. On voit, en effet, dans ces lignes, le respect des titres acquis, la consécration du droit de possession, et surtout l'application du principe qui reconnaît que la personne civile ne meurt pas.

Le contrat se termine par les noms des témoins avec leur qualité. Il y a là des indications bien intéressantes sans doute sur les différentes professions des parties qui figurent dans l'acte ; mais on prévoit les sérieuses difficultés d'interprétation avec lesquelles on est aux prises dans une matière aussi technique. Le nombre des témoins n'est pas limité, suivant la nature des contrats ; ils sont toujours du sexe masculin, les femmes ne paraissant pas avoir été admises à donner la garantie de leur nom à l'acte, bien qu'elles figurent souvent parmi les parties contractantes.

Nous avons dit que la formule est rédigée à la première personne, au nom du juge qui reparaît souvent à la fin du texte. Le contrat est quelquefois passé par devant plusieurs fonctionnaires, dont le premier porte le nom de *aba* : c'est peut-être « le président ». Le mot *aba*, que nous traduisons par l'assyrien *abilu*, est un mot d'une étymologie encore inconnue, mais qui se retrouve dans beaucoup de compositions. Dans quelques contrats le mot *aba* est souvent accompagné de la mention précise de sa fonction, « préposé à la garde de l'acte ».

Enfin, le contrat est daté du jour, du mois et de l'année de sa rédaction. Ces dates peuvent avoir une grande importance pour fixer la chronologie assyrienne par les rapprochements auxquels on peut se livrer. On sait, en effet, que les Assyriens désignaient l'année civile par le nom d'un personnage qui paraît avoir rempli, sous ce rapport, une fonction analogue à celle des anciens éponymes d'Athènes. Les Assyriens avaient dressé des tables qui établissent la succession de ces personnages et qui servent ainsi à fixer la chronologie. Plusieurs de ces tables sont parvenues à notre connaissance et embrassent une suite de 235 noms correspondants à 235 années.

Il a été facile de rattacher quelques-unes de ces dates à un point fixe, tel que la prise de Samarie, sur laquelle tous les chronologistes sont d'accord, pour en déduire les dates antérieures et postérieures à cet événement. Cependant les contrats contiennent également des noms que nous ne pouvons pas placer dans leur ordre chronologique, parce qu'ils ne se trouvent pas sur les tablettes qui nous sont parvenues ; de là, des difficultés sérieuses. Il est impossible de suivre la succession descendante jusqu'au bout ; mais c'est surtout quand on veut remonter au-delà du règne de Téglath-Phalasar que les difficultés augmentent. Pour arriver à mettre en harmonie la chronologie assyrienne avec celle qui résulte du canon des rois de Juda et d'Israël, M. Oppert a admis, avant l'époque du règne de Téglath-Phalasar, en l'an 745 av. J.-C., une interruption de 47 ans dans les listes dressées par les Assyriens. D'un autre côté, M. Ménant, dans ses *Annales des rois d'Assyrie*, a rangé les noms de ces tables d'après la succession non interrompue que leur aspect parait présenter. Mais une divergence sur ce point ne doit avoir qu'une importance très-restreinte dans notre travail. En effet, nous n'avons pu recueillir que trois documents antérieurs au règne de Téglath-Phalasar, et les données qu'ils nous fournissent ne nous permettent de rien préciser à cet égard. On comprend, toutefois, l'importance qui découlera de l'abondance des découvertes ultérieures, en permettant de rapprocher des contrats dans lesquels les mêmes parties peuvent figurer à différentes époques et à différents titres.

Ces actes étaient reçus dans un dépôt public et ils offrent, à ce point de vue, une particularité qui a son importance dans l'histoire du système graphique employé alors dans ces contrées. L'archiviste chargé du dépôt insérait sur l'acte lui-même des mentions qui, sans en changer la nature, lui permettaient de se reconnaître dans le classement qu'il en opérait ; or, quelques-unes de ces mentions sont écrites en caractères phéniciens. L'acte le plus ancien qui porte une indication de cette nature est daté du règne de Bin-nirar. Dès cette époque, l'écriture alphabétique était donc connue et pratiquée à Ninive concurremment avec l'écriture en caractères cunéiformes dont l'usage a persisté jusqu'au premier siècle après notre ère.

I

DOCUMENTS DU RÈGNE DE BIN-NIRAR.

(Musée Britannique, K. 310).

1. *Bin—nirar   sar   mal   Assur   pal—um*
   Bin-nirar,   rex   Assyriæ,

2. *halal Samsi—Bin   sar   mal   Assur   pal   um*
   filius Samsi-Bin,   regis   Assyriæ,

3. *habal Salman-Asir sar mat Assur pal um is*
    filii   Salmanasaris,   regis   Assyriæ.

◯   ◯ [1]

La fin du premier côté et le commencement du second manquent. Il ne reste que les lignes suivantes :

.. *rih . . .*
   . . .

.. *au sar alu . . .*
   et   rex urbis

.. *istu nisu habal*
   ex   filio

.. *bel . . . dayan ilani*
   domino   judice Deorum

.. *ma num damikte aaa li*
   ut   gloriam super . . .

.. *sumu ilu Assur ilu Samas ilu Beli*
   nomen dei Assur,   Samas,   Bel,

.. *ilat Is-tar-Assurite, ilu Bin ilu Marduk (bar-bar)*
   deæ Istar-Assurite,   Bin,   Marduk,

.. *ilu Ninip (bar) au ilu XII kur ilani aa-na-te rabuti*
   Ninip et Nirgal,   omnium Deorum istorum magnorum

.. *sa Assur rubu arku se dan-ni-te*
   quos Assur   magnus

.. *su-a-tu lu yu-sam-ris*
        invocavit.

.. *arah Tebitu yum XXVI kam limmu Mu-sal-lim-Ninip*
   Mense Tebet, die vicesimo sexto,   anni Musallim-Ninip.

TRADUCTION.

« Bin-nirar, roi d'Assyrie..... fils de Samsi-Bin, roi d'Assyrie.... fils de Salmanasar, roi d'Assyrie.....

« Il a invoqué le seigneur.... qui juge les Dieux, afin d'obtenir la victoire sur...... et le nom des Dieux Assur, Samas, Bel, Istar-Assurite, Bin, Marduk, Nirgal, les Grands-Dieux qui. ....

« Au mois Tebet (décembre), le 26° jour, pendant l'année de Musallim-Ninip. »

[1] Le cachet, deux fois répété, représente un Roi tenant un lion.

REMARQUES.

Cet ordre royal est le plus ancien de ceux qui nous sont parvenus du grand empire d'Assyrie. Il s'agit d'une concession du souverain, qui prend la forme d'un contrat privé, en faveur d'un établissement religieux, pour se rendre favorables les Dieux de l'Assyrie.

Le document est daté de l'année de Musallim-Ninip, la 18ᵉ du règne de Bin-nirar ; le même nom se représente plus tard, à 27 ans de distance ; mais le nom du souverain, qui figure en tête de notre contrat, nous prouve qu'il s'agit bien de la date fixée par le plus ancien personnage et non de celle fixée par son homonyme, puisque le règne est différent.

II

Vente d'Esclaves.

(W. A. I., III, Pl. 46, n° 2).

1. kunuk Mu‑tak‑kil‑Marduk (an‑su)
   Sigillum Mutakkil-Marduk ;
2. kunuk Assur‑mu‑sal‑lim
   sigillum Assur-musallim ;
3. kur II nisi sa
   summa tota duo viri (heredes) ejus ;
4. kunuk Assur‑idin‑ah
   sigillum Assur-idin-ahi ;
5. kunuk Kun‑Assur kur II nisi sa
   sigillum Kun-Assur, summa tota duo viri heredes ;
6. kur IV nisi e habli Sil‑ti‑la‑Nana
   summa tota quatuor viri . . . filii Siltiba-Nana.
7. nisu kabli parzilli bel sal tadani
   viri fabri, domini mulieris traditæ :

8. assat Gula‑ri‑mat sal‑lat‑su‑nu
   Femina Gula-rimat, ancilla eorum,

9. ša nisi e na-au-te
   virorum   istorum (tradita).
10. ya-pis-ra· Kak-kul-la-nu
   Acquisivitque Kakkullanu

11. .. X paraš ma-na kaspa
   .. decem et dimidiam minam argenti
12.   an su it-ti-dia
                     dedit
13.   et ma
                     . . .
14. au ka-ka-ma la i-lak-ki
   et liberatus erit, non vendiderit.
15.   pan   Samas-sabit bel di-ni-su
   (Cetam) Testis Samas-sabit, dominus litium ejus;
16.   pan Bin-abu-usur nisu salsu habal sarri
   testis Bin-abu-usur,   vir satelles filii regis;
17.   pan Assur-kat-erib habal Nasir-sarra-ti
   testis Assur-kat-erib,   filius Nasir-Sarruti,
18.   nisu kipu (ni-gab)
                    vir   custos;
19.   pan A-hu-lam-ma nisu kipu (ni-gab)
   testis Ahu-lamma,   vir   custos;
20.   pan Zi-ta-ai habal Assur-mu-kin
   testis Zitai,   filius Assur-mukin;
21.   pan Kun-Nabu
   testis Kun-Nabu;
22.   pan Hi-ri-za-ai nisu kipu (ni-gab)
   testis Hirizai,   vir   custos;
23.   pan Habli-ya nisu dam-kar
   testis Habliya, vir artifex;
24.   pan Assur-mu-kin nisu gur-zak
   testis Assur-mukin, vir. . .;
25.   pan Pur-ka-ai
   testis Purkai.
26. arah Nisannu yum XIX kam
   Mense Nisan,   die decimo nono,

27. lim-mu   *Nabu-sar-usur*
    anni   Nabu-sar-usur.
28. *milu (a-ba) mat*
    doctor regionis.
29.   *pan Zikar-Nabu nisu* . . .
    Testis Zikar-Nabu, vir. . .

On lit en caractères phéniciens la mention suivante, dont nous donnons la transcription, et dans laquelle figure un nom que l'on a lu Abad-Nabu; mais nous ne croyons pas pouvoir appuyer l'exactitude de cette lecture. Le texte nous parait devoir renfermer ces mots : « Esclave de Siltiba-Nana ».

שׁנירגי אמת

קנת שלט[בן]א ·

TRADUCTION.

« Cachet de Mutakkil-Marduk; — cachet de Assur-Musallim; — en tout deux hommes . . . ; — cachet de Assur-idin-usur; — cachet de Kun-Assur; — deux hommes. . . ; — en tout quatre hommes. . . fils de Siltiba-Nana, maître de forge, propriétaire de l'esclave.

« La femme Gula-rimat est l'esclave de ces quatre hommes.

« Et Kakullanu l'a achetée pour le prix de dix mines et demie d'argent.

« ..... la résiliation du marché..., il n'a pas acheté.

« Témoins : — Samas-sabit, juge ; — Bin-abu-usur, satellite du fils du Roi ; — Assur-kat-irib, fils de Nasir-sarruti, gardien ; — Ahu-lamma ; — Zitai, fils de Assur-mukin ; — Kun-Nabu ; — Hirisai, gardien ; — Paliya, ouvrier ; — Assur-mukin, *gur-zak* ; — Purkai.

« Au mois de Nisan (mars), le 19ᵉ jour, pendant l'année de Nabu-sar-usur, docteur du pays.

« Témoin : Zikar-Nabu... »

REMARQUES.

Nous n'avons pas à revenir sur les remarques que la formule générale de ces contrats nous a suggérée et dont nous trouvons ici l'application.

Les noms des parties contractantes ne présentent aucune difficulté. Siltiba-Istar-ellit ou Siltiba-Nana, le propriétaire de l'esclave, était un homme qui travaillait le fer, « un maître de forge » ; il a laissé à ses fils, ses héritiers, la femme Gula-rimat, et ils l'ont vendue moyennant dix mines et demie d'argent. La mine forte est de 224 francs 44 centimes de notre monnaie. Nous la compterons, en chiffres ronds, à 225 francs : dix mines et demie nous donnent donc 2,362 fr. 50.

L'esclave provient de l. succession de Siltiba-Nana, qui s'est divisée en deux parties. Les quatre héritiers, *nisi sarki*, cèdent l'esclave Gula-rimat, pour le prix de 2,362 fr. 50 ; et Kakkullanu, le preneur, en paie le prix, sous la réserve d'une revendication, dont le contrat porte la trace.

Nous devons signaler le mot *ni-gab*, « gardien », qui est connu depuis longtemps. C'est un terme sumérien à lire *kipu* en assyrien.

Le contrat se termine par la liste des témoins. Le nom de chaque témoin est indiqué par le mot *pan*, littéralement « coram », « en présence de ».

III

DOCUMENTS DU RÈGNE D'ASSUR-NIRAR.

Vente d'un Champ.

(*W. A. I.*, III, pl. 48, n° 1.)

1. *su-pur Za-bu-damik (si-zab)*
   Unguis Zabu-damik,
2. *su-pur Ab-zi-i*
   unguis Abzie,
3. *su-pur Irib-Assur*
   unguis Irib-Assur,
4. *su-pur Samas-sal-lim*
   unguis Samas-sallim,
5. *su-pur Samas-halik-pani*
   unguis Samas-halik-pan ;
6. *kur V nisi bel at-ri*
   summa tota, quinque homines domini aromatum.

7. *bit IX ka at-ru ina alu Du-'-u-ya*
   Ager novem *epha* aromatum, in urbe Duya (traditus),

8. *suḫ*   *Bin-lid-a-ni*
prope (muros) Bin-lidani,
9. *suḫ*   *nisu kisihu* (*luḫ*) . . *ka bit*
prope muros viri scriptoris.
10. *yu-pis-ra Assur.* . . .
Acquisivitque Assur. . . .
11. *aṭ-ru.* . . . . . .
aromata
12. *su as.* . . . . . .
 . . . .
13. *paras ma-na sa alu.* . . . .
dimidium minæ urbis. . . . .
14. *il-ki kas-bu*   [*gam-mur*]
emit. Pretium   immutabiliter
15. *ta-din aṭ-ru su-a-*[*tu*]. . . .
definitum est; aromata illa
16. *sa-ar-pat la-ki* [*at*]
pretio sumpta, empta sunt;
17. *tu-a-ru*   *ka-ka* [*la as-su*]
redhibitio negotii,   inanitas non admissa.
18. *man-nu sa ur-kis.* . . .
Quisquis in diebus futuris,
19. *sa istu Assur-* . . .
ex   Assur- . . . ,
20. *di-nu ka-ka yub-*[*ta-u-ni*]
negotii inanitatem petet a me,
21. *I ma-na kaspa iddin-an*
unam minam argenti solvet.
22.   *pan Assur-sa-lim-aḫi*
     Testis Assur-salim-ahi,
23. *sa alu Du.* . . .
in urbe Duya;
24.   *pan Sa-an.* . . *ni*
     testis San. . . .
25.   *pan Tak-kil-ana-bel-ya*
     testis Takkil-ana-Belya,
26. *nisu sa eli bit-sa Nadin-Malik* (*an-ai*)
vir . . . . . domus Nadin-Malik

27.   pan Śu—ḫi—ru
        testis Suhiru;
28.   pan Arba—Malik (an—ai)
        testis Arba-Malik
29.   pan Mu—sal—lim—Ninip (an—bar)
        testis Musallim-Ninip;
30.   pan Sa—u—la—a—nu
        testis Saûlanu,
31.   nisu milu (a—ba) ṣa—bit dip—pi
      vir magister præses, possessor tabulæ.
32.   Araḫ Airu yum IV kam
      Mense Iyar, die quarto;

(Sur la marge.)

33.   Lim—mu Sin—sal—(lim)—a—ni
      anni   Sin-sallimani,
34.   nisu sal—lat mat Ra—ṣa—pi
      viri   præfecti urbis Reseph.

TRADUCTION.

« Ongle de Zabu-damik ; — Ongle de Abzie ; — Ongle de Irib-Assur ; — Ongle de Samas-sallim ; — Ongle de Samas-halik-pan ; total, cinq hommes, propriétaires de parfums.

« . . . . . Un champ produisant 9 *epha* de parfums, situé dans la ville de Duya ; borné par Bin-Iitani, borné par le nommé . . . .

« Et Assur. . . a acquis ces aromates. . . il a payé une demi-mine au cours de la ville de. . . .

« Le prix convenu a été fixé ; le parfum a été payé et acheté. . . ; la rescision du marché n'est plus admise.

« Qui que ce soit, qui dans la suite des jours. . . . . contestera ce contrat, soit contre Assur. . . . ., et en demandera la nullité. . . et . . il paiera une mine d'argent.

« Témoins : Assur-salim-ahi, de la ville de Duya, — Gar-il-ani, — Takkil-ana-Bel-ya, Préfet de la maison de Nadin-Malik, — Suhiru, —

Arba-Malik, — Musallim-Ninip, — Saūlanu, président, possesseur de la tablette.

« Le quatrième jour du mois de Iyar (avril), de l'année de Sin-sallimani, Préfet du pays de Réseph. »

REMARQUES.

Il s'agit, dans ce contrat, du louage d'un champ destiné à la récolte de parfums. Nous rapprochons le mot *atri* de l'arabe ;ata*r*; ce sont, peut-être, des roses, du safran, ou d'autres produits semblables. En évaluant, en litres, l'*epha* à 20^l,6, la contenance de 9 *epha* donne 185^l,4, pas même deux hectolitres de produit. Nous ne pensons pas, en effet, qu'il s'agisse ici de l'ensemencement, mais du produit réel : le prix modique de la vente, une demi-mine, ou 112 fr. 50, semble le prouver.

L'étendue du champ qui produit ces denrées est précisée par les biens-fonds qui l'avoisinent.

Les conditions particulières de ce contrat rentrent dans la formule généralement consacrée.

IV

DOCUMENTS DU RÈGNE DE TÉGLATH-PHALASAR (745 à 727 av. J.-C.).

Vente d'Esclaves.

(*W. A. I.*, III, pl. 49, n° 5).

1. *kunuk   Ha−ta−ai*
   Sigillum   Hataï,
2. *bel nisi tadani*
   domini viri traditi :
3. *Lu−ahe zikar−su*
   Lu-ahe,   famulus ejus (traditus).
4. *yu−pis−va Dan−na−ai*
   Acquisivitque   Dannaï,
5. *istu pan Ha−ta−ai*
   a   Hataï ;
6. *ina lib XX darag−mana (tu) kaspa il−ki*
   pretio viginti drachmarum   argenti emit.

7. kaṣ-bu ga—mur ta—din
    Pretium immutabiliter definitum est,
8. nisu su—a—te sa—rip laḵ—ḵi
    vir iste, nummis pensatus, emptus est
9. tu—a—ru di—e—nu ka—ka la as—su
    redhibitio negotii, inanitas non admissa.
10. man—nu sa egug—u—ni
    Quisquis petet a me.

. . . .

...   pan Sa—mas. . .
        Testis Samas. . .
...   pan Hi—ma—ri—i
        testis Himari ;
...   pan Za—ab—da—a nisu mu—gil pa
        testis Zabda,   vir
...   pan Ha—ra—man
        testis Haraman ;
...   pan Man—nu—ahi
        testis Mannu-ahi,
...   nis sa pak—da—ri
        vir præpositus. . . .
...   pan Zikar—Samas nisu gar
        testis Zikar-Samas, vir. . .
...   arah Ululu yum V kam
        Mense Elul,   die quinto
...   lim—me Nabu—bel—idin
        anni   Nabu-bel-idin.
...   pan   Zikar—Samas nisu mitu (a—bu)
        Coram (judice) Zikar-Samas, viro præside.

TRADUCTION.

« Cachet de Hataï, propriétaire de l'esclave.

« Luhaï est l'esclave livré.

« Et Dannaï l'a acquis (l'esclave Luhaï), de Hataï, pour le prix de vingt drachmes d'argent.

« Le prix a été définitivement fixé, l'esclave a été payé et acheté, la rescision du marché ne peut plus être accomplie.

« Quiconque dans l'avenir réclamera devant moi......

« Témoins : Samas... — Himarie... — Zabda... — Haraman...
— Mannuahi, préposé... — Zikar-Samas.

« Au mois Eloul (août), le 5ᵉ jour, pendant l'année de Nabu-bel-idin.

« En présence de Zikar-Samas, président. »

REMARQUES.

Le nommé Hataï (le Héthite, le Syrien), a un serviteur, Luhaï, ou *Sabit-nakiri*, qu'il cède à Dannaï, moyennant le prix de 20 drachmes d'argent, soit 75 francs de notre monnaie.

La fin du document est mutilée. Il ne reste que les noms des témoins et la date.

La date de ce document présente quelque incertitude, à cause du nom du personnage qui correspond à l'année de sa rédaction, parce qu'il reparait à plusieurs reprises dans les listes des Assyriens.

V

Créance portant sur la nue-propriété d'un Champ.

(W. A. I., III, pl. 47, n° 2.)

1. *kunuk   Mu—mi-Assur*
   Sigillum Mumi-Assur;
2. *kunuk   Assur-ris—i—si*
   sigillum Assur-ris-isi,
3. *habal Si—lim-Assur*
   filii   Silim-Assur.
4. *XVI   darag—manu   (tu)   kaspa   sa   Istar—sa—Arba-ilu*
   sedecim drachmas   argenti   Istar   Arbelorum
5. *sa Nabu—ik-bi   ina   pan   su—nu*
   quas Nabu-ikbi   ex   eis

6. *ina   bu—u-hi   it-ta-su*
   ad mutuum faciendum deprompsit,
7. *ina   sa-par-su   e-rab-bi*
   in quartum tantum ejus fenerabitur.

8. ekil (a-lib)   ina   a-ri-su-ti
    Ager   in   segete
9. e-ra-as   e-si-da
    consitus, metendus,
10. la nisu be-si-da la a-ka-su
    non erit vir messor, non collectio,
11. mu-na-u-tu akal istu lib-bi ekil (a-lib)
    defensio erit comedere ex   agro.
12. ha-bu-li u-sa-at sa-lam
    Pignus (erit) superficies imaginis.
13. ina arah Arah-Samna yum XXI kam
    Mense   Marchesvan, die vicesimo primo
14. lim-mu Sar-Nahid nis si-um
    anni   Sar-Nahid viri ministri.
15.   pan Sar-nu-ki-Istar-erib
        Testis Sarnuki-Istar-erib;
16.   pan Zikar-Na-na-ai
        testis Zikar-Nanai;
17.   pan Nirgal-abu-usur
        testis Nirgal-abu-usur;
18.   pan Salmu-mat-Assur
        testis Salmu-mat-Assur;

           (Sur la marge).

19.   pan Zikar-Assur
        testis Zikar-Assur;
20.   pan Kun-Assur
        testis Kun-Assur;
21.   pan Sakil-Assur
        testis Sakil-Assur;
22.   pan (an) Ib-du
        testis   Ibdu;

           (Sur le côté).

23. sa-le-a
    . . .
24. mu XII
    anno duodecimo
25. sub-tuo
    . . .

DOCUMENTS DU RÈGNE DE TÉGLATH-PHALASAR. 157

26.   pan   I   urudu
          . . .
                       (Sur la marge).
27.   I   si-e
          . . .
28.   si-ku-tar
          . . .
29.   is   X   me-su
          . . .
30.   u-sa-kan   ilu
          . . .

TRADUCTION.

« Cachet de Mumi-Assur ; — cachet de Assur-ris-isi, fils de Silim-Assur.

« Seize drachmes d'argent d'Istar-d'Arbèle, créance que Nabu-ikbi a reçue pour faire un emprunt.

« Elle portera intérêt jusqu'au quadruple.

« Par contre, il a cédé un champ en fleur, semé et prêt à être moissonné ; mais il n'y aura ni moisson ni emmagasinement. Il y a défense de manger les fruits provenant de ce champ. La garantie repose sur la surface (du champ) telle qu'elle est établie par la borne à images.

« Au mois de Marchesvan (mars), le 21ᵉ jour, p..... 'année de Sar-Nahid, ministre.

« Témoins : Sarnuki-istar-crib ; — Zikar-nana ; — Nirgal-abu-usur ; — Salmu-mat-Assur ; — Zikar-Assur ; — Kun-Assur ; — Sakil-Assur ; — Ibdu.

« . . . . »

REMARQUES.

Ce contrat constitue un prêt contre la garantie d'un champ dont l'emprunteur n'a pas la pleine propriété. Le champ est ensemencé (*ina arisuti*), il pourra être fauché (*isida* de קצר), mais il ne devra pas être moissonné, et la récolte ne devra pas être emmagasinée (*akas*). Défense (*muaautu* de מנע) est faite de se nourrir des produits du champ.

Le nom de Sar-Nahid, qui pourrait servir à fixer la date du contrat, est d'une époque incertaine.

VI

Créance hypothécaire.

(*W. A. I.*, III., pl. 47, n° 1).

1. *X ma-na kaspa ina sa alu   Kar-ga-mis*
  Decem minæ argenti secundum usum urbis Carchemis
2. *ana XV sini zikari I alpu lit-nigin*
  pro quindecim oves, unam vaccam gravidam (?),
3. *sa Lid-ani-Bin nisu...*
  creditum Lid-ani-Bin viri...
4. *ina pan Arba-'-il-ai nisu.. mat (an) Hal-zi*
  ex   Arbailai,   viro præfecto militum urbis Halzi
5. *ina pan Nabu-irib-ahi nisu milu (a-ba)*
  ex   Nabu-irib-ahi   viro doctore
6. *ina pan Mas-ka-ru nisu III si-su*
  ex   Maskaru, viro præfecto trium cornuum,
7. *ina pan Same nisu*
  ex   Same, viro
8. *ina bu-u-hi i-ta-su*
  ad mutuum deprompsit;
9. *II ak III gur-su i-ra-bi*
  duo ak, tres gur, feneratus est.
10. *sini alap-lit-nigin ina arah Addaru idin-an*
   Oves, vaccam gravidam (?), mense Adar tradet
11. *sum-ma la idin-ni sini u-lu-du*
   sic (si) non dabit oves parturientes (vel potius natos).
12. *arah Tebitu XXV kam lim-mu Sar-lu-da-ri*
   Mense Tebet, die vicesimo quinto, anni Sarludari.
13. *pan Ninip-sar-usur nisu III si-su*
   Testis Ninip-sar-usur   vir triumvir
14. *pan U-a-sa-ar nisu (id)*
   testis Uasar,   vir,
15. *pan Ninip-sar-usur lu a-pa-te*
   testis Ninip-sar-usur, vir,
16. *pan Nabu-magir nisu (id) pan Mas-sun*
   testis Nabu-magir,   vir...; testis Massun;

DOCUMENTS DU RÈGNE DE TÉGLATH-PHALASAR.

17.   *pan Summa-ili nisu (id) pan Ni-ia-nu-u*
       testis Summa-ili, vir ; testis Ninnu;
18.   *pan Assur-Malik nisu rab ki-sir gur-zak*
       testis Assur-Malik, vir, præpositus portionis. . . ;
19.   *pan Zir-u-ti-i nisu lu II pa-te-ha*
       testis Ziruti, vir,
20.   *pan Zir-u-ti-i nisu rab ki-sir habal sarru*
       testis Ziruti, vir præpositus portionis filii regis;
21.   *pan Kur-ba-as-ti nisu rabu kipu (ni-gab)*
       testis Kurbasti vir maximus custos.
              (Sur la marge).
22.   *pan Nirgal-sar-usur II si-su*
       testis Nirgal-sar-usur
23.   . . . . *sar-usur*
       . . . -sar-usur
24.   *habal Gab-bi-i*
       filius Gabbie.

TRADUCTION.

« Dix mines d'argent de la ville de Carchemis contre quinze moutons et une vache pleine, créance de Lid-ani-bin... sur Arbailai, préfet de la ville de Halzi ; sur Nabuerib, maître en droit ; sur Maskaru, chef de trois cornes ; sur Same...

« Il a consenti une hypothèque, et l'argent rapportera deux *ak* et trois *gur*.

« Les moutons et la vache pleine seront livrés au mois Adaru (février), sinon il donnera le produit des animaux.

« Au mois Tebet (décembre), le 15ᵉ jour, pendant l'année de Sarludari.

« Témoins : Ninip-sar-usur, triumvir ; — Uasar ; — Ninip-sar-usur *lu apate* ; — Nabu-magir ; — Massun ; — Summa-ili ; — Ninnu ; — Assur-Malik. . . . . ; — Zir-ati, préposé de deux *patcha* ; — Ziruti, préposé du domaine du fils du Roi ; — Kurbasti, chef des gardiens ; — Nirgal-sar-usur, chef de deux cornes ; — . . . . ., fils de Gabbie. »

REMARQUES.

La garantie de ce contrat repose sur des animaux. Mais il se pourrait que ce que nous avons traduit par « vache pleine » fût au contraire « un taureau ».

VII

DOCUMENTS DU RÈGNE DE SARGON (721 à 704 av. J.-C.).

Vente d'Immeubles, janvier 717 av. J.-C.

(W.A.I., III, pl. 48, n° 6.)

1. ku-um kunuku-su su-pur-su is-kun
   Loco sigilli sui ungue suo signavit;
2. su-pur U-mar-ri-ri bel ekil. . . .
   unguis Umarriri, domini agri.

3. bit I emeri ekil ka-ni ma sa ki bu
   Superficies unius cori agri plantarum. . .
4. suḫ ḫaran sa alu Bani-ḫa suḫ Za-bi-ni
   prope viam urbis Baniḫa, prope Zabini,
5. suḫ ummu sa. . . . . ar-ma-ai
   prope matrem . . . . .
6. bit I mas ekil suḫ Akkad-ai
   et superficies sesqui hini agri prope Akkadai,
7.   suḫ murran alu Kal-ḫa   suḫ Za-bi-ni
       prope viam urbis Calach;   prope Zabini;
8. suḫ Bel-ti-ma bit III emeri ekil (a-lib)
   prope Bel-tima; superficies trium cori agri
9. suḫ Kan-zil-ai suḫ Za-bi-ni
   prope Kanzilai; prope Zabini;
10. suḫ Bel-ti-ma suḫ sa alu Se. . . .
    prope Bel-tima, prope urbem Se. . . ;
11. . . di nisu e-nuv kur bit sa IV emeri ekil (a-lib)
    . . . . . summa tota superficies quatuor cori agri
12. . . . Za-bi-ni
    prope Zabini,
13. suḫ Za-bi-ni suḫ Bel-ti [-ma
    prope Zabini; prope Bel-tima
14. . . . is sa alu Te-zi
    urbis Tezi
15. . . . ai-ia. . . . . .
    Bin

16.   . . . *Nirgal*. . . . . .
       Nirgal
17.   . . . *ai*. . . . . .
       ai
18.   *pan Assur-nat-gil nisu*
       Testis Assur-nat-gil,   vir. . . .
19.   *pan Mu-ni-kir nisu sa*. . . .
       testis Munikir,   vir. . . .
20.   *pan Akkad-ai*
       testis Akkadai;
21.   *pan Ki-sam-ni-e*
       testis Kisamnie;
22.   *pan Ahu-tabu (hi-ga) pan Te-za-a*
       testis Ahu-tab;   testis Teza;
23.   *pan Za-bi-ni kur IV mar alu-su*
       testis Zabini,   summa tota quatuor habitantes urbem istam.
24.   *arah Sabatu yum XVI kam lim-mu Tab-sar-Asur*
       Mense Sebat,   die sexto decimo, anni   Tab-sar-Asur,
25.   *nisu samsu rab-u pan Nabu-bel-(u)-a nisu milu (a-ba)*
       viri   ministri magni,   coram Nabu-belya,   viro præside
26.   *sa-bit dan-ni-te pan Tabu-naid (Hi-ga-i)*
       possessore debiti;   coram Tab-naid;
27.   *pan Ai-nie pan Man-nu-ki-i-nur*
       coram Ainie;   coram Mannuki-nur.

TRADUCTION.

« A la place de son cachet, il a apposé la marque de son ongle : ongle de Umariri, propriétaire du champ.

« Un champ de la grandeur de un homer, ensemencé de plantes..... borné par la route de Calach, borné par Zabini, — borné par la mère de . . . . Armaï; — un champ de un homer et demi, borné par Akkadiaï, borné par la route de Calach, — borné par Zabini, — borné par Beltima; un champ de trois homers ensemencé, borné par Kanzilaï; — borné par Zabini, — borné par Beltima, — borné par la ville de . . . . en tout un champ de 4 homers, ensemencé, bornés par Zabini, bornés par Beltima. . . . . de la ville de Tézi.

11

« Témoins : Assur-nat-gil. . . ; — Munikir. . . ; — Akkadiaï; — Kisamnie ; — Ahu-tab; — Teza; — Zabini, en tout quatre habitants de la ville.

« Le 16ᵉ jour du mois de Sebat de l'année de Tab-sar-Assur, le grand ministre (janvier 717 av. J.-C.)

« En présence de Nabu-belya, préposé, possesseur du contrat; en présence de Tabunaïd, — Ainie, — Mannuki-nur. »

REMARQUES.

Il s'agit ici de trois champs, dont la contenance est fixée d'après l'évaluation transmise par les Juifs, selon l'ensemencement. Il est difficile d'après cela de convertir la contenance en mesures actuelles, puisque nous ne connaissons pas la culture qui paraît être tout autre que le blé, peut-être du riz. Néanmoins on peut fixer approximativement le *bet-kor* à un hectare, ce qui donnerait quatre hectares et demi pour la contenance totale.

VIII

Prêt d'Argent, mars 711 av. J.-C.

(W.A.I. III, pl. 47, n° 10.)

1. XX *ma-na kaspa parsi ma-na sa mat Kar-ga-mis*
   Viginti minæ argenti, dimidium minæ secundum usum Carchemis
2. *sa Za-zi-i*
   quas Zazi,
3. *ina pan Salmu-sar*
   pro Salmu-sar,
4. *ina pan Bap-pu-u*
   pro Bappu,
5. *ina pan Assur-mu-tak-kil-sar*
   pro Assur-mutakkil-sar,
6. *ina pan Ka-ak-ki-ya*
   pro Kakkiya,
7. *ina bu-u-hi i-ta-su*
   ad mutuum deprompsit;

8. *a-na salsu (III šu)-su i-rab-bi*
    usque ad tertium tantum fenerabitur.
9.   *pan Su. . . an bel su. . . mis*
    Testis Su. . . ;
10.   *pan Arba-il-ai nisu salsu (III su)*
    testis Arbailai,   vir   triumvir;
11.   *pan (mat) Tal-la-ai nisu salsu (III su)*
    testis   Tallai,   vir   triumvir;
12.   *pan Ninip-ahi-usur nisu sanu (II u) hekal*
    testis Ninip-ahi-usur,   vir secundus regiæ;
13.   *pan Si-'-tu-ri nis kabli*
    testis Situri,   vir. . .;
14.   *pan Ma-an-ki-i nis kabli ut-ka-bar*
    testis Manki,   vir præpositus ponderando ære.
15. *arah Nisannu yum XI kam*
    Mense Nisan,   die undecimo,
16. *li-mu Ninip-halik-pan*
    anni   Ninip-halik-pan,
17. *nisu sa-lat alu Si-mi-e*
    viri Præfecti urbis Simie.
18.   *pan Nabu-munazziz (du-iz) nisu milu (a-ba)*
    coram (judice) Nabu-munazziz,   viro præside.

TRADUCTION.

« 20 mines et demie d'argent, au cours de la ville de Carchemis, forment le montant de la créance de Zazi sur Salmu-sar, — Bappu, — Assur-mutakkil-sar, — Kakkiya, — qu'il leur a donnée en prêt.

« L'intérêt pourra s'accroître jusqu'au triple de la somme.

« Témoins: Su....., — Arbêlaï, chef de trois légions, — Tallaï, chef de trois légions, — Ninip-ahi-usur, serviteur du palais, — Situri, chef de la milice, — Manki, préposé au pesage (?) des métaux.

« Le 11ᵉ jour du mois de Nisan de l'année de Ninip-halik-pan (mars 711 av. J.-C.), Préfet de la ville de Simie.

« En présence de Nabu-munazziz, président. »

REMARQUES.

Le nommé Zazi a donné 20 mines et demie d'argent, environ 4,612 fr. 50 cent. de notre monnaie, à quatre individus, soit en prêt, soit contre une hypothèque ; nous disons hypothèque pour indiquer que le prêteur n'a pas besoin de détenir réellement le gage, et que, suivant la loi assyrienne, le droit pouvait s'attacher, comme chez les Romains, à une chose mobilière comme à un immeuble.

Le prix devra porter intérêt jusqu'à concurrence du triple de la somme prêtée.

Il ne peut y avoir d'incertitude sur la date de cet acte, bien que le nom de Ninip-halik-pan figure deux fois dans les listes assyriennes, car le Ninip-halik-pan de notre contrat était Préfet de Sinie, et son nom correspond à l'année 711 av. J.-C. Son prédécesseur était Préfet de Ninive.

IX

Vente d'Esclaves, juillet 708 av. J.-C.

(W.A.I., III, pl. 49, n° 1.)

1. *kunuk* . . . .
   Sigillum (Dagan-milki)
2. *bel nisi* . . . .
   domini hominum
3. *I-man-nu-u* (sal) *U.* . .
   Imannu   femina U
4. *Mil-ki-u-ri kur* (?) *III napsati* (zi-mis)
   Melchior,   summa tota tres res   viventes.
5. *yu-pis-ra Bel-malik-ili* (*Be-ma-ili*)
   Acquisivitque Bel-malik-ili
6. *ni-su mu-kil su-mas-mes*
   vir   metiens   sumos. . . .
7. *sa ana ka-sar sarri istu pan*
   qui ex   portione   principis ;   a
8. *Da-gan-mil-ki ina lib III ma-na kaspa*
   Dagan-milki,   pretio trium minarum argenti
9. *ina istin ma-na e sa alu Kar-ka-mis ilak-ki* (*ti-ki*)
   unius   minæ   urbis   Carchemis,   emit.
10. *kas-bu gam-mur ta-ad-din*
    Pretium immutabiliter definitum est

11. *nisi su-a-tuv sarpu lak-ki au*
    viri isti, nummis pensati empti sunt, et
12. *lu-a-ru di-e-nu ka-ka*
    redhibitio negotii et inanitas
13. *la as-su man-nu sa ina ur-kis*
    non admissæ. Quisquis in diebus futuris,
14. *ina ma-te-ma i-sak-kup-an-ni*
    quandocunque, ante me surget,
15. *i-gug-u-ni lu Da-gan-mil-ki*
    rescisionem a me petet, seu Dagan-milki,
16. *lu ahe-su lu-u habli ahe-su*
    seu fratres ejus, seu filii fratrum ejus,
17. *lu-u man-ma (nin)-nu-su lu-u dan-nu*
    seu quisquis ex suis seu potens
18. *sa istu Bel-malik-ili habli-su*
    qui a Belmalik-ili, a filiis ejus,
19. *habli habli-su di-e-nu ka-ka*
    a filiis filiorum ejus, contractus inanitatem
20. *yub-ta-'-u-ni*
    postulabit a me
21. . . . . *kaspu I ma-na hurasu*
    . . . . argenti, unam minam auri
22. *a-na Istar sa Arba-ilu-ki iddin-an*
    Istari Arbelorum, solvet,
23. *kas-pu ana X mis-te a-na beli-su*
    argentum ad decem domino ejus
24. *yutirra (gur-ra) ina di-ni-su idabbib (ka-ka-ma)*
    restituet, a contractu suo liberatus erit,
25. *la i-lak-ki*
    non vendiderit.
26. *pan Ad-da-a nisu milu (a-ba)*
    Testis Adda, vir doctor;
27. *pan Ahi-i-ra-me nisu milu (aba)*
    testis Ahirame vir doctor;
28. *pan Pa-ka-ha nisu rab ali (?)*
    testis Pakaha, vir dux magnus urbium;
29. *pan Na-ad-bi-ya-a-u nisu ku su rab*
    testis Nadbiyau, vir magnus;

30.		pan	*Bel-si-me-an-ni*			
		testis	Belsimiani;			
31.		pan	*Bi-in-di-ki-ri*			
		testis	Bindikiri;			
32.		pan	*Tab-sar-Istar*	pan	*Tab-ni-e*	
		testis	Tabsar-Istar;	testis	Tabnie,	
33.	*nisu*	*milu*	*(a-ba)*	*sa-bit*	*damili*	*(im) ina arah Ab*
	vir	præses	possessor		debiti.	Mense Ab,
34.	*yum*	*XX kam*	*lim-mu*	*Man-nu-ki-i-Assur-lih*		
	die	vicesimo,	anni	Mannuki-Assur-lih.		

TRADUCTION.

« Cachet de (Dagan-milki), propriétaire des esclaves (ci-après) : Imannu, — la femme U..., — Melchior ; en tout trois personnes.

« Et Bel-malik-ili, le préposé du domaine du Prince, les a acquises de Dagan-milki, pour le prix de trois mines d'argent, de la ville de Carchemis.

« Le prix a été définitivement fixé, les esclaves ont été payés et achetés, la rescision du marché et sa nullité ne peuvent plus être admises.

« Quiconque, dans les jours à venir, à quelque époque que ce soit, s'élèvera devant moi, et demandera la nullité du marché, soit Dagan-milki, soit ses frères, soit les fils de ses frères, soit quelqu'un des siens, soit un homme puissant, soit son......, contre Bel-malik-ili, soit contre ses fils, soit contre les fils de ses fils, il paiera (dix mines) d'argent et une mine d'or (dans le trésor sacré) d'Istar-d'Arbèle, et l'argent, sauf la dime(?), rentrera au propriétaire, il sera délivré de son marché, il n'aura pas vendu.

« Témoins : Adda, chef de...— Ahirame, chef, — Pakaha, grand maître de la ville (?), — Nadbian, chef des serviteurs, — Bel-simiani, — Bendikiri, — Tab-sar-Istar, — Tabne, détenteur de la somme due.

« Le 20ᵉ jour du mois de Ab de l'année de Mannuki-Assur-lih (juillet 708 av. J.-C.) »

REMARQUES.

Le texte ne présente aucune difficulté. Nous y voyons seulement le mot *sarip* exprimé par un monogramme [⚿] que nous n'avons pas rencontré ailleurs. L'intérêt de ce document réside dans les noms juifs et phéniciens qui y sont consignés. Le propriétaire est un Phénicien, Dagan-milki (דגן־מלך), qui n'a besoin d'aucune autorisation pour louer, ou aliéner, trois esclaves à un Assyrien, nommé Bel-malik-ili. Parmi ces trois esclaves, il y a une femme dont le nom est perdu ; l'un des hommes s'appelle Imannu, ce qui rappelle le nom juif עמנו, et l'autre se nomme Milkiuri - Melchior. » Le prix est de trois mines, soit 675 fr., sauf la rectification résultant de ce qu'il s'agit de la mine de Carchemis qui peut être différente de la mine forte.

Parmi les témoins, nous voyons figurer aussi un nom juif très-caractérisé, celui de Nadbiyau, נדביהו, qui ne manque pas dans l'onomastique hébraïque ; il est formé de נדב, que l'on trouve dans les noms Jonadab, Amminadab et d'autres. Le nom juif formé d'après le nom de Jehova, *yahu*, se trouve dans la Bible (Chr. I, 3, 18), comme l'un des descendants du dernier roi survivant de Juda, Jechonia. Le témoin Pakaha porte le même nom que le roi d'Israël, Phacée, Pékah. Adda et Ahirame (Hiram des Phéniciens) sont des noms chananéens, ainsi que celui de Ben-dikiri qui a un air araméo-chananéen très-prononcé.

Le contrat contient une clause pénale : en cas de résiliation, le demandeur serait tenu alors de verser, dans le trésor sacré d'Istar-d'Arbèle, la somme de 10 mines d'argent, soit 2,250 fr., et une mine d'or, soit 3,375 fr.; mais la dixième partie de cette somme reviendrait au contractant frustré.

Un certain nombre de contrats de cette époque, que nous n'avons pas, malheureusement, à notre disposition, portait des mentions intéressantes pour la chronologie. Sargon y est désigné sous le nom *Sar-yukin-arku*.

Une tablette, K. 5280, est datée de l'année de Mannuki-assur-lih, gouverneur de Béle, la 13ᵉ année de Sar-yukin-arku, roi d'Assyrie, et la 1ʳᵉ du roi de Babylone.

Il serait intéressant de rapprocher cette tablette d'un document analogue du Musée du Louvre, daté du 13 Marchesvan de l'année de Mannuki-assur-lih, gouverneur de Béle, et de la 13ᵉ année de Sargon, roi d'Assyrie. Nous ne pouvons, pour le moment, que renvoyer à l'article de M. Oppert, sur Salmanasar et Sargon.

Il existe encore des contrats datés de la 14ᵉ, 15ᵉ et 16ᵉ année de Sargon, roi d'Assyrie, correspondant aux 2ᵉ, 3ᵉ et 4ᵉ année de son règne à Babylone ; mais nous n'avons pu consulter ces textes.

X

DOCUMENTS DU RÈGNE DE MÉRODACH-BALADAN, ROI DE BABYLONE
(720 à 709 avant J.-C.).

Vente d'Esclaves.

(Musée du Louvre).

M. Place avait découvert dans les ruines du palais de Khorsabad dix-sept petites olives en briques percées dans le sens de la largeur, et sur lesquelles on lit des noms de femmes. Ces petits monuments se sont trouvés malheureusement dispersés. Quatorze seulement sont parvenus au Musée du Louvre. Ils appartiennent au règne de Mérodach-Baladan, roi de Babylone, l'adversaire de Sargon. Ces inscriptions offrent un certain intérêt ; l'écriture est du style cursif babylonien ; il est certain qu'elles ont été rédigées en Chaldée et transportées au palais de Sargon. Mais alors quel était le motif de ce transport et l'importance qu'on pouvait y attacher? Elles sont toutes datées du mois *Sebat* (février) ; une seule paraît se rapporter à un homme, et encore le clou perpendiculaire qui caractérise le personnage est indécis. Nous nous bornerons à reproduire ici quelques-unes de ces inscriptions telles que M. Oppert les a publiées dans l'ouvrage de M. Place ; les autres sont d'une lecture incertaine.

1. *sa (sal) Man-nu-tam-mat sa... (an) Ba-kit-al-si-di-arbu-ga*
   Mulier Mannu-tammat quam acquisivit (?) Bakit-alzi
   arah Sabatu sanat IX kam Mard.-hab.idin-na sar Babilu (din-tir-ki)
   mense Sebat, anno novo   Marduk-habal-idin, regis Babylonis

   « Femme Mannu-tammat, acquise (?) par Bakit-alzi......, au mois Sebat de la neuvième année de Mérodach-baladan, roi de Babylone. »

2. *binti E-kinu (du) sa... Ha-am-ka-nu arah Sabatu sanat X kam*
   Filia Ekinu quam acquisivit Hamkanu mense Sebat, anno decimo
   Marduk-habal-idin-na sar Babilu (din-tir-ki)
   Marduk-habal-idin,   regis Babylonis.

   « Fille Ekinu, acquise par Hamkanu, au mois Sebat de la dixième année de Mérodach-baladan, roi de Babylone. »

3. (sal) Ḫa-la-lat sa... Mar-na-riḫ araḫ Sabatu sanat XI kam
   Mulier Halalat quam acquisivit Marnarih, mense Sebat, anno undecimo
   Marduk-habal-idin-na sar Babilu (din-tir-ki)
   Marduk-habal-idin,   regis Babylonis,

   « Femme Halalat, acquise par Marnarih, au mois Sebat de la
   onzième année de Mérodach-baladan, roi de Babylone. »

4. Bel-ḫa-îl sa... Mar-na-riḫ araḫ Sabatu sanat X kam
   (vir?) Bel-haïl quem acquisivit Marnarih, mense Sebat, anno decimo
   Marduk-habal-idin-na sar Babilu (din-tir-ki)
   Marduk-habal-idin,   regis Babylonis.

   « Bel-haïl, acquis (?) par Marnarih, au mois Sebat de la dixième
   année de Mérodach-baladan, roi de Babylone. »

XI

DOCUMENTS DU RÈGNE DE SENNACHÉRIB (704 à 680 av. J.-C.).

Vente d'une Maison. Février 698 av. J.-C.

(*W. A. I.*, III, pl. 48, n° 2).

1. supur Man-nu-ki-ahe-su su-pur . . . . te
   Unguis Mannuki-ahe-su,   unguis . . . ti,
2. bel (be-ni) bit tada-ni mu-su-u a-di. .
   domini   domus traditæ   in exitu et introitu :

3. bit ip-su a-di iš-gusuri-su ali dalati (iš-ik)
   domus, constructionis non perfectæ, et trabes et portæ,
4. ina lib-bi suḫ bit Nabu-sar-uṣur
   . . . . prope domum Nabu-sar-usur,
5. suḫ bit Samas-sum-uṣur suḫ bit. . .
   prope domum Samas-sum-usur,   prope domum. . .
6. suḫ bit Nabu-naṣir-sa suḫ bit Samas-murran
   prope domum Nabu-nasir,   prope domum Samas-murran.
7. yu-pis-ca (su) Irib-ilani nisu dam-gar . . .
   Acquisivitque   Irib-ilani, vir artifex

8. *istu pan Man-nu-ki-ahe-su*
 ex   Mannuki-ahesu,
9. *ina lib-bi III senipu ma-na kaspa il-ki. .*
 pretio   trium minarum et bessis argenti emit.
10. *kas-bu gam-mur ta-din. . . .*
 Pretium immutabiliter definitum est. . . (domus ista)
11. *sa-rip la-ki tu-a-[ru] di-e-nu*
 nummis pensata, empta est, redhibitio negotii,
12. *ka-ka la as-[su]. . . .*
 inanitas non admissa.
13. *ina ma-te-ma. . .*
 Quandocunque. . .
14. *lu-u habli. . .*
 vel   filii
15. *sa is-tu. . . . . .*
 qui
16.   *pan Du-gul pan. . . .*
    Testis Dugul; testis. . . .
17.   *pan Nabu-nasir sa gi-ni-su. . .*
    testis Nabu-nasir,
18.   *pan Zikar-Istar binit hi*
    testis Zikar-Istar,   filia. . .
19.   *pan Nirgal-nasir nisu rab busa. .*
    testis Nirgal-nasir,   vir præpositus thesauri;
20.   *pan Za-ha-tu-lu nisu ka-sir. . .*
    testis Zahatulu,   vir divisionis;
21.   *pan Irib-Istar nisu ka-sir. . .*
    testis Irib-istar,   vir divisionis;
22.   *pan Ba-ba-a-nu nisu rak u is-bar-kit*
    testis Babanu,   vir. . .
23.   *pan Nabu-ahi-usur nisu rab kal-li-is*
    testis Nabu-ahi-usur,   vir. . .
24.   *pan Za-ru-ti-i nisu milu (a-ba)*
    testis Zaruti,   vir doctor
25.   *pan Ulul-ai*
    testis Ululai
26.   *pan Ba-ni-i nisu milu (a-ba) sa-bit tan-ni-ti*
    testis Bani,   vir præpositus   possessor debiti.

27. *arah Addaru yum XXI kam lim—mu Bel—nis—ani*
Mense Adar, die vicesimo primo, anni Bel-nis-ani
28. *nisu sa—lat alu Kur—ban*
Præfecti urbis Kurban.
(Sur la marge.)
29. *IV ma—na eri sa su—pur—su*
Quatuor minæ aeris, creditum ungue suo.

TRADUCTION.

« Ongle de Mannuki-ahe-su, — Ongle qui remplace le cachet de Sa...te, propriétaires d'une maison avec ses sorties et ses entrées.

« Une maison en construction, avec ses poutres et ses portes, bornée par la maison de Nabu-sar-usur ; — bornée par la maison de Samas-sum-usur ; — bornée par la maison de. . . . ; — bornée par la maison de Nabu-nasir ; — bornée par la maison de Samas-murran :

« Et Su-ilani, le préposé de. . . . . . Manuki-nasir, a versé trois mines et deux tiers d'argent.

« Le prix a été définitivement fixé, cette maison a été payée et achetée, la rescision du contrat ne peut plus être admise.

« A quelque époque que ce soit, soit les fils. . ., soit. . . .

« Témoins: Dugal, — Nabu-nasir. . . . Zikar-Istar, fils de . . . . ; — Nirgal-nasir, le grand préposé du trésor, — Zahatulu, le répartiteur ; — Irib-Istar, le répartiteur ; — Babanu, le préposé aux. . . . . ; — Nabu-ahi-usur, le grand préposé, — Zaruti, le chef ; — Ululai, — Banie, préposé, possesseur du contrat.

« Le 20ᵉ jour du mois de Adar de l'année de Bel-nis-ani (février 698 av. J.-C.), Préfet de la ville de Kurban. »

(Sur la marge.)

« Quatre mines de cuivre, créance garantie par son ongle. »

REMARQUES.

Mannuki-ahe-su est propriétaire d'une maison en construction ; il la loue moyennant 3 mines 40 drachmes, soit 825 fr., à un nommé Irib-ili.

Quant à la mention marginale, il paraîtrait qu'on a stipulé un prix nouveau de 4 mines de cuivre, représentant, en kilogrammes, un poids de 4f,04; mais nous manquons des éléments nécessaires pour apprécier la relation de ce prix avec l'objet du contrat.

XII

Vente d'un Verger, septembre 794 av. J.-C.

(W. A. I., III, pl. 48, n° 4).

1. *ku—um   kunuk-su   su—pur—su   iskun   (sa—un)*
   Loco   sigilli   unguem   suum   apposuit:
2. *su—pur   Ilu—a—mar   nisu   rab   kar—ma—ni*
   unguis   Il-Amar,   viri préposti vineis,
3. . . . *alu Ma—ga—nu—ba*
   urbis Maganuba
4. *bel kiri (iš-sar) ekil nisi idin—an*
   domini agri,   horti, virorum que traditorum :

〜 〜 〜 〜 〜

5. *II kiri (iš-sar) sa be—lit bit III emeri ekil*
   duo horti. . . .   tres homer agri
6. *ina alu Us—hi—ri—ti*
   in urbe Ushiriti
7. *ka u šu Assur—bel—istin*
   unum epha Assur-bel-istin
8. *nisu nu kiru (iš-sar) Kur—me—e nisu ba—mat*
   vir villicus horti;   Kurme   vir
9. *III . . . as . . .   zi—me*
   tres

(Plusieurs lignes manquent).

.. *pan   Mu—se—zib—ilu . . .*
   Testis Musezib-ilu
.. *pan   Samas—malik (an—ai) nisu mu—kil pa*
   testis Samas-malik
.. *pan   Ur—du—te nisu sansu sik*
   testis Urdute   vir   famulus
..   *sa Nirgal—asir (bar)*
           Nergal-asir

	pan	Nabu-ah-idin	nisu	milu	(a-ba)
..	testis	Nabu-ahidin	vir	doctor.	
..	araḫ Tasritav	yum I kam	lim-mi	Il-illi-a	
	Mense Tisri,	die primo,	anni	Illittia	
..	nisu sa-lat	alu	Dim-mas-ka		
	præfecti	urbis	Damasci.		

TRADUCTION.

« A la place de son cachet, il a apposé l'empreinte de son ongle. — Ongle de Il-amar, préposé en chef des vignerons. . . . de la ville de Maganuba, propriétaires d'un champ, d'un jardin et des hommes livrés :

« Deux champs de la contenance de trois homers situés dans la ville de Ushiriti, et . . . . Assur-bel-istin, usufruitier du jardin. . . . Kurmé. . .

« Témoins : Muscrib-ilu, — Samas-malik, préposé, — Urdute, chef de deux. . . . de Nirgal-asir, — Nabu-ahi-idin, préposé chef.

« Le premier jour du mois de Tisri de l'année de Ankiya, Préfet de la ville de Damas (septembre 794 av. J.-C.). »

REMARQUES.

Il-amar, propriétaire à Maganuba, l'ancien village où devait s'élever un jour le palais de Sargon (voyez Oppert. *Inscription de Dour-Sarkayan*, p. 10), y possède un parc, un champ et des esclaves, qu'il a aliénés, peut-être, contre 3 mines d'argent, soit 675 fr.; mais le texte est fruste et ne permet de rien préciser de plus.

XIII

Créance, février 693 av. J.-C.

(W. A. I., III, pl. 47, n° 8.)

1. XL ma-na urudu ris
   Quadraginta minæ æris operarii
2. nisu up-par sa nisu kiselu (luḫ)
   vir, viri scriptoris
3. sa me-du-u-ni

174   DOCUMENTS JURIDIQUES.

4. . . . sal sa-ki-ia-te
5.   pan Bin-mi
          Testis Bin-mi
6.   pan Bin-kit-ni
          testis Bin-kit-ne
7.   pan Nabu-ahi-usur
          testis Nabu-ahi-usur
8.   pan La-lik-ni-ilu
          testis Lalikniel

9.   arah Addaru yum X kam
     Mense Adar,   die decimo
10. lim-mi Il-itti-ya
     anni   Ilittiya

TRADUCTION.

« Quarante mines de cuivre (de première qualité ?), créance de . . . le chef des . . .

« Témoins : Bimmi, Bin-kitni, Nabu-ahi-usur, Laliknil.

« Le 10ᵉ jour du mois de Adar de l'année de Ilittiya (février 693 av. J.-C.) »

REMARQUES.

La quantité de 40 mines de cuivre est égale à un poids de 40 kilog. environ ; mais nous manquons des éléments nécessaires pour établir quel était alors le rapport de la valeur du cuivre et de l'argent.

XIV

Vente d'Esclaves, avril 691 av. J.-C.

(*W. A. I.*, III, pl. 47, nº 11.)

1.   ku-um   kunuku . . .
     Loco   sigilli
2.   su-pur Mu . . . .
     Unguis Mu

3. *Gar-ga-mis-ai* . . . .
   Gargamisaï
4. *Nabu-sab-ir kur III nisu* . . . .
   Nabu-sabir, summa tota tres homines
5. *beni (nisu) nisi ta-da-[ni*
   domini virorum traditorum

    (Plusieurs lignes manquent).

arah Airu yum I lim-mi
Mense Airu, die primo, anni
  Za-za-i
  Zaza. . .

TRADUCTION.

« A la place de son cachet . . . . ongle de Mu . . . . Gargamisaï. . . . Nabu-sabir. . . . en tout trois hommes propriétaires des hommes vendus. . . . .

. . . .

« Le 1er jour du mois Iyar de l'année de Zaza.. (avril 691 av. J.-C.) »

REMARQUES.

Il n'y a rien à remarquer dans ce contrat, sauf le nom propre exprimé par le nom de la personne native de Carchemis, Gargamisaï, - le Circhésien. -

XV

Vente d'une Maison, mai 692 av. J.-C.

(W.A.I. III, pl. 48, n° 3.)

1. *su-pur Sar-lu-da-ri*
   Unguis Sarludari,
2. *su-pur A-has-su-ru*
   unguis Ahassuru,
3. *su-pur (sal) A-mat-(an)-Su-'-la*
   unguis (femina) Amat-Sula
4. *hirati-su sa Bel-duru nisu salsu (III su) sa a-lak*
   uxoris   Bel-duru, viri triumvir. . . exercitus

176   DOCUMENTS JURIDIQUES.

5. *bel bit tadan (se-an)*
   domini domus traditæ :

))))

6. *bit ip-su a-di gusuri-su*
   Domus (tradita), constructa, una cum trabibus
7. *a-di dalati (iš-ik) su rat. . .*
   et portis   ejus
8. *ina alu Ni-nu-u suh bit   Man-nu-ki-ahe*
   in urbe Ninua, prope domum Mannuki-ahe
9. *suh bit Il-itti-a*
   prope domum Ilittiæ
10. *suh su-ka-ki yu-pis-ra*
    prope fora.   Acquisivitque
11. *Sil-Assur nisu milu (a-ba)*
    Sil-Assur vir præses,
12. *nisu mu-su-ra-ai*
    vir ægyptius,
13. *ina lib I ma-na kaspa sarru*
    pretio unius minæ argenti regis
14. *istu pan Sar-lu-da-ri*
    ex   Sarludari
15. *istu pan A-has-su-ru*
    ex   Ahassuru
16. *istu pan sal A-mat-(an)-Su-la sal-su sa bel-su*
    ex   (femina) Amat-Sula   uxore mariti suæ
17. *il-ki kas-bu ga-mur ta-din*
    emit. Pretium immutabiliter definitum est,
18. *bit su-a-tuv sa-rip laki (ti)*
    domus ipsa, nummis pensata, empta est
19. *tu-a-ru di-e-ni au ka ka*
    redhibitio negotii, inanitas
20. *la as-su man-nu sa ina ur-kis*
    non admissa. Quisquis, in futuris diebus
21. *ina ma-te-ma lu nisi e (l) an-nu-ti*
    quandocunque   seu viri   isti,
22. *sa di-ni u ka-ka*
    qui negotii   inanitatem

23.   *sa   Sil—Assur   yub—ta—'—u—ni*
      ex   Sil-Assur   postulabit ante me,
24.   *X   ma—na   kaspa   iddan   (an)*
      decem minas argenti solvet.
25.   *pan Su—sa—an—ku ha—at—na sarru*
         Testis Susanku,   gener   regis;
26.   *pan Har—ma—za nisu salsu (III su).*
         testis Harmaza,   triumvir;
27.   *pan Ra—su—' nisu malâh (mak—du—du)*
         testis Rasu,   vir   navigator;
28.   *pan Nabu—dur—usur nis mu—ri—ba ahi*
         testis Nabudurusur,   vir. . .   fratris;
29.   *pan Har—ma—za nisu rab elip du—du*
         testis Harmaza,   vir   gubernator navis;
30.   *pan Sin—sar—usur pan Zi—id—ka*
         testis Sin-sar-usur;   testis Zidka.
31.   *arah Sivanu yum XVI kam lim—mu Za—sa—a*
      Mense Sivan,   die sexto decimo,   anni   Zaza,
32.   *nisu sa—lat alu Ar—pad—da pan Samas—yukin—ahi*
      viri Præfecti urbis Arpad.   Coram Samas-yukin-ahi;
33.   *pan Lit—tu—ru pan Nabu—sum—idin.*
         testis Litturu;   testis Nabu-sum-idin.

TRADUCTION.

« Ongle de Sarludari, — ongle d'Ahassuru, — ongle de la femme Amat-Sula, épouse de Bel-duru, chef de trois légions, propriétaires de la maison aliénée.

« Une maison en construction avec ses poutres, ses colonnes, ses matériaux, située dans la ville de Ninive, bornée par la maison de Mannuki-ahe, bornée par la maison de Ankia, bornée par les marchés.

« Et Sil-Assur, le préposé égyptien, l'a acquise, moyennant une mine d'argent du Roi, de Sarludari, de Ahassuru, et de la femme Amat-Sula, l'épouse de son mari.

« Le prix a été définitivement fixé, la maison a été payée et achetée, la rescision du contrat ne peut plus être admise.

« Qui que ce soit, qui dans la suite des jours, à quelqu'époque que ce soit, soit parmi ces hommes, contestera le droit et le contrat de Sil-Assur, paiera dix mines d'argent.

178   DOCUMENTS JURIDIQUES.

« Témoins : Susanku, gendre du roi, Harmaza, chef de trois légions, — Razu, capitaine de navire, — Nabu-dur, préposé du frère, — Harmaza, capitaine de navire, — Sin-sar-usur, — Zidka.

« Le 16ᵉ jour du mois de Sivan de l'année de Zaza, Préfet de la ville d'Arpad (mai 692 av. J.-C.)

« Par devant : Samas-yukin-ahi, — Litturu, — Nabu-sum-idin. »

REMARQUES.

Les noms propres de ce texte sont très-remarquables. Le nom de la femme Amat-Sula nous révèle une divinité phénicienne, inconnue, d'ailleurs ; elle s'appelait : « Servante de Sula. » C'est un nom que l'on peut comparer à celui de אמי־עשתית et à d'autres noms de la même nature. Le mot *musurai* n'est pas un nom propre, il signifie littéralement «égyptien». Les noms des témoins Susanku et Harmaza sont, par contre, égyptiens ; leur forme originelle pourrait être facilement restituée.

M. Sayce (*Records of the past*, t. I, p. 131) a essayé de traduire ce contrat ; mais il nous semble qu'il ne s'est pas suffisamment pénétré du rôle des parties contractantes.

XVI

Vente d'Immeuble, avril 683 av. J.-C.

(W. A. I., III, pl. 46, n° 10.)

1. [*Dayan-kurban*]
   Dayan-kurban
2. *Bel bit tadani (se—ni)*
   domini domus tradita

3. *III bit su-a . . . .*
   tres domus
4. *I dalta (iš—ik) ina lib-bi*
   porta pretio

5. *ina alu Ninua-ki*
    in   urbe Ninua,
6. *gab-di*   *Na-ha ra-u*
    prope   Naharau,
7. *gab-di*   *Na-bu-ya*
    prope   Nabuya,
8. *gab-di*   *Ku-ma-ai*
    prope   Kumai.
9. *yu-pis-ca*   *Di . . .*
    Acquisitque Di. . .
10. *istu pan*   *Dayan-kur-ba-an*
    ex   Dayan-kurban
11. *ina lib-bi*   *XXX daray-manu (lo) kaspa*
    pretio   triginta drachmarum   argenti
12. *il-ki*   *kas-bu gam-mur*
    emit.   Pretium immutabiliter
13. *ta-din-ni*   *bit su-a-te*
    definitum;   domus ipsa
14. *sa-ar-pi*   *la-ki . .*
    nummis pensata et empta.
15. *tar-a-ru di-[i-nu]*
    redhibitio negotii,
16. *ka-ka la as-su*
    inanitas non admissa.
17. *man-nu sa i-gug-u-ni*
    Quisquis litigabit ante me,
18. *X ma-na kaspa idin-an*
    decem minas argenti solvet.
19.   *pan*   *Zikar . . . ni*
    Testis   Zikar,
20.   *pan*   *Ili . . . .*
    testis   Ili

(Quelques lignes manquent).

..   *pan*   *Lu-sa-mur pan Samas . . . .*
    testis   Lusamur;   testis Samas. . . ;

..   *pan*   *Nabu-ahi-usur pan Kun-ili arah Airu*
    testis   Nabu-ahi-usur,   testis Kun-ili. Mense Iyar

.. yum X lim-mu Sin-ahi-erib . . . .
die decimo, anni   Sin-ahi-erib.

On lit en caractères phéniciens la mention suivante, dans laquelle figure le nom de Dayan-kurban :

..דינכרב..

TRADUCTION.

« (Dayan-kurban), propriétaire des maisons vendues.

« Trois maisons situées dans la ville de Ninua (Ninive), près de Naharau, près de Nabuya, près de Kumaï.

« Et Di. . . . . les a acquises de Dayan-kurban, moyennant 30 drachmes d'argent.

« Le prix a été définitivement fixé; la maison a été payée et achetée, la rescision du marché ne peut plus être admise.

« Qui que ce soit qui demandera devant moi (la nullité du contrat), paiera 10 mines d'argent.

« Témoins : Zikar. . .; — Hi. . .; — Lusamur; — Samas. . .; — Nabu-ahe-usur; — Kun-ili.

« Le 10ᵉ jour du mois de Iyar de l'année d Sennachérib (avril 686 av. J.-C.) »

REMARQUES.

Sur les tables assyriennes, le nom de Sennachérib est le 18ᵉ de son règne. On sait que c'est à partir de Téglath-Phalasar que la première année du règne n'a pas été inaugurée par le nom royal ; malgré cela, la chronologie ne soulève aucune difficulté. Sennachérib a commencé à régner le 12 Ab de l'année de Pakhar-bel (août 704 av. J.-C.). Nous sommes donc bien pour cette époque en l'an 686.

Les 30 drachmes d'argent valent 112 fr. 50 cent. de notre monnaie, et la clause pénale qui porte le dédit à 10 mines d'argent équivaut à 2,250 francs.

XVII

Créance portant intérêt, mars 683 av. J.-C.

(*W.A.I.*, III, pl. 17, n° 7.)

1. *VI ma-na X darag-mana (tu) kaspa*
   Sex minæ, decem drachmæ argenti
2. *sa Sum-mu-elani*
   quod Summu-ilani
3. *ina pan Bel-ris-tan*
   ex Bel-ristan
4. *a-na IV su i-rab-bi*
   usquo ad quartum tantum usurabit.
5. *pan Sin-zir-bani salsu (III su)*
   Testis Sin-zir-bani, triumvir;
6. *pan Nabu-ah-usur nisu gur-bu-ti*
   testis Nabu-ah-usur, vir
7. *pan Me-i-su nisu milu (a-ba)*
   testis Meisu, vir magister;
8. *pan Mil-ka-ai*
   testis Milkaī;
9. *pan Nabu-ilmad-a-ni salsu (III su)*
   testis Nabu-ilmad-ani, triumvir.
10. *arah Nisanu yum X kam*
    Mense Nisan, die decimo,
11. *lim-me Man-za-ar-ni-e*
    anni Manzarnie.

TRADUCTION.

« Six mines, dix drachmes d'argent, créance de Sum mu-ilani, venant de Bel-ristan.

« L'argent portera intérêt jusqu'au quadruple.

« Témoins : Sin-zir-bani, triumvir, — Nabu-ah-usur, chef des cornes (?), — Meisu, docteur, — Milkaī, — Nabu-ilmad-ani, triumvir.

« Le 10ᵉ jour du mois de Nisan de l'année de Manzarnie (mars 683 av. J.-C.) »

REMARQUES.

Il n'y a ici à remarquer que l'importance de la somme : 6 mines d'argent valent 1,350 fr., et 10 drachmes 37 fr. 50 ; nous avons donc un total de 1,387 fr. 50. Ajoutons, toutefois, que le nom du créancier peut être lu *Nabaṣ-sum-ilâni*.

XVIII

DOCUMENTS DU RÈGNE D'ASSARHADDON (680 à 667 av. J.-C.).

Vente d'Esclaves, avril 680 av. J.-C.

(*W.A.I.*, III, pl. 46, n° 6.)

1. *kunuk   Zikar-Istar*
   Sigillum   Zikar-Istar
2. *bel   nisi   tadin-ni*
   domini   hominum   traditorum

3. *U-si-' II assâti-su*
   Usi,   duæ mulieres ejus,
4. *Mi-ih-sa-a   Ba-di-ya*
   (femina) Mihsa   (femina) Badiya,
5. *Si-gab-a Bel-tak-kil*
   Sigaba,   Bel-takkil
6. *II lana-ti asu (ut)-su*
   duæ mulieres, originis suæ ;
7. *kur VII si nisi zikari*
   summa tota septem capita servorum
8. *sa Zikar-Istar*
   Zikar-istar.
9. *yu-pis-ra Si-ma-di*
   Acquisivitque Simadi ;
10. *ina lib-bi III ma-na kaspa*
    pretio   trium minarum argenti

11.   *il-ki kas-bu*
      emit.   Pretium
12.   *ga-mur tu-ad-din*
      immutabiliter definitum est
13.   *tu-a-ru di-e-nu*
      redhibitio   negotii (1)
14.   *ka-ka la a-su*
      inanitas non admissa.
15.   *pan Bel-nuri nisu tam-kar*
      Testis Belnuri,   artifex
16.   *pan Am-ya-te-'-u*
      testis Amiati,
17.   *pan Sa-an-gi-i*
      testis Sangi,
18.   *pan Su-i-sa-a*
      testis Suisa,
19.   *pan Karan-dur (Si-dur)*
      testis Kharan-lur,
20.   *pan*
      testis . . . .
21.   *ina arah Tasritue lim-mu Da-na-nu*
      Mense   Tisri,   anni   Dananu.

On lit en caractères phéniciens la mention suivante, dans laquelle nous voyons figurer le nom d'Osée :

דנת הישע
נ... אב... זארש

TRADUCTION.

« Cachet de Zikar-Istar, propriétaire des esclaves vendues :

« Usi, — ses deux filles Mihsa et Badia, — Sigaba, — Bel-takkil, deux filles issues de lui, en tout sept têtes d'esclaves de Zikar-Istar.

« Et Simadi les a acquises moyennant le prix de trois mines d'argent.

« Le prix a été définitivement fixé, la rescision du contrat ne peut plus être admise.

« Témoins : Bel-nuri, ouvrier, — Amiyaté, — Sangi, — Suisa, — Kharan-dur, — . . . . . .

« Dans le mois de Tisri de l'année de Dananu (avril 680 av. J.-C.) »

REMARQUES.

Il y a sept esclaves de Zikar-Istar qui font l'objet du présent contrat. Le nom de Usi, un juif, est semblable à celui d'Osée (הושע). Viennent ensuite ses deux filles Mihsa et Badiya. Le nom de Sigaba attend son expression phonétique. Nous voyons figurer encore Bel-takkil et ses deux filles, qui ne sont désignées que par leur emploi. Simadi a acheté tout cela, moyennant 3 mines d'argent, c'est-à-dire 675 fr. de notre monnaie.

Le nom du dernier témoin est resté en blanc sur l'original.

XIX

Vente d'Immeubles, avril 679 av. J.-C.

(Musée Britannique.)

1. *III imeri ekil (a-lib) sa E-du-sal-lim*
   Tres homer agri   Edusallim
2. *in alu Kar-ilu Mu-se-zib*
   in urbe Kar-ilu.   Musesib
3. *I ma-na kaspa ana E-du-sal-lim*
   unam minam   argenti Edusallim

◯[1]

4. *se-in parap ma-na sa ekil (a-lib)*
   solvet dextantem minæ   agri
5. *sa E-du-sal-lim dan e (pa-si-su e-rib)*
   quod Edusallim
6. *ina yume sa ana bar sa kaspa*
   . . . .
7. *E-du-sal-lim a-di Mu-se-zib*
   Edusallim   et   Musezib

[1] Sur le cachet on voit la lune, une étoile et une gazelle.

DOCUMENTS DU RÈGNE D'ASSARHADDON.

8. se zir mi su. . . . . yu-se-sa
   frumentum ex agro   educet.
9.   pan Il-tap-pa   pan Nabu-pakid-(sik)-ilani.
        Testis Iltappa;   testis Nabu-pakid-ilani;
10.   pan Abi-da-nu   pan Bel-la-sin
        testis Abidanu; testis Bel-lasin;
11.   pan Samas-ka-sal
        testis Samas-kasal;
12.   pan Bi-il-lu   pan Ilu-bab-essis
        testis Billu; testis Ilu-bab-essis;
13.   pan Lu-zib-balat   pan Ab-tir-u-ni-el
        testis Luzibbalat; testis Abtiruniel.
14. arah Airu yum XXVI (XVI?) kam
    Mense Iyar, die vicesimo sexto,
15. limmu Da-na-nu
    anni Dananu
16. sa-lat Man-su-a-te.
    Præfecti urbis Mansuate.

TRADUCTION.

« Le champ de Edusallim de la valeur de trois homers est situé dans la ville de Kar-ilu.

« Musesib a prêté à Edusallim une mine d'argent. Cinq sixièmes de mine (50 drachmes) représentent la valeur du champ d'Edusallim. La dette sera compensée de suite ainsi : pour le reliquat de l'argent, Edusallim récoltera le blé du champ avec Musesib.

« Témoins : Iltappa, — Nabu-pakid-ilani, — Abidanu, — Bellasin, — Samas-kasal, — Bilu, — Ilu-bab-esis, — Lubalut, — Ab-tiruni-el.

« Le 26° jour du mois de Iyar de l'année de Dananu, Préfet de la ville de Mansuate (avril 680 av. J.-C.). »

REMARQUES.

Le sens véritable de ce texte est assez obscur. Nulle part l'incertitude entre le prétérit et le futur, n'est aussi embarrassante que dans ces quelques lignes, et cette incertitude permet de changer complétement de face la nature du contrat.

XX

Créance portant intérêt, août 676 av. J.-C.

(Musée Britannique).

1. *parap ma-na kaspa sa Nabu-ah-idin*
   Dextans minæ argenti quod Nabu-ah-idin
2. *eli Musid-nu tur sa har*
   super Musid-nu
3. *arah Ululu kalu anni Nabu-ah-iddin*
   mense Elul anni proximi Nabu-ah-iddin
4. *i-nam-din ki-i la ba-sa-nu*
   tradidit sine existentia
5. *arah eli II ki [irabbi]*
   mensis; usque ad alterum tantum fenerabitur
6. *is na Assur-malik nim ur gam*
   Testes : Assur-malik
7. *Ku-ku nisu na-pi-ri*
   Kuku, vir
8. *Semu habal Da-bi-bi*
   Semu, filius Dabibi;
9. *Zir-idin habal Sa-du-nu*
   Zir-idin, filius Sadunu;
10. *Bel-zir habal nisu hal*
    Belzir, filius viri
11. *Marduk-balat pal . . .*
    Marduk-balat, filius
12. *au nisu tip-sar Im-ma*
    et vir scriba Imma
13. *habal Rim-zab-ili Si-zar*
    filius Rim-zab-ili, Sizar.
14. *alu Lubi arah Ululu yum XXV kam*
    In urbe Lubi, mense Elul, die vicesimo quinto,
15. *sanat IV kam Assur-ah-iddin*
    anno quarto Assur-ah-iddin.
16. *sar Assur*
    regis Assyria.

TRADUCTION.

« Une demi-mine d'argent, créance de Nabu-ah-idin sur Musidnu.

« ... Celui-ci remboursera cette somme dans le mois d'Elul suivant à Nabu-ahi-idin. Ce mois ne comptera pas. Les intérêts s'élèveront au double du principal.

« (Témoins) : Assur-Malik... — Kuku... Semu, fils de Dabibi. — Zir-idin fils de Saduna. — Belzir fils de... — Marduk-balat fils de..., et le scribe Iuma fils de Rim-zab-ili-Sisar

« Dans la ville de Lubi, au mois d'Elul, le 25 jour de la quatrième année d'Assarhaddon, roi d'Assyrie (août 676 av. J.-C.). »

REMARQUES.

Ce document appartient à la Chaldée, l'écriture est du style cursif babylonien et non pas ninivite. Assarhaddon qui est désigné dans ce monument comme roi d'Assyrie, n'avait peut-être pas pris encore le titre de roi de Babylone que nous trouvons inscrit sur quelques briques des palais de la grande cité. La date de la rédaction de cette tablette est fixée suivant l'usage babylonien par l'année du roi. La quatrième d'Assarhaddon doit correspondre à celle de Nirgal-sar-usur, et par conséquent à l'an 676 av. J.-C.

XXI

Créance portant intérêt, mai 675 av. J.-C.

(W. A. I., III, pl. 17, n° 5.)

1. *II bilat (tik-un) eri sapvete (ris)*
   Duo talenta   æris puri
2. *sa ana Istar-sa-(ala)-Arba-ilu*
   Istar-Arbelis.
3. *sa Man-nu-ki-Arba-il*
   Quod Mannuki-Arbail
4. *ina pan Samos-ahi-e-[rib]*
   in facie   Samas-ahi-erib
5. *ina arah Abu il-dan-an*
   mense   Ab   debebit.

6.   sum-ma la-a id-din-ni
   Sic :   si non solvet
7.   a-na salsu (III šu) su-nu
   usquo ad tertium tantum eorum,
8.   i-rab-bi- u
   fenerari poterunt.
9.   ina arah Sivanu yum XI kam
   Mense   Sivan, die undecimo,
10.   lim-mu Ban-ba-a
    anni   Banba
11.   pan Istar-bab-(kam)-essis
    Testis Istar-Babessis;
12.   pan Ku-u habal Sarru-ik-bi
    testis Ku   filius Sarru-ikbi;
13.   pan Damik-eni (Si-zab-ka-mis)-sar
    testis Damikeni-sar
14.   pan Nabu-bel-ya
    testis Nabu-Belya.

TRADUCTION.

« 2 talents de cuivre pur d'Istar d'Arbèle, que Manuki Arbaïl devra au mois Ab à Samas-ahi-erib de la manière convenue : si il ne les rembourse pas l'intérêt sera porté au triple du capital.

« Le 11° jour du mois Sivan de l'année de Bamba (mai 675 av. J.-C.).

« Témoins : Istar-Bab-essis. — Ku, fils de Sarru-ikbi, — Damikeni-sar, — Nabu-bel-ya. »

REMARQUES.

Le prix est stipulé en cuivre : 2 talents forment un poids de 60 kilogrammes environ ; mais nous ne pouvons en fixer la valeur.

XXII

Vente d'Immeubles, décembre 673 av. J.-C.

(W.A.I., III, pl. 50, n° 4.)

1.   kunuk Nabu-irib
   Sigillum Nabu-irib

2. *bel ekil taddui-(së-a-ni)*
   domini agri traditi ;

3. *bit XXXV emiri ekil ma-ṣa-ru-ti*
   Superficies triginta quinque homer agrorum consitorum
4. *i-na iś-bar-sa IX ka*
   ex proventu   novem epha
5. *i-na alu Ṣa-i-ri suḫ Ir-ṣi-ṣi*
   in   urbe Saïri,   prope Irsisi ;
6. *suḫ ekil sa Samas-sar-uṣur*
   prope agrum   Samas-sar-usur ;
7. *suḫ ekil Samas-sal-lim*
   prope agrum Samas-sallim ;
8. *suḫ mu-sa-gil-a-te*
   prope pascua.
9. *yu-pis-ra Samas-sal-lim*
   Acquisivitque Samas-sallim,
10. *ina lib V ma-na kaśap ilki (ti)*
    pretio quinque minarum argenti emit.
11. *kaś-bu gam-mur ta-din*
    Pretium immutabiliter definitum.
12. *ekil ṣa-rip la-ḳi tav-a-ru*
    Ager nummis pensatus, emptus est, redhibitio
13. *di-e-nu ka-ka la as-su*
    negotii,   inanitas non admissa.
14. *man-nu sa ina ur-kis ina ma-te-ma*
    Quisquis in futuris diebus,   quandocunque
15. *e-gug-u-ni lu-u Nabu-irib*
    contestabit ante me, seu   Nabu-irib,
16. *lu-u habli-su lu-u aḫi-su*
    seu   filius ejus, seu   fratres ejus,
17. *istu Samas-sal-lim*
    ex   Samas-sallim ,
18. *habli-su habli habli-su*
    filiis ejus, filiis   filiorum ejus,
19. *di-e-nu yub-ta-u-ni*
    negotium   repetent,

20. X ma-na kaspa I ma-na ḫurasa
    decem minas argenti, unam minam auri
21. ina par-ki ilat Is-tar a-si-bat
    in thesauro deæ Istaris habitantis
22. Ninua-ki issak-an kaś-bu ana X e
    Ninua 'eponet; pretii decima pars
23. ana beli-su yu-tir-ra ina di-ni-su
    ad dominum suum redibit; a negotio suo
24. idalḫab (i-ka-ka-ma) la i-lak-ki
    liberatus erit, non vendiderit
25. pan Mar-di-i pan Bin-sum-idin
    Testis Mardie; testis Bin-sum-idin;
26. pan Nabu-sum-usur
    testis Nabu-sum-usur;
27. pan Mu-se-zib-ilu
    testis Musezib-ilu;
28. pan Ḫa-ba-aś-te
    testis Habaste;
29. pan Bel-kaś-dur
    testis Bel-haran;
30. pan Ir-si-si
    testis Irsisi;
31. pan Kan-ava-ai
    testis Kannunai;
32. pan Ba-ḫi-i
    testis Bahie;
33. pan Nabu-sakin
    testis Nabu-sakin;
34. nisu milu (a-ba)
    vir magister.
35. arah Tebitu yum XXV kam
    Mense Tebet, die vicesimo quinto
36. lim-mi Sar-nuri
    anni Sar-nuri.

TRADUCTION.

« Cachet de Nabu-irib, propriétaire du champ aliéné.

« Un champ rendant trente-cinq homers, sur un ensemencement de neuf *epha*, situé dans la ville de Saïri, borné par Irsisi, borné par le champ de Samas-sar-usur, borné par le champ de Samas-Sallim, borné par des terrains en pâturage.

« Et Samas-sallim a acquis (ce champ) pour le prix de cinq mines d'argent.

« Le prix a été définitivement fixé le champ et le prix ont été échangés, la rescision du contrat ne peut plus être admise.

« Qui que ce soit, qui dans l'avenir et à quelle qu'époque que ce soit, élevera devant moi une contestation, soit Nabu-erib, soit ses fils, soit ses frères, contre Samas-sallim, contre ses fils, ou les fils de ses fils, et demandera la résiliation du contrat, paiera dix mines d'argent et une mine d'or dans le trésor sacré d'Istar de Ninive, dont un dixième reviendra à son propriétaire; la nullité sera prononcée, il n'aura pas acheté.

» Témoins : Madie, — Bin-sum-idin, — Nabu-sum-idin, — Musizabilu, — Habaste, — Belharau, — Irsisi, — Kammunaï, — Bakhie, — Nabusakin, préposé.

« Le 25ᵉ jour du mois de Tebet de l'année de Sarnur (décembre 673 av. J.-C.) »

REMARQUES.

Le champ dont il est question est de mauvaise qualité; aussi il est vendu bon marché, cinq mines d'argent, soit 1,128 fr. de notre monnaie. Il ne rend que 420 *epha* sur 9 de semence; il ne couvre que 47 fois la dépense. Le mot *musagilate* semble être allié à *sogellat*, avec le sens spécial de « troupeau »; il n'a pas, comme en hébreu, celui de « propriété en général ».

XXIII

Vente d'Esclaves, février 670 av. J.-C.

(*W.A.I.*, III, pl. 49, n° 4.)

1. *kunuk Ida-a-te bel a-la-ka*
   Sigillum Idate, domini exercitus,
2. *kunuk Bin-sar-usur*
   sigillum Bin-sar-usur,
3. *kunuk Sar-mu-ki-in*
   sigillum Sar-mukin,

4. *kur   III nisi e habli   Assur-sal-lim*
     summa tota tres viri   filii   Assur-sallim,
5. *bel nisi tadan-ni (śe-ni)*
     domini virorum, traditorum.
6. *Ilu-yukin-ah   Sil-Assur*
     El-yukin-ah,   Sil-Assur,
7. *II binit kur V napsâti (zi-e)*
     duæ filiæ, summa tota quinque capita
8. *nisi zikari sa nisu . . .*
     famuli vivorum

(Quelques lignes manquent).

..   *pan Nabu-edir . .   nisu . . .*
        Testis Nabu-kor,   vir
..   *pan Nabu-zir-idin   nisu . .*
        testis Nabu-zir-idin,   vir
..   *pan Nabu-sar-usur   nisu . . .*
        testis Nabu-sar-usur,   vir
..   *pan Na-ha-ra-a u nisu . . .*
        testis Nahara,   vir
..   *pan Bel-haran-sar-usur   nisu . . .*
        testis Bel-haran-sar-usur,   vir
..   *pan Rab-nar nisu rab ki-sir . . .*
        testis Rab-nar   vir princeps divisionis,
..   *pan Tab-sar . . . .*
        testis Tabsar. . .
..   *pan Ha-ba-as-ti nisu rab ni . . .*
        testis Habasti,   vir   maximus
..   *pan Ba-śu-u-ya pan (alu) Kal-kak-ha*
        testis Basuya;   testis   Calcha?;
..   *pan Nabu-edir (kar-ir) pan Si-ma-nu nisu dam-kar*
        testis Nabu-edir;   testis Simanu,   vir artifex.
..   *ina arah Addaru yum I kam lim-mu Tebit-ai*
        Mense   Adar,   die primo   anni   Tebitai
..   *nisu sar-din-nu pan Samas-sar-usur nisu sabit (lu-śu) pa-e*
        vir . . . ; coram Samas-sar-usur, viro habente. . .
..   *sa habal sarri pan Bin-kas-sun*
        filii   regis; coram Bin-kas-sun.

TRADUCTION.

« Cachet de Idate, maître d'armée, — cachet de Bin-sar-usur, — cachet de Sar-mukin, en tout trois hommes, fils de Assur-sallim, propriétaires des hommes vendus. Il-yukin-Asur, Sil-Assur, deux filles, en tout cinq (?) têtes. . . . .

. . . .

« Témoins : Nabu-edir. . . . — Nabu-zir-idin, préposé, — Nabu-sar-usur, préposé, — Naharau. . . .— Bel-haran-sar-usur, préposé, — Rab-nar, le grand juge, — Tab-sar. . . .— Habasti, le grand. . . . . — Basuya, — Kalchaï, — Nabu-edir, — Simanu, artisan.

« Le 1ᵉʳ jour du mois Adar de l'année de Tebitaï, le grand *sartinnu*. (Février 670 av. J.-C.).

« Par devant : Samas-sar-usur, préposé des... du fils du roi et Bin-kassun. »

REMARQUES.

La partie principale de ce contrat fait défaut. Les noms des parties et des témoins ne donnent lieu qu'à une seule observation : celui de *Sar-mukin* pourrait être lu *Sar-sum-ukin*. La fonction de *sartinnu* nous est inconnue ; elle s'explique peut-être par un mot qu'on peut rapprocher de שרתן, dérivé de שרת « servir ».

XXIV

DOCUMENTS DU RÈGNE D'ASSUR-BANI-HABAL.

Créance portant intérêt, avril 669 av. J.-C.

(W. A. I.; III, pl. 47, n° 9.)

1. *IV ma-na kaspa ina sa Kar-ga-mis*
   Quatuor minæ argenti   Carchemis
2. *sa Nirgal-sar-usur*
   Quas Nirgal-sar-usur
3. *ina pan Nabu-sum-idin habal Nabu-madid-(ram)-napsat*
   in facie Nabu-sum-idin, filii Nabu-madid-napsat
4. *nisu milu (a-ba) sa pahat (bel-nam) sa alu Dur-Sar-kin*
   viri magistri   Præfecti   urbis Dur-Sarkin.

DOCUMENTS JURIDIQUES.

5.   *V darag-manû (tu) kaspa sa arah irab-bi*
     Quinque drachmas   argenti per mensem usurabit.

6.   *arah Airu yum XXVI kam*
     Mense Iyar, die vicesimo sexto,

7.   *lim-mu Gab-ba-ru*
     anni   Gabbaru

8.   *pan Nabu-habal-idin*
      Testis, Nabu-habal-idin;

9.   *pan Nabu-se-zib mukil II pa*
      testis Nabu-Sezib;

10.   *pan Ahi-ra-mu*
      testis Ahiramu;

11.   *pan Assur-dan-in-sar*
      testis Assur-danin-sar;

12.   *pan Di-si-i milu (a-ba)*
      testis Disi vir doctor.

13.   *pan Samas-nahid gur-(zak)*
      testis Samas-nahid;

14.   *pan Sin-mat-epus nisu gab*
      testis Sin-mat-epus,   vir. . .;

15.   *pan Marduk-zir-idin*
      testis Marduk-zir-idin,
               milu (a-ba)
                vir   magister.

TRADUCTION.

« 4 mines d'argent au titre de Carchemis, créance de Nirgal-sar-usur, au profit de Nabu-sum-idin, fils de Nabu-madid-napsat, préposé du Préfet de la ville de Dur-Sarkin.

« Elle produira 5 drachmes d'argent par mois.

« Témoins : Nabu-habal-idin, Nabu-sezib, chef de deux *pa* ; — Airamu ; — Assur-danin-sar ; — Disi, chef ; — Samas-naid, *gur zak* ; — Sin-mat-épus ; — Marduk-zir-idin, chef.

« Le 26ᵉ jour du mois Iyar de l'année de Gabbaru (avril 667 a. J.-C.) »

REMARQUES.

Il y a là une usure énorme, la somme principale est de 4 mines d'argent, soit 900 fr. de notre monnaie ; elle doit produire 5 drachmes d'argent d'intérêt par mois, soit 19 francs ; c'est donc un intérêt de 25 0/0.

DOCUMENTS DES DERNIÈRES ANNÉES DE L'EMPIRE D'ASSYRIE.

XXV

Vente d'Esclaves.

(W. A. I., III, pl. 46, n° 5).

1. kunuk . . . .
   Sigillum
2. kunuk . . . . .
   sigillum
3. habal Ha-zi . . . .
   filii Hazi
4. bel sal . . . . .
   domini feminæ (tradite)

5. assat (sal) Ha-am-bu-su sal-lat . . .
   Femina Hambusu ancilla (ejus),
6. binit . . . as-muḫ kit
   filia
7. yu-pis-ea Lu-ku
   Acquisivitque Luku,
8. nisu rab ki-sir sa habal Sarru
   vir præpositus portioni filii regis,
9. ina lib-bi I ma-na VIII darag-mana (tu) kaspa
   pretio, unam minam octo drachmas argenti
10. il-ki kas-bu gam-mur
    emit. Pretium immutabiliter
11. ta-din banati su-a-tav
    definitum ; mulieres istæ
12. zir-pat ardani lak-ki-'
    nummis pensatæ, servi modo emptæ,
13. tu-a-ru di-nu ka ka
    redhibitio negotii inanitas

14. *la aṣ-ṣu man-nu sa ur-kis*
    non admissæ. Quisquis in diebus futuris,
15. *ina ma-te-ma i-za-ku-pa-a-ni*
    quandocumque surget ante me,
16. *igug—u—ni lu—u nisi e*
    petet a me, seu homines
17.   *an-nu-te*
                  isti,
18. *lu-u habli-su-nu lu-u aḥi-su-nu*
    seu filii corum,   seu fratres corum,
19. *sa is-tu Lu-ku*
    ex   Luku
20. *au habli-su au aḥi-su*
    ex filiis ejus ex fratribus ejus
21. *di-nu ka ka yub-ta-u-ni*
    negotii rescisionem postulabunt,
22. *X ma-na kaspa luh-u*
    decem minas argenti puri,
23. *I ma-na ḥurasu sak-ru*
    unam minam auri   operarii,
24. *ina pur-ki ilat Is-tar a-si-bat*
    in thesauro   deæ   Istaris quæ habitat
25. *alu Ninua-ki isakkan (sa-an) kas-bu*
    in urbe Nino   deponet;   pretium, (et)
26. *a-na X   a-na bel-su yutirra (gur)*
    decima pars,   domino suo redibit,
27. *ina la di-ni-su idabbib (ka-ka ma)*
    a non-contractu suo liberatus erit,
28. *la i-laḥ-ki*
    non vendiderit.
29.   *pan Ia-man-nu-u*
          Testis Iamannu;
30.   *pan A-su-u*
          testis Asu;
31.   *pan Ma-lik-yum nisu dam-gar*
          testis Malik-yum,   vir artifex;
32.   *pan Ia-wan-nu nisu rab L*
          testis Iamanau,   pentecontarchus;

33.		pan	Am–mas-ki-ri		
		testis	Ammaskiri;		
34.		pan	Assur-sum-usur	nisu milu	(a-ba)
		testis	Assur-sum-usur,	vir	magister.
35.	arah	Airu	lim–mu	Si-lim-Assur	
	Mense	Iyar,	anni	Silim-Assur.	

On lit en caractères phéniciens la mention suivante, dans laquelle nous trouvons le nom de Amat-Hambusu.

דנת אמתא הבש ... תלקה ..... מ
הפס⸗ ... חזג ....

TRADUCTION.

« Cachet de... cachet de... fils de Hazi, propriétaire de l'esclave vendue.

« L'esclave Hambusu, fille de....,

« Et Luku, administrateur du domaine du fils du roi, l'a acquise pour le prix de une mine et huit drachmes d'argent.

« Le prix a été définitivement fixé, la femme a été payée et achetée, la rescision du marché ne peut plus être admise.

« Qui que ce soit, qui dans la suite des jours, et à quelque époque que ce soit, contestera devant moi ce contrat, élèvera des prétentions contraires, soit les parties (qui ont stipulé), soit leurs fils ou leurs frères, soit Luku, ses fils ou ses frères, et qui demandera la nullité du contrat, déposera dix mines d'argent pur, une mine d'or du commerce dans le trésor sacré d'Istar, qui habite la ville de Ninive. Le prix avec la dixième partie retournera à son propriétaire; il sera libéré à cause de la nullité de son marché, il n'aura pas vendu.

« Témoins : Iamannu; — Asu; — Malik-yum, ouvrier; — Iamannu, chef des cinquante; — Ammaskiri; — Assur-sum-usur, président.

« Au mois Iyar de l'année de Silim-Assur. »

REMARQUES.

La légende phénicienne, quoique très-obscure encore, permet cependant de lire sûrement אמתא הבשא : « La servante Habus ».

La phrase finale est un peu modifiée ; on lit : *ina la dinisu idabbib*, « a non-contractu suo liberatus erit ». Les dates ne sont pas certaines à partir de l'année 664. Il y a une lacune dans les tablettes assyriennes jusqu'en Nisan 653. La date la plus précise est celle de Bel-sadua, à cause du 30 Tebet de cette année, qui ne peut tomber que le 22 janvier 644. L'arrangement de M. Smith nous paraît fautif à cette époque, et ne cadre pas avec la place matérielle que nous avons constatée sur la tablette.

XXV

Vente d'Immeubles.

(*W. A. I.*, III, pl. 46, n° 4.)

1. *kunuk Samas-bal-lit-a-ni*
 Sigillum Samas-ballit-ani ;
2. *kunuk Zikar-Istar*
 sigillum Zikar-Istar ;
3. *kur II nisi Abu-irib*
 summa tota duo viri; Abu-irib
4. *istu lib (alu) Ku-ur-u-bi*
 ex urbe Kurubi
5. *bel ekil (a-lib) at-ru kiru (is-sar)*
 domini agri aromatum, horti
6. *tab-ri-u susu a-na mu-an-na-e tada a-ni*
 ferentis florem per annos traditi.

7. *bit II imeri ekil (a-lib) gab-di Ur-di*
 Campus duorum homerum agri vicinus Urdi
8. *gab-di Lu-u-ballit-(ti-la) bit I as ekil (a-lib)*
 vicinus Luballit; campus unius hemicori (as) agri
9. *gab-di Ri-sa-ai gab-di Nabu-balatsu-ikbi-(ti-su-e)*
 vicinus Risai; vicinus Nabu-balatsu-ikbi;

10. bit I mas . . . . . . Lu-u-ballit-(ti-la)
    campus sesqui . . . vicinus Luballit
11. . . . .
    . . .
12. bel is an . . . . . .
    dominus
13. I imeri as ckil (a-lib) . . . .
    unum homer,   agri
14. gab-di Lu-u-ballit-(ti-la) . . .
    vicinus   Luballit
15. sa il-ki-' gab-di Lam-[mu-uṣur]
    quem emit vicinus   Lammu-uṣur
16. as ckil (a-lib) bit il-ki-si ina nire-num
    ager
17. gab-di Be-ma-an-im I pa ina ku-ri-lam
    vicinus Bel-malik-Bin
18. gab-di Samas-irib III imeri ka-ba-ku
    coram   Samas-irib   tres homer
19. kur XX imeri ckil (a-lib) ina iš bor-sa VIII kur I bit
    summa tota viginti homer agri
20. aṭ-ru kiri (iš-ṣar) lab-ri-u susu ina (alu) Kur-u-bi
    plantarum aromatum ferentis flores   in urbe Kurubi.
21. yu-pis-va Kuk-kul-la-nu nisu rab ki-ṣir
    Acquisivitque Kakkullanu, vir præfectus portionis (regiæ)
22. ina ku-um ma-na kaspa a-na nu an-na akal
    pro una mina argenti, per annos (erit) ususfructus
23. III me-ri-si III ka-rap-ḫi VI sanat an-na
    tres messes vernas tres proventus auctumnales sex annos
24. ekil (a-lib) akal-su kaspa ina eli se-num i-sak-kan
    agri   proventui ejus argentum insuper frumento deficiente solvet;
25. ekil (a-lib) u-se-ṣa X tu-se-nu nu-sa-ḫi
    ex agro   producet decimam partem grani nusaḫi
26. sa tu se ip-si arah Tebitu yum VI kam
    quartam partem grana præsepis. Mense Tebet, die sexto
27. lim-mu Sin-sar-uṣur nisu a-ba maṭ
    anni   Sin-sar-uṣur, viri magistri regionis;
28.   pan Ba-la-si nisu rab ki-ṣir
       Testis Balasi, vir portionis (regiæ)

29.	pan *Assur-kil-la-an-ni nisu id*	
	testis Assur-killani, vir. . .;	
30.	pan *Zi-zi-i nisu samsu II* (u) *id*	
	testis Zizi, vir famulus judicis;	
31.	pan *Samas-irib pan Bel-malik u*	
	testis Samas-irib; testis Bel-malik-Bin;	
32.	pan *Ur-du pan Lu-u-ballit-(ti-la)*	
	testis Urdu; testis Luballit;	
33.	pan *Nirgal-sum-idin kur VIII*	
	testis Nirgal-sum-idin, summa tota octo. . .	
34.	*tur é alu*	
	præfectus urbis. . .	
35.	pan *I-di-i nisu dam-kar pan Hi-ri-za-ai*	
	testis Idii, vir artifex; testis Hirizai;	
36.	pan *Sum-ai nisu milu (a-ba)*	
	testis Sumai, vir magister.	

TRADUCTION.

« Cachet de Samas-balitani ; — Cachet de Zikar-Istar, — les deux mandataires de Abu-irib, de la ville de Kurubi, propriétaire d'un champ, d'une maison, d'un pâturage et d'un jardin (récolte de parfums) portant des fleurs tous les ans.

« Un champ de 2 homers, borné par Urdi, borné par Luballit.

« Un champ d'un hémicor, borné par Risai, borné par Nabu-balatsu-ikbi.

« Un champ de..... et demi..... Un champ d'un homer, borné par Luballit, qui l'a acheté, borné par Bel-malik-bin..... d'un hémicor *kurilanu*, borné par Samas-irib, et de trois homers *kabaku*, en tout 20 homers partagés en 8 champs, qui forment la totalité des champs, du pâturage, du parc produisant des fleurs, situé dans la ville de Kurubi.

« Et Kakkullanu, le grand répartiteur, au lieu d'une mine d'argent chaque année de l'usufruit, servira pendant six années le revenu de trois récoltes de printemps, trois récoltes d'automne ; au surplus de la récolte du champ, on ajoutera de l'argent pour la portion insuffisante des blés. Il faudra récolter des champs un dixième des blés de *nusahi* et un quart de blé de crèche.

« Au mois de Tébet (décembre) le 6ᵉ jour, pendant l'année de Sin-sar-usur, préposé du pays.

« Témoins : Balazi, répartiteur ; — Assur-Kilani, répartiteur ; —

DOCUMENTS DE LA FIN DU GRAND EMPIRE D'ASSYRIE.   201

Zizi, serviteur du pays ; — Samas-irib ; — Bel-malik-Bin ; — Urdu ; — Luballit ; — Nirgal-sum-idin ; — en tout huit témoins…

« Témoins : Hidie, artisan ; — Hirisai… ; — Sumai, président. »

REMARQUES.

L'état mutilé du document nous empêche de faire le compte exact des mesures énumérées dans le texte. Dans tous les cas, il est facile de voir que le contrat est complexe, l'acheteur donne pendant six années la récolte au vendeur en guise de paiement, et complétera la récolte insuffisante par de l'argent.

Le mot *abru*, que nous avons rencontré dans plusieurs contrats, pourrait encore s'expliquer par עדר - troupeau -, il s'agirait alors de pâturages. Mais on peut objecter qu'il y a quelque fois une indication de mesure à côté du mot *abru*, ce qui exclut l'idée de troupeau. Le mot *susu* qui traduit l'idéogramme du texte, répond à l'hébreu ציץ, - fleur -.

XXVI

Vente d'Esclaves.

(*W. A. I.*, III, pl. 46, n° 1.)

1. *kunuk (tak - sit) Bel - ahe - su*
   Sigillum   Bel-ahe-su,
2. *habal Marduk - abu - ya nisu rukub niri*
   filii   Marduk-abuya,   viri,   auriga
3. *bel assat tadan - ni*
   domini feminæ traditæ :

4. *assat Arba - ilu - asirat sal - lat - su*
   Arbail-Asirat,   ancilla
5. *sa Bel - ahe - su up - pis - va*
   Bel-ahe-su.   Acquisivitque
6. *Ki - sir - Assur turgal ki - sir du Kab - bi - lu*
   Kisir-Assur,   præpositus portionis urbis Kabbilu

7. sa a-nis ina lib-bi 1 mas ma-na kaspa
   quæ est filii regis pretio   sesqui minæ argenti
8. ultu pan Bel-ahi-su il-ki
   ex   Bel-ahi-su   emit,
9. assat su-a-tuv ub-bu-sat
   femina ista   acquisita,
10. zar-pat lak-ki-i kas-bu
    nummis pensata empta est, pretium
11. gam-mur ta-a-din tu-a-ru
    immutabiliter definitum, redhibitio negotii,
12. ka ka la as-su
    inanitas non admissa.
13. i-na ma-te-me lu-u Bel-ahe-su
    Quandocumque,   seu Bel-ahe-su,
14. lu-u habli-su habal habli-su
    seu filii ejus, seu filius filiorum (nepotis) ejus,
15. sa di-e-nu da-ba-bu
    qui negotii inanitatem,
16. ultu Ki-sir-Assur
    ex   Kisir-Assur
17. habli-su yub-ta-u-ni
    filiis ejus coram me petet,
18. kas-bu ana X te a na bel-su
    pretium ad decimam partem domino
19. yu-tar di-ni-su ka-ka-ma
    restituet (ob) negotii ejus expers erit,
20. la i-lak-ki
    non vendiderit.
21.   pan A-ta-zu-ri milu (a-ba)
       Testis Atazuri   magister;
22.   pan Samas-ri-'-u-v-ya sa-nu
       testis Samas-rinya,   satrapa;
23.   pan Suk-ai sa-nu
       testis Sukai; satrapa;
24.   pan Am-ma-ai milu (a-ba) ub-bit-a
       testis Ammai   magister;
25.   pan Nabu-habal-idin milu (a-ba) assat hekal (bit rab)
       testis Nabu-habal-idin magister feminarum regiæ;

DOCUMENTS DE LA FIN DU GRAND EMPIRE D'ASSYRIE.

26.   *pan Gurdi-Bin nisu rukub*
    testis Gurdi-Bin   auriga;
27.   *pan Di-mu-nu*
    testis Dimunu;
28.   *pan Salmu-(nu)-ahi*
    testis Salmuahi;
29.   *pan Ki-sa-ai*
    testis Kisai;
30.   *pan Bel-sar-usur*
    testis Bel-sar-usur;
31.   *pan Assur-sum-yukin*
    testis Assur-sum-yukin;
32.   *pan Rim-Asar-(bit-sat)-ri*
    testis Rim-Asar;
33.   *pan Sum-yukin nisu rukub neri*
    testis Sumyukin, vir auriga;
34.   *pan Bel-kas-sar-usur*
    testis Bel-kas-sar-usur;
35.   *pan Arba-il-ai*
    testis Arbailai;
36.   *pan Ha-am-ba-ku*
    testis Hambaku;
37.   *pan Man-nu-ki-Arba-ilu*
    testis Mannuki-Arbailu.
38. *arah Sabatu yumu III kam*
    Mense Sebat, die tertio
39. *lim-mu Sin-sar-usur*
    anni Sin-sar-usur.
40.   *pan Ki-sir-Nabu milu (a-ba)*
    Coram (judice) Kisir-Nabu, præside.

Suit une ligne en caractères phéniciens, dans laquelle on lit le nom d'Arbail-Assirat :

זנת ארבלסר

TRADUCTION.

« Cachet de Bel-ahi-su, fils de Samas-abuya, conducteur de chars, propriétaire de la femme vendue :

« La fille Arbaïl-asirat, esclave de Bel-ahi-su, est l'esclave vendue. Et Kisir-Assur, le grand maître de la douane de la ville de Kabilu, qui appartient au fils du Roi, l'a acquise pour le prix d'une mine et demie d'argent, qu'il a payée à Bel-ahi-su.

« La femme a été remise, le prix a été payé, le prix a été définitivement fixé, le contrat ne peut plus être attaqué.

« A quelque époque que ce soit, si Bel-ahi-su, son fils ou les fils de son fils, contestent ce contrat, soit envers Kisir-Assur, ou ses fils, il rendra dix fois l'argent au propriétaire; le marché sera annulé, il n'aura pas vendu.

« Témoins : Atazuri, préposé; — Samas-riu, satrape; — Sukai, satrape; — Ammaï, préposé..... ; — Nabu-habal-idin, préposé à la garde des femmes du Palais; — Gurdi-Bin, conducteur de chars; — Dimanu; — Salmnaï; — Kisaï; — Bel-sar-usur; — Assur-sum-ukin; — Rim-asar; — Sum-yukin, conducteur de chars; — Bel-kas-sar-usur; — Arbailaï; — Hambaku; — Mannuki-Arbail.

« Au mois Sebat (janvier) le 2ᵉ jour, pendant l'année de Sin-sar-usur.

« Par devant Kisir-Nabu, président. »

REMARQUES.

Le nom d'Arbaïl-asirat est écrit en phénicien אֲרְבָּלםֿ. Cela prouve que le T féminin commençait à n'être plus prononcé comme le ת en hébreu.

Les formes *ubbusat*, *sarpat*, *lakkiat* sont des formations d'un infinitif féminin.

XXVII

Vente d'Immeubles.

(Musée Britannique. K. 420.)

1. *Kunuk*   Lu−lab−bir−sar−uš−šu
   Sigillum   Lu-labbir-sar-usu,

2. *habal*   Marduk−sar−usur
   filius   Marduk-sar-usur,

DOCUMENTS DE LA FIN DU GRAND EMPIRE D'ASSYRIE.   205

3. *bel ekil ad-ri kiru seni*
  dominus agri, gregum (?) horti, ovium.

○ ○ ○ ○[1]

4. *bit mas (pi) ana II emeri ekil gab-di ekil Bel-banu*
  Campus dimidiæ *artabæ*, duorum *homer*, ager prope agrum Bel-banu
5. *ina sepa ekil sa Bab-ra-ai*
  infra agrum Babraï;
6. *bit I emeri ekil gab-di ekil sa Assur-Ilu-ya*
  campus unius *homer*, ager prope agrum Assur-Iluya;
7. *gab-di ekil sa Danu-sum-su-nu*
  prope agrum Danusumsunu;
8. *bit I ka ekil gab-di . . . . alu Sa-i-ri*
  campus unius *epha*, ager prope. . . urbis Saïri,
9. *gab-di ekil sa Bel-ba-nu*
  prope agrum Bel-banu
10. *bit I as ekil gab-di na-hal-li*
  campus unius *as* hemicori; ager prope flumina
11. *gab-di aban sat-bu bel-bi-ru*
  prope lapidem. . .
12. *gab-di ekil sa Ki-sir-Assur*
  prope agrum Kisir-Assur,
13. *gab-di ekil sa Kak-kul-la-nu*
  prope agrum Kakkullanu;
14. *bit I pa ekil gab-di ekil sa Ki-sir-Assur-mat (ma)*
  campus unius *pa* ager prope agrum Kisir-Assur-mat
15. *gab-di ekil sa Kak-kul-la-nu*
  prope agrum Kakkullanu
16. *bit I imeri ekil gab-di . . . alu Ha-sa-nu*
  campus unius *homer* ager prope. . . urbis Hasanu;
17. *gab-di na-hal-li bit . . . mi ekil*
  prope flumen. . .
18. *gab-di na-hal-li Dan-nu gab-di ekil sa Rim-Nabu*
  prope flumen Dannu; prope agrum Rim-Nabu;
19. *bit I mas ekil gab-di ekil sa Assur-mat-lal-in*
  campus sesqui hinis agri prope agrum Assur-mat-lalin

[1] Le cachet représente un globe ailé quatre fois répété.

20. *gab-di ekil sa Kak-kul-la-nu bit-as ekil*
    prope agrum Kakkullanu, unus alix agri

21. *gab-di ekil sa Ab-na-bu gub-da na-hal-li an-ku-si*
    prope agrum Ab-Nabu prope flumen

22. *..sa ekil gab-di murran sa alu Sa-i-ri*
    agri prope viam urbis Saïri

23. *..ekil sa Kisir-Asur bit I homer ekil*
    agrum Kisir-Assur campus unius homer ager

24. *...murran sa alu Sa-i-ri-ma gab-di ki-sir-asur-mat*
    viam urbis Saïrima prope Kisir-Assur-mat

25. *...ekil gab-di murran sa alu Sa-i-ri-ma gab-di Bit-ilu*
    agrum prope viam urbis Saïrima prope Bet-ilu

26. *......na-hal-lu sa ina lib yar-hu it-ta-la-ku-ni*
    prope rivum qui in medio confluent

27. *......sa Kak-kul-la-ai*
    Kakkullaï

28. *......ekil gab-di murran sa alu Sai-ri*
    ager prope viam urbis Saïri

29. *......alu Mar-di-ya-a-ni-e*
    urbis Mardianie

30. *......ekil sa Zikar-Tavat*
    agrum Zikar-Tavat

31. *......gab-di ekil sa Ki-sir-Assur*
    prope agrum Kisir-Assur

32. *.....na-hal-li da-na-an bet as ekil gab-di um-ma sa sadi Ka-ra-te*
    flumen Danan campus as agri prope matrem montis Karate.

33. *....sa Ab-Nabu bet as ekil gab-di Ab-Nabu kas-ma*
    Ab-Nabu campus as agri prope Ab-Nabu

34. *...na-hal-li an ka-di bit I pa ekil gab-di Ab-Nabu*
    flumen an kusi campus unius pa ager prope Ab-Nabu

35. *..II sa Asur-Ilu-ya bit pa ekil gab-di Arbit-eki*
    e Assur-Iluya campus unius pa ager prope Arbit-eki

36. *kus sa alu Ha-sa-nu bit Iemeri ekil gab-di murran sa alu Hu-sa-ni-ma*
    ...urbis Hasanu campus unius homer ager prope viam urbis Hasanima

37. *ekil sa Bel-la-ni bit I pa ekil gab-di Zikar-Tavat*
    ager Bel-bani campus unius pa ager prope Zikar-Tavat

38. *ekil sa arbi-se-hi bit I pa ekil gab-di ummu*
    ager... campus unius pa ager prope matrem

39.	*II Se du-ka-ra-te gab-di Ar-bil-ai*
	duo... prope Arbilaï.
40.	*tur ekil ina as Bit-Abu-Milki*
	komer agri... Bit-Abu-Milki
41.	*yu-pis-ra Kak-kul-la-nu do-gab kisir*
	Acquisivitque Kakkullanu, vir
42.	*ultu pan Lu-lab-bir-sar-us-su*
	a Lulabbir-sar-ussu;
43.	*ina lib III ma-na kasap... kas-bu gam-mur ta-din*
	pretio trium minarum argenti (emit). Pretium immutabiliter definitum
44.	*ekil su-a-te sar-pi lak-ku tu-a-ru di-e-nu*
	agri illi, nummis pensati, empti, rescisio negotii nummis, sati empti sunt
45.	*ka-ka la as-su mannu su ina ur-kis ina im ma-te-ma*
	inanitas non admissa. Quisquis in futuris (diebus) quandocumque
46.	*i-za-ku-pa-an-ni i-gug-u-ni lu-u Lu-lab-bar-sar-ussu*
	surget ante me, invocabit me, seu Lulabbar-sarrussu,
47.	*lu-u habli-su lu-u habli-su ultu Kak-kul-la-nu*
	seu filii ejus, seu fili filiorum ejus, nomine Kakkullanu,
48.	*ultu habli-su ultu habal habli-su denu kaka ub-ta-u-ni*
	ex filis ejus, ex filis filiorum ejus, negotii inanitatem, coram me petet
49.	*X mana kaspa luh X mana hurasu sakru*
	decem minas argenti puri, decem minas auri operarii.
50.	*ina-pur-ki Istar asibat Ninua isakan (sa an)*
	in gremium Istaris habitantis urbem Ninua deponet,
51.	*kas-bu ana X te ana bele-su gur-ra*
	pecuniam ad decimas domino restituet;
52.	*ina la di-ni-su ka ka ma sa i-lak-ki*
	a non-negotio suo liberatus erit, non vendiderit.
53.	*pan Ki-sir-Assur nisu gal ki-sir*
	Testis Kisir-Assur, vir præpositus portionis
54.	*pan... sar-usur gal ki-sir*
	testis... sar-usur, vir præpositus portionis
55.	*pan Nabu-ya-sar-usur gal ki-sir*
	testis Nabuya-sar-usur, vir præpositus portionis
56.	*pan Sin-ki-abu gal ki-sir*
	testis Sin-ki-abu, vir præpositus portionis
57.	*pan Rim-Nabu gal ki-sir*
	testis Rim-Nabu, vir præpositus portionis

58.	pan Bal-a-se	gal si-bu-ut
	testis Bal-asi;	magister proventuum
59.	pan Assir-ul-tan-ni	gal si-bu-ut
	testis Assur-	magister proventuum
60.	pan Nabu-na-'-id	gal si-bu-ut
	testis Nabu-naïd;	magister proventuum
61.	pan Hul-essis-sin pan Ade	nisu dam-gar
	testis Hulessis-sin; testis Ade,	vir artifex
62.	arah Sabatu yum XIII kam lim-mu Sin-sar-usur	arku
	mense Sebat, die decimo tertio, anni Sin-sar-usur,	secundi.
63.	pan Nabu-sar-ahi-su	nisu a-ba sa-bit im
	Coram Nabu-ahi-su	viro preposito possessore debiti.

TRADUCTION.

« Cachet de Lulabbir-sarrussu, fils de Marduk-sar-usur, propriétaire d'un champ, d'un pâturage, d'un jardin et d'un troupeau.

« (Et Kakullanu a acquis) un demi *artaba* deux *homer* de terrain cultivé, près du champ de Belbanu, au-dessous du champ de Babraï, — un *homer* près du champ d'Assur-iluya, près du champ de Danusumsuru, — un *epha* près de... de la ville de Saïri, près du champ de Bel-banu, — un *as* près de la Rivière, près de la Pierre......, près du champ de Kisir-Assur, près du champ de Kakkullanu, — un *pa* près du champ de Kisir-Assur-mat, près du champ de Kakkullanu, — l'espace d'un *homer* près de ... de la ville de Hasanu, près de la rivière..., près du canal *danmu*, près du champ de Rim-Nabu, — un demi près du champ d'Assur-mat-lalin, près du champ de Kakkullanu, — un *adix* près du champ de Ab-Nabu, près du canal *ankusi*..., près de la route de la ville de Saïrima, ...le champ de Kisir-Assur et le champ situé près de la route de Saïrima, près de Bet-ilu... et de la rivière, pour le prix de......

« Le champ situé près de la route de la ville de Saïri, de la ville de Mardiane, le champ de Zikar-Tavat, près du champ de Kisir-Assur et le fleuve *Danan*, — l'espace d'un *as* près de la mère de la montagne *Karate* de Ab-Nabu, — l'espace d'un *as* près de Ab-Nabu, deux... de Assur-Iluya, — l'espace d'un *pa* près de Arbit-eki... de la ville de Hasanu, — l'espace d'un *homer* près du chemin de la ville de Hasanima, le champ de Bel-bani, — l'espace d'un *pa* près de Zikar-Tavat, le champ de....., —

l'espace d'un pa près de ammu, — deux hin......, près de Arbilaï, en tout...... d'un champ de la maison de Abu-Milki.

« Voilà ce que Kakkullanu, le répartiteur, a acquis, et Lulabbir-sarrutsu a reçu le prix de trois mines d'argent.

« Le prix a été définitivement fixé, le champ a été payé et acheté, la rescision du contrat ne peut plus être admise.

« Quiconque dans la suite des jours, et à quelque époque que ce soit, contestera et élèvera devant moi des prétentions contre cet acte, soit Lulabbir-sarrutsu, soit ses fils, soit les fils de ses fils, contre Kakkullanu, contre ses fils ou les fils de ses fils, et contestera leur droit et leurs conventions, paiera dix mines d'argent pur et dix mines d'or ouvragé (sagu), dans le trésor d'Istar qui habite la ville de Ninive; il sera délié de son marché, il n'aura pas vendu.

« Témoins : Kisir-Assur, répartiteur ; — ... Sar-usur, répartiteur ; — Nabuya-sar-usur, répartiteur ; — Sin-ki-abu, répartiteur ; — Rim-Nabu, répartiteur ; — Balasé......; — Assir-ultanui......; — Nabu-na'id......; — Hulkamsin ; — Adé, ouvrier.

« Au mois Sébat (janvier) le 13ᵉ jour, pendant l'année de Sin-sar-usur.

« Par devant : Nabu-sar-ahi-su, détenteur de la somme. »

REMARQUES.

Le nom du propriétaire de cette collection de champs s'appelle *Lulabbir-sarrutsu*, littéralement : « Que sa royauté vieillisse » ou plutôt « Que Dieu fasse durer sa royauté ». Nous avons déjà, dans l'onomastique assyrienne, des noms analogues, par exemple : *Abu-ina-hekal-lilbur*, « Que le père vieillisse dans le palais ». Quant à la racine לבר, il y a longtemps que M. Oppert (*Études assyriennes*, p. 106) y a rattaché le mot *Labarum*, dont on n'avait jamais pu interpréter l'origine. Or, le *Labarum* n'est autre que la Croix grecque à quatre branches égales, qui se trouve sur un grand nombre de cylindres gravés et sur des bas-reliefs assyro-chaldéens où elle est employée comme symbole de l'Éternité. Nous n'avons pas à rechercher ici comment ce symbole a pu pénétrer en Occident, il nous suffit de constater son origine chaldéenne qui nous a été révélée par la lecture des écritures cunéiformes.

XXVIII

Échange d'Esclaves.

(W. A. I., III, pl. 46, n° 3).

1. *kunuk   Nabu-ah-uṣur   kunuk   Ah-u-ni*
   Sigillum Nabu-ah-uṣur;   sigillum Ahuni;
2. *kur II habli habli Lib-gi-i*
   summa tota duo filii, filii Libgi;
3. *kunuk   Ahi-nur   habal Śi-i-li*
   sigillum Ahinur,   filii   Sili;
4. *kur III nisi e bel nisi a-na sakan bu-si*
   summa tota tres homines domini ad permutationem
5. *ina lib sal tad-a-ni*
   cum femina tradita.

6. *Istar-dur-ka-a-li   zikar-su-nu*
   Istar-dur-kali,   servus eorum
7. *sa nisi e an-nu-te*
   virorum   istorum.
8. *yu-pis-ra Kak-kul-la-nu nisu rab ki-sir*
   Acquisivitque Kakkullanu,   vir princeps divisionis
9. *ina lib-bi sal Tu-li-ih-a sal-lat-su*
   pro'   Tuliha,   ancilla sua,
10. *sakan (sa) bu-u-su istu pan nisi e*
    re permutata; ex hominibus
11. *an-nu-te i-zi-rip*
    istis,   compensatus
12. *it-ti-si tu-a-ru di-e-nu*
    eductus est. Redhibitio negotii et
13. *ka ka la as-su*
    inanitas non admissæ.
14. *man-nu sa ina ur-kis ina ma-te-ma*
    Quisquis in futuris diebus et quandocumque
15. *i-za-ku-pa igug-u-ni*
    surget, contestabit ante me,

16. *lu-u Nabu-ahi-usur lu-u Ah-u-ni*
   seu   Nabu-ahi-usur,   seu   Ahuni,
17. *lu-u Ahi-nur lu-u habli-su-nu*
   seu   Ahinur,   seu   filii eorum,
18. *lu-u habli ahi-su-nu lu-u assati-su-nu*
   seu   filii fratrum eorum,   seu   uxores eorum,
19. *sa istu Kak-kul-la-ni istu hab-li-su*
   ex   Kakkullani,   ex filiis ejus,
20. *istu habal habli-su di-nu (ka-ka) dababu*
   ex   filiis   filiorum ejus; negotii   insanitatem
21. *yub-ta-u-ni Assur Samas Bel Nabu*
   litigabit coram me per Assur, Samas, Bel, Nabu,
22. *lu-u Bel di-ni-su X ma-na kaspi ittadan (se-an)*
   sive per quemvis protectorem litis ejus, decem minas argenti solvet.
23.   *pan Assur-kil-la-an-ni nisu rab ki-sir*
    Testis Assur-killani,   vir princeps divisionis;
24.   *pan Li-ki-bu nisu (id)*
    testis Likibu,   vir princeps divisionis;
25.   *pan Ba-la-si-i nisu (id)*
    testis Balasi,   vir princeps divisionis;
26.   *pan Zi-zi-i nisu sausa (II sa) nisu mat*
    testis Zizi,   vicem gerens satrapæ regionis;
27.   *pan I-di-e nisu dam-gar*
    testis Idie,   vir   artifex;
28.   *pan Ili-ri-za-ai nisu ni-gab sa bit kit-mu-ri*
    testis Hirizai,   vir   custos   templi   kitmuri;
29.   *pan Ni-mu-te nisu dam-gar*
    testis Nimute,   vir   artifex;
30.   *pan Samas-ik-sur nisu da-ai-lu*
    testis Samas-iksur,   vir. . .;
31.   *pan Sum-ai nisu milu (a-ba)*
    testis Sumai,   vir   doctor;
32.   *pan Ilu-gab-ri nisu sa nire*
    testis Ilugabri,   vir. . .;
33.   *pan Sin-sar-usur nisu gur-zak*
    testis Sin-sar-usur,   vir. . .
34. *arah Airu yum XX kam*
   Mense Iyar, die vicesimo,

35. *lim - mu   Sin - sar - usur   nisu   milu   (a - ba)   mat*
    anni   Sin-sar-usur,   viri magistri regionis.

On lit en caractères phéniciens la mention suivante, dans laquelle on a cru voir le nom de Assa-dur-kali; mais l'original est très-effacé :

דנת ..דרקל

TRADUCTION.

« Cachet de Nabu-ah-usur; — cachet de Ahuni; — en tout deux hommes, fils de Libgi; — cachet de Abinur, fils de Sili; — en tout trois hommes, propriétaires de l'esclave, échangé contre une femme (vendue).

« Istar-dur-kali, l'esclave (mâle), appartient à ces hommes.

« Et Kakkullanu, le chef du domaine, l'a acquis. Il l'a payé et fait sortir (de leur maison) en donnant la fille Tuliha, son esclave (femelle).

« La résiliation et l'annulation du marché n'est plus permise.

« Quiconque dans la suite des jours, et à quelque époque que ce soit, contestera devant moi, soit Nabu-ah-usur, soit Ahuni, soit Ahinur, soit ses fils, soit les fils de ses fils, soit leurs épouses, et demandera contre Kakkullani, ses fils, les fils de ses fils, l'annulation du marché, en invoquant Assur, Samas, Bel, Nabu, ou un autre garant de son droit, paiera dix mines d'argent.

« Témoins : Assur-killani, répartiteur; — Likibu, répartiteur; — Balasi, répartiteur; — Zizi, lieutenant du Préfet du pays; — Idie, ouvrier; — Harizaï, gardien du temple des *Kitmuri*; — Nimute, ouvrier; — Samas-iksur, *dailu*; — Sumaï, préposé; — Ilu-gabri......; — Sin-sar-usur.

« Au mois d'Iyar (avril) le 20ᵉ jour, pendant l'année de Sin-sar-usur, préposé du pays. »

REMARQUES.

Ce contrat a été mal compris jusqu'ici. Il s'agit de l'échange d'un esclave mâle, Istar-dur-kali, contre une esclave femelle; ce n'est donc pas une vente. D'un autre côté, le nom d'Istar-dur-kali est un nom d'homme, ce n'est pas celui d'une esclave femelle, ainsi que M. Smith l'avait pensé. Ce même nom, celui d'Istar-dur-kali, figure dans la liste des personnages qui avaient le privilége de donner le nom à l'année, comme nom d'homme. La transcription araméenne semble cependant montrer *as*, ce qui serait à lire « dame ». Le nom de l'esclave femelle est Tuliha.

On lit dans ce contrat *izakupa*, au lieu de *izakupanni*. La formule d'éviction offre un élément nouveau : l'introduction de divinités qui figurent comme « garants invoqués ».

L'invocation, par « Assur » ou par un autre Dieu, se fait en Assyrie sans préposition comme dans toutes les langues sémitiques. Cette forme se rencontre dans les Litanies de la Néoménie (voyez Oppert, *Congrès des Orientalistes*, T. II, p. 221). M. Sayce qui a traduit cet hymne (S.951) avec trop de précipitation, n'a pas vu que des suffixes féminins ne pouvaient pas s'adresser à des divinités d'un autre sexe.

Enfin, le mot *laka*, « vendre », qui figure dans la formule ordinaire, ne se trouve pas dans notre contrat, probablement parce que, en réalité, il n'y a pas eu « vente », mais « échange », ce qui est exprimé par le terme *busu*.

XXIX

Vente d'Esclaves.

(*W.A.I.*, III, pl. 46, n° 7).

1. *kunuk Hu-da-ai habal Mu-sur-ai*
    Sigillum Hudaï, filii Musuraï,
2. *bel nisi ta-da-a-ni*
    domini hominis traditi.

3. . . . *as-zi assat A-ha-ti-su-ta-bat ummu-su*
    Allat-luhazzi (?), femina Ahatisu-tabat, mater ejus,
4. . . . . *sa Hu-da-ai*
    (servi) Hudaï
5. . . . . . *alu Ninua-ki-ai nisu sak mat*
    . . . . . Ninuaï, vir præfectus regionis ;

214　　　　　　DOCUMENTS JURIDIQUES.

6. . . . . kaśpa istu pan Hu-da-ai
(Acquisivitque...pro...) argenti a　　　　　Hudaï
. . . . lu . . . . . .
. . . . . .

9. 　　　　pan Pat-tu-su nisu . .
　　　Testis Pattusu,　　vir. . .
10. arah Abu yum XVIII kam
　　Mense Ab, die decimo octavo,
11. lim-mu Mu-sal-lim-Assur
　　anni　　Musallim-Assur.
12. 　　　pan Ninip-zir-bani milu (a-ba)
　　　Coram Ninip-zir-bani, magistro præside.

On trouve ensuite, en caractères phéniciens, une mention dans laquelle on a cru pouvoir lire le nom de Allat-azzi. Si les signes sont bien copiés, nous les transcrivons ainsi :

דנת אללה

TRADUCTION.

« Cachet de Hudaï, fils de Musuraï, propriétaire de l'esclave aliéné.

« Allat-luhazzi....., Ahatisu-Tabat, sa mère....., esclave de Hudaï, fils de...... le Ninivite, chef du pays......

« Et... (le nom manque) l'a acquis au prix de..... d'argent, de Hudaï......

« Témoin : Pattusu.....

« Au mois d'Ab (juillet) le 16ᵉ jour, pendant l'année de Musallim-Assur.

« Par devant Ninip-zir-bani, président. »

REMARQUES.

Ce texte est mutilé, ce qui est très regrettable, à cause de la transcription araméenne du nom divin. Le nom du serviteur est difficile à expliquer, c'est ou Ella-hazzi ou Allat-hazzi, ou Allat-luhazzi ou encore Ilat-luhazzi? Ce nom n'est pas celui d'une femme comme on l'a cru, mais celui d'un homme. On en a la preuve par le suffixe qui se rapporte à sa mère.

XXX

Procès relatif à des Bestiaux.

(Musée Britannique, K. 270).

1. De-nu sa Nabu-sar-uṣur nisu milu (a-ba)
   Causa   Nabu-sar-uṣur,   viri doctoris
2. istu lib Naṣir-la-mas-si habal Di-lil-Istar
   ex   Nasir-Lamasse   filio   Dilil-Istar
3. istu lib-bi alu Sa-bi-ri-su
   ex   urbe   Sabirisu,
4. nisu sa sun-kur U-gur-ru habal Ag-gul-la-nu
   viro . . .   Ugurru,   filius Aggullanu
5. nisu rabu ḫarbi sa nisu gal bi-lul
   magister gladii qui est magister eunuchorum.
6. ina eli šarti sa alap zi-kar sa Naṣir-la-ma-as-si
                 Bos . . . quem Nasir-Lamassi
7. istu bit Naba-sar-uṣur is-tal-ku-u
   ex domo Nabu-sar-uṣur   abstulit
8. ina pan Nabu-mu-naz-ziz nisu ḫa-ṣa-nu
   in facie Nabu-munazzis,   viri ḫaṣan
9. nisu sansu sa Ninua ig-tar-bu
   viri secundi urbis Nini . . .
10. istin alap zikar šar-tuv sa alap zikar sa is-sin-u-ni
    Unus bos   . . .   bovis   . . .
11. Naṣir-lamassi emid kum sarti-su
    Nasir-Lamassi
12. sabil du me sa alap zikar u-se-rab-a-ni
    confirmatio   bovis   . . .
13.   usa
                               eduxit.
14. araḫ Ululu yum XII kam limmu Musallim-Assur
    Mense Elul, die duodecimo, anni Musallim-Assur.
15.   pan Man-nu-ki-Ninua habal Amar-Istar
       Testis Mannuki-Ninua, filius Amar-Istar
16. ultu lib alu Bit-ḫu-ra-bi-i
    ex   urbe   Bet-ḫurabi;

17.   *pan Istar-na-i-dat habal Ak-ri-tur-la-si-mu sa Ninva*
       testis Istar-Naidat,   filius Akritulasimu urbis   Nini ;
18.   *pan Ani-idin habal Bel-mu-essis maru asis sa*
       testis Ani-idin,   filius Bel-mu-essis. . . ;
19.   *pan Pa--a-ta-a-ni habal Ar-zi-iz-zi*
       testis Paratani,   filius Arzizzi,
20.   *nisu asis sa nisu asis sa nisu dur lin-ni*
21.   *kur IV si-e ultu lib II alu Bit-hur-a-di*
       Summa tota quatuor testes   urbis Bit-hurali ;
22.   *pan Nabu-yuballit-ani habal i nisu milu (a-ba)*
       testis Nabu-yuballitani,   filius. . . ;
23.   *pan Istar-parsu habal nisu nir kar*
       testis Istar-parsu,   filius. . . ;
24.   *pan Nabu-erib habal Istar-sum-idin tur su i*
       testis Nabu-erib,   filius Istar-sum-idin. . . ;
25.   *pan Assur-lu-ba-lit habal Sa-mu-nu-ya-tu-ni nap pah hurus*
       testis Assur-lu-balit, filius Samunuyatun. . . ;
26.   *pan Sa-la-ba-lit-ahu-nu habal Istar-dairat nisu mat sa*
       testis Sala-balit-ahunu,   filius Istar-dairat. . . ;
27.   *pan Nabu-sar-usur nisu da-ai-lu*
       testis Nabu-sar-usur,   vir. . . ;
28.   *pan Nabu-emur-a-ni habal Da-da-ai milu (a-ba)*
       testis Nabu-emur-ani,   filius Dadaï,   præses.

TRADUCTION.

« Procès que Nabu-sar-usur, docteur, a soulevé contre Nasir-lamassi, fils de Dilil-Istar, de la ville de Sabirisu, homme *sunkur*.

« Ugurru, fils d'Aggullanu, homme d'armes du chef des eunuques, a fait rentrer un taureau pour la saillie (?), que Nasir-lamassi avait enlevé de la maison de Nabu-sar-usur, en présence de Nabu-munazziz, l'économe du lieutenant de la ville de Ninive.

« Nasir-lamassi fera remplacer ce taureau qu'il a fait sortir comme taureau de saillie, par un autre taureau qu'il a élevé comme tel.

« Au mois d'Elul (août), le 12ᵉ jour de l'année de Musallim-Assur.

« Témoins : Mannuki-Ninua, fils de Amar-Istar, de la ville de Bet-Hurabi ; — Istar-nahidat, fils de Akritulasimu, de Ninive ; — Ani-idin, fils de Bel-musesis.....; — Paratani, fils d'Arzizzi (titre obscur); — en tout quatre témoins de la ville de Bit-Huradi; — Nabu-yuballit-ani (?).....; — Istar-parsu.....; — Nabu-erib, fils d'Istar-sum-idin.....; — Assur-luballit, fils de Samunuyaten.....; — Sala-balit-ahunu, fils de Istar-dairat.....; — Nabu-sar-usur, homme *dallu*; — Nabu-emurani, fils de Dadaï, président. »

REMARQUES.

Ce texte est très-difficile à comprendre, aussi la traduction que nous en donnons est faite sous toutes réserves. Signalons toutefois parmi les témoins un nom d'origine phénicienne : c'est celui de *Samunuyaton*, probablement le phénicien אשמנינתן, « Esmunyaton ».

XXXI

Vente d'Immeubles.

(*W. A. I.*, III, pl. 50, n° 3).

1. *kunuk   Lit-a-na-mit*
    Sigillum Lit-ana-mit   (Takkil-ana-Bel)
2. *habal   Ya-ta-na-e-li*
    filii   Yatanael,
3. *sa   alu   Bit-Abu-Malik*
    Præfecti urbis Bit-abu-Malik,
4. *bel   ekil (a-lib) tad-an-ni*
    domini agri traditi (locati, conducti).

5. *bit II imeri as ekil (a-lib) bu-u-ru*
    Campus duorum *homer* ager incultus
6. *suh nahal   suh Ki-sir-Assur*
    prope canalem; prope Kisir-Assur;
7. *suh Si-e-ri suh*
    prope Sieri; prope

[1] Le cachet représente un roi qui tient un lion par les cornes.

8. ekil (a-lib) sa Rim-Nabu
   agrum   Rim-Nabu;
9. suḫ ekil sa Ki-sir-Assur-mat
   prope agrum Kisir-Assur-mat;
10. bit par as ekil suḫ (kas) murran II Kisir-Assur
    campus   (ager) prope viam   Kisir-Assur
11. sa a-na alu Ḫa-sa-na-du-u-ni
    quæ (ducit) ad urbem Hasanaduni;
12. suḫ ekil (a-lib) sa Gi-ra-ai
    prope agrum   Giraï;
13. suḫ ekil (a-lib) sa Kak-kul-la-ni
    prope agrum   Kakkullani;
14. kur III imeri ekil (a-lib) ina is-bar IX ḳa
    summa tota tres homer agri   et novem epha
15. ..... alu Bit-Abu-Malik
    . . . urbis Bit-abu-Malik.
16. yu-pis-ra Kak-kul-la-nu
    Conduxitque Kakkullanu,
17. nisu rab ki-sir sa habal sarri
    vir maximus portionis filii regis,
18. is-tu pan Lid-a-na-mit
    a   Lidanəmit,   (Takkil-ana-Bel)
19. ina lib-bi XII darag-mana (tu) kaspa
    pretio duodecim drachmarum   argenti
20. ana sanat an-na il-ḳi
    pro anno emit;
21. III mi-ri-se III ka-rap-ḫi
    tres messes vernas, tres messes auctumnales,
22. kur VI sanat ekil (a-lib) akal
    summa tota per sex annos; agri fructus
23. kaspa ina di se i-sak-kan
    argento insuper frumento deficiente pensabit;
24. ekil (a-lib) su u-se-ṣa
    ager ille   producet (sicut)
25. ekil (a-lib) za-ku X te la sap se la nu-sa-ḫi
    ager secundum pactum; decima pars sine redundantia erit frumentum
                                                         non nusaḥi.
26. ina araḫ Tebitu yum VII kam lim-mi Assur-sadu-sakil
    Mense   Tebet, die septimo,   anni   Assur-sadu-sakil.

27.		pan Ki-sir-Assur
		Testis Kisir-Assur,
28.	nisu gal ki-[sir] sa habal sarri
	vir præfectus portionis filii regis;
29.		pan Rim-Nabu nisu (id)
		testis Rim-Nabu, vir. . .;
30.		pan Un-zir-hu-Assur (id)
		testis Unzirhu-Assur. . .;
31.		pan Zi-zi-i nisu II i
		testis Zizi, vir. . . .,
32.		sa gal ki gur-sak
		principis. . .;
33.		pan Zi-ra-ai pan Pa-di-i
		testis Zirai; testis Padie;
34.		pan Zikar-Tarat (Nin-kit)
		testis Zikar-Tarat;
35.		pan Nabu-lih-hi-is milu (a-ba)
		testis Nabu-lihhis, vir magister,
36.		sa-bit dan-ni-te
		possessor debiti.
		(Sur la marge).
37.		pan Nabu-lal-iš
		Testis Nabu-lal-is.

TRADUCTION.

« Cachet de Lit-anamit (Takkil-ana-Bel), fils de Yatanaël, préfet de la ville de Bit-abu-Malik, propriétaire du champ concédé.

« Un champ de....... deux *homer*, un champ *buru* (libre, sans récolte), borné par la rivière, — borné par Kisir-Assur, — borné par Sieri, — borné par Rim-Nabu, — borné par le champ de Kisir-Assur-mat; — un champ d'un demi *as*, — borné par la route de Kisir-Assur, qui conduit à la ville de Hasanaduni, — borné par le champ de Giraï, — borné par le champ de Kakkullani, en tout trois *homer* à raison de neuf *epha*...... de la ville de Bit-abu-Malik.

« Et Kakkullanu, administrateur des biens du fils du Roi, l'a loué au prix de 12 drachmes d'argent par chaque année.

« Pendant ces années il jouira de trois moissons de printemps et trois récoltes d'automne, en tout six. Chaque année il jouira du champ et il sera compensé par de l'argent si la récolte est insuffisante.

« Puis il fera produire le champ, comme un champ, selon la coutume. Un dixième du blé sera du blé non *musahi*.

« Au mois de Tébet (décembre) le 7ᵉ jour, pendant l'année de Assur-sadu-sakil.

« Témoins : Kisir-Assur, administrateur du domaine du fils du Roi, — Rim-Nabu, administrateur du domaine du fils du Roi, — Unzirhu-Assur, — Zirié, serviteur du..... — Zizaï, — Padié, — Zikar-Tavat, — Nabu-lihhis, possesseur du contrat.

« (Sur la marge). — Témoin : Nabu-taris. »

REMARQUES.

La substance de ce contrat est, en général, la même que celle du n° XXV, et elle explique les difficultés de celui-ci. Pour jouir pendant six années de l'une des deux récoltes annuelles, le locataire doit rendre le domaine sans détérioration et payer une somme de 12 drachmes (45 fr.) par an.

La contenance du champ est difficile à comprendre : nous avons dit trois *homer* à raison de neuf *epha*, c'est peut-être le maximum du rendement auquel le locataire avait droit ? Remarquons encore que le bailleur est un étranger, son père porte un nom hébreu, *Yatanaël*. Enfin, nous devons appeler l'attention sur le nom de *Nabu-lihhis* ; c'est ce nom, et un autre semblable, qui ont déterminé la lecture de l'élément qu'on prononce aujourd'hui *nivar*.

XXXII

Vente d'Esclaves.

(*W. A. I.*, III, pl. 49, n° 3).

1. kunuk   *Nabu-ri-ih-tav-usur*
    Sigillum   Nabu-rihta-usur,
2. habal   *A-har-di-se*
    filii   Ahardise,
3. nisu   *Ha-sa-ai sa kati Zikar-Istar-va*
    viri   Hasaï,   manus   Zikar-Istar,

4. sa lib alu nisu ki vl e
ex urbe. . . ;
5. kunuk Tebet-ai habal-su
sigillum Tebetai, filii ejus ;
6. kunuk Si-lim-Bin (id)
sigillum Silim-Bin, filii ejus,
7. bel binit su-nu tada-ni
domini fæminæ traditæ :

8. sal Tavat-(Nin-kit)-ha-si-na
femina Tavat-hasina,
9. binit-su sa Nabu-rihtav-usur
filia Nabu-rihta-usur.
10. lu-pis-ta sal Ni-ih-ti-e-kar-ra-u
Acquisivitque femina Nitocris,
11. ina lib-bi XVI darag-mona (lu) kaspa
pretio sedecim drachmarum argenti,
12. a-na Si-ha-a habal sa
pro Tacho, filio suo,
13. a-na sal u-bi-su tal-ki
ad connubium emit.
14. sal-su sa Si-ha-a-si-e
Femina Tachos erit illa ;
15. kas-bu gam-mur ta-din
pretium immutabiliter definitum.
16. man-nu sa ina ur-kis ina ma-te-ma
Quisquis qui in diebus futuris et quandocumque
17. i-za-ku-pa-ni egug-u-ni
surget ante me, litigabit ante me,
18. lu-u Nabu-ri-ih-tav-usur
seu Nabu-rihtav-usur,
19. lu-u habli-su habal habli-su
seu filii ejus, filii filiorum ejus,
20. lu-u ahi-su habli ahi-su
seu fratres ejus, filii fratrum ejus,
21. lu nisu sa-nu-su lu manma-nu-su
seu quivis alter, seu quisquis ex suis

22. sa di-e-nu ka ka
    qui negotii inanitatem
23. istu pan Ni-ih-li-e-kar-ra-u
    ex   Nitocri,
24. habli sa habal habli-su yub-ta-u-ni
    filiis ejus, filiis filiorum ejus, petet coram me,
25. X ma-na kaspa iddan-(še-an)
    decem minas argenti solvet
26. ana di-e-ni-su ka ka ma la ilakki (ti)
    ob negotii ejus inanitatem; non vendiderit.
27. Sah-pi-ma-a-u nisu ni ri'u
    Sahpimayu,   vir ovium custos;
28. Bel-sum-usur habal Yu-dan-a-ni
    Bel-sum-usur,   filius   Yudanani;
29. Rim-Tavat-(an-nin-kit) habal A-ti-i nisu ku-par
    Rim-Tavat,   filius Ati viri...;
30. kur III nisi ur-ki-u
    summa tota tres homines heredes
31. sa sal istu pan sa-ar-ti kati   sib-ti ha-bul-li
    feminæ,   ex causa ligationis manuum et fenorum pignoris
32. Kar-me-u-ni su-u nisu ur-ki-u
    Karmeoni;   ille heres (si vixisset).
33.   pan A-har-di-se
        Testis Ahardise;
34.   pan Zikar-ni-pi-ka la an-te-kar
        testis Zikar-nipika...;
35.   pan Mu-tu-um-hi-e-se....
        testis Mutomhise...;
36.   pan Ha-as-ba....
        testis Hasba...
37.   pan Bel u.....
        testis Bel...
38.   pan A.....
        testis A...
39.   pan Hal....
        testis Hal...
40.   pan Um u.....
        testis Um...

41.   pan   Um. . . .
        testis Um. . .
42.   pan   Ulul-ai. . . .
        testis Elulaï. . .
43. ina arah Ululu yum I kam lim-mu Assur-sadu-sakil
    Mense   Elul,   die primo,   anni   Assur-sadu-sakil.
44.   pan Yum-Sa-mas pan Bu-tu-an-pa-i-ti
        Coram Yum-Samas ;   coram Putuanpaïti ;
45.   pan A-te-' pan Idin-ahi milu (a-la)
        coram Ate ; coram Idin-ahi, viro præside.

TRADUCTION.

« Cachet de Nabu-rihtav-usur, fils de Ahardise, homme de Hasaï, ouvrier de Zikar-Istar, de la ville de......; — cachet de Tébétaï, son fils ; — cachet de Silim-Bin, son fils, propriétaires de l'esclave vendue.

« La fille Tavat-hasina, fille de Nabu-rihtav-usur......

« Et Nitocris l'a acquise au prix de 16 drachmes d'argent...... pour Tachos, son fils, à cause de son mariage. Elle sera la femme de Tachos.

« Le prix a été définitivement fixé.

« Qui que ce soit, qui dans la suite des jours, et à quelque époque que ce soit, contestera devant moi, soit Nabu-rihtav-usur, soit ses fils, les fils de ses fils, soit son frère, les fils de son frère, soit tout autre, soit son ayant-droit, et qui voudra faire annuler le marché contre Nitocris, ses fils, ou les fils de ses fils, paiera dix mines d'argent pour la révocation de son contrat ; il n'aura pas vendu.

« Saphimayu, pasteur de troupeaux, Bel-sum-usur, fils de Yudanani, Rim-bel, fils de Atie......., sont les trois hommes héritiers de la femme, à cause du liement des mains (son premier mariage) et des intérêts du gage de Karméon qui devait hériter (si il vivait).

« Témoins : Ahardise, — Zikar-nipika......, — Mutumhise, — Hasba, — ......

« Au mois d'Elul (août) le 1ᵉʳ jour, pendant l'année de Assur-sadu-sakil.

« Par devant : Yum-samas, — Putuanpaïte, — Ate, — Nabu-idin-ahi, président. »

224   DOCUMENTS JURIDIQUES.

REMARQUES.

Ce document est un des plus curieux. Il contient d'abord le nom de l'acheteur, une Egyptienne, Nitocris (*Neith-eqar*), puis celui de Tachos, son fils, encore un Egyptien. (Voyez Oppert, *Rapports de l'Egypte et de l'Assyrie*, p. 111). Le vendeur de la fille est Nabu-rihtav-usur, un nom qui présente un certain intérêt à cause du signe ⊣||| qui a la valeur de *rihtav*. Les fils de Nabu-rihtav-usur interviennent en leur qualité d'agnats pour la vente de leur fille, c'est-à-dire la fille de leur maison. L'argent ne sera pas payé à Nitocris ou à sa descendance directe, mais à des tiers qui sont nommément désignés, ce sont les trois héritiers *urkiv*, les venant *ex post*, d'un nommé Karméon, qui serait héritier si il vivait. Cette qualité de débiteur est motivée par la position des parties *sarti kati*, « le liement des mains », probablement un premier mariage, et par *sibti habulli*, « les intérêts des gages »; peut être les biens paraphernaux dont il était le créancier vis-à-vis de Nitocris.

Il est à remarquer que les deux formules relatives à la vente et à la résiliation manquent, seulement en cas de repentir les dix mines seules, et non pas le prix de l'achat, seront données aux créanciers de Nitocris.

Un point essentiel à remarquer dans ce contrat, c'est que la femme pouvait contracter, non-seulement en son nom propre, mais encore au nom de son fils. Nitocris est, en effet, une femme; c'est par une erreur, que nous n'avons pas à expliquer, que le clou perpendiculaire se trouve devant son nom à la ligne 23. Mais sa qualité de femme est indiquée dans la ligne 10, et elle est encore exprimée dans le texte par les formes féminines *tvpis, talki*. Ces formes sont de la plus haute importance, parce qu'elles indiquent le sujet du verbe *yupis* pour tous les textes de cette nature.

Le nom de la ville mentionnée dans la ligne 4 paraît signifier « la ville de la race qui féconde la terre »; *ki* exprime *irsit*, et *ul* a la signification de « féconder », אבב; mais quelle est cette ville?

XXXIII

Partage d'une redevance en Grains.

(W. A. I., III, pl. 50, n° 1.)

1. *Kunuk   Ra-pa-a   habal   Ab-di-li-me*
   Sigillum   Rapa,   filii   Abdilime,

DOCUMENTS DE LA FIN DU GRAND EMPIRE D'ASSYRIE.

2. *nisu gal istu alu Sid-di-a-si-ka*
   viri principis in urbe Siddiasika.
3. *X darag mana (tu) kaspa sa Ki-ṣir-Assur rab Ki-ṣir*
   Decem drachmæ argenti quas Kisir-Assur, publicanus
4. *ina pani su ina ad-ri se in-nu*
   pro se in area hordei (constituit):

○ ○

5. *LX ma-ka-ru-ut ina pan Ra-pa-a*
   sexaginta... in facie Rapa;
6. *XX ina pan Kur-u-bi*
   viginti... in facie Kurubi;
7. *XX ina pan Sa-as-ma-ai*
   viginti... in facie Sasmai;
8. *kur C ma-kar-rat sa se in-nu-e*
   summa tota centum (mensuras) hordei
9. *sa X darag-mana (tu) kaspa ina alu Sid-di-a-si-ka*
   pretio decem drachmarum argenti in urbe Siddiasika;
10. *iddi-nu be-ma-la iddi-nu ina mit-ḫur gal*
    solvent et sinon solvent erit in tributo generali
11. *Ra-pa-a bel kati sa se in-nu*
    viri Rapa qui est detentor hordei.
12. *araḫ Nisan-nu yum XV kam lim-mu Nabu-sa-kip*
    Mense Nisan, die quinque decimo, anni Nabu-sakip.
13. *pan Sar-zir-yukin nis lu-pa ana Assur habal sarru*
    Testis Sar-zir-yukin, vir lupa ana Assur filii regis;
14. *pan Sar-emur-a-ni..pan Assur-napsati-madad gal ki-ṣir*
    testis Sar-emur-ani; testis Assur-napsati-madad, publicanus;
15. *pan Gur-di-Bin gal u-ra-te*
    testis Gurdi-Bin, maximus...;
16. *pan Si-lim-Assur nisu rukubi*
    testis Silim-Assur, auriga;
17. *pan Patar-yum pan Sadu-Malik (An-a-a)*
    testis Patar-yum; testis Sadu-malik;
18. *pan Samas-sum-uṣur milu (a-ba)*
    testis Samas-sum-usur, vir præses.

226   DOCUMENTS JURIDIQUES.

TRADUCTION.

« Cachet de Rapa, fils de Abdilime, notable de la ville de Sidiasika.

« Dix drachmes d'argent que Kisir-Assur, le publicain, recevra, et pour lesquelles il donnera des orges sur l'aire :

    60 mesures pour la part de Rapa.
    20 mesures pour la part de Kurubi.
    20 mesures pour la part de Sasmaï.

« Total. 100 mesures (?) d'orge au prix de dix drachmes d'argent, dans la ville de Sidiasika. Voilà tout ce qu'ils paieront ; si ils ne les paient pas, la restitution en bloc incombera à Rapa, détenteur de ces orges.

« Au mois de Nisan (mars) le 15ᵉ jour, pendant l'année de Nabu-sakip.

« Témoins : Sar-zir-yukin, le *Lupa-ana-Assur* du fils du Roi, — Sar-émur-ani, — Assur-napsat-madad, administrateur, — Gurdi-Bin, — Silim-Assur, conducteur de chars, — Patar-yum, — Samas-sum-usur, président. »

REMARQUES.

Il est assez difficile de spécifier ce que l'on doit entendre par *makarat*. Ce sont des « mesures » ; mais nous ne pouvons les préciser autrement. Voyez, au surplus, Oppert, *Etalon des mesures assyriennes*, p. 67.

Le futur *iddin* est prouvé par *bema la*, écrit ailleurs *bema nu*.

XXXIV

Créance avec constitution d'hypothèque.

(*W. A. I.*, III, pl. 46, n° 8).

1.   X *darag-mana* (*Tu*) *kaspa kakkadu* (*ris-du*)
   Decem drachmæ   argenti verticis
2.   *ris sa Istar sa Ninua-ki*
   . . .   Istar-Nini,
3.   *sa Bel-lu-ba-lat*
   quas Bel-lubalat
4.   *ina pan Man-nu-ki-Arba-ilu*
   in facie   Mannu-ki-Arbail

5.   *a-na bu-u-ḫi it-ti-si*
    ad mutuum deprompsit.
6.   *kaśpu a-na IV ti-su i-rab-bi*
    Pecunia usque ad quartum tantum fenerabitur.
7.   *ina yum III kam sa araḫ Airu kaśap id-din-na*
    Die   tertio,   mense Iyar, pecuniam tradet.
8.   *araḫ Sabaṭu yum III lim-mu*
    Mense Sebat,   die tertio, anni
9.   *Bin-lit-ani*
    Bin-litani   (Bin-takkil-ani)
10.   *pan Ḫa-at-pi-mu-nu*
      Testis Hatpimunu;
11.   *pan Ra-'-u*
      testis Ra'u;
12.   *pan Zir-yukin (du-in)*
      testis Zir-yukin;
13.   *pan Nirgal-sar-uṣur*
      testis Nirgal-sar-usur;
14.   *pan Zikar-Nabu nisu se-rip-pa-ai*
      testis Zikar-Nabu,   vir   *serippaï*;
15.   *pan Mu-se-zib-Assur*
      testis Musezib-Assur;
16.   *pan Nabu-salim-su-nu*
      testis Nabu-salim-sunu;
17.   *pan Ḫa-an-ni-i*
      testis Hanni;
18.   *pan Bel-sad-ilu*
      testis Bel-sad-ilu.

On voit en caractères phéniciens la mention suivante, dont une partie seulement est sûrement lisible :

למנו ארבל xx ילקבם בית ... כא

TRADUCTION.

« Dix drachmes d'argent de première qualité, au titre de Istar de Ninive, sont la créance de Bel-lubalat sur Mannuki-Arbaïl, qui l'a empruntée.

« L'argent rapportera le quadruple du principal.

« Le 3° jour du mois d'Iyar (avril) il rendra les fonds.

« Au mois de Sébat (janvier) le 3° jour, pendant l'année de Bin-takkil-ani.

« Témoins : Hatpimunu, — Ra'u, — Zir-yukin, — Nirgal-sar-usur, — Zikar-Nabu, homme *serippaī*, — Musezib-Assur, — Nabu-salim-sunu, — Hanni, — Bel-sad-ilu. »

REMARQUES.

La transcription araméenne est intéressante, en ce sens qu'elle jette quelque lumière sur la prononciation des gutturales dans la bouche même des Assyriens. Le ב assyrien est rendu par le ג araméen. Ce qui explique la transcription hébraïque du nom de Sargon et de Téglath-Phalasar. Celle du mot סכנ׳ב, assyrien *sakan*, montre le même principe.

Il faut remarquer que, généralement, la transcription araméenne désigne l'objet vendu ; dans ce cas, Mannuki-Arbaïl est le débiteur. Cependant dans le texte suivant nous verrons que c'est le vendeur qui est cité. Les noms Hatpimunu et Rahu sont égyptiens.

XXXV

Vente d'Immeubles.

(*W. A. I.*, III, pl. 46, L° 9).

(Les premières lignes manquent).

1. *bit iš sa ik II* . . . .
   Domus
2. *It-pa-ik i-na lib-bi* . . .
   . . . in media (urbe)
3. *suḥ bit Ṣil-Nabu*
   prope domum Sil-Nabu ;
4. *suḥ bit Tab-sar-Istar*
   prope domum Tab-sar-Istar ;
5. *suḥ bit Samas-liḥ*
   prope domum Samas-lih ;
6. *suḥ šu-ka-ḳi*
   prope fora ;
7. *bit ina ris alu Ninua-ki*
   domus in introitu urbis Nini.

8. *yu-pis-ra   Ku-kul-la-ai*
    Acquisivitque Kukullai

9. *istu   pan   Pa-ka-a-na-Arba-ilu   istu pan   Sar-Istar*
    ex   Paka-ana-Arbaïl,   ex   Sar-Istar,

10. *ina lib-bi paras ma-na kaspa il-ki.*
    pretio dimidiæ   minæ   argenti emit.

11. *kas-bu gam-mur ta-din bit*
    Pretium immutabiliter difinitum, domus

12. *su-a-te sa-rip lak-ki*
    ipsa   nummis pensata empta est;

13. *tu-a-ru di-e-nu*
    redhibitio negotii

14. *ka ka la as-su*
    (et) inanitas non admissæ.

15. *man-nu sa ina ur-kis ina ma-te-ma*
    Quisquis in futuris diebus, et quandocumque

16. *i-za-kup-pa-a-ni cgug-uni*
    surget ante me, invocabit me,

17. *lu-u Paka-a-na-Arba-ilu*
    seu   Paka-ana-Arbaïl,

18. *lu-u habli-su lu-u habli habli-su*
    seu filii ejus, seu filii filiorum ejus,

19. *sa istu Ku-kul-la-ai*
    ex   Kukullai,

20. *habli-su habal habli-su*
    filiis ejus, filiis filiorum ejus (qui)

21. *di-e-nu ka ka yub-ta-u-ni*
    negotii inanitatem petet coram me,

22. *V ma-na kaspa iddan-(se-an)*
    quinque minas argenti solvet.

23.   *pan Rim-nabu nisu rab ki-sir*
        Testis Rim-Nabu, vir maximus publicanus;

24.   *pan Un-zir-hi-Assur (id)*
        testis Unzirhi-Assur;

25.   *pan Zir-Istar*
        testis Zir-Istar;

26.   *pan Hi-ri-za-ai (id)*
        testis Hirizaï;

27.		*pan Śu-nu.*				
		testis Sunu.				
28.	*arah*	*Airu*	*yum X kam*		*lim-mu*	*Assur-lit-a-ni*
	Mense	Iyar,	die decimo,		anni	Assur-lit-ani.
29.		*pan Nabu-ah-uṣur*		*niśu*	*milu*	*(a-ba)*
		Coram Nabu-ah-usur,		viro	magistro	preside.

On lit en caractères phéniciens la mention suivante :

פק ארביל סראש

TRADUCTION.

« Cachet de Paka-ana-Arbaïl, cachet de Sar-Istar, propriétaire de la maison aliénée.

« Une maison en bois, avec deux portes. . . . . . bornée par la maison de Sil-Nabu, bornée par la maison de Tab-sar-Istar, bornée par la maison de Samas-lib, bornée par les marchés et située à l'entrée de la ville de Ninive.

« Et Kukullaï l'a acquise de Paka-ana-Arbaïl et de Sar-Istar pour le prix d'une demie-mine d'argent.

« Le prix a été définitivement fixé, la maison a été payée et achetée, la rescision du marché ne peut plus être admise.

« Qui que ce soit, qui dans la suite des jours, et à quelque époque que ce soit, qui contestera devant moi, revendiquera, soit Paka-ana-Arbaïl, soit ses fils, soit les fils de ses fils, et voudra annuler le contrat, contre Kukullaï, ses fils, les fils de ses fils, paiera cinq mines d'argent.

« Témoins : Rim-Nabu, publicain, — Unzirhi-Assur, — Zir-Istar, Hirizaï, — Sunu.

« Au mois d'Iyar (avril) le 10ᵉ jour, pendant l'année de Assur-takkil-ani.

« Témoin : Nabu-ah-usur, président. »

REMARQUES.

La légende araméenne est très-importante, en ce sens qu'elle semble donner pour la première fois, en dehors du nom de פק־ארבל, le nom de Bin-Istar, car les traces des lettres effacées sur l'inscription pourraient indiquer בן, Bin. Cette transcription mettrait fin pour toujours à la lecture étrange de quelques savants anglais qui lisent *Vul* le monogramme que les savants de l'école française ont lu *Bin,* depuis longtemps ; malheureusement, le nom du Dieu ne semble pas se trouver dans le texte, mais seulement le mot *sar* exprimé par la lettre *im.*

XXXVI
Créance portant intérêt.
(*W. A. I.*, III, pl. 47, n° 4).

1. *VIII darag-mana (tu) kaspa*
   Octo drachmæ argenti
2. *sa Ki-sa-ri-i*
   quæ Kisari
3. *ina pan Sar-na'id*
   in facie Sar-naïd
4. *habal Nirgal-nasir (pap-ir)*
   filii Nirgal-nasir.
5. *yum I kam sa arah Sivanu*
   Die primo, mensis Sivan,
6. *kaspa iddan-(se-an)*
   argentum dabit,
7. *be-ma nu id-din-ni*
   si non dabit,
8. *a-na paras darag mana (tu) su irabbi (gal)*
   usque ad dimidium drachmæ usuram augebit.
9. *arah Airu yum XI kam*
   Mense Iyar, die undecimo,
10. *lim-mu Assur-su-gur*
    anni Assur-sugur.
11. *pan Amar-yum-ili*
    Testis Amar-yum-ili ;
12. *pan Te-ai*
    testis Teaï ;
13. *pan Assur-sar-usur*
    testis Assur-sar-usur ;
14. *pan Hu-ba-sa-a-te*
    testis Hubasate.

TRADUCTION.

« Huit drachmes d'argent, dette de Kisari, en face de Sarnaïd, fils de Nirgal-nasir.

« Le 1ᵉʳ jour du mois de Sivan (mai), il (Sar-naïd) donnera l'argent; mais si il ne l'a pas livré, l'intérêt s'élèvera à une demi-drachme.

« Au mois Iyar (avril) le 11ᵉ jour, pendant l'année d'Assur-sugar.

« Témoins : Amar-yum-ili, — Teaï, — Assur-sar-usur, — Hubasate. »

REMARQUES.

Ce document contient une simple reconnaissance. C'est une dette payable après vingt jours (du 11 Iyar au 1ᵉʳ Sivan), avec l'amende, en cas de non paiement. Il faut remarquer que la signature du débiteur ne suffit pas et qu'elle est corroborée par la présence des témoins. Dans les contrats de vente, c'est le vendeur qui s'engage à livrer la chose et à ne pas inquiéter l'acquéreur dans la possession de la chose vendue.

Nous trouvons ici, comme dans les textes des *Portenta*, le mot *be ma* avec la signification de « si ».

XXXVII

Créance avec intérêt.

(*W. A. I.*, III, pl. 47, n° 6).

1. *kunuk Zir-u-ti gal ku*
   Sigillum Ziruti, maximi. . . ;
2. *kunuk Ulul-ai nisu ha . . .*
   sigillum Elulai viri. . .
3. *IX ma-na XV darag-mana (lu) kaspa*
   Novem minæ quindecim drachmæ argenti,

4. *ina istin ma-na e sa alu Kar-ga-mis*
   una mina secundum usum urbis Carchemis
5. *gi-nu-u sa Assur*
   . . . Assyriæ,

DOCUMENTS DE LA FIN DU GRAND EMPIRE D'ASSYRIE.

6.   sa   Assur-ris-i-si
       quod Assur-ris-isi
7.   ina pan Zir-u-ti gal ku bit essu
       in facie   Zir-uti, maximi famuli templi novi,
8.   ina pan Ulul-ai nisu sansu (u)
       in facie   Elulai,   viri. . .
9.   arah Sivanu yum XVI kam
       Mense Sivan,   die   sexto decimo,
10.   lim-mu Sa-Nabu-su-u nisu sak
       anni   Sa-Nabu-su   viri.
11.   kaspa a-na IV tam-su i-rab-bi
       Pecunia usque ad quartum tantum usurabit.
12.   pan Nabu-se-zib-a-ni nisu sak
       Coram Nabu-sezibani,   viro
13.   ris   sa-lam bit sarra-ni
            duce salutationis domus regum.

          O   O

14.   pan Il-mu-ki-in nisu II sik
       Testis Ilmukin,   vir. . .
15.   sa nisu pahat (bel-nam) pan Ki-sir-Assur
         viri præfecti;   testis Kisir-Assur;
16.   pan Marduk-bani nisu bi-lul
       testis Marduk-bani,   vir eunuchus;
17.   pan Mu-tak-kil-Assur bi-sun
       testis Mutakkil-Assur. . . ;
18.   pan Zir-na'id
       testis Zir-naïd.

TRADUCTION.

« Cachet de Ziruti, grand maître de....., — Cachet de Elulaï, chef de......

« Neuf mines quinze drachmes d'argent, une mine selon l'usage de Carchemis......, dette de Assur-ris-isi, vis-à-vis de Ziruti, le grand serviteur du Temple nouveau, et vis-à-vis de Elulaï, ministre.

« Au mois de Sivan (mai) le 16ᵉ jour, pendant l'année de Sa-Nabu-su.

« L'argent portera intérêt jusqu'au quadruple.

« Témoins : Nabu-sezib-ani, maître des cérémonies dans la maison des Rois ; — Il-mukin......, du satrape ; — Kisir-Assur ; — Marduk-bani, chef des eunuques ; — Mutakkil-Assur ; — Zirnaïd. »

REMARQUES.

Les créanciers ou emprunteurs sont Ziruti et Elulai. Ce document nous donne la clef de cette phrase obscure : *sa... ina pan*, qui signifie : « Dette de un tel, en présence de », etc.

Les neuf mines et un quart, selon l'usage du Roi, vaudraient 2,081 fr. 25 cent. ; mais l'usage de Carchemis en modifie l'importance. Ici, l'usage de cette ville est encore modifié par le terme de *ginu sa Assur*, qui signifie peut-être : « Telle qu'elle est usitée en Assyrie ».

XXXVIII

Créance avec intérêt, garantie sur l'usufruit d'un Champ.

(*W. A. I.*, III, pl. 50, n° 2).

1. *I ma-na kaspa sa alu Kar-ka-mis*
   Una mina   argenti   urbis Carchemis,
2. *sa Si-lim-Assur*
   debitum Silim-Assur
3. *ina pan Zikar-Istar*
   in facie   Zikar-Istar.
4. *II ana ut bi nap sa*
   Usque ad alterum tantum usurabit.
5. *bit VI emiri ekil (a-lih) ina alu Ha-tu-ya*
   Sex homer   ager   in urbe Hatuya,
6. *ina is bar-sa X ka (epha) bit Si-lim-Assur*
   unus   barsa decem   epha demus Silim-Assur
7. *XI rat i-sak-kan-u-ni i-na-as-si*
   undecim vices perficit   profert,
8. *a-na mu-a-na-e akalu*
   per omnes annos (erit) usufructus,
9. *IV me-ri-se IV kar-ap-hi*
   quatuor messes vernas, quatuor messes nuctumnales;

10. *akalu me-ri-si-su yu-sal-lim*
    usum fructum messium ejus pensabit
11. *kakkadu (ris-du) kasap ina di se tu-ra-me*
    et insuper caput argenti ob frumentum debitum sacerdoti
12. *i-sak-kan ekil (a-lib) su yu-se-sa IV emeri pa an-zi*
    dabit.   Ager   ejus producet quatuor homer segetis...
13. *II emiri kar-ap-hi kur VI emeri ekil (a-lib) sa-ku-te*
    duo homer messium auctumnalum, summa tota sex homer ex agro de
                                                            quo agitur.
14.   *pan Nasir-dur pan Si-nu-ri*
        Testis Nasirdur;   testis Sinuri;
15.   *pan An-bu-an-a-a pan Habal-usur*
        testis Damkina-Malikat;   testis Habal-usur;
16.   *pan Man-nu-ki-Ar-ba-ilu nisu a-sik pan Gur-di-i*
        testis Mannuki-Arbailu, vir. . .;   testis Gurdi;
17.   *pan Bi-ta-ti-i pan Nirgal (bar). . .*
        testis Bitati;   testis Nirgal-asir.
18. *arah Sivanu yum XII kam lim-mu Bel-ni-nu*
    Mense Sivan, die duodecimo, anni   Belninu.

TRADUCTION.

« Une mine d'argent de la ville de Carchemis, dette de Silim-Assur vis-à-vis de Zikar-Istar.

« Elle portera intérêt jusqu'au double du principal.

« Par contrat, un champ de six *homer*, situé dans la ville de Hatuya, dont chaque *barsa* produit dix *epha*, dépendant du champ de Silim-Assur, donnera onze fois la valeur (de la dépense) pour chaque année de l'usufruit.

« Il (Silim-Assur) donnera quatre moissons de printemps, quatre moissons d'automne, et donnera en même temps la totalité de l'argent en dehors du blé destiné aux offrandes; puis il aura l'usufruit exclusif du champ, et paiera en plus du champ en question quatre *homers*, *pa-an-zi*, et deux *homers* du grain d'automne, en tout six *homers*.

« . . . .

« Témoins : Nasir-dur,—Sinuri,—Damkina-malikat,—Habal-usur, —Mannuki-Arbaïl, chef de . . . . . . , — Gurdi, — Bitati, — Nirgal-asir.

« Au mois de Sivan (mai) le 12ᵉ jour, pendant l'année de Bel-ninu. »

REMARQUES.

Ce contrat constitue un prêt garanti par les provenances d'un champ appartenant au débiteur. Sa lecture explique bien des questions que les autres contrats laissaient dans l'obscurité.

Le mot *kakkadu* (ris-du), littéralement *vertex, culmen*, signifie ici « le tout », comme nous disons *summa*, « la somme ».

XXXIX

Vente d'Esclaves.

(*W. A. I.*, III, pl. 49, n° 2).

1. *kunuk   Na-'-id-Istar*
   Sigillum   Naïd-Istar,
2. *kunuk   Assur-mat-ka-dan-in*
   sigillum   Assur-mat-ka-danin,
3. *habli Istar-mu-na-din nisu us mas sa rak ekal* (*bit-rab*)
   filiorum Istar-munadin, inspectoris. . . feminarum regiæ.
4. *bel nisu ta-da-a-ni*
   domini viri traditi.

○   ○   ○   ○

5. *Sum-ma-Nabu nisu us mas bir-me sikar-su-nu*
   Summa-Nabu,   vir   . . . vestimentorum, servus eorum.
6. *pu-pis-ra I-din-ai nisu kunuk sa Assur*
   Acquisivitque Idinai,   vir   sigillator   Assori
7. *a-na Ninip a-sib alu Kak-ḥi*
   pro   Ninip habitante urbem Calach
8. *ina lib I mas ma-na kaspa as ru-si Na'id-Istar*
   pretio   sesquiminæ   argenti   a   Naid-Istar
9. *as ru si Assur-mat-ka-dan-in*
   a. . .   Assur-mat-ka-danin;
10. *is-si-rip is-si-ik-ki*
    pensatus, emptus, acquisitus est.
11. *tuaru* (*gur-ra*) *di-e-nu ka ka la as-su*
    redhibitio negotii (et) inanitas non admissæ.

12. *man-nu sa ina ur-kis ina ma-te-ma*
    Quisquis in futuris diebus et quandocumque
13. *i-sak-ku-pa-an-ni u*
    surget ante me.

(Quelques lignes manquent).

. . . .

18. . . . . . *man-mu-su* . . . .
    . . . quivis ex suis
19. . . . . . *li* . . . .
    . . . *li*
20. . . . . *ma-na* . . .
    . . . minam.
21. . . . . *di ina pur-ki* . . .
    . . . in thesauro
22. *Ninip a-sib alu Kak-hi isakan*
    Ninip habitantis urbem Calach.
23. *kas-bu a-na X a-te a-na beli su yutirra (gur-ra)*
    Pretium usque ad decimam. . . domino ejus restituet
24. *ina di-ni su ka ka ma la i-lak-ki*
    ob negotii ejus rescisionem, non vendiderit;
25. *zib-ti be bel ni a-na C yume ša-ar-tu*
    fenus vetus erit domino nostro; per (post) centum dies erit obligatio
26. *a-na nabhar sanat kak-mu an-na-(mis)*
    per omnes annos. . .
27. *pan Nabu-sum-usur nisu kaniku sa Nabu*
    Testis Nabu-sum-usur, vir sigillator Nabu;
28. *pan Assur-sar-usur nisu mu-gil su-pa-e sa hekal (bit-rab)*
    testis Assur-sar-usur, vir inspector regiæ;
29. *pan Sil-bel-tal-li nisu ha-ka-bit*
    testis Silbeltalli, vir. . .;
30. *pan Zikar-Istar nisu . . . .*
    testis Zik-istar, vir. . .;
31. *pan Ša-si-du nisu . . . .*
    testis Sasidu, vir. . .;
32. *pan Sur-tav sa nisu . . . hekal*
    testis Surtav, viri . . . regiæ;
33. *pan . . bu-u-li . . . . .*
    testis. . .;

34.	*pan*	
	testis. . .	
35.	*pan Du-du* . . *nisu* . . .	
	testis Dudu. . . vir. . . ;	
36.	*pan Na-ni nisu sib-sa*	
	testis Nani. . . vir. . . ;	
37.	*pan Nabu-ah-irib (sib) Bin-na*. . .	
	testis Nabu-ah-irib et Bin-na. . .	
38.	*arah Dūzu yum XV kam lim-mu Za-bit-bit-su*	
	Mense Tammuz, die decimo quinto, anni Nirgal-lih.	
39.	*pan Ri-ba-a-te pan Istar-na'-id pan Mir-ri* . . .	
	Coram Ribâte ; coram Istar-naïd ; coram Mirri. . .	

TRADUCTION.

« Cachet de Naïd-Istar, — cachet de Assur-mat-ka-danin, fils de Istar-munadin, chef des femmes du palais, propriétaires de l'esclave vendue.

« Summa-Nabu, tisserand (?), est leur esclave.

« Et Idinaï, le certificateur des documents de l'Assyrie, pour (le temple) de Ninip qui habite Calach, l'a acquis moyennant le prix d'une mine d'argent ; il a été payé et acquis de la main de Naïd-Istar, de la main de Assur-mat-kadanin.

« La résiliation du marché et la nullité n'est pas admise.

« Quiconque dans la suite des jours s'élèvera devant moi et m'invoquera, soit Naïd-Istar, et me demandera de prononcer la nullité du marché de Idinaï, soit ses fils ou les fils de ses fils, paiera une mine d'argent, dans le trésor de Ninip qui habite Calach, et restituera l'argent au propriétaire. Alors il sera délié de son marché, il n'aura pas vendu.

« L'intérêt ancien écherra à notre seigneur (Ninip), et payable dans les cent premiers jours.

« Témoins : Nabu-sar-usur, chancelier de Nabu ; — Assur-sar-usur ....., maître du Palais ; — Sil-bil-talli......; — Zikar-Istar......; — Sasidu......; — Surtav, maître du Palais............;— Dudu ; — Nani......; — Nabu-ah-irib ; — Binna.

« Au mois de Tammuz (juin) le 15ᵉ jour, pendant l'année de Nirgal-lih.

« Par devant : Ribate, — Istar-na'id, — Mirri. »

REMARQUES.

On aurait pu croire que les mots *nis us bar sa sal hekal* désignaient un eunuque, si cet homme n'avait pas eu un fils.

Le texte contient des variantes de la plus haute importance : ainsi nous avons *issirip* au lieu de *issarip*, qui provient de l'apocope du Niphal ; *issikki* est évidemment un Ipthaal de *saka*, זכה, *pacisci* ; *asru pan* est pour *ultu pan*.

L'écriture *gur-ru* prouve que *tuaru* vient de *tur*, חור, « retourner ».

Le nom de l'esclave vendu est *Summa-Nahu*, son état semble être celui de « faiseur de vêtements », il est indiqué par l'expression *birme*.

Enfin, ce contrat contient une clause qui ne se retrouve qu'ici et qui ajoute encore au danger de la revendication, en fixant une redevance annuelle due à notre seigneur, c'est-à-dire à Ninip, habitant Calach.

XL

Créance portant intérêt.

(*W. A. I.*, III, pl. 47, n° 3).

1. *XV darag-mana (tu) kaspa*
   Quindecim drachmæ argenti,
2. *sa Ulul-ai*
   debitum Ululaï,
3. *sa Ilu-Na-'-di*
   debitum Ilu-Nadi,
4. *ina pan Sa-an-su-ru*
   in facie Sansuru,
5. *habal Sin-na-'-id*
   filii Sin-na'id.
6. *ina IV ut su i-rab-bi*
   Usque ad quartam tantum usurabit.
7. *ina arah Sivanu lim-mu*
   Mense Sivan, anni
8. *Ninip-takkil-ani (Bar-ku-lit-ani)*
   Ninip-takkil-ani

9.   *nisu sa-lat alu Kak-zi*
      viri præfecti urbis Kakzi.
10.   *pan Ki-bi-Malik*
         Testis Kibi-Malik;
11.   *pan Sa-ka-ya-an*
         testis Sakayan;
12.   *pan Ba-ni-i*
         testis Bani;
13.   *pan Bel-Malik* (ai)
         testis Bel-Malik.

TRADUCTION.

« Quinze drachmes d'argent, créance de Ululaï, Ilu-naïd, sur Sanduru, fils de Sin-naïd.

« L'intérêt pourra s'élever au quadruple du capital.

« Au mois de Sivan (mai) le 30ᵉ jour, pendant l'année de Niniptakkil-ani, préfet de la ville de Kakzi.

« Témoins : Kibi-malik, — Sakayan, — Bani, — Bel-Malik. »

REMARQUES.

Les données de ce contrat n'ont besoin d'aucun commentaire. Il se pourrait que le signe *lit*, dans le nom de Barku-lit-ani, que nous lisons Ninip-takkil-ani, soit un idéogramme prononcé *takkil*. C'est une supposition sans preuve, mais probable; alors le nom de Lit-ana-Bel, *sup.*, p. 217, serait à lire « Takkil-ana-Bel ».

XLI

Aliénation d'Immeubles.

(Musée Britannique, K. 293).

1. *kunuk Pa-si*
   Sigillum Pasi,
2. *habal I-ba-as-si-ilani*
   filii   Ibassi-ilani,
3. *ultu lib alu Da-i-e-nu-Bin*
   ex   urbe   Daienu-Bin,
4. *bel ekil ta-da-ni*
   domini agri traditi.
                  (Pas de cachet).

5. lit Li-in-Nabu . . . ekil suh ummu sa lu mahri
    . . .   ager propa matrem. . . ,
6. suh Sar-Istar
    prope Sar-Istar,
7. suh Rim-ahi-su
    prope Rim-ahi-su,
8. suh nah-li
    prope canalem.
9. yu-pis-ra An-nu-ahe (pap-e)
    Acquisivitque Annu-ahe,
10. nisu sa nire
    vir pedum (nuntius),
11. in lib-bi X darag-mana (lu) e kaspa
    pretio decem drachmas argenti
12. lak-ki kas-bu yam-mur
    emit. Pretium immutabiliter
13. ta-din ekil su-a-te
    definitum, ager iste
14. sa-rip lak-ki lu-a-ru
    summis pensatus, emptus est; redhibitio
15. di-e-nu ka ka la a-su
    negotii et inanitas non admissæ.
16. man-nu sa ina ur-kis au as-ri-ma
    Quisquis in diebus futuris et in quocunque loco
17. i-sak-ku-pa-an-ni i-gug-u-ni
    surget coram me, petet a me,
18. lu-u Pa-si lu habli-su
    seu Pasi, seu filii ejus,
19. lu habal habli-su ultu An-nu-ahe (pap-e)
    seu filii filiorum ejus, ex Annuahe,
20. habli-su habal habli-su di-e-nu
    filiis ejus, filiis filiorum ejus, negotii
21. ka ka yub-ta-ub-ni
    inanitatem a me petet,
22. X ma-na kaspa I ma-na hurasa
    decem minas argenti, unam minam auri,
23. ina bur-ki Istar a-si-bat
    - in thesauro Istaris habitantis

242   DOCUMENTS JURIDIQUES.

24.   *alu Ninua i-sak-ka-an*
     urbem Ninum   solvet.

25.   *kasab ana X a te*
     Pretium usque ad decimam partem

26.   *yu-tir-ra*
     redibit ;

27.   *ina di-ni-su ka-ka-ma*
     a negotio suo liberatus erit ;

28.   *la (ti) illakki*
     non vendiderit.

29.   *pan An-ma-li*
          Testis Nalbar-ellu ;

30.   *pan A-si-ru pan Bel-se-sib-ani pan Ab-du*
          testis Asiru ;   testis Bel-sezib-ani ;   testis Abdu ;

31.   *pan Marduk-nasir arah Nisan yum IV kam limmu Bel-lu-ta*
     testis Marduk-nasir. Mense Nisan, die quarto   anni Bullutu.

TRADUCTION.

« Cachet de Pasi, fils de Ibassi-ili, de la ville de Daienu-Bin, propriétaire du champ vendu.

« La maison *lia*... de Nabu... et le champ auprès de sa mère...— bornés par Sar-Istar, — bornés par Rim-ahi-su, — bornés par le canal,

« Et Annu-ahe, l'homme de......, les a acquis pour dix drachmes d'argent.

« Le prix a été définitivement fixé, le champ a été payé et acheté, la rescision et la nullité du contrat ne peuvent plus être admises.

« Qui que ce soit, qui dans la suite des jours, et dans quelque endroit que ce soit, qui contestera devant moi et revendiquera, soit Pasi, soit ses fils, soit les fils de ses fils, contre Annuahê, ses fils ou les fils de ses fils, et réclamera la rescision, versera dix mines d'argent, une mine d'or, dans le trésor d'Istar, qui habite la ville d Ninive, et paiera son prix avec le dixième en plus pour la résiliation de son contrat ; il n'aura pas vendu.

« Témoins : Nalbar-ellu, — Asir, — Bel-sezib-ani, — Abdu, — Marduk-nasir.

« Au mois de Nisan (mars) le 4e jour, pendant l'année de Bullutu. »

REMARQUES.

Il n'y a rien de nouveau à noter dans ce contrat, dont toutes les clauses ont été expliquées à l'occasion des contrats précédents.

XLII

Louage d'Immeubles.

(Musée Britannique, K. 202)

1. *kunuk   Zir-yukin (du) habal Bel-dur*
   Signum Zir-yukin,   filii   Bel-dur,
2. *sa   alu   Ir-bu-ai*
   (præfecti) urbis Irbuai,
3. *bel   kire biti tadani (še—ni)*
   domini horti, domorum traditorum.

○ ○ ○ [1]

4. *kiru sal-mu sa iś be-lit alu Ir-bu-ai*
   Nemus integrum ex ligno Dominæ urbis Irbuai
5. *suh   kiru sa   Ul-ka*
   prope hortum   Ulka,
6. *suh   kiru sa   Banu-(kak)-ahe*
   prope hortum   Banu-ahe,
7. *suh   kiru sa   Na-sa-an-hal-ni*
   prope hortum   Nasanhalni,
8. *suh   kiru su   Deni habal Nabu-dur-usur*
   prope hortum   Deni, filii   Nabu-dur-usur,
9. *sina   nisu alu Istar-Bab-ilu-ai*
   . . .   urbis Istar-Bab-Ilu-ai ;
10. *kur II napsati zikar-su*
    summa tota duæ personæ.
11. *yu-pis-ra Kak-kul-la-nu nisu rub kiri*
    Acquisivitque Kakkullanu,   vir   dominus hortorum,
12. *ultu pan Zir-yukin (du) habal Bel-dur*
    a   Zir-yukin,   filio   Bel-dur;
13. *ina lib-bi III ma-na kaspa il-ki*
    pretio   trium minarum argenti emit.
14. *kas-bu gam-mur ta-din-ni*
    Pretium immutabiliter definitum est ;

[1] L'empreinte du cachet représente un oiseau et un poisson, en haut le croissant.

15. *kiru giš-ṣa ê svate ṣa-ar-pat lakkiat (ti)*
nemora arborum, nummis pensata, empta sunt;
16. *la-ru di-e-nu ka-tar (?) ka*
redhibitio negotii (et) inanitas
17. *la as-su man-nu sa ina ur-kis*
non admissæ. Quisquis in futuris diebus,
18. *i-na ma-te-ma i-za-ku-pa-a-ni*
quandocumque surget coram me,
19. *igug-mi lu-u Zir-yukin*
contestabit coram me, seu Zir-yukin,
20. *lu habli-su (lu) habal habli-su*
seu filii ejus, seu filii filiorum ejus,
21. *lu-u ahe-su lu-u habal ahe-su*
seu fratres ejus, seu filii fratrum ejus,
22. *lu-u sakmu-su mar ki-sir-su*
seu mandatarius, vir administrationis suæ,
23. *lu-u gur-bu-su ha-za-na zikar-su*
seu yurbu ejus, villicus, famulus ejus,
24. *lu-u man-ma-me na-su lu-u de-nu ka ka*
seu quisquis ex suis qui negotium inane
25. *ullu Kak-kul-la-nu habal-su*
ex Kakkullanu, filio ejus,
26. *habal habli-su nin-ma-nu-su yub-ta-u-ni*
filio filii ejus, ex quivis suorum, petet coram me,
27. *I bilat (tik-un) kaspa V ma-na huraṣu*
unum talentum argenti, quinque minas auri,
28. *ina pur-ki Is-tar a-sib alu Ar-ba-ilu*
in thesauro Istaris, habitantis urbem Arbelorum (deponet);
29. *kas-bu ana X e ina be-le su yu-tir*
pecuniam usque ad decimam domino restituet;
30. *de-ni-su ka ka ma la il-ki*
a negotio suo liberatus erit, non vendiderit.
31.   *pan U-kil-ilu habal Zi-zi*
    Testis Ukil-ilu, filius Zizi;
32.   *pan Zikar-ili habal Nirgal-malik (an-ai)*
    testis Zikar-ilani, filius Nirgal-malik;
33.   *pan Bin-babil nisu habal Gu-ge*
    testis Bin-babil, vir filius Guge;

DOCUMENTS DE LA FIN DU GRAND EMPIRE D'ASSYRIE.

34.   pan A-si-ru habal Ahu-uya
        testis Asiru,   filius   Ahuya;
35.   pan Ibni-ahe habal Tebit-ai
        testis Ibni-ahe, filius   Tebitaï;
36. kur V pan alu Ir-bu-u-ai
        summa tota quinque testes urbis Irbuaï.
37.   pan Hal-di-ra-ya nisu sa nire
        Testis Haldiraya,   vir   nuntius (?);
38.   pan Nabu-na-sir e 15 zikar habal sarru
        testis Nabu-nasir. . . .   famulus filii   regis;
39.   pan Nabu-lit-ani ahu-su
        testis Nabu-lit-ani,   frater ejus;
40.   pan Bin-abu-nasir habal Dur-Bin
        testis Bin-abu-nasir,   filius   Dur-bin;
41.   pan Dintar habal Ki-ma-ma
        testis Dintar, filius Kimama;
42.   pan Bin-essis (kam-sin) habal Bin-itti-ya
        testis Bin-essis,   filius Bin-ittiya;
43.   pan Han-da-pi-da habal Bin-e-zu-de
        testis Handapida,   filius   Bin-ezude;
44.   pan Sin-sarru-usur habal Nabu-nasir
        testis Sin-sar-usur,   filius   Nabu-nasir;
45.   pan Zikar-Istar habal Na-nu-gan
        testis Zikar-Istar,   filius   Nanugan;
46.   pan Istar-idin nasir sa ni-re
        testis Istar-idin,   protector vomerum;
47. X e-ne alu Hu-bab-ai
        decem viri urbis Hubabaï.
48.   pan Nabu-rin nisu gur-but.
        Testis Nabu-rin,   vir . . .
49. arah Sabatu yum XVII kam lim-mu Nir-e nisu turtanu alu Ku-mu-nu
    Mense Sebat, die decimo septimo anni Nire, Tartan urbis Kumunu.
50. Nabu-naïd milu (a-ba) pan Kur-zu habal Kasai pan Nabu-ah-idin
    Nabunaïd, præses;   coram Kurzu,   filio Kasai; coram Nabu-ah-idin.

TRADUCTION.

« Cachet de Zir-yukin, fils de Bel-dur, préfet de la ville de Irbuaï, propriétaire des parcs et des maisons. Un parc intact planté en bois de... situé dans la ville de Irbuaï, — borné par le jardin de Ulka, — borné par le verger de Banu-ahi, — borné par le verger de Nasanalni, — borné par le verger de Deni, fils de Nabu-dur-usur......, Naram (?) Istar et Babylaï, en tout deux personnes ses esclaves......

« Et Kakkullanu a acheté (ces biens) de Zir-yukin, fils de Bel-dur, moyennant le prix de trois mines d'argent.

« Le prix a été définitivement fixé, le verger et la maison ont été payés et achetés, la rescision du marché ne peut plus être admise.

« Quiconque dans la suite des jours, et à quelque époque que ce soit, soit Zir-yukin, soit ses fils, soit les fils de ses fils, soit ses frères, soit les fils de ses frères, soit Garsu, fils de Kisir-Assur, soit son mandataire, soit l'administrateur de sa part, soit son *gurbu* ou quelqu'un des siens, qui s'élèvera devant moi et demandera la nullité du marché contre Kakkullanu, son fils, le fils de son fils, ou tout autre, paiera un talent d'argent et cinq mines d'or, dans le trésor d'Istar-d'Arbèles, et il remboursera dix fois le prix à son propriétaire ; le marché sera nul, il n'aura pas acheté.

« Témoins : Ukil-ili, fils de Zizi, — Zikar-ili, fils de Nirgal-malik, — Bin-Babil, fils de Guge, — Asiru, fils de Ahuya, — Ibni-ahe, fils de Tébétaï, — en tout cinq hommes de la ville de Irbuaï. — Témoins : Haldiraya, — Nabu-nasir, serviteur du fils du Roi, — Nabu-litani, son frère, — Nabu-nasir, fils de Dur-Bin, — Dintar, fils de Kemama, — Handapidu, fils de Bin-ezude, — Sin-sar-usur, fils de Nabu-nasir, — Zikar-Istar, fils de Nanugan, — Istar-idin-ahe......, dix hommes de la ville de Hubabaï. — Témoin : Nabu-rin.

« Au mois Sébat (janvier) le 17e jour, pendant l'année de Niré, Tartan de la ville de Kumanu.

« Par devant : Nabu-naïd, président.

« Par devant : Kurzu, fils de Kasaï. — Par devant : Nabu-naïd. »

REMARQUES.

Les bois dont il s'agit dans ce contrat y sont désignés par le mot *gissa*. Le prix d'achat est élevé et l'amende de revendication est énorme. Si d'autres textes ne s'y opposaient pas, on pourrait penser qu'il s'agit ici d'un équivalent laissé au choix de la revendication ; dans ce cas, les proportions des deux métaux seraient de 1 à 12, donc très-rapprochées de celles que donne Hérodote (III, 95) et qu'il évalue de 1 à 13 1/2.

On doit remarquer aussi la distinction des témoins classés selon leur ville natale, et les déclarations du nombre des assistants. Enfin, il faut remarquer, l. 23, que la formule d'éviction contient l'introduction de personnes qui n'avaient pas encore été mentionnées : le *sakan* ou mandataire, le *hazan* ou intendant.

XLIII

Prêt hypothécaire.

(Musée Britannique, K. 179).

1. X *daray-mana* (*tu*) *kaspa*
   Decem drachmae argenti
2. *sa Zikar-su*
   debitum Zikar-su
3. *ina pan Ki-an-an-nu*
   in facie Kiannu (?)
4. *ina bu-u-hi i-ti-si*
   ad mutuum abstulit.
5. *ina IV v! an-se-bar-bi*
   Usque ad quartum tantum fenerabitur.
6. *arah Airu yum II kam*
   Mense Iyar, die secundo
7. *lim-mu Sin-sar-u-si-lik*
   anni Sin-sar-usilik.
8. *pan Assur-ah-usur* (*pap-pap*)
   Testis Assur-ah-usur;
9. *pan Istar-idin-habal*
   testis Istar-idin-habal;
10. *pan Kan-nun-ai*
    testis Kan-nun-ai;
11. *pan Sab-sa-na*
    testis Sab-sa-na;
12. *pan Ku-sa-aī*
    testis Kusaī.

TRADUCTION.

« Dix drachmes d'argent, dette de Zikar-su vis-à-vis de Kiannu, pour faire un prêt.

« L'argent portera intérêt jusqu'au quadruple de la somme.

« Au mois d'Iyar (avril) le 2° jour, pendant l'année de Sin-sar-usilik.

« Témoins : Assur-ahi-usur, — Istar-idin-hâbal, — Kannunnaï, — Sabsana, — Kasaï. »

REMARQUES.

Rien à noter dans ce contrat, sinon que dix drachmes d'argent forment environ 37 fr. 50 de notre monnaie.

XLIV

Vente de Maisons.

(*W. A. I.*, III, pl. 48, n° 5).

1. . . . .
 . . . .
2. . . . . . . *te* . . . . . .
 . . . .
3. . . . *an Su-ba-a* . . .
4. [*yu-pis*]-*ma Ninu-ai nisu mustesir* (*si-di*) *sar*
 Acquisivitque Ninuai vir . . .,
5. ... *ma-na kaspi ina ma-ni-e sa mat Kar-ga-mis*
 pro... minis argenti, secundum usum urbis Carchemis
6. *istu pan Ar-ba-ai il-ki*
 ex Arbai, emit.
7. *kas-bu ga-mur ta-din bite*
 Pretium immutabiliter definitum, domus
8. *su-a-te sa-ar-pu lak-ki-u*
 istæ, nummis pensatæ, emptæ sunt ;
9. *tu-a-ru di-e-nu da-ba-a-bu*
 redhibitio negotii (et) inanitas
10. *la as-su man-nu sa ina ur-kis*
 non admissæ. Quisquis, in diebus futuris,
11. *au ma-te-ma i-za-ku-pa-a-ni*
 et quandocumque coram me surget

DOCUMENTS DE LA FIN DU GRAND EMPIRE D'ASSYRIE. 249

12. *i-gug-uni lu-u Ar-ba-ai*
    coram me vindicabit, seu Arbai,
13. *lu-u ahe-su lu-u habal ahi-su*
    seu fratres ejus, seu filii fratrum ejus,
14. *lu-u (manma) nin-nu-su sa di-e-nu*
    seu   quisquis ex suis, qui negotii
15. *ka-ka bi ta Ninu-ai nisu . . .*
    inanitatem ex   Ninuai,   viro. . .,
16. *istu habal ahu abu-su*
    filiove   patrui,
17. *yup-ta-u-ni X ma-na kaspa luh*
    petet a me,   decem minas argenti puri,
18. *I ma-na hurasu sak-ru*
    unam minam auri operarii,
19. *ina pur-ki Is-tar a-si-bat*
    in thesauro deæ Istaris habitantis
20. *alu Ni-na-a i-sak-kan*
    urbem Ninum solvet.
21. *kas-bu a-na X mis-te ana bel-su*
    Nummos istos ad decimam partem,   domino suo
22. *yutirra (gur-ra) di-e-ni-su ka ka-ca*
    restituet; a negotio suo liberatus erit,
23. *la i-lak-ki*
    non vendiderit.
24.   *pan Bel-da-an nisu salsu (III su) sa nisu sa eli bit an*
        Testis Bel-Dan,   triumvir, præpositus domus ejus;
25.   *pan Sar-Istar   (id)*
        testis Sar-Istar;
26.   *pan A-di-i nisu mu kil su pa e*
        testis Adie. . . . .;
27.   *pan Uz-na-nu pan Ulul-ai nisu ku ris sar*
        testis Uznanu;   testis Elulai. . . . .;
28.   *pan Assur-se-kil nisu mu-kil supa e sa habal sarru*
        testis Assur-sikil. . . . .,   filii regis;
29.   *pan (Lit)-Takkil-a-ni-Bin nisu mu kil supa e sa du-na-na-te*
        testis (Lit)-Takkil-ani-Bin, vir. . . . .;
30.   *pan Assur-damik pan Ma-tu-ur-sa-an-ni-Bin*
        testis Assur-damik; testis Matu-ursanni-Bin;

31.   pan *Tur-ṣu-Istar*   pan *Di-lil-Istar*
       testis Tursu-Istar;   testis Dilil-Istar;
32.   pan *Nabu-idin-ahe*
       testis Nabu-idin-ahe;
33.   pan *Sa . . . ba nisu milu (a-ba)*
       testis Sa. . . .   vir
34.   . . . . *sar*
                        regis

TRADUCTION.

« Cachet d'Arbaï. . . . . . propriétaire des maisons vendues.

« Un. . . . . . maisons, près de. . . . . . Subaï.

« Et Ninuaï, le conseiller du Roi, les a acquises pour . . . . . mines d'argent du tarif de Carchamis ; il les a achetées d'Arbaï.

« Le prix a été définitivement fixé, la maison a été payée et achetée, la rescision du marché ne peut plus être admise.

« Qui que ce soit, qui dans la suite des jours, soit Arbaï, soit ses frères, soit les fils de ses frères, soit quelqu'un de sa race, s'élèvera devant moi pour demander la nullité du marché, soit au nom de Ninuaï … du fils de son oncle, paiera dix mines d'argent pur et une mine d'or au cours du commerce dans le trésor d'Istar de Ninive, et il le versera à son propriétaire pour la rescision de son contrat ; il n'aura pas vendu.

« Témoins : Bel-dan, triumvir, préposé de sa maison, — Sar-Istar, id., — Adie, préposé de. . . . ., — Uzmanu, — Elulai, serviteur des agents du Roi, — Assur-sekil, *mukil* des *šupa* du fils du Roi, — Takkil-ani-Bin, *mukil* des *šupa sa dunanate*, — Assur-damik, — Matu-ursani-Bin, — Tursu-Istar, — Dilil-Istar, — Nabu-idin-ahi, — Sa. . . . chef de. . . . du Roi. . . . . . »

REMARQUES.

Malheureusement des parties intéressantes de ce texte sont frustes, et ce qui en reste ne donne lieu à aucune observation particulière. La date manque absolument.

Remarquons, toutefois, que le mot *dababu*, exprimé par un idéogramme dans la plupart des contrats, est écrit ici (l. 9) en caractères phonétiques.

XLV

Acte de Bornage.

(Musée Britannique, K. 382).

1. *kunuk* . . . . .
   Sigillum
2. *kunuk an aḫu-su*
   sigillum. . .
3. *kunuk Zikar. . . habal Bel-na'id*
   sigillum Zikar. . ., filii Bel-nahid;
4. *kunuk Summa-sezib habal Tebit-ai*
   sigillum, Summa-sezib, filii Tebitaï;
5. *kur IV nisi alu bel-nisi*
   summa tota quatuor homines donatores
6. *ana Ninip ip-su kirib alu Mis-ḫa-se-lu-'-*
   deo Ninip qui est in urbe Mishaselu.

(Empreinte d'un cylindre déroulé.)

7. *Dur ma-ki sa binit (tur-rak) Ram-ti*
   Murum opus filiæ Ramti.
8. *nisi-sunu sa ana kat Nabu-na'id*
   Homines isti (qui) manui Nabonidi
9. *sa ina ḫa-du-ti sa-tu sap-su u-ni*
   in limitibus illis concrediderunt,
10. *ur-tab-bi-su ana Nin-ip bel-su-nu*
    reparaverunt. Ninip, domino suo,
11. *a-na si-rik-ti iš-ša-ar-ku*
    dono consecraverunt.
12. *a-na il-ki um-sik-ki ina bel Nin-ip (bar) i-ti-it-gal-u*
    ad delimitandos fines deo Ninip dedicaverunt.
13. *man-nu arkuu sak dan-ni-ti*
    Quicunque, in futuris, rem contractui submissam
14. *su-a-tuv lu tu-sam-sir*
    istam ne derelinquas,
15. *ilu Nin-ip ik-ri-bi-ka i-sim-mi*
    Ninip preces tuas audiet.

DOCUMENTS JURIDIQUES.

16. *au sa yu-sam-sa-ku Nin-ip (bar) sa in ik-ri-bi-su*
    et qui demoliet, Ninip in precibus ejus
17. *sirru li-tur li-nin-su*
    malum (ei) reddat exterminetque eum.
18.   pan *Idin-Nabu nisu kiselu sa Ninip*
        Testis Idin-Nabu, vir minister Ninip;
19.   pan *Nabu-munu nisu kiselu sa Nabu*
        testis Nabu-munu, vir minister Nabu;
20.   pan *an E nisu kiselu sa Nabu*
        testis Same. . vir minister Nabu;
21.   pan *Musi-Nabu nisu kiselu sa ba*
        testis Musi-Nabu, vir minister. . . ;
22.   pan *Nabu-nasir nisu rab hekal (bit-rab)*
        testis Nabu-nasir, vir maximus regiæ;
23.   pan . . . *nisu rab hekal (bit-rab)*
        testis . . . vir maximus regiæ;
24.   pan . . *bel nisu sa ili bit habal sarru*
        testis . . bel, administrator domus filii regis;
25.   pan *Lit-ni nisu milu (a-ba)*
        testis Lit-ni, vir doctor;
26.   pan *Sa-du nisu milu (a-ba)*
        testis . . . vir doctor;
27.   pan . . . *nisu kiselu sa Istar*
        testis . . . vir minister Istar;
28.   pan . . . *nisu kiselu sa Assur*
        testis . . . vir minister Assur;
29.   *su-pur Ninip*
        Ninip
30.   *mu*
        . . .
31.   *Bel sa ilu*
        templi dei
32.   pan *Na-'i nisu sa Nabu*
        testis Nai, vir Nabu;
33.   pan *Ur-du nisu ma bit ilu sa bit Nabu*
        testis Urdu, vir . . . templi Nabu;
34.   pan . . *mu Assur nisu muptekid*
        testis . . . Assur, vir . . . ,

DOCUMENTS DE LA FIN DU GRAND EMPIRE D'ASSYRIE.   253

35.   *nisu   milu   (a-ba) ṣa-bit dan-ni-ti*
                vir   doctor,   possessor debiti.

36. *arah Ululu   yum   XVIII kam limmu Gis-tir-ri*
     Mense Elul   die decimo octavo   anni   Gistirri

37.   *nisu . . . rabu kisalu*
           viri   maximi ministri

TRADUCTION.

« Cachet de....., — cachet de......, — cachet de Zikar....., fils de Bel-nahid, — cachet de Summa-sezib, fils de......, en tout quatre personnes qui ont stipulé ainsi, en invoquant le dieu Ninip qui est adoré dans la ville de Mishaselu :

« Un mur, œuvre de la femme Rimti.

« Ces hommes ont confié à Nabonid le soin de le réparer sur la limite de leurs propriétés. Ils l'ont consacré au dieu Ninip, comme don perpétuel.

« Qui que tu sois, toi qui dans la suite ne négligeras pas cet ouvrage, Ninip exaucera tes prières. Mais celui qui le démolira, Ninip lui rendra le mal pour ses prières, et l'exterminera.

« Témoins : Idin-Nabu, prêtre de Ninip; — Nabu-munu, prêtre de Nabu; — Samas .., prêtre de Nabu; — Musi-Nabu, prêtre de.....; — Nabu-asir, maître du palais; — ......, maître du palais; — ...... Bel, administrateur du palais du fils du Roi; — Lit-ni, docteur; — Sadu, docteur; — ......, prêtre d'Istar; — ......, prêtre d'Assur; — ....; — ...., — Naï, gardien du temple de Nabu; — Urdu, ... du temple de Nabu; — ......, docteur, possesseur de la somme déposée.

« Au mois d'Elul (août) le 18ᵉ jour, pendant l'année de Gistirri, grand prêtre. »

REMARQUES.

Il s'agit dans ce texte d'un mur érigé par une femme et que quatre hommes confient à un nommé Nabonid pour le réparer et pour le consacrer de nouveau au dieu Ninip. Ce mur bornait probablement la propriété sacrée. Aussi le texte ne contient-il aucune des formules ordinaires qu'on rencontre dans les inscriptions purement juridiques; mais on lit à la fin un avertissement donné aux hommes de l'avenir pour conserver la construction. Les témoins sont presque tous des personnages qui tiennent au culte de différentes divinités. Ce sont des prêtres de Nebo, d'Istar, de Ninip et d'Assur.

La formule finale rappelle celle qui se trouve particulièrement dans les petits textes de Sargon et qui a été employée plus tard par Sennachérib.

Quoique les mots que ce texte renferme soient d'un usage assez fréquent, et que chacun d'eux soit aisément compris, il a été assez difficile de fixer le sens général du document.

Nous relèverons, comme forme particulière, le mot *itidgal* pour *itsidgalu*, ithaphal de *dagal*, avec le sens de : « dédier ». Ce verbe se trouve dans d'autres circonstances, surtout au saphel, *usadgil*, « je confiai ».

TROISIÈME PÉRIODE.

DOCUMENTS DU SECOND EMPIRE DE CHALDÉE.

Lorsque Ninive a disparu du monde, l'empire d'Assyrie s'est écroulé ; mais aucun document ne peut, jusqu'ici, nous renseigner sur les événements qui se sont accomplis alors dans la Mésopotamie. Seulement, après un quart de siècle à peine d'incertitude et de ténèbres, lorsque nous pouvons renouer la chaîne des événements un instant interrompus, nous trouvons Babylone au comble de la gloire ; Nabuchodonosor y a élevé ses immenses palais, dont nous voyons encore les ruines sur les deux rives de l'Euphrate. Cependant ces ruines, déjà tant fouillées aujourd'hui, sont loin de nous rendre tout ce qu'elles doivent encore recéler. Babylone a subi une longue agonie, et son sol, labouré par les dévastations successives du temps et des conquêtes, ne nous livre plus que de rares documents de son histoire. Ceux qu'on a pu recueillir, jusqu'ici du moins, étaient épars, en grande partie, dans la Mésopotamie inférieure. Malheureusement on n'a pas encore découvert dans les ruines des villes antiques, que la tradition et les textes nous représentent comme le centre de ces grandes écoles scientifiques et littéraires si réputées jadis, quelques-uns de ces immenses dépôts, où les savants du siècle d'Assurbani-habal venaient s'instruire, ni de ces archives où l'on conservait les actes des simples particuliers, et qui garantissaient leur fortune ou leur liberté.

Les documents du droit privé qui nous arrivent de ces contrées se retrouvent çà et là, suivant le hasard des découvertes, sans qu'on puisse même connaître, aujourd'hui, tous les textes qu'on a recueillis, et dont nous ne pouvons indiquer que de rares échantillons. Rien, du reste, n'est changé dans la disposition matérielle des contrats de cette époque.

Ils sont toujours écrits sur la brique traditionnelle, et quelquefois renfermés, suivant un usage encore inexpliqué, dans une seconde enveloppe pareillement en briques. L'écriture est celle qui est propre au style de Babylone, mais ils sont rédigés sous l'empire d'une législation différente. Le cachet a disparu, ou du moins nous ne le retrouvons pas sur les rares documents que nous avons pu consulter; il paraît cependant quelquefois remplacé par le coup d'ongle. La rédaction n'est pas astreinte à ce schématisme rigoureux des Ninivites; mais, en général, les documents, même les plus succincts, sont difficiles à comprendre, et malgré leur concision, les questions juridiques sont plus compliquées et plus variées que celles qui pouvaient naître à propos des documents que nous avons étudiés jusqu'ici.

Les témoins sont désignés par ces mots : *nisi mukinni*, « les hommes certificateurs ». La date est époquée d'après la coutume primitive de la Chaldée. Nous y trouvons, il est vrai, l'usage de l'antique calendrier sumérien; mais les années ne se référent plus, comme à Ninive, à un point fixe, indépendant des évènements politiques; ils se computent autrement, suivant les années de règne de chaque souverain. L'année des documents chaldéens court comme l'année juive, dans la Bible, à partir du jour de l'avènement du Roi. C'est, en effet, la seule chose compatible avec un pareil système de notation. Il serait absurde de croire, par exemple, que Nériglissor, le meurtrier d'Evil-Mérodach, aurait permis de dater, après son avènement, un acte public d'après les années de règne de sa victime. M. G. Smith prétend avoir trouvé un document qui établit le contraire, mais il a négligé de le faire connaître; nous n'avons donc pu le contrôler, et, jusqu'ici du moins, aucun texte ne peut ébranler notre énoncé, qui sera confirmé, du reste, par des documents que nous ferons connaître ultérieurement.

Ces contrats diffèrent encore, sur un point important, de ceux de l'Assyrie : ils mentionnent, comme ceux du premier empire de Chaldée, le nom de la ville où ils ont été rédigés.

C'est à Warka, l'antique Orchoë, l'Ὀρχόη des Grecs, l'Erek, ארך, de la Genèse, dont les ruines sont situées à une distance de quatre milles environ de la rive gauche du cours inférieur de l'Euphrate, que M. Loftus a découvert, à l'angle Sud-Ouest de la ruine principale qui porte le nom de Buvarich, un certain nombre de tablettes sur lesquelles sont tracés des contrats d'intérêt privé, datés des règnes de Nabuchodonosor et de Nabonid. La plupart de ces tablettes sont déposées au Musée Britannique. C'est là que M. Oppert a pris la copie des textes encore inédits dont nous donnons aujourd'hui la traduction. M. G. Smith, qui avait à sa disposition les richesses du Musée Britannique, a signalé l'existence de contrats passés sous les règnes d'Evil-Mérodach et de Nériglissor; mais il n'en a fait connaître que les dates, et les textes ne sont pas encore accessibles aux savants du continent. Le premier document que nous allons produire, et dont nous ignorons la provenance originelle, faisait partie de la collection de M. Delaporte, et se trouve aujourd'hui dans les galeries du Musée du Louvre.

I

DOCUMENTS DU RÈGNE DE NABUCHODONOSOR.

Contrat d'Echange, mars 604 av. J.-C.

(Musée du Louvre).

1. *I ul-gur-ba Su-la-a*
   Unum ulgurba, Sula,
2. *habal sa Nabu-bani-habal Na-bu-ri*
   filius Nabu-bani-habal et Naburi
3. *ina eli rub-ai-tiv du se bar*
   ob possessionem frumenti tradiderunt
4. *Su-la-ai habal sa Nabu-irib*
   Sulai, filio Nabu-irib,
5. *Ismi-Bel-dinat Nabu-bu-arba*
   Ismi-bel-dinat, Nabu-bu-arba,
6. *Sulai nisu (sit) kiselu*
   Sulai viro scriptore.
7. *nisu mu-ki-nu E-ga*
   Viri testes: Ega,
8. *habal sa Su-zu-bu*
   filius Suzubu,
9. *It-ki-ra-ya Samas-ballit-su*
   Itkiraya, Samas-ballit-su
10. *au nisu kiselu Samas-irib habal Nabu-nasir*
    et vir scriptor Samas-irib, filius Nabu-nasir.
11. *alu Bit-sam-ha-ri arah Addaru*
    In urbe Bit-samhari, mense Adar,

12. *yum XXVI kam sanat 1 kam*
  die vicesimo sexto,   anno primo
13. *Nabu–kudur–usur sar*
  Nabuchodonosoris,   Regis.

TRADUCTION.

« Sula, fils de Nabu–bani–habal et Naburi. ont donné un *ulgurba*, pour la possession d'une (mesure) de blé, à Sulai, fils de Nabu–erib, à Ismibel–dinat, à Nabu-bu-arba, et à Sulaï, le scribe.

« Témoins certificateurs : Ega, fils de Suzubu, — Itkiraya, — Samas-iballitsu, — et le rédacteur de l'acte, Samas–irib, fils de Nabu-nasir.

« Dans la ville de Bit-Samhari, au mois d'Adar, le 26ᵉ jour de la 1ʳᵉ année de Nabuchodonosor, Roi. »

REMARQUES.

C'est l'échange d'un *ulgurba*, peut-être un bœuf, contre la propriété d'une certaine quantité de blé ; mais les conditions juridiques sont des plus difficiles à comprendre, c'est donc sous réserve que nous proposons notre traduction.

Les noms des parties contractantes sont tous babyloniens.

La première année du règne de Nabuchodonosor commence, d'après le canon de Ptolémée, le 12 janvier 604 av. J.-C. ; mais, de fait, ce roi régnait déjà depuis quelques mois, il était associé à son père.

II

Contrat de Louage, septembre 584 av. J.-C.

(Musée Britannique, K. 1297).

1. *I ma–na kaspa sa Nabu–bani–ah habali Hablā (a–a)*
 Una mina argenti creditum Nabu-bani-ah   filii   Hablaï
2. *sa nisu kipū (ni–gab) i–na eli Ba–bi–ya*
 viri   custodis   in   Babiya
3. *habal sa Marduk–essis au sal Sa–Na–na–su–mu*
 filio   Marduk-essis, et femina Sa-Nana-sumu
4. *binit sa. . . . kipū (ni–gab) u–ki*
 filia ejus,   (stipulavit) ob custodiam

5.   *sa babal sa se zir au sal−mu−su*
    portarum, segetum   et   salutis suæ
6.   *sa−alu−u−ne ma−la bu−su−u*
    in urbe ista   quæquæ sunt
7.   *mas−ka−nu sa Nabu−bani−ahe*
    in officio   Nabu-bani-ahe.
8.   *nisi mu−kin−ni Nana−ah−idin*
    Viri confirmatores : Nana-ah-idin.
9.   *habal sa Gu−da−du−u Nabu−zir−yukin*
    filius   Gudadu ;   Nabu-zir-yukin,
10. *habal sa Su−ba−ya Na−bu−zir−ba−sa*
    filius   Subaya ;   Nabu-zir-basa,
11. *habal sa Mat−na−a nisu kisélu Mu−se−zib−Bel*
    filius   Matna,   vir scriptor ; Musezib-bel,
12. *habal sa Na−na−a−essis Urku*
    filius   Nana-essis.   Orchoë,
13. *arah Ululu yum XV kam sanat XXV (nis−dil) kam*
    mense Elul, die quintesimo, anno vicesimo quinto
14. *Nabu−kudur−usur sar Babilu (din−tir−ki)*
    Nabuchodonosoris,   regis Babylonis.

TRADUCTION.

« Une mine d'argent, créance de Nabu-bani-ahi, fils de Hablaï, gardien, sur Babiya, fils de Marduk-essis, et la femme Sa-Nana-sumu, sa fille, suivant la stipulation consentie pour la garde des portes, des moissons, et pour la conservation des propriétés situées dans la ville, dépendant de l'office de Nabu-bani-ahe.

« Témoins : Nana-ah-idin, fils de Gudadu ; — Nabu-zir-yukin, fils de Subaya ; — Nabu-zir-basa, fils de Matnaï, ministre ; — Musezib-Bel, fils de Nana-essis.

« Orchoë, le mois Elul, le 15ᵉ jour de la 25ᵉ année de Nabuchodonosor, roi de Babylone. »

REMARQUES.

C'est un contrat entre un propriétaire et le gardien de ses immeubles. Il s'agit entre eux du paiement d'une certaine somme, d'une mine d'argent (225 fr. ou 112 fr. 50 au moins) ; mais il est assez difficile de distinguer si elle est due par le propriétaire au gardien ou si le gardien la doit pour avoir causé un préjudice à son propriétaire. Ce serait alors des dommages intérêts. La ligne 4 contient quelques signes frustes, qui auraient peut-être éclairci le doute, si on avait pu les lire.

III

DOCUMENTS DU RÈGNE DE NABONID.

Créance à terme, avril 555 av. J.-C.

(Musée Britannique).

1. *III ma-na kaspa sa E-ku habal sa*
   Tres minæ argenti quæ Eku, filius
2. *Pol-ai habal Zu-pi-bel*
   Palaï, filii Zupi-bel,
3. *eli Dayan-ah-idin habal sa*
   super Dayan-ah-idin, filium
4. *Mi-ti-ya parap ma-na ka-lis*
   Mitiya. Dextantem minæ totaliter
5. *ina arah Tasritav i-nam-din II ma-na ka-lis*
   mense Tisri solvet, duas minas totaliter
6. *ina arah Kisilivu i-nam-din an ri-hi-ti*
   mense Cislev solvet,
7. *sussu darag-mana (lu) kaspa ina arah Duzu sa sa-nat I kam*
   sextam partem drachmæ argenti in mense Tammuz anni primi
8. *Nabu-na-'-id sar Babilu i-nam-din*
   Nabonidi, regis Babylonis, solvet.
9. *Mi-ti-ya habal Bel-abu-lih (utte)*
   Mitiya, filius Bel-abu-lih,
10. *sa kaspa a-an III ma-na nas-si*
    pro argento tribus minis intercedet.
11. *is sir Mu-kin-ya habal sa Bel-ah-usur*
    Testis Mukinya, filius Bel-ah-usur;
12. *I-ki-ya habal sa Man-da-su*
    Ikiya, filius Mandasu,
13. *nisu kiselu Bel-ah-id-din habal sa*
    vir scriptor; Bel-ahidin, filius

14. *Mitiya Urku araḫ Duzu yum XXII kam*
   Mitiya.— Orchoës. mense Tammuz, die vicesimo secundo
15. *sa-nat I kam Nabu-na-'-id sar Babilu*
   anni primi Nabonidi, regis Babylonis.
16. *yum I kam sa araḫ Nisanu sanat I kam*
   Die primo mensis Nisan anni primi
17. *Nabu-na-'-id sar Babilu Mi-tya*
   Nabonidi, regis Babylonis. Mitya
18. *nisu kisélu Bel-aḫ-idin.*
   vir sigillator, Bel-ah-idin.

TRADUCTION.

« Trois mines d'argent, créance d'Eku, fils de Palaï, fils de Zupi-bel, sur Dayan-ah-idin, fils de Mitiya.

« Il remboursera les cinq sixièmes d'une mine d'argent à la fin du mois de Tischri et deux mines d'argent dans le mois de Cislev.

« Il remboursera dix drachmes d'argent dans le mois de Tammuz de la première année de Nabonid.

« Mitiya, fils de Bel-abu-lih, a garanti cette créance montant à trois mines d'argent.

« Témoins : Mukinya, fils de Bel-ah-usur ; — Ikiya, fils de Mandazu, scribe ; — Bel-ah-idin, fils de Mitiya.

« Orchoë, le 22ᵉ jour du mois Tammuz de la 1ʳᵉ année de Nabonid, roi de Babylone, et le 1ᵉʳ jour du mois de Nisan de la 1ʳᵉ année de Nabonid, roi de Babylone.

« Mitiya, scribe, et Bel-ah-idin. »

REMARQUES.

Ce document constate une reconnaissance d'une dette de trois mines d'argent (675 fr. ou 337 fr. 50) sans intérêt, dont une première partie, 10 drachmes (un sixième de mine), est payable de suite ; les autres cinq sixièmes, trois mois après, et les 2 mines restant, cinq mois plus tard. Le tout est garanti par le père du débiteur.

Le document porte une double date, et, à cause de cela, il est d'une grande importance pour la chronologie. La première date, celle du 22 Tammuz, est celle de la naissance de la dette ; la seconde, celle du

1ᵉʳ Nisan, premier jour de l'année ordinaire, est la date du *quitus* définitif. Mais, puisque ces deux dates sont toutes les deux de la *première année* de Nabonid, il est évident que l'avènement de ce roi a eu lieu entre le 1ᵉʳ Nisan (fin mars — commencement d'avril) et le 22 Tammuz (milieu de juillet ou commencement d'août) 555 av. J.-C. Pour préciser autant qu'il est possible les données qui résultent de cette inscription, il faut se pénétrer des bases d'après lesquelles la rédaction du canon de Ptolémée a été arrêtée et de la concordance à laquelle se prêtent les différents calendriers qu'on peut y appliquer. Dans l'espèce, le canon de Ptolémée ne fait qu'indiquer l'année de l'avènement au trône de Nabonid, sans en préciser autrement la date, qui tombe entre le samedi 9 janvier julien ou 3 janvier grégorien 555 av. J.-C. — 1ᵉʳ thot 193 de l'ère de Nabonassar, et le samedi 8 janvier julien, — 2 janvier grégorien 554, — 5 épagomène 193 de Nabonassar. D'après ces observations, les dates qui nous intéressent se posent donc ainsi :

9 janvier (julien) 555, commencement de l'année ptolémaïque.

2 avril 555, 1ᵉʳ Nisan de l'année assyrienne : Nabonid ne règne pas encore.

21 juillet 555, 22 Tammuz de notre contrat : Nabonid était dans sa première année.

22 mars 554, 1ᵉʳ Nisan de notre contrat : Nabonid était encore dans sa première année.

Or, il est clair que le 22 Tammuz (21 juillet) de la première année de Nabonid, précède le 1ᵉʳ Nisan (22 mars) de cette même année. Dès lors, on peut en conclure que Nabonid est arrivé au trône entre le 1ᵉʳ Nisan et le 22 Tammuz 555 av. J.-C. Cette date est donc resserrée dans une période de *trois mois* au plus, car un contrat inédit du Musée Britannique porte, à ce qu'il paraît, la date du 14 Nisan de la 17ᵉ et dernière année de ce roi.

IV

Créance hypothécaire, juin 541 av. J.-C.

(Musée Britannique).

1. . . . . . sa *Kat-ti-ya* a sa sa
   . . . . . Kattiya

DOCUMENTS DU RÈGNE DE NABONID. 263

2.   sa a Sin-tab-ni sa   sa
    . . . . . filius Sin-tabni
3. Ba-bu-ya habal sa Ai-na su-pi Bel
    Babuya   filius   Aina;
4. ina eli Dayan-ah-idin au Ri-mut-Nabu
    pro   Dayan-ah-idin   et   Rimut-Nabu,
5. habal sa Kat-tiya habal Sin-tabni
    filius   Kattiya,   filius   Sin-tabni ;
6. ina arah Addaru kaspa a-an III ma-na i-nam-di-nu
    mense Addaru argenti   tres minas   solvet,
7. ina X bu-ut-a i-na-as-su u san-tiv
    . . . . .
8.   ri-i-ti sa ina eli Dayan-ah-idin
    . . . super   Dayan-ah-idin
9. an a e mat su sa ina bit sa Kat-ti-ya
    . . . .   Kattiya
10. lu hi bal la-'-e-dir-ti
    . . . . .
11. sa Dayan-ah-idin si au
        Dayan-ah-idin
12. u an-tiv e   re ti
    . . . .
13. sa ina eli Dayan-ah-idin au
    . . . super Dayan-ah-idin et
14. Ri-mut-Nabu sa ina bit
    Rimut-Nabu   super domum
15. Kat-ti-ya il-la-ha ar-ba a-ar
    Kattiya
16. e-u-e ti su Dayan-ah-idin
    . . . .   Dayan-ah-idin et
17. Ri-mut-Nabu sin-ni
    Rimut-Nabu
18. nisu mu-kin-nu Ud-' habal sa Tab-ba-ni-e-a
    Viri testes: Ud filius,   Tabbanie,
19. habal Nisu-su-ha Ba-la-tu habal Su-sa
    filii Nisu-suha;   Balatu,   filius Susa ;
20. Istar-zir-basa habal Bel-habal-usur
    Istar-zir-busa,   filius   Bel-habal-usur ;

21. *Zir-ya habal sa Hisu-Nabu habal Ahu-'u-tu*
  Ziriya, filius Hisu-Nabu, filii Ahutu;
22. *nisu kisêlu Bel-sa-bultu*
  vir scriptor Bel-sa-bultu.
23.   *Uruk arah Duzu*
    Orchoës, mense Tammuz
24.   *sanat XV kam Nabu-na-'-id (im-tuk)*
    anni decimi quinti Nabonidi,
25.   *sar Babilu.*
    regis Babylonis.

TRADUCTION.

« Dette de Kattiya…, fils de Sin-tabni, que fait valoir Babuya, fils de Aina, selon le droit de Bel, sur Dayan-ah-idin et Rimut-Nabu, fils de Kattiya, qui paieront au mois d'Adar trois mines d'argent. Comme nantissement, ils le garantiront sur leurs propriétés, à Dayan-milki-idin et sur le mobilier qui est dans la maison de Kattiya, et qui n'est pas sujet à un droit de gage, étant la propriété spéciale de Dayan-ah-idin. Quant aux propriétés de Dayan-ah-idin et de Rimut-Nabu, fils de Kattiya, qui ont été apportés dans la maison de Kattiya depuis…. Ils resteront, en tout cas, à Dayan-ah-idin et à Rimut-Nabu.

« Etaient présents : Ud'a, fils de Tabbani, fils de Nisu-suha ; — Balatu, fils de Susa ; — Istar-zir-basa, fils de Bel-habal-usur ; — Zirya, fils de Hisu-Nabu, fils de d'Ahu-su, (et) le scribe Bel-sa-bultu.

« Orchoë, au mois de Tammuz, de la XVe année de Nabonid, roi de Babylone. »

REMARQUES.

Ce document est très-difficile à comprendre, et si la traduction que nous en donnons nous semble vraisemblable, elle n'est pas aussi sûre que nous pourrions le désirer, quoi qu'elle nous ait coûté de longues méditations. Le nommé Dayan-ah-idin semble être le débiteur de Kattiya, et c'est ainsi qu'il intervient comme débiteur du créancier de Kattiya ; à ce titre, ces derniers ont un droit aux *inceletis* et *illatis* du débiteur en second.

QUATRIÈME PÉRIODE.

DOCUMENTS DES ACHÉMÉNIDES.

Après la chute de Nabonid, lorsque Babylone et la Chaldée furent descendues à leur tour du rang élevé qu'elles avaient occupé jadis, et réduites, comme l'Assyrie, à la condition de provinces tributaires de la Perse, la langue, le droit, la religion et les mœurs continuèrent à vivre longtemps encore sous la domination de leurs vainqueurs. Nous savons même que les Perses apprirent la langue des vaincus ; ils s'en servirent pour la rédaction des inscriptions qu'ils gravèrent sur leurs monuments et dans leurs propres palais, à Bisitoun, à Nakh-i-Roustam, à Persépolis. Par un caprice des découvertes, nous n'avons pas encore rencontré de monuments étendus, exclusivement rédigés dans la langue des Achéménides, tandis que nous possédons, au contraire, un grand nombre de contrats passés sous les successeurs de Cyrus, et rédigés dans la langue assyro-chaldéenne, qui ne parait altérée que par l'introduction des noms propres étrangers nécessairement contenus dans ces actes. On les distingue facilement, du reste, au milieu des noms assyro-chaldéens, formés suivant l'antique usage.

Ces contrats ne proviennent pas, en général, des fouilles récentes opérées sur le sol de l'Assyrie et de la Chaldée. Depuis longtemps, on en a découvert une certaine quantité qui se trouve aujourd'hui dispersée dans les musées d'Europe et même dans les collections particulières. Leur ensemble servira un jour à éclairer d'une manière bien précise la chronologie de cette grande période de l'histoire. Malheureusement, nous ne pouvons qu'appeler ici l'attention des savants sur tous ces matériaux, et enregistrer les rares spécimens qui sont parvenus à notre connaissance.

Ces contrats sont datés par le jour et le mois suivant les désignations de l'ancien calendrier assyro-chaldéen; quant à l'année, elle est indiquée par les années de règne des souverains.

On sait que la première année de Cyrus coïncide avec l'année 538 av. J.-C.

1

DOCUMENTS DU RÈGNE DE CYRUS.

Billet à Ordre, 536 av. J.-C.

(Musée Britannique).

1. *VII darag-mana (Tu) kaspa sa Marduk-habal-uṣur*
   Septem drachmæ argenti creditum Marduk-habal-uṣur

2. *habal sa Mit-ya habal Si-gu-a*
   filii Mitia, filii Sigua,

3. *eli Marduk-habal-uṣur mu-pi-di*
   super Marduk-habal-uṣur, creditorem

4. *Rimut-Nabu habal su Mit-ya*
   Rimut-Nabu filii Mitia,

5. *habal Ili-tabni ina arah Du-zu*
   filii Ili-Tabni. In mense Tammuz

6. *a an VII darag-mana (Tu) i-nam-din-nu*
   septem drachmas solvet

7. *en bu-ul II i-nas-su-u*
   . . . . .

8. *Marduk-habal-uṣur*
   Marduk-habal-uṣur

9. . . . *sut-su u-se-bi*
   . . . . .

10. *sa el ki Nabu-ah-id-din*
    . . . Nabu-ah-idin

11. *u Rimut-Nabu au An-ti . . . -ah-id-din.*
    et Rimut-Nabu et

12. *u Rimut-Nabu su-hi-ti en-nek ka-ar*
    et Rimut-Nabu recusavit.

13. *nisi mu-kin-nu Marduk-sum-epus habal sa*
  Viri testes : Marduk-sum-epus, filius
14. *Nabu-habal nisu ri'u*
  Nabu-habal, pastor;
15. *Nabu-inad-din su habal sa Nadin*
  Nabu-inad-din, filius Nadin,
16. *habal is-su eli nisu kaniku*
  filii. . ., vir sigillator.
17. *Ki. . . din habal sa Ha-dan-iya*
  Kibir-din, filius Hadaniya,
18. *habal Bel-habal-usur Urku*
  filii Bel-habal-usur. Orchoës,
19. *arah Duzu yum XXVIII kam sanat II kam*
  mense Tammuz, die vicesimo octavo anni secundi,
20. *Ku-ras sar Babilu sar mat mat*
  Cyri, regis Babylonis, regis regionum.

TRADUCTION.

« Sept drachmes d'argent, montant de la créance de Marduk-habal-usur, fils de Mitia, fils de Sigoua, sur Marduk-habal-usur, créancier de Rimut-Nabu, fils de Mitia, fils d'Ilani-tabni.

« Il (Marduk-habal-usur, fils de Mitia) remboursera dans le mois de Tammuz la somme de sept drachmes d'argent, qu'il garantira par le prix de deux jours de travail (?) et Marduk-habal-usur . . . . . qu'il fera valoir sur Rimut-Nabu. Nabu-ah-idin et Rimut-Nabu rachèteront la dette par leur travail, si il refuse de payer.

« Témoins : Marduk-sum-ipus, fils de Nabu-habal, pasteur ; — Nabu-ah-idin, fils de Nadin, homme ; — Suiti, écrivain ; — Kibir-din, fils de Hadannia, fils de Bel-habal-usur.

« Orchoë, au mois de Tammuz, le 28e jour de la 2e année de Cyrus, roi de Babylone, roi des Nations (juin 536 av. J.-C.). »

REMARQUES.

Les années de Cyrus sont toutes comptées à partir de 538 av. J.-C., l'année où il se rendit maître de Babylone, selon le canon de Ptolémée. La 210e année de Nabonassar commençait avec le 5 janvier julien 538. Le mois d'Adar est le mois de mars, et il est probable que le commencement de la domination perse tombe plus bas, car Cyrus n'aurait pas choisi cette époque de l'année pour détourner l'Euphrate. On peut donc admettre que la date de notre contrat n'est pas celle du mois de mars ou d'avril 537, mais celle de 536.

Le fond du contrat est assez difficile, à cause de la mauvaise conservation du texte.

II

DOCUMENTS DU RÈGNE DE CAMBYSE.

Billet à Ordre, 524 av. J.-C.

(Musée Britannique).

1. *istin paraṡ darag-mana (tu) kaspa Bel-ba-sa habal sa*
   Sesqui-drachma   argenti Bel-basa   filius
2. *Ba-ni-ya nisu ruha ina u Istar*
   Baniya,   vir thesaurarius   Istar
3. *ana eli Gi-iš-šis-tav habal sa*
   insuper Gissista   filium
4. *Zikar-Nabu-ya kisélu nisu Nabu-šukkallu*
   Zikar-Nabuya,   virum sigillatorem Nabu-sukkallu.
5. *Marduk-ah-idin (mu) habal sa Mit-ya*
   Marduk-ah-idin   filii   Mitiya
6. *se Sin...a-te-eli-su*
   et (?) Sin...ate-elisu
7. *habal Marduk-te-hi-tiv*
   filius Marduk-te-hitiv (intercedit).
8. *nisu mu-ki-nu Il-sar-idin habal sa*
   Viri testes :   Il-sar-idin, filius
9. *Ba-lat-su Bi-bu . . .*
   Balat-su ;   Bibu,
10. *habal sa Ul-al-mu Bel-ba-sa*
    filius   Ulalmu ; Bel-basa,
11. *habal sa Bani... Uruk*
    filius   Baniya.   Orchoës,
12. *arah Siran yum XVI kam*
    mense Sivan, die decimo septimo,

13. sanat II kam Kam-bu-zi-ya
    anno secundo   Kambysis,
14. sar Babilu sar mat mat
    regis Babylonis, regis regionum.

TRADUCTION.

« Une mine et demie d'argent, créance de Bel-basa, fils de Baniya, gardien du trésor de Istar, contre Gissistar, fils de Zikar-Nabuya, gardien du sceau de Nabu-sukkallu ;—Marduk-ah-idin, fils de Mitiya, s'est porté garant ;— Sin...ate-elisu, fils de Marduk-te-hitiv, le.....

« Témoins : Il-sar-idin, fils de Balatsu ; — Bibu....., fils de Ulalmu ; — Bel-basa, fils de Baniya.

« Orchoë, au mois Sivan, le 16° jour de la 2° année de Cambyse, roi de de Babylone, roi des Nations. »

REMARQUES.

L'affaire est très-simple, et le texte ne se prêterait à aucune remarque, si quelques difficultés de lecture matérielle ne nous empêchaient d'en pénétrer tous les détails au premier coup-d'œil. Ainsi, le signe *se* devant le nom de Sin-ate-elisu est obscur ; c'est peut-être simplement un signe mal lu pour *u*, et qui signifie « garantie ».

III

Convention relative à une Esclave, mars 524 av. J.-C.

(Collection de M. de Clercq).

1. sal Ta-mu-u-nu Mi-sir-u-'-i-tuv sal-lat sa Ki-Nabu-balat
    Femina Tamun,   Ægyptia,   serva   Ki-Nabu-balat,
2. habal sa Ka-mu-su-sar-usur sa um-ta-su ana su-um
    filii   Kamsu-sar-usur,   quæ   nomine
3. sa Ki-Nabu-balat habal sa Ka-mu-su-sar-usur sa il-tuv
    Ki-Nabu-balat,   filii   Kamus-sar-usur,   cujus . . .
4. sa La-ki-pi habal sa Mu-se il-li-ik-ku a-na
    quam Lakipi,   filius   Muse,   commodato sumpserat.

5. Sin-bit-ri habal sa Ka-mu-su-sar-u-ṣur ik-bu-u
   Sin-bitri, filio Kamus-sar-usur, dixit
6. um-ma Ta-mu-u-nu sal gal-lat-ai si-i a-na
   ita: Tamun, serva mea ista, pro
7. I ma-na kas'pa ana e Ki-Nabu-balat habal sa Tavat-si-im-ki
   una mina argenti, secundum legem Ki-Nabu-balat, filii Tavat-simki :
8. a-ta-ap-sak-ra a-di araḫ Dûz sanat VI kam La-ki-pi
   herum te constituo usque ad mensem Tammuz anni sexti Lakipi.
9. si-par-tuv au i-da-tuv sa Ki-na bu-balat habal
   Sententia et judicium Ki-Nabu-balat, filii
10. sa Tavat-si-im-ki ' sa sal Ta-mu-nu
    Tavat-simki (est) quod filiam Tamunu
11. a na kaspa id-da-as-su i-na-as-sam-ma a-na
    pro argento impendii sui afferet, et
12. Sin-bit-ri habal sa Ka-mu-su-sar-u-ṣur
    Sinbitri, filio Kamus-sar-usur,
13. i-nam-din ki-i si-par-tuv au i-da-tuv sa Ki-nabu-balat
    tradet, secundum sententiam et judicium Ki-Nabu-balat
14. it-ta-sam-ma ana Sin-bit-ri id-dan-nu
    dimittet et Sinbitri addicet.
15. sal Ta-mu-u-nu sal-lat sa La-ki-pi si-i pa-ni
    Femina Tamun (ut) serva Lakipi ista, coram
16. La-ki-pi id-da-gal ki-i si-par-tuv au i-da-tuv
    Lakipi manebit, secundum sententiam et judicium ;
17. lu it-ta-lam-ma la id-da-na-as-su sal Ta-mu-u-nu
    non deflorabitur et non dabit illi femina Tamun
18. zir La-ki-pi pa-ak-da-at eli ḫirat-sa di-na
    semen Lakipi ; dotem insuper uxore quam judex
19. a-na Sin-bit-ri idin-na La-ki-pi ana Sin-bit-ri
    Sinbitri illi adjudicaverit, Lakipi Sinbitri illi
20. in-ad-din gi-mil-lu habal Zikarya sa La-ki-pi ana Sin-bit-ri
    impendet. Gimillu filius Zikarya vadimonium Lakipi Sinbitri
21. na-si ki-i a-di araḫ Dûz La-ki-pi lu it-tal-ku
    fert, quod usque ad mensem Tammuz, Lakipi non ad extraditionem
    compelletur.
22. Gi-mil-lu (sal) Ta-mu-u-nu ina araḫ Nisan a-na
    Gimillu feminam Tamun in mense Nisan
23. Sin-bit-ri i-nam-din nisu mu-kin-nu Samas-sar-usur
    Sinbitri dabit. Testes : Samas-sar-usur,

24. *habal-sa Kal-ba-ya Ab-du-uh-mu-nu habal sa Ab-du-mi-lik*
    filius   Kalbaï;   Abdhumun,   filius   Abdinilki;

25. *Nabu-mu-ap habal Nabu-ahi-usur habal Bin-haran*
    Nabu-mu-ap,   filius   Nabu-ahi-usur;

26. *Bel-na-din habal sa Na-ni-ya Marduk-nasir*
    Bel-nadin,   filius   Nania;   Marduk-nasir,

27. *nisu kisëlu habal sa Mat-te-ahi-ib-ni a gal-ga*
    vir scriptor,   filius   Matte-ahi-ibni,   magister præses.

28. *Babilu (din-tir-ki) arah Nisannu*
    Babylon,   mense Nisan,

29. *yum XX kam sanat VI kam Kam-bu-si-ya*
    die vicesimo   anni   sexti   Cambysis,

30. *sar Babilu (din-tir-ki) sar mat mat*
    regis Babylonis,   regis gentium.

TRADUCTION.

« Cause de Tamoun, l'Egyptienne, esclave de Ki-Nabu-balat, fils de Kamus-sar-usur, entreprise au nom de Ki-Nabu-balat, fils de Kamus-sar-usur.

« Lakipi, fils de Musé, l'avait empruntée; puis son maître stipula ainsi, avec Sin-bitri, fils de Kamus-sar-usur : « Tamoun est mon esclave; pour une mine d'argent, selon la sentence et la décision de Ki-Nabu-balat, fils de Tavat-simki, je me dessaisis d'elle en ta faveur; mais jusqu'au mois de Tammuz elle sera à Lakipi. »

« Voici la sentence et la décision de Ki-Nabu-balat, fils de Tavat-simki : Le maître amènera Tamoun, contre l'argent de ses déboursés, et la donnera à Sin-bitri, fils de Kamus-sar-usur; il l'émancipera, selon la sentence et la décision de Ki-Nabu-balat, et la subordonnera à Sin-bitri. Tamoun restera comme esclave de Lakipi, en sa puissance, jusqu'au terme fixé par la sentence et la décision.

« Tamoun restera intacte, et ne donnera pas de progéniture à Lakipi. Lakipi donnera à Sin-bitri, en dehors de sa future épouse, la dot que le juge aura attribuée à Sin-bitri.

« Gimillu, fils de Zikar-ya, se porte garant en face de Lakipi, que celui-là ne sera pas inquiété jusqu'au mois de Tammuz. Gimillu livrera Tamoun à Sin-bitri, au mois de Nisan (suivant).

« Témoins : Samas-sar-usur, fils de Kalbaï; — Abdhumoun, fils de

Abdimilik ; — Nabu-muab, fils de Nabu-ah-usur, gardien du temple ; — Bel-nadin, fils de Naniya ; — Marduk-nasir, le scribe, fils de Anou-ah-ibni, le.....

« Babylone, le 26 de Nisan (mars) de la 6ᵉ année de Cambyse, roi des Nations. »

REMARQUES.

Ce contrat a été publié, ainsi que le texte original, par M. Oppert, dans la *Revue archéologique* de 1867, avec des notes et un commentaire à l'appui. Plus tard, il en a donné une seconde traduction dans les *Actes du Congrès des philologues*, de Wurzbourg, en 1868.

Ce document est des plus intéressants ; il en existe peu où il y ait une exposition aussi nette de faits aussi compliqués. Le côté purement juridique de ce contrat a déjà fixé l'attention des jurisconsultes ; M. Thiercelin, dans un article de la *Revue archéologique*, pense que cette obligation constitue plutôt un contrat de louage qu'un contrat de prêt.

Nous renvoyons, au surplus, pour les notes philologiques, au travail très-détaillé de M. Oppert, dont nous avons parlé plus haut.

L'original est, comme nous l'avons indiqué, dans la possession de M. de Clercq, qui a eu l'obligeance de nous le communiquer.

IV

DOCUMENTS DU RÈGNE DE DARIUS.

Contrat d'Echange, août 512 av. J.-C.

(Musée du Louvre).

1. *tab-gur IV PI se zir bar ina gur 1 pi ina kamima*
   Tabgur artabae hordei contra unam artabam *kamima*
2. *sa La-ba-si habal Bel-din-su*
   Labasi filius Bel-ballit-su
3. *ina eli sal Pul-li tur-sal sa*
   insuper feminam Pulli filiam
4. *Nan-di-din-nu sa hi-a-si-tuc*
   Nandidinnu. Est summa debiti
5. *sanat X kam sal bar tab-gur sa pi*
   anni decimi. Tabgur artabae (mensura)

6. *ka-mi-ma . . . di*
   et *kamina* est in mutatione artabæ
7. *ina iṣ ma si-bar su sa I PI I ḲA ina es su*
   pro necessitate annonæ suæ unam artabam, unum epha denuo
8. *ta-nam-din ki ina ṣab ki-a su*
   dabit,   sicut est in consuetudine populi sui.
9. *si-tuv su sanat X kam se su*
   Debitum   anni decimi   hordei
10. *tab-gur sa pi ka-mi-ma*
    tab-gur   et   kamima (frumentum)
11. *. . . . pi ki it iṣ su kur*
    non naturale (sed) pro eo cistam . . . . . ;
12. *. . i-di lam sa Babilu (e) kaspa*
    et in loco operati   Babylonii,   argentum
13. *ta-nam-din*
    dabit.
14. *nisu mu-kin-nu Nu-ma-tuv habal Ḥa-ri-za-nu*
    Viri   testes :   Numatu,   filius Harizanu ;
15. *. . . . . . da-nuv*
    . . . . . .
16. *nur im Bel-mu-nu al ni-in tur su mu bel*
    . . . . .
17.   *dan-nu tip-sar habal . . .*
    . . . . scriba,   filius . . .
18. *Babilu (e-ki) araḥ Ululu yum XV kam sanat X kam*
    Babylone,   mense Elul, die decimo quinto, anno decimo
19. *sa Da-ri-ya-vus sar mat mat*
    Darii,   regis Regionum.

20. (On lit à côté) *su-pur Pul·li*
                     Ungais   Pulli.

TRADUCTION.

« Rétribution de quatre *artaba* de blé, selon . . . . . une *artaba kamima* que Labasi, fils de Bel-dinsu, fait valoir sur la femme Pulli, fille de Nandidinnu.

« C'est le montant de la dette de la 10ᵉ année. La rétribution de l'artaba *kamima* est pour remplacer (?) l'artaba ordinaire. Pour subvenir à ses besoins (de Labasi), elle donnera une *artaba*, un *epha* en plus, suivant la coutume de son peuple. Comme rétribution du dixième, elle donnera le blé *kamima*, non pas en nature, une caisse (?) en *is su kur* (bois?), et, à défaut d'un ouvrage de Babylone, de l'argent.

« Témoins : Numatu, fils de Harizanu..... (les noms des autres témoins sont illisibles).

« Babylone, au mois d'Elul, le 15ᵉ jour de la 10ᵉ année de Darius, roi des Nations.

« (A côté) : Ongle de Pulli. »

REMARQUES.

Ce document abonde en termes difficiles à expliquer. Si le texte est de Darius II (Nothus), c'est-à-dire d'août 415 et non pas d'août 512, il se pourrait que le terme *kamima* fut un mot perse, et cela n'est pas impossible, car le nom de Darius, roi des Nations, peut fort bien s'appliquer au second, dont la résidence ordinaire était à Babylone, et qui y mourut.

Nous retrouvons dans ce texte le groupe obscur 𒋾 𒀭, *tab-gur*, que nous avons déjà signalé dans les textes bilingues (*supra*, p. 36).

Le mot de *situ*, de l'année *dix*, est probablement l'impôt dû pendant cette année ; mais il est très-difficile de savoir quand elle commençait. Elle courait probablement à partir de la date du document.

Le texte est très-obscur et offre les plus grands obstacles à l'interprétation ; aussi c'est très-lentement, et pas à pas, que nous avons pu avoir raison de son contenu, en apparence si facile.

V

Contrat de Louage, novembre 512 ou 415 av. J.-C.

(Musée du Louvre.)

1. *bit kar-ri sa nisu musa Nur*
   Domus locatione locatoris Nuri,
2. *habal sa Bel-ballit-su Nur bit*
   filii Bel-ballitsu. Nur (est) domus
3. *ana idi bit sa yum V kam sa arah Kisiliva*
   in manu domus ita: die quinto, mense Cislev,

DOCUMENTS DES ACHÉMÉNIDES. 275

4.   *sanat X kam   ana   yum III ka sa-'*
     anno decimo,   quotidie   tres modios frumenti

5.   *I ka VI tab ma nu nun ana Bel-ballit-šu*
     1 modium 6   *tab manu*...   Bel-ballitsu,   filius

6.   *Bel-mu-nu id-din-nu la sa ud-di-'*
     Bel-munu,   dabit sine   interruptione;

7.   *i-zak-kap   Nišannu Duzu au Kišilivu*
     se obligavit pro solutione in mensibus Nisan,   Tammuz et Cislev.

8.   *nu-up-tuv   ina   Abu* . . .
     Pretium locationis solvet in mense Ab.

9.   *na-pal-ku-ta mat a-di-i*
     In præteritione temporis stipulati

10.   *II tik-va an-na-e*
     duo talenta   plumbi

11.   *lam-sa-tuv ina dan u ša*
     operati.   (in) expensis et præstatione

12.   *sa Nur Bel-ballit-šu li* . . .
     Nuri,   Bel-ballitsu   recipiet.

13.   *nisi mu-kin-nu Ni-sa habal sa Bel-ballit-šu*
     Viri testes: Nisa,   filius   Bel-ballitsu;

14.   *Bel-habal-uṣur habal sa Um-muh-si-ri-e*
     Bel-habal-usur,   filius   Ummuhsire;

15.   *Bel-ah-idin habal sa Na-na-a-idin*
     Bel-ah-idin,   filius   Nana-idin;

16.   *Ki-Bel-ba-lu-aka habal sa Bel-mu-nu*
     Ki-Bel-balu-aka,   filius   Bel-munu;

17.   *Bel-abu-uṣur habal sa Bel-irib-(šu)*
     Bel-abu-usur,   filius   Bel-irib;

18.   *Sa-Nabu-mu-kin nisu kipikhu maru sa mat Babilu (eki)*
     Sa-Nabu-mukin,   sigillator, præfectus Regionis. Babylone.

19.   *arah Kišilivu yum V kam sanat X kam*
     mense Cislev,   die quinto,   anno decimo

20.   *Da-ri-ya-a-vus sar*
                  Darii,   Regis.

21.   (On lit à côté)   *su-pur Bel-ballit*
                           Unguis   Bel-ballit.

TRADUCTION.

« Une maison à location que loue Nur, fils de Bel-ballitsu.

« La maison sera habitée par Nur, dans sa possession. A partir du 5e jour du mois de Cislev de la dixième année, il donnera par jour un épha de *sa*, un épha 6 *tabmanu* de *mun* (?) à Bel-ballitsu, fils de Bel-munu, sans interruption. Il s'obligera à la prestation (sauf pour) les mois de Nisan, Tammuz et Cislev (prochains). Le prix du bail sera livré dans le mois d'Ab. Si il laisse passer le terme stipulé, ce seront deux talents de plomb ouvragé, aux frais et aux dépens de Nur, que Bel-ballitsu recevra.

« Témoins : Nisa, fils de Bel-ballitsu; — Bel-habal-usur, fils d'Ummuhsirie ; — Bel-ah-idin, fils de Nana-idin ;— Ki-Bel-balu-aka (?), fils de Bel-munu ;— Bel-ab-usur, fils de Bel-irib ; — Sa-Nabu-mukin, rédacteur (de l'acte), préfet du pays.

« Babylone, au mois de Cislev, le 5e jour, la 10e année de Darius, roi.

« (A côté) : Ongle de Bel-ballitsu. »

REMARQUES.

L'interprétation que nous proposons nous paraît être la plus conforme à une saine discussion du texte ; nous n'avons pas besoin de faire remarquer les détails inconnus qu'il renferme, surtout en ce qui concerne les différentes espèces de blé.

La formule *ina dan u sa*, « aux dépens et aux coûts », est nouvelle. Le prix de location se trouvait probablement dans la lacune de la ligne 8.

Quant à la date du document, il s'agit probablement de la dixième année de Darius I, donc de décembre 512 av. J.-C., Darius étant arrivé au trône au mois de Bâgayadis qui correspond au mois de Nisan 521. Le bailleur est Bel-ballitsu, c'est un nom qui était connu à Ninive; il y appose son ongle en sa qualité de partie dominante.

VI

Contrat de Vente, novembre 508 av. J.-C.

(Musée Britannique).

1. X *si-met ki-i si-par-tuv*
Decem *simat* secundum legem

2.   *au li-um ma ni ni*
      et institutum domini nostri

3.   . . . *sanat se ana eli*
      . . . quos in

4.   . . . . *kak a-tal-li-ki*
      . . . . factorem atalliki

5.   *Bel-ba-sa habal sa Rimit* . . .
      Bel-basa, filius Rimit . . .,

6.   *ina kate Bel-ballit-su habal*
      manibus Bel-ballitsu, filii

7.   *Bel-niri-dannin* . . .
      Bel-niri-dannin. . .

8.   *nisi mu-kia*. . .
      Testes. . .

9.   *habal sa U-mas-bel*. . .
      filius Umasbel. . ;

10.   *habal sa Ni-din-tuv-habal-ahe* . . .
       filius Nidintu-habal-ahe; . . .

11.   *habal sa Bel-na-din*
       filius Bel-nadin;

12.   *Bel-balat-su-ikbi nisu kipihhu habal sa Bel-abu-usur*
       Bel-balatsu-ikbi, sigillator, filius Bel-abu-usur.

13.   *Dilbat-ki arah Kisilivu yum VII kam*
       In urbe Dilbat, mense Cislev, die septimo,

14.   *sanat XIV kam Da-ri-ya-vus*
       anno decimo quarto Darii,

15.   *sar mat mate*
       regis Gentium.

TRADUCTION.

« Dix *simat*, selon la décision et la sentence de notre seigneur..... (suit un passage inintelligible et fruste) que Bel-basa, fils de Rimit....., a livré entre les mains de Bel-ballitsu, fils de Bel-niri-dannin.

« Témoins : . . . . ., fils de Umas-Bel ; — . . . . . ., fils de Nidinta-habal-ahe ; — . . . . . ., fils de Bel-nadin ; — Bel-balatsu-ikbi, le certificateur, fils de Bel-abu-usur.

« Dans la ville de Dilbat (la ville de l'étoile de Vénus), au mois de Cislev, le 7ᵉ jour, pendant la 14ᵉ année de Darius, roi des Nations. »

REMARQUES.

Le texte est fruste. Quant au *simat* qui forme l'objet du contrat, la signification est des plus obscures. Dans les textes de Sargon, nous avons traduit ce mot par « trésor ». Il existe un autre mot *simat* avec la signification de « loi, destin »; mais le sens en exclut ici l'application. Une formule qui est assez curieuse à noter est celle de *sipartu au tium manini*, « la décision et la sentence de notre *manu* »; ce mot *manu* est peut-être assyrien, et signifie « celui qui nous compte, nous pèse »; mais on pourrait peut être y voir le perse *mâna*, « seigneur », et, dans ce cas, ce serait à Darius II et à l'année 411, au mois de décembre, qu'il faudrait fixer la date de la rédaction de ce texte.

VII

DOCUMENTS DU RÈGNE D'ARTAXERXÈS.

Contrat de Prêt, mai 463 av. J.-C.

(Musée Britannique).

1. — *mas ma-na* . . .
   quinque (?) et dimidium minæ
2. *sa i-na pan Ab-la*
   creditum   Abla
3. *sa zir* . . .
   . . . . . .
4. *ina lib-bi V* . . .
   pretio
5. *nisu   sa tum sa Uk-ba-ni*
   vir   quas Ukbani,
6. *ina kate Ab-la habal is* . . .
   in manibus Abla,   filii
7. *il . . . su*
   . . . . . .
8. *nisu mu-kin-su-nu Marduk-idin-zir*
   Testes :   Marduk-idin-zir,
9. *habal sa Mar-ga La-a-ba-si*
   filius   Marga;   Labasi;

10. Bel-kin habal sa Ar-'-ea-nu
     Bel-kin,   filius   Ariennu ;
11. Mad-da-ai habal sa Bel-essis (kam)
     Maddaï,   filius   Bel-essis ;
12. Bel-ballit (din) habal sa Marduk-mu-ahe
     Bel-ballit,   filius   Marduk-idin-ahe ;
13. Bel-dannu nisu kisélu habal sa Bel-irib
     Bel-dannu, vir sigillator, filius   Bel-irib.
14. Babilu arah Sivan yom II kam
     Babylone, mense Sivan,   die secundo,
15. sanat III kam Ar-tak-sat-su sar mat mat
     anno tertio   Artaxerxis,   egis Regionum.
16.   su-pur   kunuk   kunuk
       Unguis   sigillum   sigillum

)   O¹   O²

17.   ..u-bu-u Marduk-idin-zir Mad-da-ai
      ...ubu ; Marduk-idin-zir ; Maddaï ;
18.   kunuk
                sigillum

                  O³

19.   Bel-ballit (din)
              Bel-ballit.

TRADUCTION.

« Cinq mines et demie d'argent. . . . . créance d'Abla, fils de Du. . . . . , que Ukbani paiera en cinq jours (?). Ukbani délivrera entre les mains d'Abla, fils de Du. . . . . , la somme. . . . .

« Témoins : Marduk-idin-zir, fils de Marga ; — Labasi ; — Bel-kin, fils d'Ariennu ; — Maddaï, fils de Bel-essis ; — Bel-ballit, fils de Marduk-idin-ahe ; — Bel-dannin, le certificateur, fils de Bel-irib.

« A Babylone, au mois de Sivan, le 11ᵉ jour de la troisième année d'Artaxarxès, roi des Nations.

« Ongle de . . . ubu ; — cachet de Marduk-idin-zir ; — cachet de Maddaï ; — cachet de Bel-ballit. »

[1] Lion se retournant.— [2] Figure.— [3] Personnage avec un bâton.

REMARQUES.

Il est probable que le trait horizontal qu'on voit au commencement du document indique le mot *cinq*. Le texte est très-frusté, mais la stipulation est des plus simples : cinq mines et demie d'argent (1,237 fr. 50) sont dues à Abla de la part d'Ukbani. Le mode de paiement est moins clair, car après le chiffre cinq, on ne trouve pas la valeur comptée ; c'est peut-être un jour (?) ou toute autre unité temporaire (?) ou l'énoncé du paiement en cinq fois (?).

Le nom du père d'un témoin, Marga, semble être perse ; il contient le mot *marga*, « oiseau ». *Ar'enu* ou *Ar-yen-nu* ressemble à un nom cité par Hérodote, « Aryenis » ; mais c'est un nom de femme, celui de la fille d'Alyattes, roi de Lydie (Hér., I, 74). On peut encore y voir *Ariyacan* ; mais, en tout cas, le nom ne paraît pas être assyrien.

Nous sommes sans indication pour pouvoir préciser lequel des trois Artaxerxès est visé dans la date de ce contrat.

VIII

Contrat d'Échange, novembre 361 av. J.-C.

(Grotefend).

1. *paraś bilat (tik-vn) kaśpa ka-lu-u sa Bel-su-nu habal sa*
   Dimidium talentum   argenti nummis excussum Belsunu filius
2. *Bel-u-sur-su ina eli Sa-du-u-ni au Ni-din-tuv-Bel*
   Bel-usur-su   super   Saduni   et   Nidinta-Bel
3. *habli sa Bel-ah-idin (sis-mu) se-zir e zak-pi u pi i-su-nu*
   filios Bel-ah-idin.   Segetes in lite de quibus   agitur
4. *sa ina alu Ri-su-e tur sa sarri-ni bit*
   sunt in urbe Risue   filii   Regis nostri. Domus
   pi-i su?... Sa-du-ni
   in causa est   Saduni
5. *au Nidintuv-Bel hable sa Bel-ah-idin sa emidu (uś-sa-du)*
   et Nidinta-Bel, filiis   Bel-ah-idin, quæ vicina
6. *se-zir sa Sin-ma-gir au uś-sa-du se-zir bit iś-gu-sa*
   segetibus Sin-magir et vicina   segetibus domus solii

7. sa Ar-tak-sit-su sak-nu-su-u kaspa ta an paras
    Artaxerxis (qui est) satrapa ille.   Argentum dimidium
    bilat Bel-su-nu a-su-sa
    talenti (est) Belsunu, filio
8. Bel-u-sur-su a-di eli e-ne parap sa kaspa ta-an
    Bel-usur-su,   et insuper dextantem argenti
9. bar (tik-un) bilat nisi u-sa-nuv i-na ili ul i-sal-lat
    dimidium   talenti vino Secundo, quia non   imperat,
10. ki sa (sakan) sarri sa ana eli se-zir e
    sicut Vicemgerens Regis. Quod attinet ad   segetes
    an-nu-tuv ul-la-a . . . .
    istas,   præter. . . . .

(Lacuno).

14. Nabu-bel-tur   habal Sir
    Nabu-bel-tur,   filius. . . ;
15. Nu-mi-in-gu   habal A-bi-ig-ni
    Numingu,   filius Abigni ;
16. Ka-sir   habal Bel-an-sir
    Kasir,   filius Bel-Serah ;
17. Gut-Bel-li-da-hu habal sa an Ba-ga-da-du
    Alap-Bel-lidahu,   filius   Bagadadu ;
18. An-be-kak   habal Bel-usur (pap-su)
    Bel-ibni,   filius Bel-usursu ;
19. Bel-ibni (An-en-kak) habal Bel-i-dan-nu
    Bel-ibni,   filius Bel-idannu ;
20. Bel-sur-ru   habal Bel-pap-su
    Bel-surru,   filius Bel-usursu ;
21. Ahe-su   habal Bel-zir-bani-(kak)
    Ahisu,   filius Bel-zir-bani ;
22. Bel-er-ba tip-sar habal Pa-si-ri
    Bel-irib,   scriba, filius Pasiri.
23. alu As-na-hu arah Kisiliev yom XVII kam sanat XL kam
    In urbe Asnah, mense Cislev, die decimo septimo, anno quadragesimo
24. Ar-tak-sa-as-su sar mat e
    Artaxerxis,   regis Regionum.

(On lit sur le côté droit) :

25. *kunuk Bel-ab-sis nis di-nat*
    Sigillum Bel-ab-usur,   viri legum.

(On lit sur le côté gauche) :

26. *kunuk Bel-din-su-sis nis a-[ba]*
    Sigillum Bel-balatsu-usur,   viri præsidis.

L'empreinte d'un cylindre déroulé à gauche porte deux grands signes cunéiformes, dont le dernier est le signe du pluriel.

TRADUCTION.

« Un demi-talent d'argent monnayé (*kalû*), créance de Belsunu, fils de Bel-usursu, sur Saduni et Nidinta-Bel, fils de Bel-ah-idin.

« Les moissons qui forment l'équivalent de la réclamation (*zak-pi*) et des conventions (*pi*) sont situées dans la ville de Risué, appartenant au fils de notre Roi.

« Le domaine est exploité par Saduni et Nidinta-Bel, fils de Bel-ah-idin, et il est contigu (d'une part) aux champs ensemencés de Sin-magir, et (d'autre part) aux champs ensemencés du domaine du trône (appartenant) à Artaxerxès, le Satrape.

« L'argent (à savoir) un demi-talent, appartient à Belsunu, fils de Bel-usursu, excepté les cinq sixièmes du demi-talent qui sont au Lieutenant, parce qu'il ne commande pas, vu sa qualité de représentant du Roi.

« Les moissons exploitées en dehors. . . . .
                (Lacune).

« Nabu-bel-tur, fils de Siri; — Numinga, fils d'Abigni; — Kasir, fils de Bel-Sérah; — Alap-Bel-lidahu, fils de Bagadadu; — Bel-ibni, fils de Bel-usursu; — Bel-ibni, fils de Bel-idannu; — Bel-surru, fils de Bel-usursu; — Ahesu, fils de Bel-zir-bani; — Bel-irib, scribe, fils de Pasiri.

« Dans la ville d'Asnah, au mois de Cislev, le 17ᵉ jour de l'année 40ᵉ d'Artaxerxès, roi des Nations.

   On lit sur le côté droit :
« Cachet de Bel-ab-usur, homme de loi.
   Sur le côté gauche :
« Cachet de Bel-balatsu-usur, président. »

REMARQUES.

Le texte de ce contrat, dont nous ignorons la provenance originelle, a été publié pour la première fois par Grotefend dans la *Zeitschrift für die Kunde des Morgenlandes* (T. III, p. 179). Bien que ce contrat soit fruste, il appartient à la catégorie de ceux dont on peut avec le plus de certitude déterminer l'essence.

Il s'agit d'une somme importante, un demi-talent d'argent, soit 3,375 fr. de notre monnaie, qui forme l'équivalent de récoltes exploitées par les deux fils de Bel-ah-idin ; mais le domaine lui-même, appartenant de droit au Souverain, qui s'en est dessaisi en faveur de son Satrape, a été rétrocédé, moyennant certaines conditions, *ex decreto principis*.

Les stipulations en argent sont parfaitement indiquées. Malheureusement le texte présente une lacune au moment où on allait parler des récoltes. Cette lacune devait au moins comprendre trois lignes et peut-être même les noms des premiers témoins.

Le mot *kalû* est la première mention que nous rencontrons dans les textes assyriens qui puisse nous faire penser à l'emploi de l'argent monnayé ; nous le rattachons à la racine קלע, qui veut dire en hébreu « ciseler, imager ». L'expression *kaspa kalû* signifie donc « l'argent monnayé ».

Ce texte peut servir à fixer le sens de certains mots peu usités, tels que *zak-pi* et *pi*. Le premier mot *zak-pi* se rattache à la racine זקף, dont nous avons vu des dérivés dans les textes de l'Assyrie et de la Chaldée. Nous avons signalé surtout la forme *izakupani*, que nous avons traduite ainsi : « coram me surget ». Le mot *pi* semble indiquer la convention verbale.

La construction grammaticale est, comme toujours, très-elliptique, et ne se complète que par le sens général du document.

Le contrat est rédigé dans une ville de la Chaldée, Asnah, dont la position exacte nous est inconnue. Il est daté du mois Cislev de la 40ᵉ année d'Artaxerxès. Ce chiffre pourrait s'appliquer à Artaxerxès Iᵉʳ ; mais nous croyons devoir nous rattacher à Artaxerxès-Mnémon, à cause de la mention du nom du fils du Roi, qui se nomme Artaxerxès comme son père. C'est pourquoi nous datons notre texte de l'an 364 av. J.-C.

Il est vrai que les princes de Perse prirent, comme Rois, depuis

Artaxerxès Iᵉʳ, les noms de leurs ancêtres ; ainsi, Darius II (le Bâtard) s'appelait Ochus, Artaxarxès II s'appelait Oarsès, selon Ctésias et Plutarque. L'arrière-petit-fils de Darius II, Codoman (*Uvadamaniyus*), prit à son avènement le nom de Darius III. Le nom d'Artaxerxès a pu, il est vrai, être porté par Ochus avant la mort de son père ; mais, dans tous les cas, Artaxerxès Iᵉʳ ne paraît pas avoir eu de fils qui ait porté son nom.

Les noms des témoins qui caractérisent le mélange de la population perse et chaldéenne nous portent à penser qu'il faudrait chercher la ville d'Asnah sur les frontières de l'Elymaïs. Quelques-uns de ces noms sont dignes de remarques. Nous signalerons d'abord ceux de Numingu et d'Abigni. Ces deux noms sont essentiellement perses. Le nom du témoin rappelle le persan *numung*, qui désigne une matière rouge ressemblant au corail et qui se recueillait probablement dans le golfe Persique. On sait que les noms de matières de cette espèce forment encore aujourd'hui des noms propres, tels que *Yaqut* « Rubis », *Murdjan* « Corail ». L'onomastique de l'ancienne perse nous avait également transmis des noms analogues ; il suffit de se rappeler le nom de la mère de Cyrus, Mandane, provenant du perse *manda* « ambre noir ». Le nom du père de Numingu, Abigni, est le zend *abighna*, le perse *abigna*, qui se retrouve dans l'inscription de Bisoutoun comme un des éléments du nom du père d'Idarnès, *Bagàbigna*, le Mégabyze (Μεγάβυζος) des Grecs, et dans le nom du frère de Xerxès, l'Ariabignès (Ἀριαβίγνης) d'Hérodote, qui fut tué à Salamine (Hérod., VII, 97 ; VIII, 89).

Le témoin Alap-Bel-lidahu est fils du nommé Bagadadu. Ce dernier nom est évidemment le perse *Bagadàta* « créé par Dieu », probablement « créé par Ormuzd ». C'est le même nom qui se retrouve dans celui de la ville de Bagdad, et que nous avons attribué (*supra*, p. 87) à une ville de la Mésopotamie, sous les rois du premier empire de Chaldée, malgré son apparence arienne. Au point de vue de l'expression, il faut noter que l'élément *baga* est précédé du signe divin, comme dans les textes assyriens où le signe divin précède les noms des dieux étrangers, tels que Humba et Nahundi. Nous avons vu (*supra*, p. 175) le signe divin devant le nom d'une divinité phénicienne, dans le composé Amat-Sula. Le nom de Alap-Bel-lidahu est parfaitement assyrien ; il signifie littéralement « que le Taureau de Bel heurte de la corne ». Le personnage qui porte ce nom est un homme issu d'un Perse et devenu Assyrien.

IX

Convention relative à une Communauté religieuse.

(Ker-Porter).

1. . . *I* . . da-tuv sa uh mat
   secundum sententiam quam emisit
2. . . . . . si-il-ta
   (prædam ?) belli
3. . . . . . sak—mu'
   fecerunt
4. . . . . . sa ga samas sar (nis) su
   dominium solis, domini ejus
5. . . . Il-tam-li-ma-tu-' nisu nam
   Iltamlimatu, præfectus
6. . . . zikar sa Vun-da-par-nu nisu nam
   servus Intaphernis præfecti
7. . . . ga-as-tuv arki ina sanat IX kam
   postea in anno nono
8. ... ar-su sar a-dis-ki II se zir a-an ka-ri-e
   Xerxis (?) regis statutum est : duo sebar segetum (ita est) in fodinas
9. ... ina di-na-tuv ina ki-bi-sa Ut-ta-ri-ih(?)-li-su
   injiciantur secundum legem in usum Uttarihlis
10. ... bit sar bel-ri-mi ki? se-bar a an sa se-zir-e
    administratoris domus regiæ, domini veniæ. . . (ita sit) segetum
11. sa ga-an ta-tur-ru ana bit sar te sa
    domini solis transferentur in domum regiam. Reliquum
12. se zir e mu-a-tiv Il-tam-li-ma-tu-'
    segetum annuarum Iltamlimatu in usum
13. sa-ga an-ut un-da-hi au se-bar is-tar sa se zir e a an
    dominii solis moli jubebit et sebar isbar segetum istarum (ita sit)
14. ultu sa-ga an-ut a-na Il-tam-li-ma-tu-'
    ex dominio solis penes Iltamlimatu
15. sum-su ur-rak-ra di-bi-di i-ni u-ra-ga-mu sa nisu puhri
    nominatum (erit). Assensitque in usum juris et doni gratiosi hominis communitatis

16. sa Bit Par-ra a-na eli se-bar is-bar sa se zir e a an
templi Solis quod attinet ad sebar isbar segetum (ita sit):
17. ki Il-tam-li-ma-tu-' a-na yum za-tav ya-a-nu
una cum Iltamlimatu ad diem aeternum nemo (iis fruatur).
18. uv-rak-ma di-bi di-en-ni u-ra-ga-mu sa Il-tam-li-ma-tu'
Assensitque in usum juris et doni gratiosi Iltamlimatu
19. nisu kum sa bit sar Babilu (din-tir) a-na eli se zir e an-ni-tuv
praefectus regiae regis Babylonis quod attinet ad segetes istas:
20. ki sa-ya a vit au nisu pahru sa bit Par-ra a-na yumu za-tav
una cum domo Solis et homine communitatis Bit-Parra ad diem aeternum
21. ya-a-nu nisu mu-kin Ri-ba-tuv-Bel habal Sab-nis
nemo (iis fruatur). Testes Ribatu-Bel, filius Nuri-sar;
22.   Zir-u-ya Tu-nit-tuv-Bel habal Bin-abu-usur
       Ziruya; Tanitta-Bel, filius Bin-ab-usur;
23.   Mad-dan-na-ai habal Sil-Nana
       Maddannaï, filius Sil-Nana;
24.   Sim-ba-tuv-Bel habal Samas-mu
       Simbatu-Bel, filius Samas-zakir;
25.   Bel-su-nu habal Ma-ri-ib-ba
       Belsunu, filius Maribba;
26.   I-sa-ai habal Sil-Nana
       Isaï, filius Sil-Nana;
27.   Sil-Nana
       Sil-Nana,
28.   nisu tip-sar habal Samas-balat-su-ikbi
       homo scriba, filius Samas-balatsu-ikbi;
29. . . . . . Nirgal-inaddin-su (mu-mu)
. . . . Nirgal-inaddinsu
30. . . . . . ut kam sanat IX kam
. . . . . die, anno nono.
31. . . . .
(Le nom royal manque).

(En haut, sur la tranche).

32. *kunuk — U-at-pap*
Sigillum Bin-ab-usur.

(A droite).

33. *kunuk — Samas-su habal Sar-ballit.*
Sigillum Samas-irib, filii Sar-ballit;

34. kunuk — Nabu-din-šu-ikbi   habal   Sar-din-šu-ikbi
    sigillum   Nabu-balatsu-ikbi,   filii   Sar-balatsu-ikbi;
35. kunuk — Bin-idan-nu   habal   Sar-bal-lit
    sigillum   Bin-idannu,   filii   Sar-ballit;
36. kunuk — Sar-din-šu-ikbi   habal   Idin-Bel
    sigillum   Sar-balatsu,   filii   Idin-Bel;
37. kunuk — Idin-ahi   habal   Bin-ah-mu-nu
    sigillum   Idin-ahi,   filii   Bin-ah-idin.

(A gauche).

38. kunuk — Sar-balat-šu-ikbi   habal   Bin-nasir-su
    Sigillum   Sar-balatsu-ikbi,   filii   Bin-nasir;
39. kunuk — Na-na-ai   habal   Bin-idin-ahi
    sigillum   Nanaï,   filii   Bin-idin-ahi.

(En bas).

40. kunuk — Mad-dan-na-i
    Sigillum   Mad-dan-naï. . . ,
41. kunuk — I-ša-a-a
    sigillum   Isaï. . . ,
42. kunuk — Sil-Na-na
    sigillum   Sil-Nana. . . ,
43. kunuk — Ri-ha-tu-Bel
    sigillum   Rihatu-Bel. . . ,
44. kunuk — Bel-su-nu
    sigillum   Bel-sunu. . . ,
45. kunuk — Sar-mu   habal   Sar-mu-sé
    sigillum   Sar-nadin,   filii   Sar-sum-iddin.

TRADUCTION.

« (Le commencement est fruste). (Convention sur des récoltes selon la sentence) qu'à émise....... de la guerre, et pour changer celle qu'avait établie le chef de la communauté du *Bit-Parra* (temple du Soleil), et du domaine du Soleil, son Roi, d'une part, et Iltamlimatu, préfet (du palais du roi de Babylone), serviteur d'Intaphernès le satrape (du grand Roi).

« Puis, dans la neuvième année du Roi....., il fut établi ceci : deux mesures des récoltes seront placées dans les silos, conformément à la coutume, et pour l'usage d'Uttarihlis (?), administrateur du palais royal, le dispensateur des grâces (du pardon), et... (un nombre illisible) de *sebar* des récoltes du domaine du dieu Samas seront transférés dans le palais royal.

« Ce qui reste des récoltes annuelles, Iltamlimatu le fera moudre au profit du domaine du dieu Samas, et un *sebar isbar* des récoltes du domaine du Soleil écherra à Iltamlimatu.

« Et a consenti (ou juré) pour l'usage du droit et du don gracieux, le chef de la communauté du *Bit-Parra*, en ce qui touche le *sebar isbar* des récoltes, ceci : Ensemble avec Iltamlimatu, personne n'en jouira pour tous les temps à venir.

« Et a consenti (ou juré) pour l'usage du droit et du don gracieux, Iltamlimatu, préfet du palais du roi de Babylone, en ce qui touche les récoltes mentionnées, ceci : Ensemble avec le domaine de Samas et le chef de la communauté du Bit-Parra, personne n'en jouira pour tous les temps à venir.

« Témoins : Rihatu-Bel, fils de Nuri-sar ; — Ziruya ; — Tanitta-Bel, fils de Bin-ab-usur ; — Maddannaï, fils de Sil-Nana ; — Simbatu-Bel, fils de Samas-zakir ; — Belsunu, fils de Maribha ; — Isaï, fils de Sil-Nana ; — Sil-Nana ; — .... ; — .... , qui a rédigé l'acte ; — Samas-ballitsu ; — . . . . ; — Nirgal-zakir-sum, scribe.

« A (Larsa?), le.........., de la 9ᵉ année du roi ....

On lit sur les marges les cachets suivants :

« (En haut, sur la tranche) : Cachet de Bin-ab-usur.......

« (A droite) : Cachet de Samas-irib, fils de Sar-ballit ; — cachet de Nabu-balatsu-ikbi, fils de Sar-yuballit ; — cachet de Bin-idannu, fils de Sar-ballit ; — cachet de Sar-ballitsu, fils de Idin-bel ; — cachet de Idin-ahi, fils de Bin-ah-idin.

« (A gauche) : Cachet de Sar-balatsu-ikbi, fils de Bin-nasir ; — cachet de Nanai, fils de Bin-idin-ahi.

« (En bas) : Cachet de Maddanaï ; — cachet de Isaï..... ; — cachet de Sil-Nana..... ; — cachet de Rihatu-Bel..... ; — cachet de Belsunu..... ; — cachet de Sar-idin-habal, fils de Sar-sum-idin. »

REMARQUES.

Ce document rapporté par Ker-Porter, et actuellement au Musée Britannique, a été l'un des textes les plus difficiles à comprendre, mais il est un des plus curieux et des plus instructifs, quand on a triomphé des difficultés qu'il présente. Il contient une convention passée entre le chef d'une communauté religieuse et un fonctionnaire du Roi, nommé Iltamlimatu, au sujet des récoltes provenant du domaine du Bit-Parra ou Bit-Utra, fameux temple du Soleil à Larsa ou Senkereh.

Malheureusement le nom du roi, sous lequel ce document a été rédigé, ne nous est pas conservé; la mention de la neuvième année exclut Cyrus, Cambyse, Arsès, Darius-Codoman et Alexandre. Les restes du nom, s'ils sont bien copiés, ne peuvent s'appliquer qu'à Xerxès ou peut-être, mais avec une probabilité moindre, à Antiochus. La fin du nom présente, en effet, les deux caractères *ar-su*, *ri-su* ou *ku-su*, ce qui pourrait être la terminaison du nom d'*Anti'kusu*, quoique ce nom soit généralement écrit *An-ti-'-ku-su*.

Les noms des fonctionnaires ne sont pas babyloniens. *Iltamlimatu* pourrait être regardé comme composé d'*iltamli*, istaphal de מלא, et de *matu*; mais le signe de l'hiatus qui termine le nom s'y oppose quelque peu. Le nom du Satrape est très-intéressant, il se nomme *Vundaparna*, c'est le perse *Viñdafrañā*, l'Intaphernès des Grecs, un nom perse. Cette circonstance contribue à nous faire penser que ce document a été écrit sous un roi Achéménide, quoique ce ne soit pas une raison péremptoire. Le nom assez peu lisible de l'administrateur du domaine royal pourrait être un nom grec finissant en .....*clès*.

Il s'agit dans ce contrat d'une convention double qui est jurée et consentie dans les mêmes termes par les deux contractants; cette formule excite l'intérêt et donne de l'importance à ce curieux document. Le mot *sebar* se trouve ailleurs, ainsi que le terme très-difficile de *išbar*, qui désigne les choses concédées à Iltamlimatu.

La formule d'acceptation est encore assyrienne, mais elle se ressent peut-être d'une influence occidentale. Elle est ainsi conçue:

Urrak va dibi dini u ragamu sa, « assensitque usum juris et doni gratiosi ». Le mot *urrak* est dérivé de la racine ערך, « ordonner, arranger », au paël. Le mot *ragamu* semble être le même qui se trouve dans l'obscur Regem-Melech du prophète Zacharie (VII, 2), et que quelques exégètes ont expliqué comme signifiant « ami du roi ». Les mots prononcés sont alors :

Itti..... (suit le nom) *ana yum şâtu yânu* : « Una cum..... in diem æternum nemo ».

Le *saga Samas* ou *garga Samas*, « dominium solis », contient le même mot qui se lit si souvent dans les textes de Sargon, à l'occasion de la prise des villes. Le « homo communitatis », *nis puḥri*, signifie le chef de la congrégation religieuse qui stipule pour tout ce qui touche aux revenus sacrés. Ce chef est anonyme ; mais son nom ne fait rien à l'affaire. Il agit au nom de la communauté.

L. 8. — Le terme *kari*, « fosse », nous rappelle l'usage encore en vigueur de conserver le blé dans des silos.

L. 13. — Le mot *undaḥi* vient de la racine מדא, avec le sens de « broyer ».

Signalons encore une particularité qui se remarque plutôt aux temps des Séleucides que pendant l'époque purement chaldéenne et perse, c'est la présence sur le document des cachets apposés par les témoins. Dans les contrats assyriens, les chefs du marché mettent seuls leurs noms. Ici tous les témoins donnent l'empreinte de leur sceau, comme nous en verrons l'usage sous les Séleucides, suivant une coutume renouvelée, il est vrai, du temps de Hammurabi et des époques les plus reculées.

CINQUIÈME PÉRIODE.

DOCUMENTS DES SÉLEUCIDES.

Les conquêtes d'Alexandre mirent fin à la domination perse, et donnèrent, pour un instant encore, l'apparence de l'unité à ce grand empire qui comprenait, sous un même sceptre, l'Inde et la Grèce, l'Egypte et le Caucase. Mais cet empire, fruit des victoires du héros macédonien, ne devait pas lui survivre. Après la mort d'Alexandre, ses généraux se divisèrent ses vastes possessions. Séleucus acquit le gouvernement de Babylone, et fonda sur les bords du Tigre une capitale nouvelle, à laquelle il donna son nom, laissant Babylone se débattre dans sa longue agonie.

Que restait-il alors de la vieille civilisation assyrienne ? Les historiens grecs ne nous donnent que des renseignements bien vagues sur ce point, mais nous n'aurions pu croire que tout avait disparu, la religion, les lois, la langue et même l'écriture, quand même les découvertes modernes ne seraient pas venues nous renseigner. La transformation sociale n'a pas été si rapide qu'on pouvait le supposer naguère; les vieilles institutions, dont les derniers rois de Babylone s'étaient montrés si soigneux, n'ont disparu qu'à la longue. Si, au moment de la conquête des Perses, les statues de Nebo et de Mérodach avaient été brisées, leur culte n'était pas détruit. Il y a plus, sous les Séleucides, les peuples de la Babylonie et de la Chaldée parlaient encore la langue de leurs ancêtres, et se servaient de l'antique écriture des Sumers et des Akkads dans les transactions les plus ordinaires de la vie. C'est encore parmi les monuments découverts à Warka, par M. Loftus, que nous allons trouver des renseignements sur cette période.

À un demi-mille au S.-E. de Buvarich, s'élève un petit monticule de 40 pieds de hauteur environ, qui attira particulièrement son attention. Il découvrit d'abord des chapitaux, des entablements, des corniches, dont l'ornementation appartenait à l'ère des Parthes, entassés dans une substruction formant une chambre de 40 pieds de long sur 28 pieds de large. Puis, à vingt pas de cette chambre, et à trois pieds plus bas, il découvrit huit tablettes d'argile blanche, couvertes d'écriture en caractères cunéiformes. Elles étaient posées sur une natte qui ne présentait plus que des débris de paille et qui se trouvait entourée de tous les côtés par des cendres et des charbons. Ces tablettes différaient de celles que M. Loftus avait déjà rencontrées ; elles n'avaient pas de double enveloppe et mesuraient environ quatre pouces de hauteur. Elles portaient sur l'un des côtés l'empreinte de sceaux, avec cette indication en caractères cunéiformes : *un-ka*. L'écriture était, du reste, tracée avec beaucoup de soin, et les empreintes révélaient des cachets gravés sur pierre dure avec une grande perfection. Il était facile de voir, au premier abord, que la plupart de ces tablettes étaient de véritables contrats. M. Oppert qui en a pris des copies au Musée Britannique, pour ainsi dire au moment même de leur arrivée, signala bientôt des noms qui en fixaient l'origine. Ils étaient datés des règnes des Antiochus, des Séleucus et des Démétrius.

Deux de ces tablettes appartiennent, cependant, à un autre ordre d'idées. On sait aujourd'hui que ce sont des textes astronomiques ou astrologiques. L'un d'eux porte la date du 21° jour du mois de Tammuz de la 65° année, sous le règne d'Antiochus, roi des Nations. Rien, du reste, ne nous permet de relier, quant à présent, ces deux documents aux autres textes près desquels ils ont été trouvés, ni de pénétrer l'idée qui a pu présider à leur dépôt dans le réduit où le hasard des fouilles a permis à M. Loftus de les rencontrer.

La traduction de ces contrats présente des difficultés sérieuses, non pas à cause de la longueur du texte, mais à raison des clauses principales qui ne se rencontrent dans aucun autre document, ce qui, dès lors, ne permettait pas de contrôle. Après les noms propres, la date est naturellement ce qu'il y a de plus facile à dégager, sauf à rechercher à quel point de départ on doit la rattacher pour en fixer la place dans l'histoire. Quoi qu'il en soit, ces dates circonscrivent la rédaction de ces différents documents dans un espace de vingt années environ, bien que deux documents nous fassent défaut. Voici dans quel ordre nous pourrons les présenter, en nous appuyant, du reste, sur les appréciations chronologiques qui en ont été faites, dès l'année 1866, par M. Oppert, dans la *Revue orientale et américaine* (T. VI, p. 333) :

La 1re tablette est datée de l'an 60 sous le règne d'Antiochus.
La 2e de l'an 65 sous le règne d'Antiochus.
La 3e de l'an 68 sous le règne de Séleucus.
La 4e de l'an 68 ou 78 sous le règne de Séleucus.
La 5e de l'an 80 ou 90 sous le règne d'Antiochus.
La 6e est du règne de Démétrius, mais la date est effacée.

L'année 60 est exprimée par le signe *ku*, et l'on avait pu croire que ce signe désignait l'année de l'avènement ; mais après le signe *ku* se trouve le signe *kam*, qui indique que le signe *ku* est bien un chiffre ; puis il se trouve *ku 5 kam* d'Antiochus et *ku 8 kam* de Séleucus. Or, si ces termes signifiaient simplement l'année 5e après l'avènement d'Antiochus et l'année 8e après l'avènement de Séleucus, le signe *ku* n'était pas nécessaire. On pourrait nous répondre, il est vrai, que dans la grande majorité des textes où l'année est citée d'après le règne des rois, cette addition paraît superflue, et que, dans les textes qui nous occupent, l'adjonction de l'expression du signe marquant l'avènement serait nécessaire pour faire observer au lecteur qu'il ne s'agit pas ici d'une ère. Mais alors nous objecterions, à notre tour, qu'il serait du moins fort insolite de voir employer dans les mêmes localités, et à la même époque, tantôt la notation selon l'ère, tantôt selon le règne du monarque. Au surplus, on s'attendrait à lire *sanat 5 kam ku*, et non pas *sanat ku 5 kam*.

Il est vrai que l'incertitude qui a pu exister jadis sur la notation des chiffres de 68 ou 78 et de 80 ou 90, à cause de la valeur des caractères qui exprimaient cette notation, a disparu, et que les dates de 78 et de 90 sont aujourd'hui paléographiquement établies. Mais la notation *ku 8* reste avec toute sa valeur. Dès lors, l'intervalle est plus limité ; la 78e année de Séleucus ne peut tomber qu'entre 177 et 175, et la 90e d'Antiochus entre 165 et 163, puisque Séleucus IV mourut en 175. Mais la grande difficulté réside toujours dans l'impossibilité d'expliquer ainsi la présence d'un Démétrius qui ne saurait être autre que Démétrius-Soter (162-151), dans des textes qui appartiennent évidemment à la même époque. Il faut donc voir dans le signe *ku* autre chose que l'indication de l'avènement au trône du roi désigné dans le contrat ; c'est l'expression d'une période nouvelle égale à 60 ans.

Il s'agit maintenant de déterminer l'ère à laquelle on se réfère dans cette notation. La première supposition qui s'offre naturellement à la pensée, c'est qu'il s'agit de l'ère des Séleucides, qui commença en octobre 312 av. J.-C., à l'époque de la conquête de Babylone par Séleucus-Nicator, et dont l'usage s'est perpétué jusqu'au XIe siècle après notre ère. Les Juifs mêmes l'employèrent dans cet intervalle de préférence à l'ère de la Création du Monde. Enfin, nous retrouvons l'emploi de cette notation sur les monnaies des Séleucides et même des Parthes, à partir de l'an 200 à l'an 150 av. J.-C. [1].

On aurait, avec ce point de départ :

Pour l'an 60 sous Antiochus, l'an 252 av. J.-C.
Pour l'an 65 sous Antiochus, l'an 247 av. J.-C.
Pour l'an 68 sous Séleucus, l'an 244 av. J.-C.
Pour l'an 78 sous Séleucus, l'an 234 av. J.-C.
Pour l'an 90 sous Antiochus, l'an 222 av. J.-C.

Or, de ces appréciations, la première seule serait admissible. En effet, elle nous reporte à l'année 252, époque à laquelle Antiochus II (Théos) régnait. Mais la date suivante, celle de 248, tombe encore sous le règne du même roi, et, dès lors, se trouve en désaccord avec l'indication de la tablette, qui porte le nom de Séleucus. En 244, Séleucus-Callinicus régnait, il est vrai, en Syrie (247 à 226) ; mais alors il était en guerre avec son frère Antiochus-Hiérax, qui occupait la Mésopotamie. Enfin, l'année 90, soit 222 av. J.-C., tombe bien sous un Antiochus, puisque le troisième roi de ce nom régnait depuis l'an 224 ; mais on ne saurait appliquer toutes les dates des textes de Buvarieh à l'ère des Séleucides.

Il faut donc abandonner, comme point de départ, la date de 312, et alors, nous nous trouvons en présence d'une difficulté sérieuse, puisqu'il

---

[1] Conf. de Saulcy, *Mémoire sur les monnaies datées des Séleucides*, 1871.

s'agit de recourir à une autre ère. Cette difficulté, du reste, existe pour les numismates, qui, malgré l'abondance des documents dont ils disposent, ne parviennent pas toujours à un classement rigoureux des médailles asiatiques de cette époque.

En envisageant simplement les règnes des Séleucides, nous remarquons que le choix que nous avons à faire entre les rois de cette race, ne saurait être douteux. Quels sont, en effet, les Antiochus qui ont régné à 30 ans de distance, de manière que la 4ᵉ et la 6ᵉ année de cette période fut occupée par un Séleucus ? Il n'y a qu'une réponse possible : le premier des Antiochus ne peut être que Antiochus le Grand, qui régna depuis l'an 224 à l'an 187 av. J.-C. Le Séleucus suivant est le Séleucus IV, ou Philopator, qui régna de 187 à 175 av. J.-C. Enfin, le second Antiochus est celui que les Machabées ont rendu si célèbre, et qui, sous le nom d'Epiphane, régna de 175 à 164 av. J.-C.

Quant au Démétrius dont la date est perdue, il ne peut être que le frère et le second successeur d'Epiphane, et c'est cette circonstance qui tranche la question.

Il reste maintenant à fixer l'ère à laquelle on se réfère dans les tablettes. L'une des briques porte la date de 65, avec le nom d'Antiochus, dont le règne finit en 187. Il est clair que le commencement de cette période chronologique ne peut descendre au-delà de l'année 252 (187 + 65) av. J.-C. Une autre tablette étant datée de l'année 68, sous le règne d'un Séleucus, dont le règne a commencé en 187, ne peut remonter au-delà de 255 (187 + 68). C'est donc entre ces deux époques, distantes l'une de l'autre de trois ans seulement, qu'il faut circonscrire le point de départ de cette ère, probablement particulière à Orchoë ou à la Basse-Chaldée.

Malheureusement nous connaissons très-imparfaitement l'histoire de toute cette période, sur laquelle les documents nous font défaut. Les petits Mémoires de Niebuhr nous démontrent toute la pénurie des renseignements fournis par les historiens grecs auxquels nous pourrions recourir.

Quant à l'histoire des Séleucides et des Ptolémées, les inscriptions nous ont révélé des faits importants, mais difficiles à coordonner. Nous ne pouvons donc pas savoir à quel fait se rattache l'ère en présence de laquelle nous nous trouvons ; mais le fait lui-même n'en subsiste pas moins, et en coordonnant les dates fournies par les documents eux-mêmes, nous obtenons les résultats suivants :

L'an 60 sous Antiochus, tombe de 195 à 192.
L'an 65 sous Antiochus, tombe de 190 à 187.
L'an 68 sous Séleucus, tombe de 187 à 180.
L'an 90 sous Antiochus, tombe de 165 à 162.

Ces appréciations, déjà anciennes, n'ont pas été infirmées, du reste, par la découverte de monuments ultérieurs.

Voici maintenant le texte de ces contrats :

I

SOUS ANTIOCHUS LE GRAND (de 195 à 192 av. J.-C.).

1. *ana Li-iś habal Du-a habal sa An-tis-uṣur habal*
Commodo Lis, filii   Kin-habal, filii   Anu-uṣur,   filii
Sad-i ina ḫu-ut lib-bi-su-nu
Sad-naïd, ad delectationem cordis eorum,

2. *II ḫa-an-su ina yum XXIV kam iski (iṣ-ru-ba)*
duo dimidia   die vicesimo quarto   reditus
su nisi tu-mal-u-tuv pan Bel-be
legati   a testatore.   Coram diis Bel-El,

3. *Sin Samas Bin Marduk Nana belit sa ris ili mal-su-nu*
Sin, Samas, Bin, Marduk, Nana quæ est caput deorum,
                                                    quot quot sunt ei

4. *gab-bi sa araḫ uś-śu-dan mu-an-na gu-mur ka-ni-e*
omnes,   menso pacti   anni istius, inventorium successionis
ut-ap-ap-e
. . . . .

5. *au sal-ma gab-bi sa ana II ḫa-an-su ina yum*
et ususfructus totius   ad   duo dimidia   die
XIV kam mit-ri is-ru-ba
vicesimo quarto. Capita reditus

6. *nisu tu-mal-u-ti mu-e ik-kas-si-du sa ki*
legati a testatore   annui obtinebit secundum voluntatem
Rabu-An-dis au aḫé-su hablé-su
Rabu-Anu et fratrum ejus et filiorum ejus

7. *Dum-ki-An-dis au beli zitti (ḫa-la)-su-nu gab-bi ana*
    Dumki-Anu   dominorum juris succedendi omnium (id est)
    II ma-na kaspa
    duas minas argenti
8. *iš-ta-tir-ri e sa An-ti-'-i-ku-su kur ba-nu-tuv*
    in stateribus   Antiochi   omnibus monetis cusis
9. *ana sim mit-e a-na Samas-idin habal sa*
    ad   valores antiquos. Commodo Samas-idin,   filii
    Ni-din-tav-An-dis habal Ku-zu-u
    Nidinta-Anu,   filii   Kuzu
10. *ana yumi za-a-tu it-ta-din kaspa an II ma-na kur-su-nu*
    ad   dies   futuros dabitur.   Argenti duas minas omnes eas
11. *semu II ḫa-an-zu ina yum XXIV kam iṣ-ru-ba*
    ad valorem; quod constituunt duo dimidia die vicesimo quarto reditus
    nisu tu-mal-u-tuv mu-e mit-é kaspa
    legati a testatore per annos. Capita argenti
12. *Li-iš habal Du-a ina kate Samas-idin habal sa*
    Lis,   filii Kin-habal, in manus Samas-idin,   filii
    Ni-din-tav-An-dis lu. . . . .
    Nidinta-Anu,   fideicommissarii
13. *e-sur-tav yumu pa-ka-ri a-na eli II ḫa-an-zu ina*
    indicationis justi diei   et ad invigilandum in dua dimidia
    yumu XXIV kam mit-ri
    die vicesimo quarto, sicut capita
14. *iṣ-ru-ba nis tu-mal-u-tuv mu-e it-tap-su ana*
    reditus   legati a testatore   annui extradentur. Commodo
    As-di-kit-An-dis
    Asdikit-Anu
15. *au Li-iš nisu na-din-na-an iṣ-ru-ba mu-e*
    et Lis, donatarii legati   annui
    u-mar-rak ma-'-a-di XII us
    de rahentur ut praecipua jura duodecim sexagesimae partes
16. *i-nam-din II ḫa-an-zu ina yum XXIV kam mit-ri iṣ-ru-ba*
    dabuntur duorum dimidiorum in die vicesimo quarto capitum reditus
17. *pan Bel Be Sin Samas Bin Marduk*
    Coram diis Bel, El, Sin, Samas, Bin, Marduk
18. *au ili mal-su-nu gab-bi sa Samas-idin habal. sa*
    et diis quotquot sunt ei omnes, Samas-idin   filius
    Ni-din-tav-An-dis
    Nidinta-Anu

19.   *ana yumu za-a-lu.* . .
      ad dies futuros. . .
20.   *bu-ut a-ha-mis a-na.* . .
      pignus mutno concessum ob. . . .
21.   *Samas-idin si-bu.* . .
      Samas-idin executionem. . .
22.   *nisu mu-kin loh.* . .
      Viri testes. . .
23.   *An-dis-habal-idin habal sa*
      Anu-habal-idin,   filius
24.   *An-dis-ah-idin.* . .
      Anu-ah-idin. . .
25.   *habal Sad-i-An-dis.* . .
      filius Sad-naid-Anu. . .
26.   *habal sa Du-a.* . .
      filius Kin-habal. . .
27.   *habal Ku-zu-u.* . .
      filius Ku-zu. . .
28.   *Li-is habal*
      Lis,   filius
29.   *Sin-ballit.* . .
      Sin-ballit. . .
30.   *Istar-idin-zir.* . .
      Istar-idin-zir. . .
31.   *An-dis-ballit habal*
      Anu-ballit,   filius
32.   *An-dis-ah-idin.* . .
      Anu-ah-idin.
33.   *La-ba-si nisu kipihhu habal-su*
      Labasi, vir sigillator, filius ejus.
34.   *mu ku kam An-ti-'-i-ku-su sar*
      Anno 60°   Antiochi,   Regis.
               (En haut).
35.   *un-ka*   *un-ka*   *un-ka*   *un-ka*   *un-ka*
       Sigillum   sigillum   sigillum   sigillum   sigillum
         ◯   ◯   ◯   ◯   ◯
36. *Sin-banu-ellu An-dis-ah-idin Li-is An-dis-gi Dayan-An-dis*
     Sin-tanu-ellu, Anu-ah-idin, Lis, Anu-kin, Dayan-Anu

DOCUMENTS DES SÉLEUCIDES.

(En bas).

37. *un-ka*   *un-ka*   *un-ka*   . . . . .
     sigillum   sigillum   sigillum   . . . . .
       ◯   ◯   ◯

38. *An-dis-habal-idin*   *An-dis-ik-sur*   *An-dis...*   . . . . .
     Anu-habal-idin,   Anu-iksur,   Anu...   . . . . .

(A gauche).

39. *un-ka*   *un-ka*   *un-ka*   *un-ka*
     sigillum   sigillum   sigillum   sigillum
       ◯   ◯   ◯   ◯

40. *Ki-tu-An-dis*   *An-dis-at-gur*   *U-mas*   *Ni-din-tav-An-dis*
     Kitu-Anu,   Anu-ab-yutir,   Umas,   Nidinta-Anu

(A droite).

41. *un-ka*
     sigillum
       ◯

42. *Li-is*   *na-din-na-a*
     Lis,   donatarii,

43. *habal*   *sa*   *Du-a habal nit*   . . . .
     filii   Kin-habal, filii

TRADUCTION.

« Au profit de Lis, fils de Kin-habal, fils d'Anu-iksur, fils de Sadu-nahid, il écherra, pour la satisfaction du cœur (des ayant-droit), les deux moitiés de la rente du testateur, chaque 24ᵉ jour du mois indiqué.

« En présence des Dieux Bel, El, Sin, Samas, Bin, Marduk, Nana, la souveraine du temple principal et de tous les Dieux qui existent, il est stipulé qu'au mois cité ci-dessus, de chaque année, il touchera la totalité de la propriété et qu'il recevra la somme entière égale aux deux moitiés, le 24ᵉ jour du mois nommé. Il aura le capital de la rente léguée par le testateur, selon la volonté de Rabu-Anu et de ses frères, les descendants de Dumki-Anu et les autres ayant-droit, tant qu'il en existe, montant à deux mines d'argent, payables en statères d'Antiochus, tous monnayés et (les mines seront) calculées selon la valeur ancienne.

« Au profit de Samas-idin, fils de Nidinta-Anu, fils de Kuzu, il sera donné pour les jours à venir (une fois pour toutes) la somme de deux mines d'argent monnoyées, selon la valeur de la rente payable le 24ᵉ jour, et léguée par le testateur perpétuel,

« Car le montant de l'argent de Lis, fils de Kin-habal, sera versé entre les mains de Samas-idin, fils de Nidinta-Anu, comme dépôt en fidéicommis, pour qu'il soit versé comme rente léguée par le testateur, le 24ᵉ jour, et montant aux deux moitiés.

« Au profit d'Asdikit-Anu.......... et de Lis, principal légataire, il sera prélevé un préciput montant à douze soixantièmes, et il leur sera donné les deux moitiés le 24ᵉ jour, formant le montant de la rente.

« En face des Dieux Bel, El, Sin, Samas, Bin, Marduk, Nana, la déesse du Temple principal et de tous les Dieux qui existent, il sera dit que Samas-idin, fils de Nidinta-Anu, conservera l'argent à lui confié.

« Et Asdikit-Anu (en) sera garant (que cette somme sera payée à Lis).

« Et au..... à Samas-idin, fils de Nidinta-Anu, au nantissement mutuel (pour l'exécution du testament avec Lis).

« Et Samas-idin versera les intérêts (au temple des Dieux).

« Témoins : ....; — Anu-habal-idin, fils de.........; —..........; — Anu-ah-idin......; — ...., fils de Sadu-nahid......; — ...., fils de Kin-habal......, fils de......; — Kusu....... Lis, fils de.......; — Sin-ballit.......; — Istar-idin-zir ; — Labasi, le rédacteur de......

« Orchoë, le......, dans l'année 60ᵉ, sous Antiochus, Roi.

On lit en haut :

« Cachet de Sin-ban-ellu (effacé).

« Cachet d'Anu-ah-idin (effacé).

« Cachet de Lis (sphinx).

« Cachet de Anu-kin (effacé).

« Cachet de Dayan-Anu (effacé).

On lit en bas :

« Cachet d'Anu-habal-idin (effacé).

« Cachet d'Anu-iksur (roi perse).

« Cachet de.........
« Cachet de.........
   On lit à droite :
« Cachet de Kitu-Anu (animal ailé).
« Cachet de Anu-ab-usur (taureau galopant).
« Cachet d'Umas.
« Cachet de Nidinta-Anu.
   On lit à gauche :
« Cachet de Lis, fils de Kin-habal, fils d'Anu-iksur, principal légataire. »

II

sous séleucus philopator (de 187 à 180 av. J.-C.).

1. ana   La-ba-si   u   An-dis-ah-idin   habli   sa
   Commodo Labasi   et   Anu-ah-idin,   filiorum
   Ni-din-tar-An-dis   habli sa . . . . .
   Nidinta-Anu,   filii   . . . . .

2. habal   Bit-kur-za-kir   ina   hu-ut   lib-bi-su-nu   mi-sil
   filii   Asar-zakir,   ad delectationem cordis corum,   dimidiam partem
   ina   sa-ba-ma-ru-u   [is-ru-ba]
   die   sabamaru   reditus legati a

3. nis   tu-mal-lu-tu sa ili sa Same au til-lu-du el-lu sa ana...
   testatore operis consecrati Diis Cœlorum et legis sanctæ Deorum
                                                              quorum...

4. sa Same in-na-bu-us ma-la ha-la su-nu sa-ba-ma-ru i-na-se
   in Cœlis nomen commemoratur, quæquæ sunt jura corum et sabamaru...

5. sa si-di-it ili ma-la ha-la-su-nu sa ki La-ba-si nisu ba-hi-ra
   hæreditatem deorum, quæquæ sunt jura eorum secundum voluntatem
                                                              Labasi viri

6. is-ru-ba e   mu-e habal sa An-dis-zir-idin (mu) u beli
   reditus   per annos, filii   Anu-zir-idin   et domini
   ha-la-su-nu   gab-bi
   successionis quæquæ sunt omnes

7. u (nin)-ma-la gab-bi sa a-na iski (is-ru-ba-e) nisu
   et ususfructus   reditus legati a
   tu-mal-u-tu u si-di-it ili
   testatore   et hæreditatem Deorum

8. *mu-e ik-kas-si-du ana IV darag-mana kaspa ka-lu-u*
per annos obtinebunt, quatuor drachmas argenti nummis cusas
ana simu mit-e
secundum valorem antiquum.

9. *ana La-ba-si habal sa An-dis-zir-idin habal*
Commodo Labasi, filii Anu-zir-idin, filii
Bit-kur-za-kir ana yumi sa-a-tu
Asar-zakir, ad dies futuros

10. *it-ta-din-'- kaspa a an IV darag-mana kur su-nu*
dabuntur argenti quatuor drachmæ (quæ constituunt) summam
sim mi-sil in XVIII u
pretii dimidii in decimo octavo

11. *is-ru-ba nis tu-ma-lu-tav sa ili sa Same au til-lu-du el-lu*
reditus legati testatoris, secundum ordinem deorum Cœlorum et legem
sanctam

12. [*au sa-ba-ma-ru-u*] *til-lu-du sa si-di-it ili mu-e*
et sabamaru legem hæreditatis per annos.
La-ba-si u
Labasi

13. [*An-dis-ah-mu-nu hable*] *sa Ni-din-tav-An-dis ina*
Andis-ah-idin filii Nidinta-Anu manibus
kate La-ba-si habal sa An-dis-zir-idin
Labasi, filii Anu-zir-idin

14. [*ba . . . . . es-sur-tav*] *sa pa-ka-ri ana eli mi-sil*
. . . . fideicommissarii dimidiam
ina sa-ba-ma-ru-u
partem in sabamaru

15. [*is-ru-ba si-di-it sa ili Same au*] *til-lu-du el-lu*
reditus legati ad jura deorum Cœli et legem sanctam
au sa-ba-ma-ru-u
et sabamara

16. [*is-ru-ba nis tu-mal-u-tav mu*] *e il-tap-su-u La-ba-si*
reditus legati a testatore Labasi
au An-dis-ah-idin
et Anu-ah-idin

17. [*is-ru-ba mu*] *e u-mar-rak ma-'-a-di XII vs ta-a-an*
donatores per annos præcipua jura relinquet plurima duodecim vs

18. *a-na La-ba-si ina yumi mi-sil ina sa-ba-ma-ru-u*
Commodo Labasi in die dimidiam in sabamaru
til-lu-du el-lu
secundum legem sanctam

DOCUMENTS DES SÉLEUCIDES.

19. *sa ili sa Same u sa-ba-ma-ru-u is-ru-ba si-di-it ili*
    Deorum   Cœlorum et *sabamoru*   reditus hæreditatis piæ
20. *u sal-ma gab-bi sa ani is-ru-ba-e mu-e ik-kas-si-du*
    et usum fructum totum quod attinet ad reditus annuos obtinebit.
    ana La-ba-si habal An-dis-zir-idin
    Commodo Labasi, filii   Anu-zir-idin
21. *u ana Bit-kur-za-kir ana yumi za-luv su-nu*
    et   Asar-zakir   ad   dies futuros ii (erunt).
22. *nisi mu-kin An-dis-zir-idin habal sa Na-na-a-idin*
    Viri testes ;   Anu-zir-idin.   filius   Nana-idin,
    habal A-ku-tu
    filii Ahutu ;
23. *An-dis-ah-idin habal sa An-dis-ab-pap habal Li-is*
    Anu-ah-idin,   filius   Anu-ab-usur,   filii   Lis,
    habal sa Zir-ya hable sa Su-An-dis
    filii   Zirya, filii   Gimil-Anu.
24. *An-dis-zir-is habal sa Ni-din-tav-An-dis habal*
    Anu-zir-esseb, filius   Nidinta-Anu,   filii
    An-dis-ah-idin La-ba-si habal An-dis-ballit habli (a-e)
    Anu-ah-idin ;   Labasi, filius Anu-ballit, ex filiis
25. *Ku-zu-u Ra-bu-An-dis habal As-di-kit-An-dis* 𒀭
    Kuzu ;   Rabu-Anu,   filius, Asdikit-Anu, ...
    ⋊ 𒁹 *habal sa Na-na-a-idin*
    . . . . . filii   Nana-idin,
26. *habal Lu-us-tam-mar-Bin Ni-din-tav-An-dis habal sa*
    filii   Lustammar-Bin ;   Nidinta-Anu,   filius
    An-dis-abu-usur Ta-nit-tav-An-dis
    Anu-ab-usur ;   Tanitta-Anu
27. *habal sa Da-yan-An-dis habal Ku-zu-u Kar-An-dis*
    filius   Dayan-Anu,   filii   Kuzu ;   Edir-Anu
    habal sa An-dis-ah-idin habal Idin-an-mat-gal
    filius   Anu-ah-idin,   filii   Idin-sadu-rabu ;
28. *An-dis-ah-idin (mu-nu) nisu kipikhu habal sa Ri-hat-An-dis*
    Anu-ah-idin,   scriptor, filius   Rihat-Anu,
    habal Sin-ti-a-si Uruk arah Nisannu
    filii Sintiasi.   Orchoës, mense Nisan,
29. *yum XVII kam sanat ku VIII Si-lu-ku sar*
    die decimo septimo, anno   68°   Seleuci, Regis.

	(En haut).
30.	*un-ka*	*un-ka*
	Sigillum	sigillum
	○	○
31.	*Ta-nit-tav-An-dis*	*Kar-An-dis*
	Tanitta-Anu,	Edir-Anu,

(En bas).

32.	*un-ka*	*un-ka*	*un-ka*
	sigillum	sigillum	sigillum
	○	○	○
33.	*Li-iš*	*Rabu-An-dis*	*An-dis-zir-idin*
	Lis,	Rabu-Anu,	Anu-zir-idin,

(A gauche).

34.	*un-ka*	*un-ka*	*un-ka*
	sigillum	sigillum	sigillum
	○	○	○
35.	*La-oa-si*	. . . . .	*An-dis-zir-idin*
	Labasi,	. . . . .,	Anu-zir-idin,

(A droite).

36.	*un-ka*	. . . . .
	sigillum	. . . . .
	○	

37.	*La-ba-si*	*An-dis-ah-idin*	*habal*	*sa*	*Ni-din-tav-Bel*
	Labasi,	Anu-ah-idin,	filii		Nidinta-Bel,
38.	*nis*	*na-din-na-a-'*	*iški*	*(is-ru-ba-ē)*	
	viri	donatarii	quod (attinet ad)	reditus.	

TRADUCTION.

« Au profit de Labasi et d'Anu-ah-idin, les fils de Nidinta-Anu, fils de ....., fils d'Asar-zakir, pour la satisfaction de leur cœur.

« Il écherra à chacun la moitié (*misil*), le 18ᵉ jour (*sabamarū*) de la rente léguée par le testateur et fondateur de l'œuvre consacrée aux Dieux célestes et à la loi sacrée (*tillulu*) ...... des Dieux dont le nom est prononcé dans les Cieux, autant qu'il en existe.

« Au 18e jour de l'année, au mois de l'origine de l'obligation, il sera obéi au droit de succession, selon l'ordre des Dieux autant qu'il en existe, conformément à la volonté de Labasi, l'ascendant et le donateur de la rente annuelle, fils de Anu-zir-idin, et de tous les ayant-droit, autant qu'il en existe. Ils toucheront en totalité la rente léguée par l'auteur du legs et des fondations en faveur des Dieux, montant à quatre drachmes d'argent, monnoyées et calculées selon la valeur ancienne.

« Au profit de Labasi, fils d'Anu-zir-idin, fils d'Asar-zakir, il sera donné pour les jours futurs (une fois pour toutes) quatre drachmes d'argent monnoyé, somme équivalente à la moitié de la rente léguée par l'auteur du legs divin et de la fondation sacrée, selon la coutume sainte.

« Car le montant de la rente, payable le jour *sabamarû*, selon la loi régissant les fondations sacrées, due à Labasi et Anu-ah-idin, les fils de Nidinta-Anu, sera versé entre les mains de Labasi, fils d'Anu-zir-idin, comme dépôt fidéicommis, avec un surplus dû au jour mentionné et augmentant la fondation pieuse, selon la loi sacrée et l'usage du *sabamarû*, pour qu'il leur paye la rente annuelle.

« Au profit de Labasi et de Anu-ah-idin, il sera prélevé un préciput de douze soixantièmes, il sera donné la moitié à Labasi, au jour *sabamarû*, selon la loi sacrée des Dieux des Cieux et du *sabamarû*. Et la rente (spéciale) provenant de la fondation consacrée aux Dieux, et l'usufruit de la totalité de ce qu'ils touchent de la rente annuelle, seront pour les jours à venir, acquis à Labasi, fils d'Anu-zir-idin, et à Asar-zakir, fils d'Anu-zir-idin, fils d'Ahutu.

« Témoins : Anu-zir-idin, fils de Nana-idin, fils d'Ahutu ; — Anu-ah-idin, fils d'Anu-ab-usur, fils de Lis, fils de Zirya, descendants de Gimil-Anu ; — Anu-zir-esseb, fils de Nidinta-Anu, fils d'Anu-ah-idin ; — Labasi, fils d'Anu-ballit, descendants de Kuzu ; — Rabu-Anu, fils d'Asdikit-Anu ; — ...., fils de Nana-idin, fils de Lustammar-Bin ; — Nidinta-Anu, fils de Anu-ab-usur ; — Tanitta-Anu, fils de Dayan-Anu, descendants de Kuzu ; — Edir-Anu, fils d'Anu-ah-idin, fils de Idin-sadu-rabu ; — Anu-ah-idin, rédacteur de l'acte, fils de Ribat-Anu, fils de Sin-tiasi.

« Orchoë, au mois de Nisan, le 17e jour, pendant l'année 68e sous Séleucus, Roi.

On lit en haut :

« Cachet de Tanitta-Anu (capricorne devant un cygne).

« Cachet d'Edir-Anu (deux figures babyloniennes).
On lit en bas :
« Cachet de Lis (lion courant).
« Cachet de Rabu-Anu (taureau).
« Cachet d'Anu-zir-idin (griffon).
On lit à gauche :
« Cachet de Labasi (effacé).
« Cachet de .... (femme).
« Cachet de Anu-zir-idin (effacé).
On lit à droite :
« Cachet de Labasi et d'Anu-ah-idin, fils de Nidinta-Anu, principaux légataires des rentes. » (Taureau assyrien galopant).

III

SOUS SÉLEUCUS PHILOPATOR (de 177 à 175 av. J.-C.).

1. *ana Rabu-An-dis habal sa La-ba-si-An-dis habal sa*
Commodo Rabu-Anu, filii Labasi-Anu, filii
As-di-kit-An-dis u An-dis-pap-nu habal Ba-la-tu habal sa
Asdikit-Anu et Anu-ah-idin, filii Balatu, filii

2. *As-di-kit-An-dis habli Lu-us-tam-mar-Bin ina hut*
Asdikit-Anu, filiorum Lustamar-Bin ad delectationem
lib-bi-su-nu si-is-su sa yumu
cordis eorum, sextam partem pro die

3. *ina istin yumu ina yum XVI kam ina yum XVII kam*
in unum diem (id est) die decimo sexto, die decimo septimo,
ina yum XVIII kam kur si-is-su ina ut-é mu-é
die decimo octavo, summa tota, sextam partem in diebus et annis

4. *is-ru-ba su-nu nisu tu-mal-u-tav pan Bel-kit Bel*
reditus eorum legati a testatore, coram Bel, Bel-El,
Sin Samas Bin Marduk
Sin, Samas, Bin, Marduk,

5. *Na-na-a same bit ri-es an ili mal-su-nu gab-bi sa*
Nana Cœlorum, templi capitalis et Diis qui in templis eorum omnibus; quod
aral uš-šu-dan mu-an-na
mease pacti nascituri anni istius

6. *gu-mur ka-ni-e ul-ap-ap-e u-sal-ma gab-bi-su*
   universitatem successionis . . . . . et ususfructus totius illius
   a-na sis-su sa yumu
   ad sextam partem pro die
7. *is-ru-ba nisu tu-mal-u-tar ina yume sanat*
   reditus legati a testatore in diebus fixis anni
   ik-kis-si-du sa ki La-ba-si
   obtinebunt secundum voluntatem (legem) Labasi
8. *habal sa An-dis-ah-idin u beli ha-la-e simu gab-bi*
   filii Anu-ah-idin et dominorum juris succedendi omnium;
   a-na 1 ma-na V darag-mana (tu) kaspa
   ad unam minam quinque drachmas argenti
9. *is-ta-tir-ra-nu sa Si-lu-ku kur su-nu-tar ana*
   in stateribus Seleuci, omnibus cusis ad
   simu mit-e
   valores antiquos.
10. *a-na An-dis-zir-idin habal sa La-ba-si habal sa*
    Commodo Anu-zir-idin, filii Labasi, filii
    Bit-kur-za-kir a-na yumi za-a-tuc
    Asar-zakir, ad dies futuros
11. *it-ta-din ... kaspa a-na 1 ma-na V darag-mana (tu)*
    dabitur argenti una mina, quinque drachmæ.
    simu sis-su sa yumu iski (is-ru-ba)
    ad valorem, sexta pars pro die reditus legati
12. *nis tu-ma-lu-tar mu-e mit-ri ana Rabu-An-dis*
    a testatore per annos. Commodo Rabu-Anu,
    habal sa La-ba-si-An-dis u An-dis-ah-idin
    filii Labasi-Anu et Anu-ah-idin,
13. *habal sa Ba-la-tu ina kate An-dis-zir-idin si-is-su*
    filii Balatu, in manibus Anu-zir-idin, sexta pars
    ina adi 1 yum ina yum XVI kam yum XVII kam
    pro uno die, die decimo sexto, die decimo septimo
14. *au yum XVIII kam is-ru-ba nisu tu-ma-lu-tuc mu-e*
    et die decimo octavo reditus legati a testatore per annos
    it-tap-su-u ana Ni-din-ta-An-dis
    expendetur. Commodo Nidinta-Anu,
15. *habal sa Ta-nit-tuc-An-dis habal sa Ba-la-tu au*
    filii Tanitta-Anu, filii Balatu et

An-dis-gi habal sa Nu-na-idin-habal habli Lu-us-tam-mar-Bin
Anu-kinu, filii   Nana-idin-habal,   filiorum Lustammar-Bin,

16. *au a-na Rabu-An-dis habal sa La-ba-si-A..-'s au*
et insuper commodo Rabu-Anu, filii   Labasi-Anu   et
An-dis-ah-idin habal sa Ba-la-tu nisu na-din-na-'-
Anu-ah-idin,   filii   Balatu,   donatariorum

17. *is-ru-ba mu-e yu-mar-rak ma-'-a-di XII us a-au*
reditus annui praecipua jura reliquit plurima, duodecim us (ita sit).
a-na An-dis-zir-idin habal sa La-ba-si
Commodo Anu-zir-idin,   filii   Labasi,

18. *a-na yume za-tuv i-nam-din bu-ut a-ha-mis a-na*
ad   dies   futuros   dedit   pignus mutuo concessum ob
du-ru-ku sa is-ru-ba
exsecutionem reditus legati

19. *nis tu-mal-u-tao mu-e ana Rabu-An-dis habal sa*
a   testatore   per annos. Commodo Rabu-Anu,   filii
La-ba-si-An-dis au An-dis-ah-idin habal Ba-la-tu
Labasi-Anu   et   Anu-ah-idin,   filii   Balatu

20. *nis na-din-na is-ru-ba mu-e au Ni-din-tac-An-dis habal*
donatariis reditus legati   annui et Nidinta-Anu,   filius
Ta-nit-tuc-An-dis au An-dis-gi habal sa Na-na-a-i-din
Tanitta-Anu   et   Anu-kin,   filius   Nana-idin

21. *habli Lu-us-tam-mar-Bin a-na yumi za-a-tuv i-na-su-u*
filii   Lustammar-Bin ad dies futuros spondebunt (de exsequenda)
si-is-su sa yumu is-tin yumu
sexta   parte pro   uno   die

22. *ina yum XVI kam yum XVII kam yum XVIII kam*
in die decimo sexto, die decimo septimo, die decimo octavo
is-ru-ba nisu tu-mal-u-tu mu-e sa An-dis-zir-idin
reditus legati a testatore per annos. Quod attinet ad Anu-zir-idin

23. *habal sa La-ba-si habal Bit-kur-za-kir ana*
filium   Labasi,   filii   Asar-zakir   ad
yumu za-tuv su-nu
dies   futuros, ii (erunt).

24. *yumi ma-la An-dis-zir-idin habal sa La-ba-si*
Dies quosquos Anu-zir-idin,   filius   Labasi,
si-bu-u is-ru-ba mu-e
voluerit reditus legati per annos

25. ina is-da sa is-ru-ba-ê sa ina bit ili ina
secundum consuetudinem legatorum, in templum Deorum, in
sum-su yu-sal-lam
nomine suo expendet.
26. nisi mu-kin
Viri testes :
27. An-dis-idin-na an An-dis-es-lam hable sa Zir-ya
Anu-idin   et   Anu-eslam,   filii   Zirya
an Li-iš habal sa Zir-ya habal An-dis-gi
et Lis,   filius   Ziriya,   filii   Anu-kini
28. habli Rabu-Andis An-dis-din-su-e habal sa As-di-kit-An-dis
filiorum Rabu-Andis; Anu-balatsu-ikbi, filius   Asdikit-Anu;
A-hu-tar An-dis-ballit-zir-su habal sa
Ahuta;   Anu-ballit-zirsu,   filius
29. Ni-din-tar-Bel habal sa Ku-zu-u Na-na-a-idin habal sa
Nidinta-Bel,   filii   Kuzu;   Nana-idin,   filius
Ni-din-tar-An-dis an Ba-la-tu
Nidinta-Anu   et   Balatu
30. habal sa An-dis-pap-mu habli Lu-us-tam-mar-Bin
filius   Anu-ah-idin,   filiorum Lustammar-Bin;
Ba-as-si-ya habal sa ..... Zir-idin
Bassiya,   filius   Bel-Zirldin,
31. habal Bit-kur-za-kir An-dis-at-pap habal sa
filii   Asar-zakir;   Anu-abu-usur,   filius
Na-na-a-dis-sad-ai La-ba-si-An-dis
Nana-Adissat-nahid;   Labasi-Anu,
32. habal sa ..... dannu habal Bit-kur-za-kir
filius   .....; Bel-dannu, filius   Asar-zakir;
An-dis-ahi-idin habal sa An-dis-ba-lit habal sa Lu-ku-zu
Anu-ahi-idin,   filius   Anu-balit,   filii   Lukuzu;
33. An-dis-halik-pan habal An-dis-ahi-idin habal A-hu-tuv
Anu-halik-pan,   filius   Anu-ahi-idin,   filii   Ahuta;
An-dis-ballit habal sa Lu-us-tam-mar-Bin
Anu-ballit,   filius   Lustammar-Bin;
34. Ni-din-tar-An-dis nisu kipihhu habal sa An-dis-ballit habal
Nidinta-Anu   vir sigillator, filius   Anu-ballit,   filii
Sin-ti-a-si Uruk arah bar (+) yum XXVII kam
Sintiasi.   Orchoës, mense Veadar (?), die vicesimo septimo.

35. sanat (𒑰𒐖?)   LXVIII   Si-lu-ku   sar
    anno   78ᵃ   Seleuci,   Regis.

(En haut).

36. un-ka   un-ka   un-ka   un-ka   un-ka
     Sigillum   sigillum   sigillum   sigillum   sigillum

      ○   ○   ○   ○   ○

37. Ba-as-si-ya An-dis-idin Li-iš   Ba-la-tu   Na-na-a-idin
     Bassiya;   Anu-idin;   Lis;   Balatu;   Nana-idin;

(En bas).

38. un-ka   un-ka   un-ka   un-ka   un-ka
     sigillum   sigillum   sigillum   sigillum   sigillum

      ○   ○   ○   ○   ○

39. An-dis-ah-idin A-d.-Bin-su A-d.-ballit A-d.-pap-yur A-d.-ab-usur
    Anu-ah-idin;   Anu-Bin;   Anu-ballit; Anu-ah-yutir; Anu-ab-usur;

(A droite).

40. un-ka   un-ka   un-ka   un-ka
     sigillum   sigillum   sigillum   sigillum

      ○   ○   ○   ○

41. An-dis-ab-usur An-dis-ballit An-dis-ukin La-ba-si-An-dis
    Anu-ab-usur;   Anu-ballit;   Anu-yukin; Labasi-Anu;

(A gauche).

42. un-ka   un-ka   un-ka   un-ka
     sigillum   sigillum   sigillum   sigillum

      ○   ○   ○   ○

43. Rabu-An-dis An-dis-ah-idin Ni-din-tar-An-dis An-dis-gi
    Rabu-Anu;   Anu-ah-idin;   Nidinta-Anu;   Anu-kini;
44. nisu na-din-na iski (is-ru-ba-e) mu-e
    donatarii   reditus legati   per annos.

TRADUCTION.

« Au profit de Rabu-Anu, fils de Labasi-Anu, fils d'Asdikit-Anu, et de Anu-ah-idin, fils de Balatu, fils d'Asdikit-Anu, descendants de Lustammar-Bin, pour la joie de leur cœur :

« Il écherra le sixième quotidien, pour chaque jour, le 16ᵉ, le 17ᵉ et le 18ᵉ jour, en tout, un sixième par jour fixé dans l'année, de la rente qui leur est légué par le testateur. En face de Bel, de Bel-El, de Sin, de Samas, de Sin, de Marduk, de Nana des Cieux du Sanctuaire principal et de tous les Dieux qui existent, il est stipulé qu'au mois d'où part le contrat ils recevront la totalité de la succession et jouiront du tout conformément à la volonté de Labasi, fils de Anu-ah-idin, et de tous les maîtres de droit ; et ils seront saisis, en outre, d'une mine et de cinq drachmes d'argent, en statères du roi Séleucus monnayés et comptés suivant la valeur ancienne.

« Et au profit de Anu-zir-idin, fils de Labasi, fils d'Asar-zakir, il sera donné pour tous les jours futurs une mine et cinq drachmes, la sixième partie journalière, montant de la rente léguée par le testateur.

« Et au profit de Rabu-Anu, fils de Labasi-Anu, et d'Anu-ah-idin, fils de Balatu, la rente annuelle léguée par le testateur leur sera versée par les mains de Anu-zir-idin, au jour le jour, le 16ᵉ, le 17ᵉ et le 18ᵉ jour.

« Et au profit de Nidinta-Anu, fils de Tanitta-Anu, fils de Balatu et d'Anu-kin, fils de Nana-idin, descendants de Lustamar-Bin, et à Rabu-Anu, fils de Labasi-Anu et Anu-ah-idin, fils de Balatu, les principaux légataires, il a été légué des préciputs montant à douze soixantièmes.

« Et au profit de Anu-zir-idin, fils de Labasi, il a été donné un gage, garantissant mutuellement l'exécution du legs du testateur à perpétuité, concédé avec Rabu-Anu, fils de Labasi-Anu et Anu-ah-idin, fils de Balatu, les donataires principaux de ce testament perpétuel.

« Et Nidinta-Anu, fils de Tanitta-Anu et Anu-kin, fils de Nana-idin, les descendants de Lustammar-Bin seront les garants vis-à-vis d'Anu-zir-idin, fils de Labasi, fils de Asar-zakir, que le sixième quotidien, au jour le jour, sera versé le 16ᵉ, le 17ᵉ et le 18ᵉ, selon le legs du donateur perpétuel pour tous les jours à venir.

« Quant à Anu-zir-idin, fils de Labasi, fils d'Asar-zakir, la rente de ce legs perpétuel lui est acquise. Et les jours qu'il plaira à Anu-zir-idin, fils de Labasi, il versera la rente annuelle selon la coutume des legs, en son nom, au temple des Dieux.

« Témoins : Anu-idin et Anu-eslam, fils de Zirya, et Lis, fils de Zirya, fils d'Anu-kin, les descendants de Rabu-Anu ; — Anu-balatsu-ikbi, fils d'Asdikit-Anu ; — Ahuta ; — Anu-ballit-zirsu, fils de Nidinta-Bel, fils de Kuzu ; — Nana-idin, fils de Nidinta-Anu et Balatu, fils d'Ana-ah-idin, descendants de Lustammar-Bin ; — Bassiya, fils de Pel-zir-idin, fils d'Asar-zakir ; — Anu-ab-usur, fils de Nana-adis-sad-nahid ; — Labasi-Anu, fils de Bel-dannu, fils d'Asar-zakir ; — Anu-ah-idin, fils d'Anu-ballit, fils de Kuzu, fils de Sintiasi ; — Anu-habal-usur, fils d'Asdikit-Anu, fils de Lustammar-Bin ; — Nidinta-Anu, scribe, fils de Anu-ballit, fils de Sintiasi.

« Fait à Orchoë, au mois de Veadar, le 27ᵉ jour de l'an 78, sous le règne de Séleucus, Roi.

On lit en haut :
« Cachet de Bassiya (animal).
« Cachet d'Anu-idin (animal).
« Cachet de Lis (lion sautant).
« Cachet de Balatu (.....).
« Cachet de Nana-idin (.....).

On lit en bas :
« Cachet d'Anu-ah-idin (animal).
« Cachet d'Anu-balatsu-ikbi (animal).
« Cachet d'Anu-ballit (.....).
« Cachet d'Anu-ab-yutir (sphinx).
« Cachet d'Anu-ab-usur (lion et étoile).

On lit à droite :
« Cachet d'Anu-ab-usur (animal).
« Cachet d'Anu-ballit (animal).
« Cachet d'Anu-kin-habal (animal).
« Cachet de Labasi-Anu (animal).

On lit à gauche :
« Cachet de Rabu-Anu (lion et croissant).
« Cachet de Anu-ah-idin (lion et croissant).
« Cachet de Nidinta-Anu (archer).
« Cachet de Anu-kin.

« Les légataires du legs perpétuel (griffon). »

IV

SOUS ANTIOCHUS ÉPIPHANE (168 à 162 av. J.-C.).

(Le premier côté manque).

1. . . . -An-dis habal sa Ni-din-tur-An-dis iṣ-ra-ba
   . . . -Anu   filius   Nidinta-Anu   reditus
   tu-mal-u-tuc
   legati a testatore,
2. au An-dis-at-u-sur nisu ku-u-ta sum-ê sa an-ê sa same
   et Anu-ab-usur   vir   . . . . annorum. . . deorum cœlorum
3. sa ina yum XVI kam au yum XVII kam sa araḥ uś-śu-dan
   qui in die decimo sexto et die decimo septimo   mensis initii,
4. a-na yume za-a-tuc ul yu-mas-sar
   usque ad dies futuros   non derelinquet.
5. nisi mu-kin . . . -An-dis habal sa Ta-nit-tur-An-dis
   Viri testes :   . . . -Anu.   filius   Tanitta-Anu,
   habal Lu-us-tam-mar-Bin
   filii   Lustammar-Bin ;
6. Ba-la-tu habal sa An-dis-ah-idin habal Sis-u-tu
   Balatu,   filius   Anu-ah-idin,   filii   Ahu-tu ;
7. An-dis-zir-idin habal sa Di-tar-An-dis habal Sis-u-tur
   Anu-zir-idin,   filius   Dayan-Anu,   filii   Ahutu ;
8. An-dis-din-śu-e habal sa An-dis-du-pan habal . . . . .
   Anu-balatsu-ikbi,   filius   Anu-halik-pan,   filii   . . . . . ;
9. Ri-ḥat-An-dis habal sa An-dis-zir-idin habal Sis-u-tau
   Rihat-Anu,   filius   Anu-zir-idin,   filii   Ahuta ;
10. Du-a habal sa An-dis-du-a habal Su-An-dis
    Kin-habal, filius   Anu-kin-habal,   filii   Gimil-Anu ;
11. Ba-la-tu habal sa An-dis-ah-idin habal Bit-kur-za-kir
    Balatu,   filius   Anu-ah-idin,   filii   Asar-zakir ;
12. Ni-din-tur-An-dis habal sa An-dis-at-gur habal
    Nidinta-Anu,   filius   Anu-ab-yutir,   filii
    Lu-us-tam-mar-Bin
    Lustammar-Bin ;
13. An-dis-mu-nu habal sa Ba-la-tu habal Lu-us-tam-mar-Bin
    Anu-idinnu,   filius   Balatu,   filii   Lustammar-Bin ;

14. Samas—mu—nu habal sa As—di—kik—An—dis habal
    Samas-idinnu,   filius   Asdikit-Anu,   filii
    Lu—us—tam—mar—Bin
    Lustammar-Bin ;
15. Samas—idin—nu habal sa An—dis—at—u—sur habal
    Samas-idinnu,   filius   Anu-ab-usur,   filii
    Lu—us—tam—mar—Bin
    Lustammar-Bin ;
16. Ni—din—tar—An—dis habal sa Bel—su—nu habal Sis—u—tur
    Nidintav-Anu,   filius   Belsunu,   filii   Ahutu ;
17. An—dis—ah—idin habal sa An—dis—Bel—su—nu habal
    Anu-ah-idin,   filius   Anu-Belsunu,   filii
    Bit—kur—za—kir   Uruk
    Asar-zakir.   Orchoës,
18. arah Kisilevu yum XXI kam sanat |<<< LXXXX
    mense Cislev,   die vicesimo primo,   anno   nonagesimo
    kam An—ti—'—i—ku—su sar
    Antiochi,   regis.

Les noms manquent.

(Plus bas).

19. Ri—hat—An—dis Ni—din—tuc—An—dis Zir—ya Nabu . . .
    Rihat-Anu ;   Nidinta-Anu ;   Ziriya ;   Nabu. . . ;

(A gauche).

20. un—ka   un—ka   un—ka   un—ka
    Sigillum   sigillum   sigillum   sigillum

    ○   ○   ○   ○

21. . . . . .   Samas—idin   Samas—zir—idin   . . . . .
    . . . . .   Samas-idin ;   Samas-zir-idin ;

(A droite).

22. un—ka   un—ka   un—ka
    sigillum   sigillum   sigillum

    ○   ○   ○

23. Ki—mat—An—dis Ki—mat—An—dis Sa...i—tur
    Kimat-Anu ;   Kimat-Anu ;   . . . . . ituv.

TRADUCTION.

« ...-Anu, fils de Nidinta-Anu . . . .
il écherra à perpétuité, pour les jours à venir, le 16ᵉ et le 17ᵉ jour du mois de la fondation pieuse.

« Témoins : ...-Anu, fils de Tanitta-Anu, fils de Lustammar-Bin ; — Balatu, fils de Anu-ah-idin, fils de Ahuta ; — Anu-zir-idin, fils de Dayan-Anu, fils de Ahuta ; — Anu-balatsu-ikbi, fils de Anu-halik-pan, fils de ....; — Rihat-Anu, fils de Anu-zir-idin, fils de Ahuta ; — Kin-habal, fils de Anu-kin-habal, fils de Gimil-Anu ; — Balatu, fils de Anu-ah-idin, fils de Asar-zakir ; — Nidinta-Anu, fils de Anu-ab-utir, fils de Lustammar-Bin ; — Anu-idin-nu, fils de Balatu, fils de Lustammar-Bin ; — Samas-idinnu, fils de Asdikit-Anu, fils de Lustammar-Bin ; — Samas-idinnu, fils de Anu-ab-usur, fils de Lustammar-Bin ; — Nidinta-Anu, fils de Belsunu, fils de Ahuta ; — Anu-ah-idin, fils de Anu-belsunu, fils de Asar-zakir.

« Orchoë, au mois de Cislev, le 21ᵉ jour de l'année 90ᵉ, sous Antiochus, roi.

. . . .

« Cachet de Rihat-Anu, — Nidinta-Anu, — Zirya, — Nabu.
« Cachet de Samas-idin, — Samas-zir-idin.
« Cachet de Kimat-Anu, — Kimat-Anu, — Sa...ituv. »

V

SOUS DÉMÉTRIUS (... à ... av. J.-C.).

1. *ana (sal) Sil-Tam-tuv binti (tur-sal) An-dis-se-kar-sa?*
   Commodo Sil-Tamtæ, filiæ   Anu-sea-karsa,
   a sa Sa-se-mu-An-dis a sa Sis-u-tav an-su ut......
   filii Sa-idin-Anu,   filii Ahuta. . . . .
2. ...   *ki-sa An-dis-sis-é-mu nis lal-tu a sa*
   . . .   . . .   Anu-ahe-idin,   viri *lallu*,   filii
   An-ti-pa-at-ru-su a sa Sis-'-u-tav cs. . . . . . .
   Antipatri,   filii Ahuta, ...
3. *é il-tav se ut-tu yum I kam ati yum V kam*
   . . . . .   inde   a die primo usque ad   diem quintum

li-su-u sa yum se-in-es-ri-tav yum IX kam. . . . .
nonam partem quotidie, duodecimam die nono . . . .

4. is-ru-ba-su nis tu-mal-u-tav pan Anu (an-na) An-tur
redituum legatorum a testatore, coram diis Anu, Anunit,
An-pap-luḫ Istar be-lit passur u ili mal-e-su-nu gab-bi
Turda, Istar, domina passur, et Diis quotquot sunt omnibus

5. XII par-u ana es-ri-tav yum I kam adi yum XV kam
duodecima parte minus decimam, die primo usque ad diem decimum
quintum
is-ru-ba-su nis tu-mal-u-tav pan Bel-ki An-pap-luḫ
redituum legatorum a testatore, coram Belo, Turda,

6. Na-na-a an be-lit sa bit ris (an) Sar-ra-ḫi-i-tuv be-lit
Nana, domina templi principui, dea Sarrahita, domina
ili mal-e-su-nu gab-bi an Za-u-ri-nu
deorum, quotquot sunt omnium, deo Zaurina

7. ina VII u sa yum se Bel (?) yum XXX ina yum XXIII
In septimana, diei sacri Belo (finiente) die tricesimo, die vicesimo
kam IX mah-'-u is-ru-ba-su nis tu-mal-u-tav u nis te-u-tav
tertio, nona pars praesentabitur reditus legati a testatore et fundatore
(operis pii)

8. ina hekal it bit an Me-me bit Si-ku bit An-na-di-bu-u
in templo it, domo dei Meme, domo Siku, domo Annadibu,
pan (an) be-lit mat u ili bel-su gab-bi
coram Domina regionis et Diis . . . omnibus.

9. is-ru-ba-su II sêri ba-as-lu u bal-lu ina yum I kam
Reditus iste (impendetur ita): dum portiones carnis coctae et muria
VI sêri ba-as-lu u bal-lu ina yum X kam
conditae die primo, sex portiones carnis coctae et muria conditae
die decimo,

10. yum XI kam u yum XII kam si-lik sêri ba-as-lu u bal-lu
die undecimo et die duodecimo, dejectus carnis coctae et muria
ina yum XXVII kam us-ru (?)-te-è ina yum XXX kam é
conditae, die vicesimo septimo . . . . die tricesimo,

11. ina bit be-lit mat se-è sa ana yum sa (an)
in domum Dominae regionis fructiferae, quae (dies) ad cultum Dominae
be-lit mat ku-du-u is-ru-ba-su sa-ka-ai-i-tuv
regionis devovetur. Reditus impendetur: Incernicula

12. sa VI sa se ka-su-u XIV ni-iṣ (kisallu) XXX
quae (sunt) 6 frumenti sordidi, 14 pyxides, 30. . . .

X ni-é sa is-ba-ru sa ur (?)-te yum XIII kam ki-sa-al (?)
10 palæ ad. . . . . , die decimo tertio, pyxis

13. *sa be   sa ana is   sa An-tuv ku-du-u*
. . . . quæ ad . . . . Anuitæ devovetur.
is-ru-ba-su adi séri ba-as-lu u bal-lu
Reditus impendetur: Etiam caro cocta et muria condita

14. *sa ta-lu-te sa ina yum IV kam ana is . . . su*
holocaustorum quæ   die quarto ob   festum . . . dei
an pap-luh u an be-lit passur sa ku-du-u
Turda   et Dominæ   passur   devoventur.

15. *kur III ha-an e (?)-zi-su-nu sa séri ma-'-du (ki-a) mu-é*
Summa tota dodrantis omnium carnium consumetur per annos ex
is-ru-ba-su mi-sal séri ip-ta-lu-tu (lu?)
reditu illo: dimidia pars carnis muria condiatur.

16. *sa ina yum III kam sa ana is   sa Istar ku-du-u*
quæ in die tertio, quæ ad . . . . Istaris devovetur.
is-ru-ba-su VII u ina ri-bu-u ina us-tur-ti-é. . .
Reditus impensus ad septimanam est quarta pars iu. . .

17. *ina mi-sa-lu-te sa ina ut-ap-ap-é gab-bi sa ana is*
in dimidias partes; hæ sunt quæ usuræ omnes quæ ad cultum
sa sa-lam sarrani ku-du-u
. . . . . imaginum   regum   devoventur.

18. *is-ru-ba-su IX sanati sa arah us-su-dan I mu-an-na*
Reditus ille per novem annos deductos in mense initii de quinquaginta
gu-mur ka-ni-e ut-ap-ap-é
annis ad universitatem possessionis . . . .

19. *u ma-la (nin) gab-bi sa ana is-ru-ba-su IX sanat*
et ad quæque sunt omnia quæ attinent ad reditum novem annorum,
ik-kas-si-du sa tu sad nis-é su . . . .
percipiet . . . . et dominorum

20. *gab-bi ana I ma-na kaspa ka-lu-u is-ta-tir-ra-nu*
omnium, quæ (attingit) ad unam minam argenti nummis excusi in
sa Di-mit-ri-su pap ba-nu-u-tav ana . . .
stateribus Demetrii, omnibus confectis, secundum valorem

21. *sarrani ana An-dis-zir-es habal sa An-dis-se-kar-sa habal*
regum. Commodo Anu-zir-esseb, filii   Anu-sea-karsa,   filii
sa An-dis-zir-es habal Bit-kur-za-kir ana yu-mu
Anu-zir-esseb,   filii   Asar-zakir,   ad   diem
za-a-tu it-ta-din
futurum datum est

22. *ka-sap ana 1 ma-na semi is-ru-ba IX sanat be-è*
pretium attingens ad unam minam valorem reditus novem annorum.
sal-u-tav . . . mu-è ina ka-te An-dis-zir-es
Capita summarum annuarum in manibus Anu-zir-esseb

23. *mah-si ina e-sur-tav yumu pa-ka-ri ana eli is-ru-ba-su*
. . . . in reditum
IX sanat i-na-su-u An-dis-at-pap
istum novem annorum . . . intercedet Anu-ab-usur,

24. *habal sa An-dis-sad-parakki (?) habal sa Sa-se-mu-An-dis*
filius Anu-sad-parakki, filii Sa-idin-Anu,
habal (a) Sis-'-u-tav yu-mar-rak ma-a-di XII us a-na
filii Ahuta, percipiet præcipua jura duodecim
ka-te An-dis-zir-es
sexagesimarum in manu Anu-zir-esseb,

25. *ana yumu za-a-tu i-nam-din bu-ut a-ha-mis ana du-ru-ka*
ad diem futurum dabit (sicut) pignus mutuo (concessum) ad
sa is-ru-ba-sa IX sanat u [Sil-Tam]-tav u
exsecutionem reditus novem annorum et Sil-Tamta et

26. *An-dis-at-pap mu-è ana An-dis-zir-es ana yum za-a-tuv*
(viro) Anu-ab-usur per annos (viro) Anu-zir-esseb ad diem futurum
tel-ku-u-ka . . . mu-è . . . An-dis-zir-es
. . . . Anu-zir-esseb

27. *u sa An-dis-sad-parakki a sa An-dis-zir-es a-ni*
filius Anu-sad-parakki, filii Anu-zir-esseb,
se-e-ta-si te si-bu-te ina kote (sal) Sil-Tam-tav
. . . . fenora in manus Sil-Tamta

28. *(?) sis-e im-ru*
solvet (?)

29. *nis mu-dv Nu-lv a An-dis-pap-è-mu a sa Sa-se-mu-An-dis*
Testes: Nulu, filius Anu-ahe-idin, filii Sa-idin-Anu,
a Sis-'-u-tav I-si-du-ru
filii Ahuta; Isidorus,

30. *a E-pi-su-ti-v-nu An-dis-pap-è-mu a sa Se-Istar*
filius Episotionis; Anu-ah-idin, filius Idin-Istar,
u sa An-dis-pap-è-mu nis ku-te-on
filii Anu-ahe-idin, præpositi oraculis (?);

31. *An-dis-din-su-e u sa Rab-An-dis-su-su-u An-dis-at-pap*
Anu-balatsu-ikbi, filius Rabu-Anu, ... : Anu-ab-usur.

DOCUMENTS DES SÉLEUCIDES. 319

  a sa Sa–ga–An–dis Sa–se–mu–An–dis a sa U–ma–sa–é–sad–i
  filius Garga-Anu; Sa-idin-Anu, filius Umasae-sadi (?);

32. . . . . . *u–da a sa Sa–se–mu–An–dis a sa An–dis–zir–es*
  . . . . . uda filius Sa-idin-Anu, filii Anu-zir-esseb.
  tur–us Sa–ga–An–dis Bel–ga–su a sa An–dis–pap–é–mu
  filii Garga-Anu; Bel-ga(?)-su, filius Anu-ahe-idin,

33. . . . . . *nu–u a Lu–us–tam–mar–Bin Du–u–ku–li–e*
  filii . . . . . nu, filii Lustammar-Bin; Diocles,
  a sa An–dis–din–su a sa . . . Sil–Istar
  filius Anu-ballitsu, filii . . .; Sil-Istar,

34. . . . . . *e Du–um–ki–An–dis a sa Zikar–mal–ka*
  . . . . .; Dumki-Anu, filius Zikar-malka,
  a sa Dum–ki–An–dis . . . .
  filii Dumki-Anu, ...

35. . . . . . *An–ul–mu–a Bit–kur–za–kir Uruk*
  . . . . . filii Samas-idin-habal; Asar-zakir. Orchoës

36. . . . . *Di–mit–ri–su sar*
  . . . . Demetrii, regis.

    (Sur le bord, au-dessous).

37. *un–ka*   *un–ka*   *un–ka*
   Sigillum   sigillum   sigillum
    ◯   ◯   ◯

38. *Du–u–ku–li–e* *I–si–du–ru* *An–dis–at–pap*
  Dioclis,   Isidori.   Anu-ah-usur.

    (En haut).

39. *un–ka*   *un–ka*   *un–ka*
   Sigillum   sigillum   sigillum
    ◯   ◯   ◯

40. *An–dis–din–su–e* *An–dis–pap–é–mu* *An–dis–sis–habal*
  Anu-balatsu-ikbi, Anu-ahe-idin, Anu-nasir-habal.

    (Sur le côté gauche).

41. *un–ka*   *un–ka*   *un–ka*
   Sigillum   sigillum   sigillum
    ◯   ◯   ◯

42. *Nu–lu Dum–ki–An–dis (mal ?)–ik–ta . . . . .*
  Nulu, Dumki-Anu, ...

320   DOCUMENTS JURIDIQUES.

(Sur le côté droit).

43.   *un – ka*   *un – ka*   *vn – ka*
      Sigillum   sigillum   sigillum

         ○   ○   ○

44. (*sal*) *Ṣil–Tam–tuv   An–dis–pap–ê–mu* . . . .
          Sil-Tamtæ   Anu-ahe-idin   . . . .
45. (*sal*) *na–di–nat–na–at   mu–ê   dam–šu   nis din–mar*
          mulieris donatariæ   . . . .

TRADUCTION.

« Au profit de la femme Sil-Tamta, fille d'Anu-sea-karsa, fils de . . . ., fils de Sa-idin-Anu, fils d'Ahuta (l'épouse) d'Anu-ah-idin (l'homme) *tallu*, fils d'Antipater, fils d'Ahuta (avec l'autorisation de celui-ci, à la satisfaction de son cœur) :

« Echerra, à partir du 1ᵉʳ jour jusqu'au 5ᵉ jour, un neuvième, et au neuvième jour un douzième de la rente léguée par le testateur, en présence des dieux Anu, Anunit, Turda, Istar, la Souveraine du *passur* des Dieux autant qu'il en existe.

« Un douzième déduit d'un dixième (1/60ᵉ) les jours du premier jusqu'au quinzième du mois, de la rente léguée par le testateur, en présence des dieux Bel, Turda, Nana, la Souveraine du temple principal, la déesse Sarrahit, la Souveraine des Dieux, autant qu'il en existe, et du dieu Zaurina.

« Dans la semaine sacrée du dieu Bel, et qui finit le trentième jour, il sera offert le vingt-troisième, la neuvième partie restante de la rente léguée par le testateur et le fondateur des œuvres pies, dans le temple *il*, le temple du dieu *Meme*, le temple *Siku*, le temple *Annadibu*, en présence de la Souveraine de la contrée et de tous les Dieux.

« La rente sera ainsi employée : Deux portions de viande cuite et salée le premier jour, six portions de viande cuite et salée les dixième, onzième et douzième jours, le déchet de la viande cuite et salée le vingt-septième jour, et les *usrute* le trentième jour, dans le temple de la Déesse des régions fertiles, lequel jour est consacré à la Déesse de la contrée.

« La rente sera ainsi employée : Des tamis, au nombre de six, pour nettoyer le blé salé, quatorze boîtes, trente . . . ., dix pelles pour

........, à livrer le treizième jour, une boîte à parfums qui est consacrée à la fête de la déesse Anunit.

« La rente sera ainsi employée : Encore de la viande cuite et salée, provenant des holocaustes qui sont consacrés à la solennité du dieu Turda et de la Souveraine du *pasur*.

« En somme, les trois quarts de la viande seront employés de ces revenus : la moitié de la viande sera salée pour le troisième jour qui est consacré à la déesse Istar ; l'autre quart sera, dans la semaine ...., employé aux *usturki*, et divisé à ce propos en deux parties égales.

« Voilà tous les usages qui sont consacrés aux images des Rois (divins).

« Elle percevra ce revenu ainsi réglé pendant neuf années, à partir du mois de la date de ce document, sur les cinquante ans, pour jouir de l'usufruit et de l'emploi entier, de quelque manière que ce soit, de la rente consacrée aux dieux, pendant neuf ans, conformément à la volonté de tous les maîtres de la loi ....

« Cette rente se monte à une mine d'argent monnayé, payable en statères de Démétrius et calculée selon le poids de la mine des Rois.

« Et au profit d'Anu-zir-esseb, du fils d'Anu-sea-karsa, du fils d'Anu-zir-esseb, du fils d'Asar-zakir, il sera versé pour les jours futurs (une fois pour toutes) le montant d'une mine qui est la somme de la rente novennale.

« Les capitaux des sommes annuelles seront confiés aux mains d'Anu-zir-esseb, le fidéicommissaire, qui garantit le versement des sommes au jour fixé par ce document.

« Anu-ab-usur, fils d'Anu-sad-parakki, fils de Sa-idin-Anu, fils d'Ahuta, percevra un préciput de douze soixantièmes, qu'il déboursera pour les jours futurs (une fois pour toutes), entre les mains d'Anu-zir-esseb. C'est le gage mutuel de l'exécution des clauses touchant la rente novennale. Cette somme, Sil-Tamta et Anu-ab-usur la toucheront tous les neuf ans, Anu-zir-esseb pour tous les jours futurs (une fois pour toutes).

« Et .... Anu-zir-esseb, fils d'Anu-sad-parakki, fils de Anu-zir-esseb, versera......... les intérêts entre les mains de la femme Sil-Tamta.

« Témoins : Nulu, fils d'Anu-ahe-idin, fils de Sa-idin-Anu, fils d'Ahuta ; — Isidore, fils d'Episotion ; — Anu-ah-idin, fils d'Idin-

Istar, fils d'Anu-ah-idin, prophète (?); — Anu-balatsu-ikbi, fils de Rabu-Anu, *susa*; — Anu-ab-usur, fils de Garga-Anu; — ....da, fils de Sa-idin-Anu, fils d'Anu-zir-esseb, fils de Garga-Anu; — Belgisu, fils d'Anu-ah-idin, fils de ....nu, fils de Lustammar-Bin; — Dioclès, fils d'Anu-ballitsu, fils de Anu..... Sil-Istar, fils de (Anu-balatsu)-ikbi; — Dumki-Anu, fils de Zikar-malka, fils de Dumki-Anu; — ...., fils de Samas-idin-habal; — Asir-zakir.

« Orchoë, le ... du mois de ....., de la ... année du roi Démétrius.
   En dessous :
« Cachet de Dioclès (cachet grec, une déesse et un homme devant une colonne).
« Cachet d'Isidore (tête de femme).
« Cachet d'Anu-ab-usur (un taureau et une étoile).
   En haut :
« Cachet d'Anu-balatsu-ikbi (taureau).
« Cachet d'Anu-ah-idin (effacé).
« Cachet d'Anu-nasir-habal (cachet grec, tête d'homme).
   Sur le côté gauche :
« Cachet de Nulu (tête).
« Cachet de Dumki-Anu (effacé).
« Cachet de .... (animal).
   A droite :
« Cachet de Sil-Tamta, la femme donataire (lièvre).
« Cachet de Anu-ahe-idin, l'époux consentant (un silène).
« Cachet (de Anu-zir-esseb?)..... »

REMARQUES.

Tous ces documents qui proviennent d'une même découverte sont empreints du même caractère. Aussi nous avons cru devoir réunir ici les remarques générales qui pouvaient les concerner. Parmi ces documents, il y en a six qui sont de véritables contrats de droit privé; nous en avons publié cinq, le sixième est dans un état tel qu'il ne nous a pas été possible d'en tenter la lecture. Les deux autres appartiennent à un autre ordre d'idées, nous y reviendrons bientôt.

Les cinq documents que nous avons publiés contiennent, en somme, une espèce identique de stipulations. Il a été très-difficile de retrouver l'ensemble des faits qui ont présidé à leur rédaction; cette difficulté tenait à la détermination de quelques expressions, heureusement peu nombreuses, qui se rencontrent dans tous ces textes et qui n'ont pas de précédent dans les inscriptions juridiques des temps antérieurs. C'est, en effet, dans ces contrats qu'on lit seulement les termes de *is-ru-ba nis tu-mal-u-tur mu-e*, et quelques autres encore, sur lesquels nous devons nous expliquer.

Le mot *is-ru-ba*, quelquefois, mais rarement, employé avec le signe du pluriel, se trouve dans une glose (*W. A. I.*, II, 39, 49), où on lit, avec d'autres termes juridiques, *is-(ru)-ba = is-ku*. Le *ru* semble être écrit avec un caractère plus petit; mais en admettant même ce fait, encore incertain, il n'indiquerait dans l'espèce qu'une chose, c'est que pour *is-ru-ba* on aurait pu écrire *is-ba*; il résulte, en tout cas, de cette glose, que cette expression est un idéogramme qui se prononçait *isku*. Ce fait est encore démontré par la présence du mot *ha-la* de nos textes, qui se trouve une ligne plus haut et qui est expliqué par le mot *zittue*, comme dans d'autres passages (*Ibid.*, 9, 8 — 40, 51). Quant à *is-ku*, il pourrait provenir de la racine יצק, « découler », de sorte que ce dérivé signifie « la rente ».

Les mots *is-ru-ba nis tu-mal-u-tur mu-e* sont généralement accompagnés d'une ou de plusieurs dates indiquant une période fixe dans le mois; cette période peut varier de un à quinze jours consécutifs qui sont constants dans le même contrat.

Si on compare avec cette période variable, les indications également mobiles de la quote-part indiquée non pas en chiffres, mais en lettres, on voit que le quotient de la somme principale est toujours en rapport avec le nombre des jours constituant la période, multipliés par le nombre des intéressés principaux. Il y a plus, ces périodes sont toujours indiquées comme devant se trouver dans un mois dont le nom s'écrit ainsi : *us-su-dan*. Or, c'est un nom qui ne se retrouve pas parmi les noms des mois connus écrits phonétiquement dans le fameux calendrier assyro-chaldéen découvert par Sir H. Rawlinson. Ce nom de mois serait-il celui du premier mois de l'année, soit dans le calendrier babylonien, soit dans celui qui a donné naissance à la computation des temps, à partir de l'ère des Séleucides? On pourrait le croire de prime-abord. Mais un de ces caprices heureux du sort qui tantôt a détruit, tantôt a conservé les traces

324 DOCUMENTS JURIDIQUES.

des institutions antiques, nous a laissé un passage biblique qui éclaircira le nom mystérieux d'*uśśudan* et qui à son tour recevra son explication par le texte assyrien.

On lit dans le livre d'Esdra (VII, 9) que dans la 7ᵉ année d'Artaxerxès, au premier jour du 1ᵉʳ mois, Esdra commença son voyage de Babylone, et que dans le 1ᵉʳ jour du 5ᵉ mois il arriva à Jérusalem. Après la mention du premier mois, on trouve les mots¹ *hû yésod hamma'alah mibbabel*, « et hic yesod assensus a Babel »; mais que veut dire dans ce passage le mot יסד, *yesod*? Quelques exégètes ont voulu y voir le nom d'un mois; et il faut l'avouer, la découverte des textes des Séleucides, où se trouve le mot *uśśudan*, qui se rattache évidemment à la même racine, aurait pu sembler corroborer cette idée. On aurait donc pu croire que *yesod* et *uśśudan* ou *yuśudan* étaient tous les deux le nom d'un mois.

Quelqu'admissible que pourrait sembler cette idée, il est difficile, néanmoins, de la concilier avec la construction grammaticale de la phrase biblique. Aussi, toute la tradition exégétique n'a vu dans le mot de *yesod* qu'un dérivé de la racine יסד, « fonder », et a traduit la phrase ainsi : « Au premier jour du premier mois, ce fut là *le point de départ* de la sortie de Babylone, et au 1ᵉʳ jour du 5ᵉ mois, il (Esdra) arriva à Jérusalem ».

Il a été objecté avec une certaine raison, par ceux qui voyaient un nom propre dans le mot *yesod*, que la racine ne veut jamais dire « commencer », mais « fonder », « jeter la base », et qu'il fallait faire une exception pour ce passage, où on a regardé l'acception de « commencer » comme procédant d'un sens tropique. Mais au fond, le style prosaïque au premier chef du passage exclut toute métaphore. Il faut donc y voir autre chose, la conservation d'un terme technique employé à Babylone et peut-être dans le temps antique du royaume de Juda, mais à coup sûr introduit déjà dans le langage hébraïque lors de la captivité de Babylone. Peu importe, d'ailleurs, si l'emploi du terme *yesod*, sur lequel nous nous expliquerons également, fut usité jadis en Palestine, ou introduit seulement à titre de babylonisme dans le langage des enfants d'Israël. Le mot hébreu *yesod* et le mot babylonien *uśśudan* ne sont donc pas les noms d'un mois ayant sa position fixe dans l'année, mais bien la désignation du mois à partir duquel une obligation annuelle prend naissance;

¹ היא יסד המעלה מבבל.

dès lors, ce terme peut s'appliquer à chaque mois de l'année suivant le point de départ de la stipulation des parties.

Ce texte et notre explication sont, du reste, conformes à tout ce que nous avons avancé dans le cours de ce volume où nous avons dit que les années royales commencent dans le comput de Babylone avec le jour de l'avènement au trône.

Nous avons dû nous étendre sur cette partie des termes bibliques parce qu'elle peut, dans une certaine mesure, nous aider à déterminer le sens des mots obscurs qui nous restent à examiner.

Le mot *is-ru-ba* égal à *isku* qui s'applique à une somme redevable à des échéances fixes est donc la « rente », ou le produit d'un capital laissé par une stipulation indiquée par ces mots : *tu-mal-u-tuc* ou *tu-bit-u-tuc*. Nous préférons la lecture *tumalutu*, parce que nous la rattachons à la racine מלה, « accomplir », et que nous voyons dans ce mot l'idée d'une volonté suprême consacrée par un testament dont notre texte constate l'exécution.

On pourrait aussi se rattacher, mais à titre moins sérieux, à une racine pareille à celle de ללל, « dire », « décréter », et penser à l'expression du droit romain « legem facere », dans le sens de « tester ».

Le terme *mu-é* indique qu'il s'agit d'une rente annuelle, léguée par un testateur qui semble être la même personne pour tous les contrats que nous avons étudiés ; mais ce testateur n'est jamais nommément désigné, si ce n'est accidentellement, et ne se trouve que dans la phrase qui établit la quote-part des ayant-droits.

Nous avons cru un moment que ce testateur pourrait être un nommé Lustammar-Bin dont tous les intéressés semblent descendre ; mais il nous a semblé qu'il fallait abandonner cette idée, bien qu'elle surgisse naturellement des circonstances mêmes dans lesquelles on a retrouvé la collection des tablettes. Il nous parait plus rationnel d'attribuer à chaque document un auteur différent, quoique toutes les rentes aient pu provenir d'un même fonds administré dans des conditions sur lesquelles les contrats ne s'expliquent pas.

Nous avons déjà parlé du terme *ha-la* égal à *sittu*, qui parait exprimer le droit d'hériter et non la « primogéniture », comme nous l'avons dit plus haut (p. 41). Les *beli zitti* sont les possesseurs de ce Droit.

Le mot *nadinna'* qui se retrouve toujours appliqué au personnage cité en tête du document et qui n'est applicable qu'au premier des personnages, quand il y en a plusieurs, a été traduit par le mot « bénéficiaire ». C'est celui qui profite de la donation.

On pourrait nous reprocher d'avoir confondu l'auteur de la succession avec celui qui en bénéficie. Il faut nous expliquer : en effet, si nous lisions *nisu nadin*, on ne pourrait pas traduire autrement que « vir donans », *nadin* est un participe. Or, on ne trouve nulle part *nadin*, mais toujours l'expression *nisi na-din-na-a*, et *nadinna* est une forme inconciliable avec les exigences grammaticales. Nous prenons donc ce mot *nadinna* comme appartenant à une classe de termes tels que ceux qui se rencontrent en assyrien, *nudunu* (*supra*, p. 48), *nadna* (W. A. I., I, p. 125), et en hébreu talmudien נדונה.

Dans une des inscriptions, dont le commencement est lisible, on voit deux traits verticaux au lieu d'un seul; ce fait tend à confirmer notre explication, car le premier trait ne s'appliquerait guère qu'à l'expression de la préposition *ana*, dans laquelle nous voyons le *dativus commodi*, de sorte que la première personne citée serait le bénéficiaire, et quand il y en a plusieurs le bénéficiaire privilégié.

La quote-part dont profite un ou plusieurs des successeurs est toujours exprimée en lettres, soit par un sixième, une moitié ou un douzième, et s'il y en a un seul, par le terme un peu insolite de deux moitiés. C'est ainsi seulement qu'on peut expliquer le mot *ha-an-zu*, qui ressemble à l'hébreu חצי, avec une nasale interposée. On chercherait vainement parmi les mots pouvant désigner une portion exprimée par une indication numérale une autre valeur capable de se justifier par la philologie sémitique. Nous ne nous dissimulons pas que bien des personnes accueilleront l'explication avec défiance ; mais dans l'espèce où se trouve cette expression, il s'agit d'un seul héritier et d'un seul jour de paiement, de sorte qu'il lui échoit réellement la totalité de la rente.

La disposition du testateur est toujours mise sous la protection des Dieux, et malgré la date relativement récente de ces contrats, nous retrouvons les mêmes divinités qui figurent dans l'antique panthéon sumérien. Seulement la manière de l'exprimer se ressent des influences de la Perse et de la Grèce. Un ancien Chaldéen n'aurait pas parlé de tous les Dieux « autant qu'il en existe », et la grande quantité des divinités adorées dans sa patrie ne lui aurait pas arraché cette expression, qui n'apparaît pour la première fois que dans les inscriptions perses.

Il y a cependant une nouvelle manière de désigner le Dieu qui se trouve dans la grande majorité des noms propres formés, du reste, suivant l'usage assyro-chaldéen. C'est celui qui est exprimé par le clou perpendiculaire ⸺|| (*An-dis*). Nous l'avons traduit par *Anu*, conformément aux indications de la tablette mythologique (K. 70) où les noms des Dieux sont exprimés par des chiffres.

Ce qui distingue aussi ces tablettes, c'est la stipulation concernant le paiement de la rente qui doit être fait en argent monnoyé. Nous trouvons, en effet, dans la dernière tablette, celle de Démétrius, le mot *kaspa* accompagné de l'expression *kalū* - monnoyé -, que nous avons expliqué plus haut (*supra*, p. 285). Chaque somme est payable en pièces du roi régnant et en - statères - (*is-ta-tir-ra-an-na* ou *is-ta-tir-a-na*). Nous croyons que cette forme, que rien ne justifierait sans cela, est une transcription du génitif grec στατῆρος, car il ne nous paraît pas probable qu'on ait voulu employer la forme paragogique du pluriel assyrien, assez rare d'ailleurs.

Un statère est ordinairement un didrachme; mais cette monnaie se trouve appliquée à une somme composée de 65 drachmes, chiffre impair; il faut donc supposer que le mot de statère a dans le langage des textes le sens primitif de monnaie frappée. Il est expressément dit que l'ensemble de la monnaie doit être frappé selon le taux ancien, ce qui ne le rapporte pas à la valeur monnoyée, mais à la valeur pondérable de l'argent qui fait l'objet de la stipulation.

Si nous admettons pour les monnaies des Séleucides les valeurs du système gréco-asiatique, telles qu'elles résultent du savant ouvrage de M. Vasquez Queipo, nous aurions pour chaque mine, de 315 à 320 pièces d'un drachme, et pour la drachme 5 pièces et 1/4. Nous établissons, en même temps, comme expression de *semi* ou de *semuti labiruti* écrit *bat e* ou *bat ri*, l'équivalent de ce que nous nommons la - mine forte -. Cette condition était fort nécessaire, quand on pense que la mine forte était le double de la mine faible.

L'expression de la volonté du testateur se trouve dans une formule assez longue, qui est presque toujours uniforme et ainsi conçue : *gumur kanie ut-ap-ap-e ou nin* (*mala*) *gabbi sa*, suit l'indication de la portion aliquote, *sa ana sissu*, puis la date *(iš-ru-ba) iški nis tu-mal-u-tū ina yume sanat ikkassidu sa ki...*, puis le nom du personnage. Le seul verbe de cette phrase est le dernier mot *ikkassidu*, « ils obtiendront, ils toucheront », que nous rattachons à la racine *kasad* « attingere ».

Il y a deux choses distinctes dans la stipulation : les *gumur kanie ut-ap-ap-e* et les *nin* (*mala*) *gabbi*. Nous voyons dans *gumur kanie* l'expression de la fixation exacte de la succession toute entière. Le mot de *kanie* (קנה) veut dire « posséder », et se retrouve souvent en assyrien. L'expression *ut ap-ap-e* est un idéogramme au pluriel, qui semble être un substantif en rapport avec *kanie*, mais dont le sens exact est encore obscur. Sa détermination rigoureuse n'est pas, du reste, d'une importance capitale, puisque nous avons le substantif principal. Le *mala gabbi* de la portion semble être l'usufruit tout entier. De sorte que le sens de la phrase doit être celui-ci : « Ils toucheront la totalité de la succession, et l'usufruit tout entier; en ce qui touche la quote-part échéant le ..... de la rente, payable certains jours de l'année, selon la volonté de un tel, ils ..... ».

Ce qui milite en faveur de la supposition d'un usufruit annuel, c'est que dans plusieurs contrats cette rente n'est pas perpétuelle. Dans l'un d'eux elle s'éteint après 90 ans (sous Antiochus), et dans un autre (sous Démétrius) après 50 ans.

Mais d'où provient cette rente? Il faut trouver le personnage qui doit la servir; or, ce personnage est toujours nommément désigné. Il reçoit pour honoraires de son exécution testamentaire le montant d'une année de la rente, une fois pour toutes, soit en principal, soit en arrérages; mais la nature du capital dont elle provient n'est pas indiquée. Il est à supposer qu'il est foncier, et qu'il s'agit d'une fondation comparable au *wouqouf*, ou fondation pieuse des musulmans, encore en vigueur dans tout l'empire ottoman.

En dehors, et au-dessus de l'exécuteur testamentaire, il y a les administrateurs de cette propriété, qui sont responsables vis-à-vis de l'exécuteur du versement de la rente annuelle, et ceux-ci recevront un préciput de 12/60°, probablement une fois payé. Les principaux légataires profitent aussi de ce préciput qui est expliqué par le mot *ma-'-a-di* « le surplus ». La somme du préciput est toujours évaluée à 12 *us*; on ne saurait voir dans cette expression une somme fixe, mais une part proportionnelle de 12/60° ou 1/5° du principal.

Les témoins sont en très-grand nombre et leur filiation est indiquée en remontant quelquefois jusqu'au 3ᵉ et 4ᵉ aïeul. Chaque témoin appose son cachet indiqué par le mot *un-ka*. C'est un terme difficile à expliquer philologiquement ; mais le sens est des plus sûrs. Il est possible que le mot soit dérivé de l'expression ὄνυξ, « l'ongle », ou « l'onyx », la matière qui servait à cette époque à la confection des cachets ; ou tout simplement le mot grec ἄγγη, ἀγγύλη, qui signifie « la fibule », l'anneau qui tient quelque chose. Il est à remarquer que tous les cachets sont évidemment des empreintes de pierres enchâssées, et diffèrent en ceci des pièces assyro-chaldéennes, où les empreintes proviennent souvent de cônes et quelquefois de cylindres. Le rapprochement d'un mot babylonien et d'un mot grec, même pris dans un emploi peu usité, ne doit pas surprendre à l'époque des Séleucides ; mais nous n'insistons pas sur cette interprétation, et nous ne la présentons pas comme sur une chose absolument certaine.

La grande importance qu'on doit donner à ces traités se révèle par cette circonstance que tous les témoins apposent leur cachet. Cette formalité, ainsi que nous l'avons dit, n'existait en Assyrie que pour le stipulant ; mais, dans la plupart des cas, en Chaldée, sous le dernier empire, on ne paraît pas y avoir attaché d'importance.

Le style de ces contrats se distingue, dans l'arrangement du sujet, notablement de celui de tous les contrats plus anciens. Ils sont plus prolixes, et rappellent, en cela, la forme des stipulations grecques qui se retrouvent avec la même prédilection pour les répétitions dans les monuments chypriotes, tels que celui d'Idalion.

Le sens général de ces documents étant expliqué, nous pouvons ajouter quelques explications de détail applicables à chacun d'eux.

I. — En ce qui touche spécialement la première inscription, nous devons remarquer que le nom du premier personnage cité, Lis, semble être grec, car λίς veut dire « lion ». Nous savons fort bien que ce mot se retrouve dans les langues sémitiques, ליש en hébreu, *laith* en arabe ; mais nous savons aussi que l'assyrien a changé dans ce mot le *l* initial en *n*, et que le lion se dit *nesu* dans la langue de Ninive et de Babylone.

Le père de Lis, son grand-père et son aïeul, portent des noms assyriens, ainsi que tous les autres personnages cités dans ce texte.

La somme de 2 mines d'argent qui fait l'objet de la stipulation représente ou 1,010 ou 2,020 fr., selon que l'on admet la mine forte ou la mine faible, et forme à peu près 310 ou 620 pièces d'un drachme. La dernière somme serait donc payée par 155 tétradrachmes des Séleucides, pesant 13 grammes chaque.

II. — Le deuxième contrat est intéressant en ce qui concerne différentes expressions qui jettent une certaine lumière sur quelques passages encore obscurs. On trouve deux bénéficiaires principaux à qui on doit payer la rente en un seul jour, et chacun d'eux reçoit un *misil*, littéralement « une partie semblable », c'est-à-dire « la moitié ». Nous avons déjà rencontré ce mot avec une signification analogue au duel, *mislani*, « les deux parties égales », c'est-à-dire « le double ».

Le contrat ne contient pas le mot *usvdan*, il se rattache à un jour de l'année qui a une désignation spéciale, c'est-à-dire celle de *sabamarû*. La comparaison des lignes 2, 14, 15 et 19 avec la ligne 10 nous montre que c'est le 18ᵉ jour d'un mois qui, probablement, est le mois de Nisan. Dans la ligne 10 nous voyons, au lieu de *sabamarû*, le chiffre 18 avec le complément phonétique *u* : cela ne veut pas dire que *sabamarû* signifie 18. Le mot a une signification spéciale relative à un fait tombant le 18 Nisan et dont le sens nous échappe. Le document est daté du 17 Nisan, il est donc fort à présumer que c'est la veille du 18ᵉ jour qui est ainsi désignée dans la ligne 10.

Les formules générales présentent quelques changements. Le mot testament est suivi de ces mots : « Selon la volonté des Dieux célestes et la loi sainte dont le nom est commémoré dans les cieux ». Ce texte nous donne la prononciation exacte du mot *tiludu*, qui se rencontre sous la forme idéographique *pa an* dans l'inscription d'Ister, et dont le sens est « coutume, usage sacré ». Voyez un passage (W. A. I., II, 2, 317) où ce complexe est expliqué par *te-lu-du-u*. Ce mot se rencontre écrit phonétiquement dans une inscription de Nabuchodonosor (W. A. I., I, c. II, l. 51) et n'avait pas été convenablement prononcé jusqu'ici. Notre passage l'épelant *til-lu-du*, il est clair que le signe dont l'articulation était erronée (l'idéogramme du feu) doit se prononcer ici *té*.

La somme dont il s'agit est minime, elle représente 4 drachmes d'argent, soit à peu près 15 fr. 75.

III. — Le troisième document est le plus complet et le mieux conservé. Les bénéficiaires sont deux fils, petits-fils et arrière-petits-fils au quatrième degré, d'un nommé Lustammar-Bin, et qui sont cousins germains issus tous les deux d'un des fils de Lustammar-Bin.

La rente est payable à trois époques différentes, et puis qu'il y a deux bénéficiaires principaux, la rétribution est de 1/6°.

Il nous paraît intéressant de constater que la suite des Dieux énumérés dans ce contrat est exactement la même que dans le premier contrat; c'est toujours Bel, Bel-El, Sin, Samas, Bin, Marduk et Nana.

La somme est de 65 drachmes, c'est donc 589 ou 1,178 grammes; en somme ronde 180 ou 360 pièces d'une drachme.

Parmi les témoins de ce contrat figure un nommé Lis; mais il n'est pas le même que le bénéficiaire du premier contrat, puisqu'il n'a pas la même filiation; il est l'arrière-petit-fils d'un autre Rabu-Anu.

La date renferme, pour l'expression du mois, un idéogramme, *arah bar*, ⊣, assez peu usité, et que nous n'avons encore rencontré que dans ces textes. Il est de fait qu'on a pour plusieurs mois des doubles idéogrammes. Ainsi, le 3ᵉ mois (Sivan) a aussi l'expression *arah* ⚏; il se peut que le mois *bar* indique simplement le mois embolismique ou intercalaire, car l'idéogramme *bar* signifie « double », *tu-a-mu* (*W. A. I.*, III, 70, 175). Ce serait donc « le double mois », le Veadar du calendrier hébraïque ou le *addaru makru* du calendrier assyrien. Il est alors bien entendu que le mois *nisanian* ne peut être, dans l'espèce, que l'*Adar premier*, puisque le mois supplémentaire ne s'interpole pas tous les ans.

IV. — Le quatrième document, qui ne contient que la fin de l'inscription, ne nous fait connaître que la date du contrat; mais cela suffit pour voir qu'il court à partir du 16 et du 18 Cislev de l'année 90 sous Antiochus. Ce contrat a une supériorité sur les autres: les témoins sont rangés, comme en Assyrie, ligne par ligne, et leur filiation remonte jusqu'au grand-père; il est donc d'une grande importance pour la restitution de l'état-civil de tous les personnages qui figurent dans ces documents et dont on peut ainsi établir la généalogie.

V. — Le cinquième document, daté de Démétrius, est le plus difficile de tous. Ce n'est pas le moins intéressant, mais il est plus complexe que les autres. Il paraît que la rente doit être payée à une femme et à son consort. Tous les deux sont issus du même aïeul. Cette femme est chargée de l'obligation de fournir à certains temples des quantités déterminées de viande cuite et conservée. La viande cuite est exprimée par *siru bashu*, et la viande conservée par *siru lallu* ; elle devait être conservée dans un liquide quelconque. Le mot *lallu* semble se rattacher à la racine בלל, dans le sens de « imbiber (d'huile) ». Les livraisons sont spécifiées jusqu'au *silik*, c'est-à-dire jusqu'au déchet de la viande ; on indique encore d'autres parties qui sont inintelligibles pour nous.

La somme à payer est de une mine d'argent monnayé, payable en statères de Démétrius, et cette fois, à ce qu'il paraît, la mine est spécifiée selon le tarif de la mine royale.

La répartition du paiement de cette rente est assez compliquée. La somme est divisée en 36 parties, donc un décaobole pour chaque partie, le tout étant juste une mine. Nous croyons que la répartition est la suivante :

Du 1ᵉʳ au 5ᵐᵉ, 5 jours, un neuvième par jour, soit.	5.9	200 oboles.
Le 9ᵐᵉ, un douzième.	1.12, 5 drachmes	= 30 »
Du 1ᵉʳ au 15ᵐᵉ, 1.10ᵐᵉ exprimé par le dixième moins un douzième	1.4, 15 »	= (90) »
Le 24ᵐᵉ, la neuvième partie	1.9	= 40 »
	1 mine	= 360 oboles.

Le document donne pour la première fois, de tous les textes connus, les nombres *neuf* et *douze* écrits phonétiquement ; en cela, il est de la plus haute importance, parce qu'il comble la seule lacune qui existait encore dans l'expression des chiffres cardinaux. A la ligne 7, le chiffre 9 est rendu par la notation ordinaire. Le mot douzième se trouve une fois écrit par le mot unique *senisit*, une autre fois par le chiffre douze. On pourra s'étonner en voyant la soixantième partie exprimée par une soustraction, le douzième déduit du dixième. On pouvait rendre cette idée de deux manières : soit par le *us*, soit, dans l'espèce, par le terme d'*une drachme*. Mais le *us* prête par lui-même à trop de sens différents. Puis, on ne voulait pas noter la valeur réelle de la portion, mais la quotité fractionnaire.

Dans la ligne 7 se trouve, d'ailleurs, le chiffre 9 encore reconnaissable ; nous avons donc pour les deux premières répartitions cinq neuvièmes et un douzième, soit 23 36ᵐⁿ, et pour la dernière partie un neuvième, en tout trois quarts. Mais puisqu'il y a pour le quart restant quinze jours de répartition, il y a par chaque jour un soixantième, et ce soixantième est exprimé par un rapport entre 1/10 et 1/12. Mais il n'y a que trois rapports possibles : $1/12 + 1/10 = 11/60$; $1/12 \times 1/10 = 1/120$, et $1/10 - 1/12 = 1/60$. Cette coïncidence n'est pas un hasard, et il faut se rendre à l'évidence arithmétique.

Il n'y a pas de texte assyrien qui contienne autant de données mythologiques au sujet des fêtes consacrées aux Dieux, et qui renferme un ordonnancement aussi savant des sommes et des objets légués. La rente sera servie pendant cinquante ans ; mais neuf ans sont destinés spécialement aux usages des temples, soit pour acheter de la viande cuite et confite, soit pour se procurer des objets nécessaires pour le service du culte.

A l'occasion de ces offrandes, le texte contient des idéogrammes qui ne se trouvent également que dans ce texte, tels que ⸱⎸⤙⩵⎸⸱⎸, qui se lisent toujours suivis d'un nom divin, lignes 13, 14, 16 et 17. Un autre signe non expliqué est ⸱⟨⤙⩵⎸, qui semble être une matière offerte à la divinité, peut-être un parfum. Un instrument, dont on demande l'achat pour trente pièces, est ⸱⩵⎸⎸. Une fête est désignée par le terme ⸱⎸⤙⩵⎸⎸⎸. Tous ces signes sont encore énigmatiques pour nous.

Les noms propres, assyriens et étrangers, sont très-intéressants. On a le nom de *Anu-sca-karsa*, « Anu moissonne le blé », et *Anu-zir-esseb*, « Anu fait germer la semence » ; nous n'avions pas encore rencontré ces noms. Le nom de la bénéficiaire est *Sil-Tamtu*, c'est encore un nom à noter, car c'est la seule fois que le nom de Tavat ou Tamat, la Déesse mère, est écrit phonétiquement ; il se rattache aux termes que nous connaissons déjà, tels que : *Sil-Nana*, *Sil-Assur*, *Sil-Istar*, qui se retrouvent très-souvent, et dans lesquels le mot *sil* signifie : « ombre, protection ».

L'intérêt de ce document réside surtout dans les noms grecs qui se retrouvent jusque dans les ancêtres des parties intéressées. Nous avons comme grand-père d'un des témoins un nommé *An-ti-pa-at-ru-su*, Antipater, dont le nom se trouve enchâssé entre celui d'un père et d'un petit-fils assyriens. L'un des témoins s'appelle Isidore, fils d'Episotion. Ce dernier nom ne se trouve pas dans l'onomastique grecque, mais bien le simple Σωτίων. Nous devons encore remarquer un nom araméen, *Zikar-Malka*, et un autre nom dont la provenance est incertaine, *Nulu*. Mais la grande majorité des noms sont chaldéens.

VI

DOCUMENT ASTRONOMIQUE.

Ce document est très-mutilé. Il se composait d'une tablette, dont chaque côté était divisé en deux colonnes, suivant la coutume assyrienne. La manière dont la tablette a été brisée ne permet de recueillir dans des conditions à peu près satisfaisantes que le commencement de la 1ʳᵉ colonne et la fin de la 4ᵉ; la seconde et la troisième ne présentent que des lignes incomplètes.

C. I.

1. *arah Ululu Istar ina arah ul si-par an Is-tar*
   Mense Elul Istar, mense elevationis Istaris

2. *sa an belit ili ina an nahar sar-ru-ti ub-ba-ab ip-sar-su*
   dominæ deorum, in deo fluminis fecunditatem regni explicavit et

3. *arah kakkab ≡ an Bel kit Turda Ea ina lib us-pi-mi*
   mense stellæ . . . Bel, Turda, Ea . . .

4. *sa Samas ina kakkab ab-nam us-ta-pa-a a-mar-su*
   solis in stella abnam redundavit splendor ejus.

5. *Marduk ina kak-kar kakkab ab-nam us-sar-si-du*
   Marduk in orbe stella abnam fundavit
   is-dil-te ni-sir-ti-su
   solium protectionis ejus

6. *au kakkab u-rah-ga-tu kakkab an im ip-ku-du*
   et stella stella Bin inspexit
   du-ra an ul (Samas)
   murum solis,

7. yum III kam an A-nuv u an Bin se-di-te in-na-an
   die tertio   Anu et Bin
   di-ku-bu nu-un-nu-ra zi-mu-su-nu
   . . . . .

8. ina ili rabuti a-mat-su-nu ra-ba-at pal-in-ni an-nu
   in Diis Magnis, voluntatem eorum magnam indicaverunt mihi
   il(?)-di-kit su-nu
   institutionem eorum

9. . . . abi arah U-lu-lu sa Is-tar belit mat mat
               mense Elul   Istaris, Dominæ regionum

10. . . . an Pa-ku u an Si-ku galt ul-du-é-num-ma
        deus Paku et deus Siku   orti sunt et
        i-nal-di-su Uruk
                    Orchoës

11. . . . . . an Bel-kit Ea i-sak-kan ta-si-il-tuc
              Bel,   Ea, fecerunt

12. . . . . Ea it-ti an Sin au an nin rab
                   Ea una cum Sin et Dea Magna
                   is-sa-kan si-kit-tuc
                   fecerunt . .

13. . . . . ra u va za sigan ud-du-é num-ma
                                  orti sunt cum
                   itti ik-nam Uruk(?)
                   . . . . .

14. . . . . . . Sip-par an mat u an nin rab
               Sipparorum Deus regionis et Dea Magna
               i-nam-din sik-ki
               dedit consuetudinem

15. . . . . ti an Lu-lul-tur a-na A-nuv u Istar
                  deus . . .   versus Anu et Istar
                  us-te-es-se-ru su-luh-ha
                  direxerunt   missionem

16. . . . . . sa-lam (an-kal) sedu Istar it-ti
              imagines dæmonis   Istaris cum
              kakkab A-nuv
              stella Anu

17. . . . . . . te us-ta-pu se se su

18. . . . . sar ina sar-ru-u-tuv same sub-tuv
                     rex in   regno   cœlorum sedem
                     il-lil ir-ni-ma
                     sanctam condidit
19. . . . . is-sak-kan ha-da-su-du
                              perfecerunt
20. . . . . us-ta-tir
                              . . .
21. . . . . sit-lum
                              . . .
22. . . . . si-hat
                              . . .

C. II.

.. arah . . . . .
   mense
.. yum V kam . . .
   die quinto
.. ni . . . . .
   . . . . .
.. an mi-sar . . .
   deo justitiæ
.. ina mil-lu . . .
   . . . . .
.. zir a-sak-ku u
   dolor febris   et
.. i-sat a-na . . .
   ignis
.. yum XII kam ana niku niku gab-ri sa
   die duodecimo   ad holocausta doctorum
.. ina hul ha . . . . . da as-ri
   in inimicitia
.. ina pani VII be irati du-lu
   coram   septem . . .
.. ta-mal an be-lit ilani Istar . . .
   implevit se Domina suprema deorum, Istar
.. yum XVII kam ki-ma mat ha . . .
   die decimo septimo   sicut

.. *ilu A-nuc ana za-ma-ni*. . .
   deus Anu   ad   tempora
.. *istu pa-ni A-nuv*. . . . .
   ex   facie   Anu
.. *ina pani Samas*. . . . .
   in   faciem Solis
.. *la . . . sunu*. . . . .
   . . . . .
.. *ina ku-bar*
   . . . . .

C. III.

.. *yum XXI kam*. . . . .
   die vicesimo primo
.. *A-nuc*. . . . .
   Anu
.. *yum XXVI kam*. . . . .
   die vicesimo sexto
.. *ul-tu yum XXVIII kam*. . . . .
   a   die vicesimo octavo
.. *a-ha-mis*. . . . .
   mutuo
.. *yum XIX kam*. . . . .
   die undevicesimo
.. *XXVI kam hal*. . . . .
   vicesimo sexto
.. *arah a-da-ri*. . . . .
   mense Adar
.. *kima sa Samas*. . . . .
   sicut   sol
.. *u an be nin sab din*. . . . .
   et Belus. . . . .

C. IV.

.. . . *is-si-ku-ni*
                  osculati sunt
.. . . *yu-sa-ak-la-lu par-si*
                  et finiverunt penetralia

.. . . e-li-kin da-lam

.. . . sa arah Addaru al-bat
          mense Adar

.. . . Bel u Ea ili rabuti
       Bel et Ea, Deis magni

.. . . ku]-ub-lu gab-ri-e is-da til-bar gar-ga
  secundum traditionem doctorum mathematicorum tabellarii
    An-dis u An-tuo
    Anu et Anunit

.. . . sa Ki-din-An-dis nis lib pal pal
    (doctoris) Kidin-Anu,   nepotis
    Bit-kur-za-kir
    Asar-zakir

.. . . u An-tuo nis nasir-Gu-la sa bit ris
    et Anunit, viri nasir-Gula templi principalis
    nisu kipikhu Samas Anu Bel-kit
    viri scriptoris Samas, Anu et Beli

.. . . . an Na-na u An-dis-ab-yutir (gur) habal-su Uruk arah
 . . . . Nana et Anu-ab-yutir   filius ejus. Orchoës, mense

.. Duzu yum XXI kam
 Tammuz, die vicesimo primo,

.. sanat ku V kam An-ti-'-i-ku-su sar mat mat
 anno sexagesimo quinto Antiochi,   regis regionum.

    (On lit sur le champ de la brique) :

.. ina a-mat An-dis u An-tuo u ilu nap-ha-ri (si)
  Secundum voluntatem Anu, Anunita et Dei orbis.

REMARQUES.

Ce document a été découvert parmi les documents juridiques que nous avons traduits; bien qu'il se rapporte à l'astrologie, nous n'avons pas cru devoir l'en séparer ni le passer sous silence. L'état mutilé dans lequel il se trouve ne nous permet guère d'en comprendre que le sens général ; aussi nous n'essaierons pas d'en donner une traduction française.

Il s'agit d'un astre désigné par un signe inconnu, précédé de l'idéogramme *kakkab*. Cet astre parut au mois d'Elul qui précéda le 21 Tammuz de l'année de la rédaction du document. Cet astre serait-il une comète ?

On en poursuit la marche à travers le mois d'Elul, le 3, le 5, le 12, le 17, le 21, le 25, le 27 et le 29 ; puis les fragments ne nous permettent plus de le rencontrer, si ce n'est au mois d'Adar. Quand il apparut au mois d'Elul (août-septembre), le soleil était à cette époque dans la constellation de la Vierge, et puis qu'il faut admettre que le document est contemporain d'Hipparque d'Alexandrie, il se peut que l'étoile désignée sous le nom de *abnam* soit le signe de la Vierge, ou l'Epi, et que l'astre observé fût visible soit au lever soit au coucher du soleil.

L'état du document ne nous permet pas d'insister davantage sur les remarques astrologiques auxquelles certaines expressions pourraient donner lieu s'il était intact ; il faut nous adresser de suite à la souscription qui est d'un grand intérêt, puis qu'elle reproduit une formule consignée dans les archives de Ninive et de Babylone. Nous y retrouvons le mot *gabri*, écrit cette fois *gab-ri-e*, ce qui prouve que ce mot est à lire phonétiquement *gabre*, et n'a rien à faire avec la forme sumérienne écrite également *gabri* et expliquée par le mot *mahiru*.

Nous avons déjà rencontré ce mot (*supra*, p. 11), et nous l'avons expliqué par « mercator ». Sans abandonner notre traduction, il est bon de remarquer encore que nous avons constaté que la racine מכר est susceptible d'un grand nombre d'acceptions ; il se pourrait que dans le passage auquel nous renvoyons, et où le mot *kilam = mahiru*, a été interprété par « marchand », tandis que d'autres l'ont interprété par « tarif », nous soyons obligés de restreindre l'acception que nous avons indiquée à des cas particuliers. Aussi, sans exclure ni la traduction de « marchand », ni celle de « tarif », nous pourrions en proposer de nouvelles encore ; c'est peut-être « le capital », ou « le marché, le commerce ». Mais ce n'est jamais l'intérêt ou le produit d'un capital ou d'un fonds de terre, car il y a un mot spécial, *sibtu*, pour le désigner. Enfin, nous remarquons que le mot *kilam* se trouve précisément dans un texte astronomique, *kilam gina* (*W. A. I.*, III, pl. 52, 1-19), où aucune de ces acceptions ne peut lui être appliquée.

Le terme *gabri* est précédé par un mot mutilé, dont les deux derniers caractères ... *ub-lu* sont seuls conservés. Ce mot ne peut être complété que par *gu* ou *ku* ; nous proposons l'expression *ku-ub-lu*, « la tradition », d'où le mot *kabbale*, קבלה ; c'est-à-dire la tradition acceptée des ancêtres. On peut donc constituer la phrase ainsi : *ki ki* pl *ḳublu sa gabrie išla tilbar garga Anuv u Antiv*, et la traduire ainsi : « selon la tradition des maîtres de géométrie des archives du trésor d'Anu et d'Anunit ». Il est de toute vraisemblance que le mot composé d'idéogrammes *iš-li-ḫu-si-um*, que M. Oppert avait traduit par « enseignement », lors de son interprétation de l'inscription de Borsippa, et qui se lit souvent dans les textes de cette nature devant le terme *gabri*, doit se prononcer phonétiquement *kublu*. Le mot *iš-li-ḫu-si-um* se trouve, du reste, dans un syllabaire souvent cité ; mais le terme qui doit l'expliquer n'est pas sûr.

Le nom de Kidin–Anu, le descendant d'Asar-zakir, présente un intérêt particulier ; il est cité comme un des *gabri*, c'est-à-dire un des maîtres en astronomie et en mathématiques qui ont fait l'observation ; c'est peut être le Kidénas (Κιδήνας) cité par Strabon comme un des mathématiciens éminents dont se glorifiaient les Chaldéens? Si il en est ainsi, on comprend que cette circonstance donne un intérêt de premier ordre à ce fragment mutilé qui nous transmettrait, dans ce cas, le seul vestige des observations d'un astronome chaldéen mentionné par les Grecs.

DOCUMENT DU RÈGNE DE PACORUS.

Créance à Terme.

(Musée de Zurich).

1. *saḳ-si XL bar-sa La-ras-me (sib)*
   Schedula quadraginta *barsa*. Larasme
2. *habal (tur) sa Bel-aḫe-irib*
   filius   Bel-ahe-irib
3. *ina eli Zir-mu habal sa*
   insuper   Zir-idin   filium
4. *Hablaï (a-a-a) ina araḫ Airu XL bar-sa ina*
   Hablaï.   In mense Iyar quadraginta *barsa* in
5. *Bit Sam-si Babilu (e-ki)*
   templo Samas (quod est) Babylone

6. *i-nam-din*
   expendet.
7. *mu-kin Ur-ra-me*
   Testes :   Urrame,
8. *habal sa Pa-ya Al-lit* (?)
   filius   Puya;   Allit,
9. *habal sa Ai-rat Ki-is-tar*
   filius   Airat; Kistar,
10. *habal sa Si-nam*
    filius   Sinam;
11. *Zir-idin nisu ... habal sa Hablai*
    Zir-idin, scriptor, filius   Hablaï.
12. *sa(?) Babilu arah Kisilivu yum III kam*
        Babylone, mense Cislev, die   tertio
13. *sanat V kam Pi(?)-ha-ri-su*
    anni quinti   Pacori (?)
14. *sar mat Pa-ar-su*
    regis   Persiæ.

TRADUCTION.

« Créance de 40 tétradrachmes.

« Larasme, fils de Bel-ahe-irib, versera entre les mains de Zir-idin, fils de Hablaï, au mois Iyar, 40 tétradrachmes, dans le temple de Samas, situé à Babylone.

« Témoins : Urrame, fils de Puya ; — Allit, fils d'Aïrad ; — Kistar, fils de Sinam.

« Zir-idin, fils de Hablaï, écrivain (de cette table).

« A Babylone, au mois de Cislev, le 3ᵉ jour de la 5ᵉ année de Pacorus, roi de Perse. »

REMARQUES.

Les documents des Séleucides ont été pendant longtemps ceux qui formaient la limite inférieure de nos connaissances philologiques assyro-chaldéennes. Les découvertes ne devaient pas s'arrêter là. Le Musée de la Société des Antiquaires de Zurich possède, avec d'autres restes curieux de l'art assyrien, un document qui est sans contredit le plus moderne qui soit encore parvenu à notre connaissance. Ce document, d'une écriture des moins soignée, il est vrai, et qui diffère en cela des documents analogues des époques antérieures, est écrit sur un morceau d'argile brun foncé. Il renferme quatorze lignes, dont six se trouvent au *recto* et huit au *verso*. M. Oppert en a déjà publié le texte et la traduction dans les *Mélanges d'Archéologie égyptienne et assyrienne* (T. I, p. 24); mais nous avons cru devoir reproduire ici ce document pour clore la série des textes que nous nous proposions d'examiner.

Ce texte constate une convention qui, par elle-même, ne présente pas un grand intérêt. Il s'agit d'une dette de 40 tétradrachmes qu'un certain Larasmé versera entre les mains d'un nommé Zir-idin au mois d'Iyar, dans le temple de Samas, à Babylone. Cette simple stipulation révèle, néanmoins, des faits de la plus haute importance.

Nous pouvons d'abord noter la persistance de l'usage traditionnel de la brique pour y déposer le texte des conventions; puis la rédaction nous montre que l'emploi de la langue et de l'écriture des temps antiques n'était pas encore abandonné. Les noms des contractants et ceux de leurs pères sont écrits dans la forme assyrienne la plus pure; mais les autres noms appartiennent à des étrangers de nationalités différentes. Ceux de *Kistar* et de *Sinam* ont un air parsi très-prononcé.

Le nom du roi qui fixe la date de ce curieux document est le plus intéressant. Le premier signe est seul difficile à lire et ouvre, il est vrai, par sa conformation insolite le champ à la discussion, il ressemble au caractère *pi;* mais les trois derniers ...-*ha-ri-sû* sont sûrs. Pour trouver un roi de Perse qui réponde à cette appellation, il faut descendre bien au-delà des Achéménides, et le nom de Pacorus, qui régna de l'an 77 à l'an 111 de notre ère, paraît seul pouvoir y être assimilé. Le texte date ainsi de l'an 81 après J.-C.

C'est donc le monument le plus récent, écrit en caractères cunéiformes, qui soit encore parvenu à notre connaissance.

APPENDICE.

Nous avons eu occasion, pour ainsi dire à chaque page, de nous servir des mesures assyro-chaldéennes, et nous avons essayé de donner une idée de l'importance des actes dont nous présentions la traduction, en ramenant les évaluations antiques à notre système métrique actuel. Nous avons suivi dans nos calculs les indications résultant du travail de M. Oppert, sur l'*Étalon des mesures assyriennes*. Mais nous croyons devoir ajouter ici quelques explications sur les points dont l'application se rencontre le plus souvent dans nos contrats.

La métrologie antique présente des difficultés sérieuses à cause du défaut d'homogénéité dans les différents systèmes employés suivant les pays et suivant les époques. Ce défaut d'homogénéité rend pour ainsi dire impossible la généralisation des résultats les plus exacts, auxquels les données particulières permettent d'arriver.

Un des hommes les plus versés dans cette matière, M. Vasquez Queipo, qui a consacré un savant et volumineux travail à la métrologie antique *(Essai sur les systèmes métriques et monétaires des anciens peuples)*, n'a abordé l'étude du système assyro-chaldéen qu'à une époque où les premiers résultats ne reposaient que sur des documents incomplets ou insuffisamment étudiés. Aussi, s'inspirant d'abord des idées émises par M. Oppert, dès l'année 1853, sur les mesures de Babylone, il n'avait admis que les résultats obtenus alors sur le système chaldéen. Pour aller au-delà, les éléments paraissaient faire défaut. M. Queipo avait d'ailleurs abandonné le système assyro-perse pour l'identifier avec le système arabe.

M. Queipo n'était pas, du reste, arrivé à s'écarter des idées qui pouvaient poindre dans les travaux des assyriologues sans une raison spécieuse. Ce qui lui semblait, et non sans raison, manquer aux assyriologues, c'était la possibilité de l'assimilation d'un certain nombre de mesures antiques avec une valeur appréciable en mesures actuelles.

M. Oppert avait, il est vrai, posé déjà en principe que la brique babylonienne, telle qu'on la trouve dans les ruines des monuments de Babylone, avait exactement les dimensions du pied babylonien, et représentait ainsi le pied carré. Puis, en rapprochant cette base des évaluations contenues dans les différents textes de Nabuchodonosor et du travail de triangulation auquel il s'était livré dans la plaine de Hillah, il avait obtenu la confirmation de l'exactitude du point de départ chaldéen; mais il fallait aborder les mesures assyriennes. Les évaluations d'un texte de Sargon, rapprochées des mesures prises à Khorsabad par MM. Botta et Flandin, ont fourni la valeur de la coudée à un dixième de millimètre près. Or, ces données s'appliquent avec la même rigueur aux évaluations qui concernent les palais des successeurs de Sargon et qu'il a été possible de constater. C'est ainsi que les rapports des mesures linéaires et des mesures de superficie, avec nos mesures actuelles, ont pu être rigoureusement établis.

Les mesures du second degré, ou mesures agraires, n'entrent presque pas dans le cadre de ce travail, à moins que la surface d'un champ ne soit évaluée par la quantité de blé nécessaire pour l'ensemencer. Les valeurs cubiques, les volumes jouent, au contraire, un rôle bien plus important. A défaut de mesures de capacité parvenues jusqu'à nous, on a pu, avec une très-grande précision, fixer les différentes valeurs métriques par les données de la Bible et des classiques appliquées aux volumes perses; et, en comparant l'unité linéaire assyro-babylonienne à celle qui ressort des ouvrages entrepris à Persépolis, on a pu arriver à donner l'équivalent exact des *hin, épha, artaba* et *cor* en mesures assyriennes et chaldéennes.

Les poids de Ninive et de Babylone ont depuis longtemps occupé les métrologistes, et on avait pu discuter les valeurs stathmétiques des Assyriens, à cause des poids nombreux qui étaient parvenus jusqu'à nous et qui portaient la marque de leur évaluation. Si donc nous devons nous arrêter devant les difficultés qu'on peut entrevoir quand on veut rattacher les valeurs stathmétiques au système linéaire, nous pouvons acquérir la certitude du rapport des poids antiques à notre système actuel par une simple opération de pesage. Cette opération a conduit à reconnaître dans ces mesures deux séries, dont la *mine* paraît être l'unité, et qui sont dans le rapport de 1 à 2. Ces deux séries ont ainsi pour point de départ deux sortes de mines qu'on a improprement désignées sous les noms de *mine forte* et de *mine faible*. Ces désignations ont, en effet, l'inconvénient de ne pas faire connaître la proportion du simple au double qui existe dans toute la série, et de s'écarter des expressions assyriennes qui désignent par le nom de *mine vraie, mine établie (mana kinu)*, la *mine faible*, et par celui de *mine royale, (mana sarru)* la *mine forte*. Quoiqu'il en soit, ces deux séries s'absorbent dans l'unité supérieure, le *talent*, d'un poids fixe, divisé en 30 ou 60 parties, suivant qu'on prend pour point de division la série forte ou la série faible.

Enfin, en dehors de cette différence fondamentale, il y en a une autre qui résulte, suivant les usages des pays, des différentes bases adoptées dans les opérations commerciales, parmi lesquelles on remarque, surtout celle qui est indiquée par l'emploi fréquent de la *mine de Carchemis*, qui n'est autre que la *mine de Syrie*.

La *drachme*, dont l'expression idéographique est parfaitement déterminée, représente 1/60ᵉ de la mine. La prononciation assyrienne correspondante n'est pas encore trouvée; mais il ne peut y avoir de doute sur le rapport de son évaluation avec la mine.

Quant aux monnaies, nous avons souvent eu l'occasion d'évaluer les prix des différents objets qui avaient été stipulés en métal, en or, en argent et en cuivre. Mais il ne faut pas oublier que la monnaie n'existait pas sous les rois assyro-chaldéens. Le numéraire était représenté par une quantité déterminée de métal précieux. Les textes, jusqu'ici, ne nous ont révélé l'existence d'aucune monnaie pouvant circuler avec une valeur fixe, indicative, d'un mesurage antérieur et certain. D'un autre côté, aucune monnaie frappée n'a été découverte dans les ruines assyro-chaldéennes antérieurement à la conquête des Perses. C'est donc, en réalité, au système des poids et mesures qu'il faut ramener les évaluations, que nous ne pouvons pas nommer, monétaires.

316   APPENDICE.

Nous n'avons pas à faire connaître le système de la notation numérique assyro-chaldéenne. Il est d'une simplicité telle qu'on doit en reléguer la connaissance dans les principes les plus élémentaires de la lecture des textes. Toutefois, nous devons rappeler ici quelques expressions numériques, dont la détermination a souffert plus ou moins de difficulté avant que leur rôle n'ait été parfaitement défini.

Voici, maintenant, le tableau des mesures assyro-chaldéennes les plus fréquentes, avec leur évaluation d'après notre système métrique actuel.

NOTATIONS NUMÉRIQUES.

NOMBRES ENTIERS.

	. . . .	unités.	
	. . . .	dixaines.	
	us, susu,	le sosse =	60
	ne'ir,	le ner =	600
	sâru,	le sar =	3.600

FRACTIONS.

	sissu = un sixième		1/6
	sussan = un tiers		1/3
	paras = moitié		1/2
	sinip = deux tiers		2/3
	parap = cinq sixièmes		5/6

APPENDICE.

MESURES DE LONGUEUR.

EXPRESSION ASSYRIENNE.	DÉSIGNATION CONVENTIONNELLE.	VALEUR	
		A NINIVE	A BABYLONE
𒐊𒐊𒐊	la demi-coudée. . .	0ᵐ27425	0ᵐ2625
𒐊𒐊𒐊	le pied, la brique..	0, 3291	0, 315
𒐊	la canne (6 d.-coud.)	1, 6455	1, 575
𒐊, 𒐊	la toise.	3, 2010	3, 15
𒐊	le stade (le sosse de la toise).	197, 46	189, 00
𒐊 𒐊 kasbu	le par·sange . . .	5923, 80	5670, 00
Kasbu kakkar	le schœne (le sar de la toise).	11817, 60	11340, 00

MESURES DE SUPERFICIE.

EXPRESSION ASSYRIENNE.	DÉSIGNATION CONVENTIONNELLE.	VALEUR	
		A NINIVE	A BABYLONE
𒐊 (le *U* simple) . . .	la perche	3·899015	3·5721
𒐊 𒐊 (le grand *U*) .	l'aroure	96, 1764	88, 11180
𒐊 (le *us*)	le stade carré . . .	389, 9015	357, 2100

MESURES DE CAPACITÉ.

EXPRESSION ASSYRIENNE.	DÉSIGNATION CONVENTIONNELLE.	VALEUR	
		A NINIVE	A BABYLONE
𒐊 *hinu*	hin	3¹43787	3¹0146
𒐊 *ka, gidista*	bath, épha	20, 62718	18, 088
𒐊 *pi, uznu, giltan* . .	artaba	61, 88155	54, 2637
𒐊 *as*	1/2 kor	123, 76309	,, ,,,,,
𒐊 *imer*	homer, kor . . .	247, 52619	217, 0547
𒐊 *gur*	achand	2475, 2619	2170, 5470

MESURES DE PESANTEUR.

EXPRESSION ASSYRIENNE.	DÉSIGNATION CONVENTIONNELLE.	VALEUR	
		FAIBLE	FORTE
se.	le grain.	0ᵏ000024	0ᵏ000047
sihir, aplus.	l'obole	0,001403	0,002806
darag-mana (?). . .	la drachme	0,008417	0,016833
sahar.	le décadrachme (la pierre)	0,084166	0,16813
mana . . .	la mine.	0,505	1,010
bilat	le talent.	30,390	»,»»»

VALEURS MONÉTAIRES.

Nous aurons les rapports suivants pour l'évaluation des valeurs monétaires, sous la réserve des différences que nous avons signalées.

MATIÈRE SPÉCIFIÉE.	TALENT	MINE	DRACHME
Or.	104366ᶠ66	3478ᶠ88	57ᶠ98
Argent.	6733,33	224,44	3,74
Cuivre.	303,00	10,10	0,17

Nous avons, il est vrai, constaté sous les Séleucides des évaluations en statères; mais elles n'étaient employées que pour rendre plus facile l'ancien compte par le poids.

INDEX

Nous donnons les noms de cette table dans la forme de leur transcription française ou latine, de sorte que les lettres pointées ou accentuées ne sont pas exprimées ; il faut se reporter au texte pour avoir la transcription assyrienne.

A

Abdanu.	185	Ahuni *(frater noster)*	211
Abdilime (phénicien).	224	Ahuta *(fraternitas)*	315
Abdu (phénicien).	242	Ahutu (sous Nabonid).	261
Abdu-milik.	271	Ahutu (sous les Séleucides) 303,	314
Abdu-munu.	271	Ahuya, *frater meus.*	245
Abigni (perse).	281	Aina.	263
Abla.	278	Ainie.	161
Ab-Nabu.	206	Akkad (pays).	130
Abtiruniel.	185	Akkadaï, *Accadius* (l'Accadien).	160
Abu-irib, *pater auget.*	198	Akritu	215
Abzie.	130	Alap-Bel-lidahu, *Taurus Beli cornu feriat.*	281
Ada	99	Allat-hazi.	213
Adda.	165	Amar-Istar.	215
Adie.	249	Amar-yum	231
Ade	208	Amat-Sula, *ancilla (Deæ) Sula* (phénicien).	175
Agade, *urbs ignis æterni* (ville).	99	Ammaï.	202
Aggullanu.	215	Ammaskiri	197
Ahardise	220	Amyati.	183
Abassuru (araméen).	175	Annadibu.	316
Ahatisu-tabat, *soror sua est bona*	213	Annuhi.	241
Ahi-nur, *frater luminis.*	210	Anti'ikusu *(Antiochus*, roi)	207
Ahi-rame *(Hiram*, phénicien).	165	Antipatrusu *(Antipater*, grec).	315
Ahi-ramu.	194	Anu, *Anu* (divinité)	90, 91
Ahisu, *frater ejus.*	281	Anunit, *A.* (déesse assyro-chald.)	316
Ahu-lamma.	118	Anu-ab-usur, *A. patrem protege* (fils de Lis).	303
Abu-tabu, *frater est bonus.*	161		

Anu-ab-usur (fils de Nana-Adissat)	309	Anu-idin.	216
Anu-ab-usur (fils de Garga-Anu)	318	Anu-iksur.	299
		Anu-kinu, *A. firmus*.	298
Anu-ab-yutir.	299	Anu-kinu (fils de Nana-idin-habal).	307
Anu-ah-idin, *A. fratrem da* (père d'Anu-ballit).	208	Anu-kinu (fils de Rabu-Anu).	309
Anu-ah-idin (fils de Nidinta-Anu).	301	Anu-nasir-habal.	310
		Anu-sad-parakki.	318
Anu-ah-idin (fils de Anu-ab-usur).	313	Anu-sca-karsa.	315
		Anu-usur, *A. protege* (fils de Sadi)	296
Anu-ah-idin (fils de Rihat-Anu)	301	Anu-zir-idin, *Anu semen da* (fils de Asar-zakir)	301
Anu-ah-idin (fils de Idin-sadu-rabu).	301	Anu-zir-idin (fils de Nana-idin).	303
Anu-ah-idin (fils de balatu).	306	Anu-zir-idin (fils de Labasi).	307
Anu-ah-idin (fils de Labasi).	307	Anu-zir-idin (fils de Gimil-Anu).	313
Anu-ah-idin (fils de Anu-balit).	309	Anu-zir-idin (fils de Dayan-Anu)	313
Anu-ah-idin (fils de Lustammar-Bin).	309	Anu-zir-esseb.	303
		Anu-zir-esseb.	317
Anu-ah-idin (fils de Ahutu)	309, 313	Anzagare.	131
Anu-ah-idin (fils de Asar-zakir).	313	Aradsu.	82
Anu-ah-idin (fils de Anu-bel-sunu).	311	Arbaï.	248
		Arbail (ville).	241
Anu-ah-usur, *A. fratrem protege*	313	Arbailai (préfet d'Alzi).	158
Anu-balatsu-ikbi (fils d'Anu-halik-pan).	313	Arbailai *(salsu,* lieutenant).	163
		Arbailai (fin du Grand empire).	203
Anu-balatsu-ikbi.	318	Arbailaï.	207
Anu-ballit, *A. vivat* (fils de Lus-tammar-Bin).	208	Arbail-Asirat.	201
		Arba-malik.	152
Anu-ballit (fils de Anu-ah-idin).	208	Arbit-eki.	203
Anu-ballit (fils de Kuzu).	303	Ar'ennu.	279
Anu-ballit (fils de Lustammar-Bin)	309	Armaï (pays).	71
Anu-ballit (fils de Sintiasi).	309	Arpadda *(Arpad,* ville).	177
Anu-ballit-zirsu, *Anu semen vivificat.*	309	Artaksatsu *(Artaxerxès,* roi).	279
		Artaksitsu *(Artaxerxès,* satrape)	281
Anu-Belsunu	314	Arzize.	216
Anu-eslam.	309	Asar.	91
Anu-habal-iddin, *A. filium dedit*	299	Asar-zakir, *A. memor*.	301, 314
Anu-halik-pan, *A. progessit ante*	302	Asiru, *justus*.	212, 215
Anu-halik-pan (fils d'Anu-ah-idin)	309	Asdikit-Anu.	207
Anu-halik-pan	313	Asdikit-Anu (fils de Lustammar-Bin).	306, 309, 314
Anu-idinnu, *A. dedit*.	313	
Anu-iballitsu	309	Asnah (ville).	281

INDEX. 351

Assur *(Assyrie,* pays). 59
Assuraï (l'Assyrien) 74
Assur, *Assorus* (divinité). . . . 146
Assur-ah-idin, *A. fratres dedit (Assarhaddon,* roi d'Assyrie) 186
Assur-ah-usur, *A. fratrem protegat* 247
Assur-bani-habal, *A. genuit filium* (roi d'Assyrie). . . . 50
Assur-Bel-istin, *A. dominus unicus.* 172
Assur-damik, *A. gaudens* . . . 249
Assur-danin-sar, *A. dedit regem* 194
Assur-iddin-abe, *A. dedit fratrem* 147
Assur-kat-irib. 148
Assur-killanni. 200, 211
Assur-lit-ani (lisez *Assur-takkilani*). 230
Assur-luballit 216
Assur-malik *(nisu rab kisir,* sous Téglath-Phalasar). 150
Assur-malik (sous Assarhaddon). 186
Assur-malik (fin du Gr. empire) 205
Assur-mat-lalin (?). 205
Assur-matka-danin, *A. regionem tuam fortificavit.* 230
Assur-mukin, *A. ponens.* . . . 118
Assur-musallim, *A. perficiens..* 147
Assur-mutakkil-sar, *A.inspirans regem.* 162
Assur-napsati-madad, *A. vitam melitur* 235
Assur-natgil. 161
Assur-ris-isi, *A. caput eleca* (fin du Grand empire) 233
Assur-ris-isi (sous Téglath-Phalasar) 155
Assur-sadu-sakil (fin du Grand empire) 218, 223
Assur-sakil. 249
Assur-sallim, *A. perfecit.* . . . 192

Assur-sallim-ahi. 151
Assur-sar-usur, *A.regem protege* 231
Assur-sugur. 231
Assur-sum-yukin, *A. nomen posuit.* 203
Assur-sum-usur. 197
Assur-takkilani, *A. fac confidentes nos* (fin du Gr. empire) 230
Assur-uitani. 208
Asu. 196
Atab-dur-Istar (fleuve). 99
Atazuri. 202
Ate. 223
Ati. 222

B

Babbu *(Pappu?).* 162
Babilu *(Babylone,* ville). . 11, 277
Babilaï, *Babylonius.* 100
Babiya. 258
Babanu. 170
Bab-rab-taduai 101
Babraï. 205
Babuya. 263
Badiya (femme). 182
Bagadadu, *a Deo creatus* (perse). 281
Bagdada (ville). 87
Bakit-alzi. 168
Balaki (ville). 127
Balase 208
Balatu (sous Nabonid). 253
Balatu (sous les Séleucides. Fils de Anu-ah-idin, fils de Lustammar-Bin). 309
Balatu (fils de Asdikit-Anu) . . 306
Balatu (fils de Anu-ah-idin, fils de Ahutu). 313
Balatu (fils de Anu-ah-idin, fils de Asir-zakir). 313
Balatu (fils de Lustammar-Bin). 313
Balazi, *(Belesis).* 100, 211
Ballitsu. 208

Bamba. 188
Bani-Marduk, *creavit Merodachus*. 127
Banie (sous Sennachérib). . . . 170
Banie (fin du Grand empire). . 240
Baniha. 100
Baniya. 208
Banuya. 303
Banu-ahe, *creat fratres*. . . . 243
Bar-ku-takkilani (lisez *Niniptakkilani*). 239
Barsip *(Borsippa, ville)*. . . . 132
Bassiya. 302
Basuya. 192
Bazi. 100
Bel, *Belus* (divinité). 91,103,129 135
Bel-abu-lih, *B.pater proeminens* 200
Bel-abu-usur, *B. patrem protege* (sous Darius). . . 275, 277
Bel-abu-usur (sous Artaxerxès). 281
Bel-ah-iddin, *B. fratrem dedit* (sous Darius). 275
Bel-ah-iddin (sous Artaxerxès). 280
Bel-ahe-irib, *B. fratres auxit* (sous Pacorus). 311
Bel-ah-usur, *B. fratrem protegat* 299
Bel-ahesu (chaldéen du premier empire). 101
Bel-ahesu, *dominus fratrum* (assyrien, le maître de l'esclave Arbail-asirat). 201
Bel-balatsu-usur. 281
Bel-ballit, *B. vivificavit* (sous Darius). 277
Bel-ballit (sous Artaxerxès). . . 279
Bel-ballitsu, *B. vivificavit eum*. 272
Bel-ballitsu. 274
Bel-banu, *B. creat*. 205
Bel-basa, *B. existit*. 208
Bel-dan. 249
Bel-dannu, *B. potens* (sous Artaxerxès). 279

Bel-dannu (sous les Séleucides). 309
Bel-dar, *B. est murus*. 243
Bel-duru. 175
Bel-El. 297
Bel-erba. 281
Bel-essis, *B. fundavit*. 279
Bel-habal-usur, *B. filius protege* (sous Nabonid). 263
Bel-habal-usur (sous Cyrus). . . 267
Bel-habal-usur (sous Darius). . 275
Bel-haïl. 100
Bel-harran-dur 190
Bel-harran-sar-usur (sous Assarhaddon 192
Bel-harran-sar-usur (fin du Grand empire). 203
Bel-ibni, *B. fecit*. 281
Bel-idannu, *B. dedit* (sous Darius). 273
Bel-idannu (sous Artaxerxès). . 281
Bel-idinnu. 275
Bel-iddin-habal 100
Bel-iddin-sum 100
Bel-irib, *B. auxit*. . . . 275, 279
Bel-kas-sar-usur (Voyez *Bel-harran-sor-usur*). 190
Bel-kin, *B. statuit* 327
Bel-la-sin (?). 185
Bel-lubalat, *B. vivum faciat*. . 226
Bel-malik, *B. regens* 240
Bel-malik-Bin. 190
Bel-malik-ili 164
Bel-nadin, *B. donans* (sous Cambyse). 271
Bel-nadin (sous Darius). . . . 277
Bel-na'id, *B. augustus*. 251
Bel-nasi, *B. elevans*. 281
Bel-ninu 235
Bel-niri-danin. 277
Bel-nisani, *B. eleva me*. . . . 171
Bel-nuri, *B. lumen*. 183
Bel-ristan, *B. primus*. 181

Bel-sad-ilu	227	Bin-kitni	174
Bel-sar-usur, *B. regem protege*.	203	Bin-lit-ani (V. *Bin-takkil-ani*).	151
Bel-Serah	281	Bin-me	174
Bel-sezibani, *B. salvavit me*.	242	Bin-nasir, *B. protege* (assyrien)	133
Bel-simiani, *B. audi me*	106	Bin-nasir (sous les Achéménides)	285
Bel-subultu, *Dominus spicæ*	264	Bin-nirar (roi d'Assyrie)	145
Bel-sum-essis, *B. nomen fundavit*	216	Bin-sar-usur, *B. regem protege*	101
Bel-sum-usur, *B. nomen protege*	222	Bin-sum-usur, *B. nomen protege*	190
Belsunu, *Dominus eorum* (fils de Bel-usur)	286	Bin-takkilani, *B. fidentem me fecit* (sous Assur-nirar)	151
Belsunu (fils de Maribha)	286	Bin-takkilani (fin du Gr. empire)	227
Belsunu (fils de Ahuta)	324	Bin-zir-basa, *B. semen tribuit*	99
Bel-surru	281	Bindikiri	106
Bel-tima *(B. ti-la, B. ballit?)*	100	Bit-abu-malik (ville)	217
Bel-takkil, *B. fidens*	182	Bit-abu-milki	20
Bel-usursu, *B. protege eum*	280	Bit-annadibu	205
Bel-zir, *Dominus seminis*	186	Bit-ate, *domus ate*	235
Bel-zir-bani, *Belus semen creavit*	281	Bit-hurabi, *domus hurabi* (ville)	217
Bel-zir-iddin, *B. semen dedit*	309	Bit-ilu	316
Bel-zir-kini, *B. semen constituit*	100	Bit-karamasa (lisez *B. karabasa*)	83
Besim (?) (fleuve)	118	Bit-kasiati (lisez *Bin-kasiati*)	118
Bibu	268	Bit-kussu *(is-gu-za)*, *domus solii*	280
Billu	185	Bit-saggatu-buniya	101
Bin, *Bin* (divinité assyrienne)	91	Bit-samhari	257
Bin-abu-nasir, *B. patrem protegit* (fin du Grand empire)	245	Bit-sikn	316
Bin-abu-sar, *B. pater regis*	284	Bit-ulbar	19
Bin-abu-usur, *B. patrem protege* (sous Bin-nirar)	148	Bit-ulbar-sakimu	100
Bin-abu-usur (père d'un témoin, sous les Achéménides)	286	Bit-zida	133
Bin-ah-iddin, *B. fratres dedit*.	287	Bullutu, *vivificatio*	242
Bin-babil	244	**D**	
Bin-essis, *B. fundavit*	245	Dabibi, *machinans*	186
Bin-ezude	245	Daddai, *ubera mea*	216
Bin-idannu, *B. dedit*	287	Dagan-milki (phénicien)	164
Bin-iddin-ahi, *B. dedit fratrem*	287	Daienu-Bin, *judex (est) Bin*.	240
Bin-ittiya, *B. mecum*	245	Damik-eni-sar, *gaudet oculus regis*	188
Bin-kas-sun	192	Damkina-malikat	235
Bin-kasiyati	118	Dananu, *potens esse* 183,	185
		Dannaï, *potens meus*	153
		Dannu, *potens* (fleuve)	205

354   INDEX.

Dana-sumsunu, *judicans nomen eorum*. 205
Dariyavus, *Darius* (roi de Perse) 273
Dayan-ah-idin, *judex fratres dedit*. 260, 263
Dayan-Anu, *judex Anu*. . . . 296
Dayan-Anu (fils de Kuzu) . . . 304
Dayan-Anu (fils de Ahutu). . . 313
Dayan-kurban, *judex sacrificii*. 178
Deni. 243
Dilbat (ville) 277
Diglat *(le Tigre,* fleuve). . . . 130
Dilil-Istar, *index Istaris*. . . . 215
Dilil-Istar (peut-être le même). 250
Dimaska *(Damas,* ville) 173
Dimitrisu *(Démétrius,* roi). . . 317
Dimunu. 203
Dindu (ville) 100
Din-tar, *vitam abscidit* 215
Disie. 191
Du'uya (ville). 151
Duda. 238
Dugul. 170
Dukulia *(Dioclès,* grec). . . . 319
Dumki-Anu. 297
Dur-Bin, *murus Bin*. 245
Dur-Sarkin, *murus Sarkin*. . . 193
Dur-Sarkinaïte *(Dur-Sarginaïte,* nom de femme). 88
Dur-Zizi, *murus Zizi* (ville). . 130

E

Ea, *Ea* (divinité assyro-chaldéenne). 103
Ea-habal-iddin, *Ea filium dedit* 83
Ea-kudur-ibni, *Ea coronam fecit*. 100
Edir-Anu. 303
Edu-sallim, *Edu perfecit*. . . 184
Ega 257
Ekinu (femme) 168

Eku 260
Episutiunu *(Episotion,* grec). . 318
Er-isnunak. 82

G

Gabbaru, *fortissimus*. 191
Gabbie. 130
Gamilu, *remunerator* 101
Garga-Anu. 319
Gargamis *(Charchemis,* ville). . 169
Gargamisaï (le Charchemisien) 175
Gimil-Anu 303
Gimillu, *remuneratio* 270
Giraï. 218
Gissita (?). 268
Gistirri. 233
Gudadu, *laceratio*. 250
Guge. 241
Gurdi, *fortitudo*. 235
Gurdi-Bin, *fortitudines Bin* (cocher). 203
Gurdi-Bin *(gal urate)*. 225
Gula, *Gula* (divinité) 91
Gula-rimat, *Gula excelsa est*. . 147

H

Habal-usur, *filium protege*. . . 235
Habaste. 190
Habasti. 192
Hablaï (sous Nabuchodonosor). 258
Hablaï (sous Pacorus) 341
Habliya, *filius meus* (sous Marduk-idin-ahi). 101
Habliya (sous Bin-nirar). . . . 118
Hadaniya. 267
Halalat (nom de femme). . . . 169
Haldiraya. 245
Halzi (ville). 158
Hambaku. 203
Hambusu (femme). 195
Hamkanu. 108
Handapida (égyptien). 245

Hankas (nom incertain)..... 117
Hannie, *gratias dixit*..... 227
Haraman............ 154
Haran-dur........... 183
Harisanu............ 273
Harmaza (égyptien, triumvir).. 177
Harmaza (marin)........ 177
Hasaï.............. 220
Hasanu (ville)......... 205
Hasanaduni (lisez *Hasana du-ni*, ce qui signifie: *via quæ ducit ad urbem Hasana*..... 218
Hasbu............. 222
Hatpimunu (égyptien).... 227
Hattaï............. 153
Hatuya. '........... 234
Hazi.............. 195
Himari............. 154
Hirizaï (nigab sous Bin-nirar).. 148
Hirizaï (fin du Grand empire d'Assyrie)......... 200
Hirizaï (gardien du *kitmuri*. Fin de l'empire d'Assyrie.... 214
Hirizaï (nisu rab kisir).... 220
Hissu-Nabu........... 264
Hubabaï............. 245
Hubasate............. 231
Hudaï............. 213
Hulessis............. 208
Husanima (ville)........ 200

I

Iamannu............ 100
Iatanaël (juif)......... 217
Ibassi-ilani, *habuit deos*.... 240
Ibda, *gloriam expendit*.... 156
Ibni-ahi, *creavit fratres*.... 245
Idate.............. 191
Idbimugatu (ville sumérienne). 132
Idie *(idi ikbi)*....... 200, 211
Idin-ahe, *da fratres (aba*, fin du Grand empire d'Assyrie).. 223
Idin-ahe *(nisu kiselu sa Assur)* 236
Idin-ahe (sous les Achéménides). 283
Idin-Bèl, *da beli*....... 287
Idin-Istar........... 318
Idin-Nabu, *da Nabu*..... 252
Idin-sadu-rabu *(an mat gal)*.. 303
Ikiya.............. 200
Ikinu.............. 108
Il-amar, *deus splendor*.... '172
Il-gabri............. 211
Ili-Rabuti (les Grands Dieux). . 88
Ilu-bab-essis, *deus portam fundavit*............ 185
Ilu-El (divinité assyro-chald.).. 89
Ilu-ittiya, *deus mecum*.. 173, 176
Ilu-malik, *deus rex*...... 235
Ilu-mukin, *deus statutus*.... 233
Ilu-nadi, *deus Augustus*.... 239
Ilu-sar-idin, *deus regem da*.. 268
Ilu-tabni, *deus creasti*..... 209
Ilu-yukin-ahe, *d. stabilivit fratres*............. 192
Iltamlimatu, *complevit regionem (?)*............ 282
Iltappa............. 185
Imannu (juif)......... 164
Imma.............. 183
Ina-bit-saggatu-zir (lisez *Ina-e-saggatu-irbu*)..... 83, 106
Intaphernes *(Vundaparna*, perse) 283
Irbnaï (ville)......... 243
Irib-Assur, *auxit Assur*.... 150
Irib-Ilani, *auxerunt Dii*.... 169
Irib-Istar, *auxit Istar*..... 170
Irsisi............. 189
Ishura (déesse)........ 105
Isaï, *Isai*........... 236
Isin (ville).......... 83
Isiduru *(Isidorus*, grec)... .318
Ismi-bel-dinat......... 257
Istar, *Istar* (divinité).. 91, 130
Istar (d'Arbèle)........ 244

Istar (de Ninive)	196	Karate (montagne)	206
Istar-Assurit	140	Karistiya-napasti	100
Istar-bab-essis, *I. portam fundavit*	188	Karmeuni *(Carmeon*, égyptien)	222
		Kar-Nabu (ville)	87
Istar-bab-malik *(ilu-ai)*	243	Kasaï	245
Istar-dur, *I. murus est*	216	Kasir, *decernens*	231
Istar-dur-kali	210	Kattiya	263
Istar-idin, *I. da*	245	Khummukh, *Hummuh* (pays)	73
Istar-idin-habal, *I. da filium*	247	Ki-Annu (?)	247
Istar-idin-zir, *I. da semen*	206	Ki-Bel-balu-aka	275
Istar-munadin	236	Ki-Nabu-balat (lisez *Itti-Nabu-balat*)	269
Istar-munaddinat (inspecteur des femmes)	236	Kibi-malik, *decerne regem*	240
Istar-na'idat, *I. augusta.* 216,	238	Kibir-din	267
Istar-parsu	216	Kidin-Anu *(Kidénas*, grec)	338
Istar-sum-iddin, *I. nomen dedit*	216	Killi	87
		Kimama	245
Istar-zir-basa, *I. semen creat.*	233	Kin-habal (fils de Anu-usur)	206
Isu-il, *habet Deum*	101	Kin-habal (fils de Kin-zu)	208
Itkiraya	257	Kin-zu	208
Itti-Marduk-balat, *cum Merodacho vice*	118	Kisaï	203
		Kisamaie	161
K		Kisari	231
		Kisir-Assur, *portio Assori* (préfet de Kabelu)	201
Kabelu *(Katillu?)*	201	
Kakkiya, *telum meum*	162	Kisir-Assur (témoin, fin du Grand empire) 205,	217
Kakkullaï, *cranium meum*	206	
Kakkullanu (sous Bin-nirar)	148	Kisir-Assur (grand répartiteur)	225
Kakkullanu (fin du Grand empire) 190	243	
		Kisir-Assur	233
Kakzi (ville)	240	Kisir-Assur-mat, *Portio Assori terræ* (fin du Grand empire)	205
Kalah, *Calah* (ville) 192,	236	
Kalbaya, *Canis meus*	271	Kisir-Assur-mat	218
Kambuziya *(Cambyse*, roi de Perse)	269	Kisir-iskun *(sa) Portionem fecit*	241
Kamusu-sar-usur, *Deus Chamos, regem protege* (moabite)	269	Kisir-Nabu, *Portio Nabu*	203
		Kistar (perse)	311
Kannunaï (sous Assarhaddon)	190	Kita-Anu	297
Kannunaï (fin du Grand empire)	217	Ku	188
Kanzilaï (lisez *Kannunaï*)	160	Kuku	183
Kar-Anu (V. *Edir-Anu*)	308	Kukullai, *avis kukul meus?*	220
Kar-Itu (ville)	184	Kumaï	179

INDEX.   357

Kumunu (ville) 245
Kun-Assur, *stabilitas Assori*
  (sous Bin-nirar) 117
Kun-Assur (sous Téglath-Pha-
  lasar). 156
Kun-Ili, *stabilitas dei*. . . . 179
Kun-Nabu, *stabilitas Nabu*. . . 148
Kuras *(Cyrus,* roi). 267
Kurban (ville). 171
Kurbasti, *pileus meus*. 150
Kurigalzu (roi de Chaldée). . . 131
Kurme. 172
Kurubi (ville). 198
Kurubi (nom d'homme). 225
Kurzu 245
Kusaï, *Coseus* (le Couchite). . 247
Kuzu (sous les Séleucides). 295, 300

L

Labasi, *non habet* (sous Darius) 272
Labasi (sous Artaxerxès). . . . 278
Labasi (sous les Séleucides). . 298
Labasi (fils de Nidinta-Anu) . . 301
Labasi (fils de Anu-zir-idin). . 301
Labasi (fils de Anu-ballit) . . 303
Labasi (fils de Anu-ah-idin). . 307
Labasi (fils de Asar-zakir) . . 307
Labasi-Anu, *non habet Anu*. . . 305
Lakipi, *ne cede*. 269
Lalikni-el. 174
Lamasi (?)-Bin, *Idola dei Bin* . 83
Lamasi (?)-Bin-sabil. 83
Lammusur 199
Larasme 310
Libgi. 210
Likibu. 211
Lis, *Leo* (fils de Kin-habal). 205, 209
Lis (fils de Ziriya). . . . 303, 309
Lit-ana-mit (V. *Takkil-ana-*
  Bel). 217
Lit-ana-Bin (V. *Takkil-ana-*
  Bin) 158

Litturu, *expectet*. 177
Litni (V. *Takkilni), fide nobis*. 252
Lu-ahe, *oris fratrum?*. 153
Luballit, *vicum faciat*. . . . 198
Lubi (ville). 180
Luku. 145
Lukuzu. 309
Lulabbir-sarrussu, *regnum ejus*
  duret. 204
Lulikni-el. 174
Lusamur. 179
Lustammar-Bin 303, 319
Luzib-balat. 185

M

Mabilaï (lisez *Babilaï)* 83
Maganuba (ville). 172
Maddaï, *Medius* (le Mède). . . 279
Maddanaï, *donatio mea* 286
Mabarutu. 106
Malik, *Malik* (divinité). . . . 105
Malik-ah-idin, *M. fratres da*. . 83
Malik-habal-iddin, *M. filium*
  dedit 127
Malik-idin-ahi, *M. da fratres*. 83
Malik-killim 127
Malikut *(Malik-yum ?)*. 196
Mandasu 260
Manki 163
Mannu-ahesu, *Qui fratres sunt*. 154
Mannu-ki-ahe, *Qui sunt sicut*
  fratres? 176
Mannu-ki-ahesu, *Qui est sicut*
  frater ejus. 169
Mannu-ki-Arbail, *Qui est sicut*
  Arbel? (sous Assarhaddon) . 187
Mannu-ki-Arbail (fin du Grand
  empire) 203, 235
Mannu-ki-Assur-lib, *Qui est sicut*
  Assur splendidus? 166
Mannu-ki-Istar, *Qui est sicut*
  Istar? 156

Mannu-ki-Ninua, *Qui est sicut urbs Ninus?* 215
Mannu-ki-nur, *Qui est sicut lumen?* 161
Mannu-tamat, *Quæ est indicatrix* 168
Mansuate (ville) 185
Manzarnie 311
Mardianie, *filius salutat cum* (ville) 206
Mardie *(mar-salam-ikbi), filius salutem dicit* 190
Marnarih 100
Marduk, *Merodachus* (dieu) 90, 146
Marduk-abuya, *M. pater meus*. 201
Marduk-ah-idin, *M. fratrem da.* 268
Marduk-balat, *M. vita est*. . . 186
Marduk-bani, *M. creavit*. . . . 233
Marduk-bel-nasir, *M. dominum protege* 118
Marduk-essis, *M. fundavit*. . . 253
Marduk-habal-iddin, *M. filium dedit* (roi de Chaldée, fils de Melisihu) 131
Marduk-habal-iddin (roi de Chaldée, fils de Yakin). . . . 168
Marduk-habal-usur, *M. filium protege* 269
Marduk-iddin-ahe, *M. dedit fratres*. 82
Marduk-iddin-zir, *M. dedit semen* 278
Marduk-ilusu, *M. deus ejus*. . 99
Marduk-kabuya, *M. imperat mihi*. 101
Marduk-nasir, *M. protege* (fin du grand empire) 212
Marduk-nasir (sous les Achéménides) 271
Marduk-nasir-ahe 279
Marduk-nasir, *M. protege* (fin du grand empire) 212
Marduk-sar-usur, *M. regem protege*. 201

Marduk-sum-epus, *M. nomen fecit*. 267
Marduk-te-hitiv. 268
Marduk-zakir-sum, *M. commemorat nomen* 131
Marduk-zir-idin, *M. semen dedit* 101
Marga (perse) 270
Maribha 236
Maskaru 158
Massun 158
Matna 250
Matte-ahe-ibni 271
Matu-ursanni-Bin, *Bin regionem acquiri jube*. 249
Me-kaldan 87
Meisu 181
Melisihu *(Melisipak), Homo solis* (roi susien de Chaldée) . . 131
Meme (divinité) 316
Mihsa (nom de femme) 182
Mili-harbat 101
Milkaï (phénicien) 181
Milkiuri, *Melchior*. 161
Miri 233
Mishaselu 251
Mittiya (scribe, fils de Bel-abu-lib, sous Nabonid) 260
Mittiya (fils de Sigua, sous Cyrus) 266
Mittiya (père de Marduk-ah-idin, sous Cambyse. Peut-être un des deux précédents). . . . 268
Mukinya, *Constituens me* . . 260
Mumi-Assur 155
Munikir, *Atterans*. 161
Musallim-Assur, *Perficiens Assur* (fin du Grand empire). 214, 215
Musallim-Ninip, *Perficiens Ninip* (sous Bin-nirar) 146
Musallim-Ninip (sous Téglath-Phalasar) 152
Muse 370

INDEX.

Musesib, *liberator*. 181
Musesib-Assur, *Liberator Assoris* 227
Musesib-Bel, *Liberator Beli*. . 250
Musesib-Ilu, *Liberator Dei* (sous Sennachérib). 172
Musesib-Ilu (sous Assarhaddon). 190
Musidnu 180
Musi-Nabu. 252
Musuraï, *Egyptuus* (l'Égyptien). 213
Mutakkil-Assur, *confidens Assori* 233
Mutakkil-Marduk, *confidens Merodacho*. 117
Mutumhise 222

N

Nabu, *Nebo* (divinité assyrienne) 92
Nabu-ah-idin, *Nebo fratrem da* (sous Sennachérib). . . . 173
Nabu-ah-idin (sous Assarhaddon) 190
Nabu-ah-idin (fin du Gr. empire) 215
Nabu-ah-idin (sous Cyrus). . . 269
Nabu-ah-irib, *N. fratres auxit*. 238
Nabu-ah-usur, *N. fratres protegat* (sous Sennachérib) . . 170
Nabu-ah-usur (fin du Grand empire) 210
Nabu-ah-usur (*aba*, fin du Grand empire) 230
Nabu-ah-usur (sous Cambyse). . 271
Nabu-balatsu-ikbi, *Nebo vice*. . 287
Nabu-ballitsu 198
Nabu-bani-ahe, *N. creavit fratres* 258
Nabu-bani-habal, *N. creavit filium*. 257
Nabu-bel-idin, *N. dominum dedit* 151
Nabu-bel-tur 281
Nabu-belya, *N. dominus meus* (*aba* sous Sargon) 161
Nabu-belya (sous Assarhaddon). 188
Nabu-bu-arba (?). 257
Nabu-dur-usur, *N. murum protege* (sous Sennachérib) . . . 177

Nabu-dur-usur (fin du Grand empire). 243
Nabu-edir. 192
Nabu-emurani. 216
Nabu-irib (sous Assarhaddon). . 188
Nabu-irib (fin du Grand empire) 216
Nabu-irib (sous Nabuchodonosor) 257
Nabu-irib-ahe, *N. auxit fratres* 153
Nabu-habal. 207
Nabu-habal-iddin, *N. filium dedit* (sous Assur-bani-habal). 194
Nabu-habal-iddin (*aba*, fin du Gr. empire) 202
Nabu-idin-ahe, *N. da fratres* (premier empire de Chaldée) 132
Nabu-idin-ahe (fin du Grand empire). 250
Nabu-inaddin. 267
Nabu-ikbi, *N. nominavit* . . . 155
Nabu-ilmadani, *N. instruxit me*. 181
Nabu-kar-erib, *N. munimentum auxit*. 193
Nabu-kudur-usur, *N. tiaram protege* (Nabuchodonosor, roi de Chaldée). 258
Nabu-lal-is (*tar-is*). *N. faceat*. 219
Nabu-libbis, *N. memor sit*. . . 219
Nabu-litani (lisez *N.-takilani*). *N. protege nos*. 245
Nabu-magir, *N. prosperare jubet* 158
Nabu-mu-ap. 271
Nabu-mumaddid-napsat, *N. mensurat vitam* 193
Nabu-mumaddid-zir, *N. mensurat semen*. 83
Nabu-muna-ir (*zab-ir*) 175
Nabu-munazziz, *N. discedere facit* (*eba*, sous Sargon) . . 163
Nabu-munazziz (*hazan*. Fin du Grand empire). 215

Nabu-munu, *N. idannu*. . . . 252
Nabu-na'id, *N. augustus (gal sibutu,* assyrien. Fin du Grand empire). 208
Nabu-na'id *(aba,* assyrien. Fin du Grand empire). 245
Nabu-na'id (assyrien. Fin du Grand empire). 251
Nabu-na'id *(Nabonid,* roi de Chaldée). 230
Nabu-nasir, *N. protegit* (chaldéen, sous Marduk-habal-idin) 131
Nabu-nasir (assyrien, sous Sennachérib). 169
Nabu-nasir (témoin. Fin du Grand empire). 245
Nabu-nasir (préfet du Palais. Fin du Grand empire). . . . 252
Nabu-nasir (chaldéen, sous Nabuchodonosor). 257
Nabu-pakid-ilani, *N. inspicit deos* 185
Nabu-sar-ahesu 208
Naburi. 257
Nabu-ri'u 245
Nabu-rihta-usur. 220
Nabu-sa *(sakin)*. 131
Nabu-sakin. 100
Nabu-sakip. 225
Nabu-salimsunu. 227
Nabu-sar-ahisu. 208
Nabu-sar-usur, *N. regem protege* (sous Bin-nirar). 149
Nabu-sar-usur (sous Sennachérib) 169
Nabu-sar-usur (sous Assurbani-habal). 192
Nabu-sar-usur (fin du Gr.empire). 215
Nabu-sar-usur *(dailu,* témoin). 216
Nabu-sezib, *N. liberacit* . . . 191
Nabu-sezibani, *N. libera me*. . 233
Nabu-su, *N. nominator ejus*. . 233
Nabu-sum-iddin, *N. nomen dedit* (sous Sennacherib) 177

Nabu-sum-iddin (sous Assur-banihabal). 193
Nabu-sum-usur, *N. nomen protege* (sous Assarhaddon). . . 100
Nabu-sum-usur (témoin. Fin du Grand empire). 237
Nabu-yuballitani 216
Nabu-zir-basa, *N. semen crea*. 259
Nabu-zir-idin, *N. semen da*. . . 192
Nabu-zir-yukin, *N. semen posuit* 259
Nabuya. 179
Nabuya-sar-usur 207
Nabu-sukkalu, *N. minister* . . 208
Nadbiyau (hébreu). 165
Nadin 267
Nadin-Malik, *Donatores Malik*. 151
Naharau (sous Sennachérib) . 179
Naharau (sous Assarhaddon) . 192
Nai. 252
Na'id-Istar 236
Nalbar-ellu *(an-ma-li)*. . . . 212
Namri 83
Nana (divinité) 206
Nana-adissat 302
Nana-adissat-na'id. 309
Nana-ah-iddin. 259
Nana-essis 259
Nanaï. 287
Nana-iddin, *N. dedit* (sous les Achéménides) 275
Nana-iddin (sous les Séleucides. Fils de Lustammar-Bin). 303 307
Nana-iddin (fils de Ahuta). . . 303
Nana-iddin (fils de Nidintav-Anu) 309
Nana-iddin-habal 307
Nani. 238
Naniya. 271
Nandidinnu. 272
Nanngan. 215
Nasanhalni (V. *Irbuaï,* ville). . 213
Nasir-dur, *Protegens murum*. . 235
Nasir-lamassi, *Protegens statuas* 215

Nasir-sarruti	148	Nirgal-abu-usur, *N. patrem protege*	156
Nazi-Marduk (élamite)	130	Nirgal-Asir (sous Sennachérib)	172
Nigazi	83	Nirgal-Asir (fin du Grand empire)	235
Nihtiekarrau, *Nitocris* (femme)	221	Nirgal-inaddinsu, *N. dedit ei*	286
Nidinta-Anu, *Donum Anu*	207	Nirgal-lih, *N. proeminens*	238
Nidinta-Anu	313	Nirgal-malik	211
Nidinta-Anu (fils de Bel-sunu)	314	Nirgal-nasir, *N. protegit* (sous Sennachérib)	170
Nidinta-Anu (fils de Anu-ab-utir)	313		
Nidinta-Anu	299	Nirgal-nasir (fin du Grand empire)	231
Nidinta-Anu	301	Nirgal-sar-usur, *N. regem protege* (sous Téglath-Phalasar)	159
Nidinta-Anu (fils de Anu-ab-usur)	304		
Nidinta-Anu (fils de Tanitta-Anu)	307	Nirgal-sar-usur (sous Assur-bani-habal)	193
Nidinta-Anu (fils de Anu-balat)	300		
Nidinta-Anu (fils de Anu-ah-idin)	303	Nirgal-sar-usur (fin du Grand empire d'Assyrie)	227
Nidinta-Anu (fils de Kuzu)	297		193
Nidinta-Bel, *Donum Beli* (sous les Achéménides)	280	Nirgal-sum-iddin, *N. nomen dedit*	200
		Nisa	275
Nidinta-Bel (sous les Séleucides)	309	Nis-Bel-kit, *Homo Eli*	118
Nidinta-habal-usur, *filium protege*	277	Nis-bit-ulbar	101
		Nis-ri'u-simti	100
Nidinta-usur, *Donum protege*	295	Nis-suha	263
Nimute (peut-être *Salmute?*)	211	Nisin, *Nisip* (ville)	127
Nin-mah (la Grande Déesse)	90	Nulu	318
Ninip, *Ninip* (divinité)	91, 121	Numatuv	273
Ninip *(an-ut-uru-lu)*	91	Numingu (perse)	281
Ninip-ah-usur, *N. fratrem protege*	163	Nuri, *Lumen*	274
		Nuri-sar, *Lumina regis*	286
Ninip-habal-idin, *N. filium da*	133	**P**	
Ninip-halik-pan, *N. progredit ante*	163	Padi	219
Ninip-rab, *N. magnus est*	101	Pakaha	165
Ninip-sar-usur	158	Paka-ana-Arbaïl, *File deo Arbeli*	220
Ninip-takkilani, *N. excita nos*	239		
Ninip-zir-bani	211	Palaï	260
Ninua *(Ninive,* ville)	170, 179	Paratani	216
Ninuaï, *Nineus* (le Ninivite)	213	Parsu *(La Perse,* pays)	341
Ninuaï	248	Pasi	240
Ninnu	159	Pasiri	281
Nipur, *Nipur* (ville)	11	Patar-yum	225
Nire	245	Pattusu	211
Nirgal, *Nirgal* (divinité)	101	Piharisu *(Pacorus,* roi de Perse)	341

Pulli (femme). 272
Purat *(l'Euphrate,* fleuve). . . 126
Parkaï *(Burkaï), benedictio mea* 148
Putuanpa'iti (égyptien). 223
Puya. 341

R

Rabu-Anu, *Magnus est Anu*. . 295
Rabu-Anu. 306
Rabu-Anu. 309
Rabu-Anu (fils d'Asdikit-Anu) . 303
Rabu-Anu (fils de Labasi-Anu). 306
Rab-nar 192
Ramti, *Elevata* (femme). . . . 251
Rapa. 221
Rasua. 177
Ra'u. 227
Razapi *(Reseph,* ville). 152
Ribate, *quarta pars*. 253
Rihat-Anu (fils de Anu-zir-idin). 313
Rihat-Anu (fils de Sintiasi). . . 301
Rihat-Bel. 285
Rim-Asar, *servus Asari*. . . . 203
Rim-ahisu, *servus fratris ejus*. 241
Rim-Nabu, *servus Nabu* (fin du Grand empire) . . . 205, 220
Rim-Tavat *servus Deœ Tavat*. . 222
Rim-zab-ili *(nur ili), servus luminis Deorum*. 186
Rimeni-Marduk. 132
Rimut-Nabu (fils de Kattiya) . . 263
Rimut-Nabu (fils de Mitya). . . 205
Risaï. 198
Risatu-Bel, *origines Beli* . . . 281
Risue. 280

S

Sa-idin-Anu. 315
Sabirisu (ville). 215
Sabsana. 217
Sad-na'id. 299
Sad-na'id-Anu 299
Sadu, *Mons*. 252
Sadu-Malik, *potens est Malik* . 225
Saduni. 280
Sadunu, *P. dominus noster* . . 186
Sahpimayu (égyptien) 222
Saïri (ville) 180, 205
Saïrima (ville). 206
Sakayan, *Qui est perennis*. . . 240
Sakil-Assur. 156
Sala-ballit-ahunu, *Sala vivificet fratrem nostrum*. 216
Salmu-ahe, *Salus fratrum*. . . 203
Salman-Asir *(Salmanasar* roi) 146
Salmani, *(Salmani* fleuve). . . 82
Salmu-sar. 162
Salmu-mat-Assur, *pax Assyriœ*. 156
Samas, *Samas* (divinité). . . . 90
Samas-ah-erib, *S. fratres auxit* 187
Samas-balat-ikbi 281
Samas-balatsu-ikbi. 286
Samas-ballitani, *S. vitam nostram* 198
Samas-ballitsu. 257
Samas-erulu (Voyez *Ninip)* . . 91
Samas-halik-pan. 150
Samas-iddin, *S. dedit*. 297
Samas-idinnu (fils de Asdikit-Anu) 314
Samas-idinnu (fils de Anu-abusur) 314
Samas-iksur. 211
Samas-irib (fin du Grand empire). 199
Samas-irib (sous Nabuchodonosor). 257
Samas-irib (sous les Achéménides) 281
Samas-irib. 283
Samas-kasal. 185
Samas-lih, *S. proeminens* . . . 228
Samas-Malik. 172
Samas-murran (lisez *S. harran)* 169
Samas-nadin, *S. donator*. . . . 281
Samas-na'id, *S. augustus*. . . 194

Samas-ri'uya	202	Sar-na'id, *Rex majestuosus est* (sous Téglath-Phalasar).	156
Samas-sabit *(zabit)*	148	Sar-na'id (fin du grand empire).	231
Samas-sallim, *S. perfecit* (sous Assur-nirar)	150	Sar-nu-ki-Istar (lisez *Mannuki-Istar*).	156
Samas-sallim (sous Assarhaddon)	189	Sar-nuri, *Rex luminis*.	190
Samas-sar-usur, *S. regem protege* (sous Assarhaddon). 180	192	Sar-sum-idin.	287
		Sarrahita (divinité).	316
Samas-sar-usur (sous les Achéménides)	270	Sasidu.	237
		Sar-zir-yukin, *Rex semen posuit*	225
Samas-sum-usur, *S. nomen protege* (sous Sennachérib).	109	Sasmai.	225
		Saülanu.	152
Samas-sum-usur (fin du Grand empire)	225	Semu (lisez *Idin-sum*).	186
		Serah, *Serah* (divinité)	88
Samas-yukin-ahi.	177	Siddiasika (ville araméenne).	225
Samas-zakir.	286	Sieri.	217
Same (sous Teglath-Phalasar).	158	Sigaba.	182
Same (fin du grand empire)	252	Sigua.	266
Samidu, *perniciones*.	101	Siha *(Tachos*, égyptienne).	221
Samunuyatun *(Esmuniathon*, phénicien).	216	Sil-Assur *(Sil-Assur)*, *umbra Assori* (sous Sennachérib).	176
Samsi-Bin (roi d'Assyrie)	115	Sil-Assur (sous Assarhaddon).	192
Sa-Nabu-gamil *(su)*, *Quem Nebo adscribit*.	233	Sil-atuv-Bel.	281
		Sil-Bel-talli.	237
Sa-Nabu-mukin, *Quem Nebo ponit*.	275	Sil-Istar, *umbra Istaris*.	310
		Sil-Nabu, *umbra Nabu*	228
Sa-Nana-sumu, *cujus Nana (est) nomen*	258	Sil-Nana, *umbra Nana*	286
		Sil-Nana.	286
San... (la fin manque)	151	Sil-Tamta, *umbra Tacat* (femme)	315
Sangi.	183	Sili.	210
Sansuru.	239	Silim-Assur, *pax Assori* (sous Teglath-Phalasar)	155
Sapiku, *effundens*.	118		
Sar-Babilu-Assur-issu.	101	Silim-Assur (fin du Grand empire).	197
Sar-balatsu-ikbi.	287	Silim-Assur, (cocher. Fin du grand empire)	225
Sar-ballit, *Rex vivificat*.	286		
Sar-emurani, *Rex dspice me*.	225	Silim-Assur (propriétaire. Fin du grand empire)	234
Sar-ikbi.	188		
Sar-Istar (fin du Gr. empire). 220	249	Silim-Bin, *pax Bin*.	221
Sar-ludari (sous Téglath-Phal.).	158	Siltiba-Nana.	117
Sar-ludari (sous Sennachérib).	175	Siluku *(Séleucus*, roi).	300
Sar-mukin, *Rex fecit*	191	Simadu.	182
Sar-nadin.	287	Simanu.	192

Simhatu-Bel.	286	Suisa.	183
Simie (ville).	163	Sukaï, *voluptas mea*.	202
Sin, *Sin* (divinité).	91	Sukamuna-ah-iddin, *Deus Sukamuna fratres dedit*.	101
Sin-ahe-irib, *Sin fratres auxit* (Sennachérib, roi d'Assyrie).	180	Sula (divinité phénicienne).	175
Sin-ate-elisu.	268	Sula (fils de Nabu-bani-habal).	257
Sin-banu-illu, *Sin creator supremus*.	268	Sulaï.	257
Sin-ballit, *Sin vivificat*.	293	Sumaï.	200, 211
Sin-bitri.	270	Summa-Ili.	150
Sin-iddin-habal, *Sin dedit filium*.	128	Summa-Nabu.	238
Sin-iddinni, *Sin dedit nobis*.	127	Summa-sezib.	251
Sin-ki-abu, *Sin est sicut pater*.	207	Sumer *(Ki-in-gi,* pays).	131, 138
Sin-magir, *Sin fortunat*.	280	Sum-yukin.	203
Sin-mat-epus.	191	Sunu.	239
Sin-na'id, *Sin augustus est*.	239	Supi-Bel, *humiliatio (coram) Belo*.	269
Sin-sallim-ani, *Sin perfecit nos*.	152	Sur-tav *(Amar-yum?)*.	237
Sin-sar-usur, *Sin regem protege* (témoin sous Sennachérib).	177	Sus?.	263
Sin-sar-usur (fin du Grand empire d'Assyrie).	190, 203, 212	Susanku (égyptien).	177
		Suzubu, *liberatio*.	257
Sin-sar-usur *(arku,* le secon. Fin du Grand empire).	208	**T**	
Sin-sar-usur (fin du Gr. empire)	211	Tab-asap-Marduk, *bona vaticinatio Merodachi*.	83
Sin-sar-usur (témoin. Fils de Nabu-nasir. Fin du Grand empire).	215	Tab-dur-Istar, *bonus murus Istar*	99
		Tab-na'id, *bonus et augustus*.	161
		Tab-sar.	192
Sin-sar-usilik *(u-hul)*.	217	Tab-sar-Assur (sous Sargon).	161
Sin-sidi.	83	Tab-sar-Istar (témoin sous Sargon).	166
Sin-tabni, *Sin creasti*.	263		
Sin-zir-bani, *Sin semen creavit*	181	Tab-sar-Istar (propriétaire. Fin du Grand empire).	228
Sinam	000		
Sintiasi.	303, 301, 309	Tabbanie.	263
Sinuri *(Pannuri? facies luminis)*	245	Tabnie (hébreu).	166
Sipar *(Sippara,* ville de la Chaldée).	11	Taki-sa-belti	109
		Takkil-ana-Bel, *fide Belo*	217
Sir-usur.	88	Takkil-ana-Belya, *fide domino meo*.	151
Situri.	163		
Sizar.	186	Takkilani-Bin *(lit-ani Bin), fide nobis Bin* (sous Téglath-Phalasar)	158
?...an	163		
Subaya.	259		
Suhiru.	152	Takkilani-Bin (fin du Gr. empire)	249

Takkilni, *Fide nobis*	252	Umarriri	160
Tallaï	163	Umas	200
Tamunu (égyptienne)	269	Umas-Bel	277
Tanitta-Anu	303	Unzirhu-Assur	219
Tanitta-Anu (fils de Dayan-Anu)	304	Unzirhi-Assur	229
Tanitta-Anu (fils de Bullutu)	307	Urdu *(ur-kin?) Lumen posuit*	200
Tanitta-Anu (fils de Lustammar-Bin)	313	Urdu	252
Tasmita-Bel	284	Urdute	172
Tavat-hasina	221	Urrame	341
Tavat-simki	270	Uruk *(Orchoë*, ville)	259
Tebitaï (dérivé du nom du mois Tebet. Sous Assarhaddon)	192	Ushiriti	172
		Usi *(Samsi raman?)*	182
Tebitaï (fin du Gr. empire) 221	252	Uttariblis (?)	285
Teza (témoin)	161	Uznanu	249

V

Vundaparnu, *Intaphernes* (perse)	283

Y

Yum-Samas, *Dies solis*	223

Z

Zabini *(sab-ini), vir noster*	100
Zabu-damik, *vir gaudens*	130
Zabda	154
Zabzib-malik	127
Zahatulu	170
Zamal (divinité assyro-chald.)	101
Zaruti	170
Zaürina (divinité)	316
Zaza (sous Sennachérib) 175,	177
Zazi	162
Zidkaï	177
Zikar-Assur, *servus Assori*	136
Zikar-Ea, *servus Ea* (préfet, sous Marduk-idin-ahe) 83,	100
Zikar-Ea (arpenteur, sous Marduk-idin-ahe)	118
Zikar-Ea (sous Marduk-habal-iddin) 132,	131
Zikar-Ili	241
Zikar-Istar, *servus Istar* (sous Marduk-idin-ahe)	100

Tezi (ville)	109		
Tiaï *(Temen-ai), fundatio mea*	231		
Tuklat-habal-Marduk, *protectio filii Merodachi*	127		
Tuliha (femme)	210		
Tunamissah 88,	131		
Turda, *Turda* (divinité)	105		
Tursu-Istar	250		

U

Uasar	158
Uballitsu, *vivificavit eum*	100
Uballitsu-Marduk, *vivificavit eum Marduk*	132
Udanani, *constituit me*	222
Ude	263
Uguru	215
Ukbani	278
Ukil-ilu	241
Ulalmu	208
Ulam-hala (élamite)	101
Ulka	243
Ultari	283
Ululaï (dérivé du nom du mois Elul. Sous Sennachérib)	170
Ululaï (fin du Gr. empire). 223	249
Ummuhsire	275

Zikar-Istar (sous Sennachérib). 170	Zir-yukin, (fils de Bel-dur)... 243
Zikar-Istar (sous Assarhaddon). 182	Ziruti, *Propagines* (il y en a deux dans le même contrat. Sous Téglath-Phalasar)... 150
Zikar-Istar (fin du Gr.empire).. 198	
Zikar-Istar (fils de Nanugan). 245	
Zikar-Malka, *sercus Malka*.. 310	Ziruti (fin du grand empire).. 232
Zikar-Nabu, *sercus Nabu* (sous Bin-nirar).......... 149	Zirya, *Semen meum* (sous Nabonid)............ 264
Zikar-Nabu (fin du Grand empire)............. 227	Zirya (sous les Achéménides).. 286
	Zirya (sous les Séleucides. Fils de Gimil-Anu)....... 303
Zikar-Nabuya (sous Cambyse). 268	
Zikar-Nana, *sercus Nana*... 83	Zirya (sous les Séleucides. Fils de Anu-kinu)........ 309
Zikar-Nanaï........... 176	
Zikar-nipika.......... 222	Zirya-Nabu............ 311
Zikar-Samas, *sercus Samas*.. 151	Zirziri (fleuve).......... 98
Zikarsu, *sercus ejus*....... 247	Zitaï, *Olea mea*......... 148
Zikar-Tavat, *sercus Tavat* (fin du Grand empire)... 206 219	Zizi (témoin. Fin du grand empire) 200
	Zizi (témoin. Fin du grand empire) 211
Zikarya, *Sercus meus*..... 270	Zizi (lieutenant. Fin du Grand empire)............ 219
Ziku-Istar, *puritas Istaris* (ville) 130	
Ziraï................ 210	Zizi (père d'un témoin. Fin du grand empire. Peut-être le même que le précédent)... 211
Zir-iddin, *Semen dedit*..... 186	
Zir-iddin (sous Pacorus).... 311	
Zir-Istar, *Semen Istaris*.... 229	Zunirie (pays).......... 98
Zir-na'id, *Semen augustum*... 233	Zupi-Bel voyez *Supi-Bel*... 200
Zir-yukin, *Semen posuit*.... 227	Zuti............... 101

TABLE.

	Pages.
Préface	v
Introduction	1

PREMIÈRE PARTIE.

Documents Bilingues.	9

DEUXIÈME PARTIE.

Première Période. — Documents du Premier Empire de Chaldée	79
Deuxième Période. — Documents du Grand Empire d'Assyrie.	139
Troisième Période. — Documents du Second Empire de Chaldée.	255
Quatrième Période. — Documents des Achéménides.	265
Cinquième Période. — Documents des Séleucides.	291
Appendice	343
Index des Noms propres	349

Rouen. — Imp. E. Cagniard, rues Jeanne-d'Arc, 88, et des Basnage, 5.

www.ingramcontent.com/pod-product-compliance
Lightning Source LLC
Chambersburg PA
CBHW050537170426
43201CB00011B/1460